岩城隆利編

増補 元興寺編年史料 上巻

吉川弘文館刊行

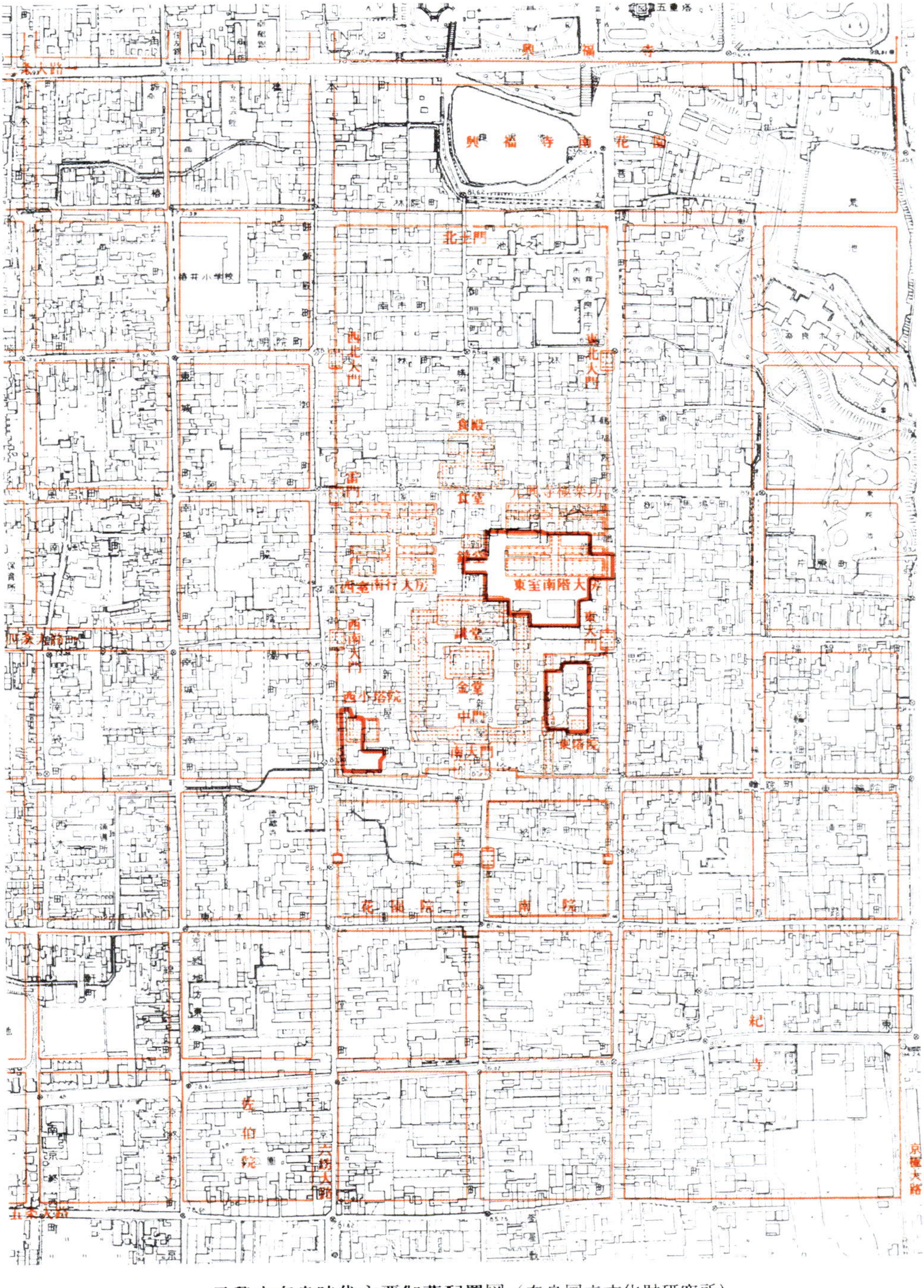

元興寺奈良時代主要伽藍配置図（奈良国立文化財研究所）

飛鳥寺(法興寺)発掘調査鳥瞰図(昭和三十二年)
金堂とあるのが現在の安居院本堂で、所謂飛鳥大仏が安置されている。

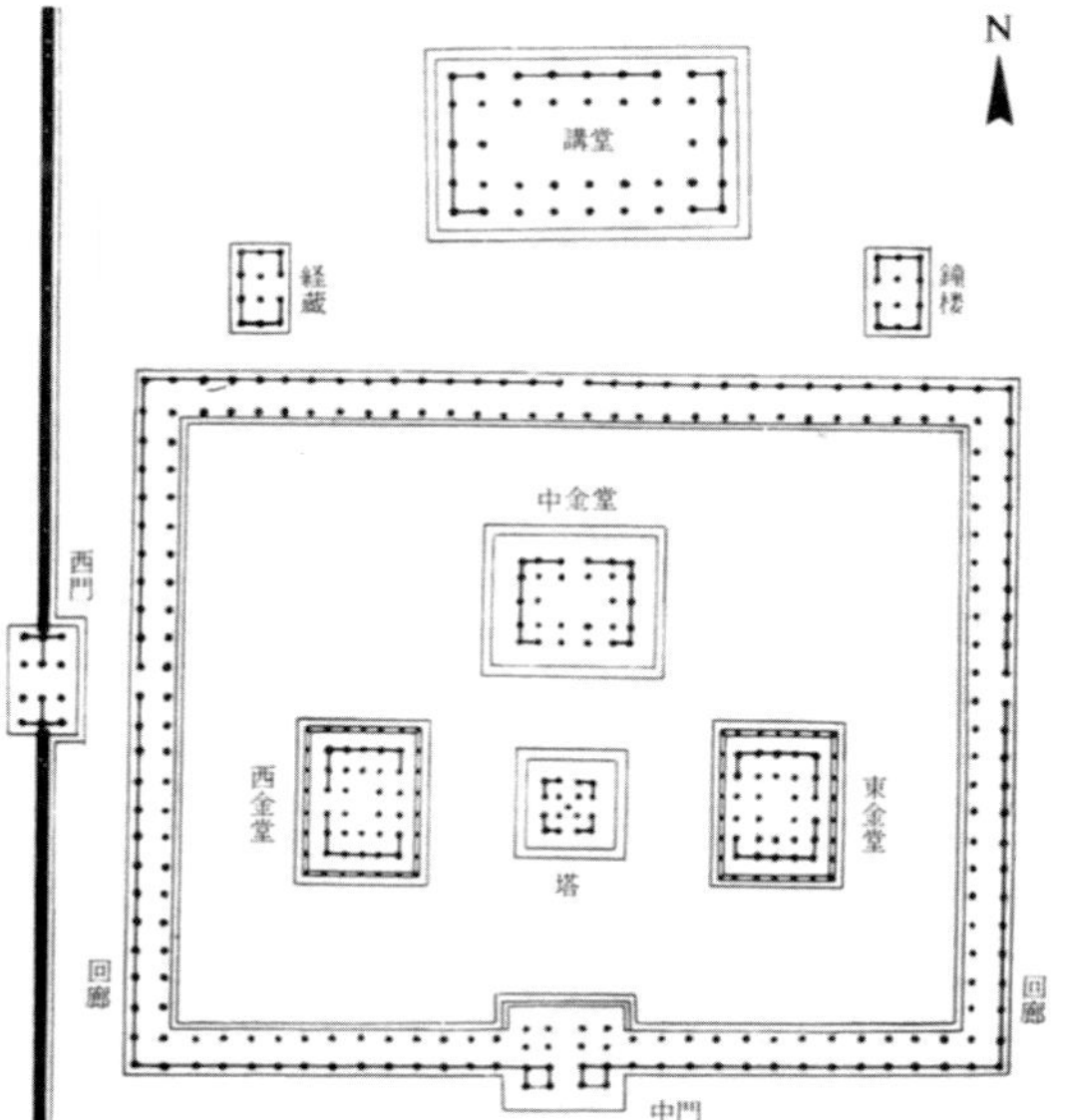

法興寺伽藍配置図(奈良国立文化財研究所)

釈迦如来坐像　安居院蔵（鹿鳴荘提供）

五 重 小 塔　元興寺極楽坊蔵（藤井辰三氏提供）

増補版の序

此度、予てより研究者は勿論、広く一般読者の要望と吉川弘文館の好意とが相俟って、岩城隆利教授の編著『元興寺編年史料』三巻が復刊されることとなった。喜びに堪えない。

顧みると昭和十八年九月、故辻村泰圓師が元興寺の法灯を継承されると共に、爾後戦中戦後十余年間の最も厳しい時期に本寺の禅室と本堂の解体の大修理が遂行され、更に三十二、三十三の二年に亘り元興寺発祥の飛鳥の法興寺（飛鳥寺）の遺構の発掘調査が施行され、それぞれの分野で衆知の如き貴重な資料の大発見があった。これらの資料は元興寺文化財研究所等を中心として調査研究が行われたが、これに併行して岩城教授は寺史の全貌を明らかにするために更に広く史料の蒐集と研究を重ね編年して発刊された労作が本書である。

今次の増補版について特記して置きたいのは、初版では諸般の事情で蒐集が困難であった『東大寺年中行事記』所載の史料を加え得て、特に近世史料の充実が計られたことであり、その後の元興寺研究の成果が増補されて、より一層精確な史料集成となったことである。斯様に此度の補遺として付加された史料が多量になったので、下巻で論述された「元興寺史概説」は削除されることになった。読者にとって残念なことではあるが、幸いにも昭和五十五年二月刊行の『日本仏教民俗基礎資料集成』第七巻、元興寺極楽坊篇Ⅶ 総説（中央公論美術出版）の本論「第一章 元興寺の前身」以下「第八章 近代の元興寺極楽坊」に及ぶ寺史には庶民信仰等に関する諸説を加えて、既刊の元興寺史概説より約七割増で詳細に論述されていることを参考までに報告して置きたく思う。

ともあれ本書は初版本に倍して、元興寺に関する研究は勿論、広く日本仏教史の研究に不可欠の一書として高い評価を獲得されるに相違ない。これ偏に岩城教授の永年に亘る緻密で堅実な研鑽の賜物と申すべく、本書初版当時よりその発行に関係した一人として、衷心より敬意を表して深謝の誠を捧げたい。

昭和五十八年十月

前元興寺文化財研究所長　田沢　坦

序

元興寺は法興寺又飛鳥寺とも云われ、崇峻天皇元年の創建である。仏教渡来当初の寺は蘇我氏邸の一隅に仏像を安置した程度の簡単なものであったが、用明天皇二年来日の百済使臣の勧説により、彼地より寺工・瓦博士・鏤盤師等を招き、本格的な寺院造営が試みられた。その最初の寺が本寺であると云われる。今高市郡明日香町に残る安居院は其の旧址で、先年の発掘によって金堂・東西金堂・塔・廻廊・講堂を倶備する堂々たる大伽藍であった事が確認された。ところが其の後、平城遷都と共に奈良猿沢池の南に移され、興福寺の北寺伝に対し南寺伝又は飛鳥伝の名を以って呼ばれる法相教学の根本道場として栄えた。殊に道昭以来の経典註疏を多数蔵する事によって、奈良朝仏教の一大勢力であったとも云える。然し平安朝以降漸く衰え、大寺院としての統制を缺き、極楽坊・東塔院・小塔院・仙光院・南光院等に分断され、それぞれ別個の寺として伝えられたのが現状である。その間にあって、北僧坊より独立した極楽坊は智光の因縁につながり、浄土信仰の一中心となり庶民の信仰を集めた事は、鎌倉室町時代の仏教史上に特筆すべきものである。こうした伝統をもつ元興寺の資料の総べてを、奈良女子大学教授岩城先生によって編年的に集録された事は、ひとり仏教史の立場からだけでなく、美術史・生活史・地方史の研究の為にも甚だ意義深いものと信じ、その労苦を多とするものである。

昭和卅八年二月

瓦礫洞人　石田茂作

序

昭和三十三年、当時奈良国立文化財研究所長であった田沢坦氏が代表者となって、文部省の科学研究費による総合研究「元興寺極楽坊発見資料の研究及び調査」が始められてから今年で五年になる。この総合研究は、その間代表者を替え、研究の角度や目標を移動させながらも、この資料の周辺をめぐり、中心を求めて、延々今日に及んだのである。

その研究の一つの方向は、この資料を中心として、日本に於ける中世庶民の仏教信仰の実態を探ろうとするもので、いま一つの方向は、その名の通り日本仏教最古の伝統をもつこの元興寺の歴史を縦に貫いて、この寺の盛衰変転を跡付けるとともに、その歴史を通じて日本仏教の、又日本に於ける仏教寺院の、各時代を通じての変遷を見究めようとするものであった。

奈良女子大学教授岩城隆利氏は、この総合研究の最も熱心な分担者の一人として、歴史の部門を受持ち、長い研究期間を通じ、広く文献を求め、子細に発見資料を調査して、こゝに元興寺編年史料三巻をまとめられたのである。

私は、岩城教授のこゝ数年間に及ぶ努力の結晶が、文部省の科学出版助成費をうけて今日上梓されるに当り、その真摯な研究態度に日頃接してきた者の一人として、又対象となった寺院の主管者として、心からの敬意と祝意を表するとともに、この史料が広く学界並びに一般有識者を裨益せんことを希うものである。

昭和三十八年二月

元興寺極楽坊　辻村泰圓

自　序

本書は、元興寺極楽坊発見の中世庶民信仰資料を中心として行なわれた総合研究のいわば副産物である。この研究に途中から参加して元興寺史の年表を作製するうち、集った史料が相当数に上ったため、周囲の方々の慫慂と援助によって急に上梓の運びとなったものである。

わが国最古の寺院として、また大寺の一つとして古代にその名を知られた元興寺は、中世には極楽坊を中心として庶民の信仰に支えられ、近世には奈良町の発展に寺地を分断されながらも朱印地を与えられる由緒寺院として存続し、今日になお奈良朝の遺構を伝え、幾多の文化遺産ことに尨大な量に及ぶ庶民信仰資料を遺している。そして、このような寺院の歴史を明らかにすることが、わが国の仏教研究上欠かせないことは勿論、さらに政治・生活・文化等の歴史を究めようとする時どれ程重要であるかを、改めて思うに至ったのである。ここに集録した史料が、今後この方面の研究に幾分かの土台を提供することともなれば幸である。

ただ遺憾なことが二つある。一つは文献を主な対象としているために、文字に跡を止めない資料が省かれていることである。例えば元興寺薬師如来像・智光曼陀羅・五重小塔等、この寺の歴史に逸することのできない著名なものの成立などに関する事項を示し得なかったことどもであって、それらについての考察は、後に公にする元興寺史の記述に譲ることにした。遺憾の第二は、このような仕事は、該博適確な知識と精緻な史料の取り扱い方と鋭敏な洞察力とを必要とするものでありながら、その資格を欠く私がこれを行なったがために、多くの誤解と脱漏があるであろうことである。このことについては、今後の研究と学界諸賢の御示教とを得て、中・下巻において少しでもこれを補ないたいと思う。なお、本書は三巻をもって完結する予定で、中巻には中世の編年史料とこの度発見された庶民信仰資料とを収め、下巻には近世・近代の編年史料と別に執筆する元興寺史とを収載するつもりである。

こういう事情にかかわらず、本書がここにでき得たのは、ひとえに総合研究をとりまく研究的な雰囲気のおかげであり、ことに御鞭韃と御示教を惜しまれなかった諸学兄の御厚意の賜ものである。また資料所蔵の方々や奈良国立文化財研究所・奈良国立博物館等の研究者方からは並々ならぬ御援助を頂き、奈良女子大学の卒業生諸君の御協力も受けた。さらに本書の刊行に当っては、奈良女子大学長落合太郎先生から題簽を頂き、共同研究の一員として何かと御高教を下さった奈良国立博物館長石田茂作先生と、この研究の推進に一方ならぬ努力を払われ常に学問上の示唆を与えられた元興寺極楽坊の辻村泰圓師からは序文を頂き、元奈良国立文化財研究所長田沢坦先生には出版について御援助を受けた。またこの出版には、文部省の研究成果刊行費補助金を受けた。ここに述べきれない多くの方々の御厚情によって本書は成ったが、しかもなお本書が幾多の欠陥をもつことは、全く編者の浅学の致すところとして御寛恕を願うほかはない。御援助を与えられた方々に深く感謝する次第である。

昭和三十八年三月

岩城隆利

凡例

本巻では、まず最初に縁起類を集録した。これを編年綱目に従って分割記載することが不適当と考えたからである。

つぎに編年史料は、まず年序によって綱文をたて、多くのこれに関する史料のうち、最も原本的と思われるもの、または内容の豊かなもの、及び変化をもつもの、特に注目すべきものを適宜採録して、他は主なものの書名だけをあげて原文は省略した。それ故採録史料の選択は、必ずしもその基準を一つにしない。また史料名のうち〈　〉で示したものは、その綱文に関する参考文献という程度の意味である。

引用の史料文は、未刊のものはできるだけ原本の姿を伝えることを主眼とし、複製本のあるものはそれを底本としたが、既刊のものはそれに従った。大日本古文書・大日本史料・国史大系・大日本仏教全書・正続続々群書類従・寧楽遺文・平安遺文等である。

史料の原文は、仮に句読点のみをつけるのをたてまえとした。読解の立場によって異論もある筈であるから返点等は避けたわけであり、仮に付した句読点も編者の私意が入っているが多少でも読み易くしようとしたまでである。その他（　）内は編者の註であり、↓はその項参照の意味であり、上欄の数字は西紀年数である。その他大略の体裁は、すでに刊行されている史料集で一般に採用されている約束と大差ないつもりであるから、ここでは特に列挙するのを省略する。

目次

縁　起

縁起の類は、一括してここに収録した。ただし、巡礼記（七大寺日記・七大寺巡礼私記・南都巡礼記など）は、その系統や内容からみて、比較研究上ここに入れるべきであるかもしれないが、編年史料に重点を置いたために、それぞれの年紀の欄に関係部分を収めることにした。

この排列の順序は、なるべくその成立の年代によることにしたが、必ずしも厳密ではない。各縁起の成立や書写年代についての研究が未完成であるためである。

縁起目次

縁起斷簡
聖武天皇宣命

一　元興寺縁起（醍醐寺本）

〔古典保存會複製本〕（底本とする）　〔寧樂遺文上〕（遺）
〔校刊美術史料一三〕（美）　〔南都佛教四　田中卓氏校〕（田）
〔大日本佛教全書寺誌叢書第二〕（全）

元興寺縁起　佛本傳來記

天國押排廣庭天皇（欽明天皇）磯嶋宮御宇卅二歳之中、第十三年壬申、百濟明王佛像經教奉度日本ニ、泊瀬部天皇（崇峻天皇）倉橋宮御宇六歳之中、第一戊申、聰耳王子與馬子大臣、占定元興寺之地、即破飛鳥衣縫造木葉之家、以爲（為）寺地造假垣假房、豊御食炊姫天皇（推古天皇）小治田宮御宇卅六歳之中、第廿一年癸酉、發種ヽ弘誓大願、奉納田園封戸等、從爾以來、至于天安二年戊寅、合三百一歳、其誓願曰、若我正月△若我後別（嗣）乃至子孫、若疎他人、此寺所納種ヽ之物、返道（逼）取謬、有如乞（是）事、當受種ヽ大災大羞ヲ、難波天皇（孝徳天皇）之代辛亥正月、吾授此書三通、治部省、一滅△僧綱所、一通大和國、具如傳記、

有壁記云、始從養老二年破遷本寺、天平十七年乙酉造末寺、可勘之、掛恐三寶大御前尓、三寶乃奴ニ爲弖仕奉天皇、白賜部止申ク、小治△宮御宇大ヽ王聖天皇、此乃飛鳥寺豊浦寺二寺乎始賜部流時ニ、誓賜比

月―全「身」　滅―護「通」　治下―全「田脱カ」

元興寺本縁及發願に關する古記
佛教公傳 欽明天皇七年戊午

宣部良久、此寺乎犯穢シ動左人ハ、灾被不リ後副△絶、宣大命ヲ天地動岐天應尓祁流物ヲ、遠知奈岐奴不覺シテ此大御願ヲ動過流事恐ク在故ニ、今聞縫時タニモ又縁此辭弖、過方〻乃過ハ排去テ三寶大慈蒙テ聖天皇朝庭乃大御願滓(マヽ)被テ、天下平ク國家安ク在△マク欲ト誓願仕奉事ヲ恐美△母白賜クト白、

天平十八年四月十九日

従三位中納言三兼□中務卿將中衛大將東海道

按撫使藤原朝臣豊成白

元興寺伽藍縁起并流記資財帳

楷井等由羅宮治天下(推古天皇)等與彌氣賀斯岐夜比賣命乃生年一百、歳次癸酉(二十一年)正月九△日尓、馬屋戸(聖德太子)豊聰耳皇子受　勅、記元興寺等之本縁及等與彌氣能命之發願并諸臣等ノ發願也、

大倭國ノ佛法、創自斯歸嶋宮治天下天國案推古天皇歟(欽明天皇)春岐廣庭ノ天皇ノ御世、蘇我大臣稻目宿禰仕奉時、治天下七年歳次戊午十二月度來、百濟國聖明王時、太子像并灌佛之器一具及説佛起書卷一篋度而言、當聞、佛法既是世間無上之法、其國亦應修行也、時天皇、受而諸臣等告ク、此自他國ニ送度之物、可用耶

副―全「嗣」　マ―全「ニ」　美―全ナシ　九―田「元」

崇佛排佛論争

蘇我稲目遺言

不用耶、善計《テ》可《シ》白《ス》告支、時餘臣等白《ク》、我等國者、天社國社一百八神一所《前》《ヨリ》禮奉《ル》、我等國《ノ》神《ノ》御心恐故、他國神《ハ》不可禮拜《ト》白岐、但蘓我《ノ》大臣稲目《ノ》宿禰獨白《ク》、他國《ニ》爲貴物《ト》者、我等國亦爲貴可宜《ト》白岐、爾時、天皇即大臣《ニ》告《ク》、何處《ニ》置《テ》可禮、大臣《ノ》白《ク》、大々王(推古天皇)《ノ》後宮分《ノ》奉禮流家《ノ》定《ニ》資可宜《ト》白岐、時天王《皇》、召大々王《ヲ》告《ク》、汝牟《ク》原《ノ》後宮者《ハ》、我欲爲《ムト》他國《ノ》神《ノ》宮《ト》也、時大々王《ノ》白《ク》、大佛心《ノ》依《ノ》佐賀利《ニ》奉《ニ》白岐、時《ニ》、其殿《ニ》坐《テ》而禮《シ》始《キ》、然後、百濟人高麗人漢人弘少々爲修行在岐、爾時一年隔《テ》、數々神心發《キ》、時餘臣等言《ク》、如是神《ノ》心數々發者《ハ》、他國神《ヲ》禮《スル》罪也、時稲目大臣言《ク》、他國神禮罪也、餘臣等言《ク》、神子等《ハ》と河我等言者不聞而國内《ヲ》禮哉、爾時、天王聞食《ハ》賜而大臣告《ク》、國内數々亂、病死《ノ》人多者《ハ》、他國神《ヲ》禮《スル》罪《ト》言《ナリ》、宜事可許告《キ》、時大臣久念々而白、神狀《ハ》餘臣等《ニ》隨《ク》在《トモ》、内心《ニハ》他國神《ヲ》不捨《ト》白《キ》、時天王告《ク》、我亦如是念《ト》告《キ》、然後經卅余年《ヲ》、稲目大臣得病《ヲ》望危《ニ》、時《ニ》池(用明天皇)邊皇子與大々王二柱前《ニ》後言白《ク》、應修行佛法我白《ニ》依《テ》而天皇修行賜也、然餘臣等、猶將滅捨《ト》計、故此爲佛神宮官奉弖之牟久原後宮者滅牟とも物主大命《ノ》任《マヽニ》、但天皇與我《トハ》同心、皇子等亦底同心、終佛法莫《レト》忌捨《ト》白《キ》、爾時、大々王者日並《ノ》田(敏達天皇)《ノ》皇子之嫡后《と》坐《キ》、池邊《ノ》皇子者他田皇子(敏達天皇)《ノ》即次《ト》坐《キ》、以

定—遺「宮カ」　資—遺「坐」　ク—田「久」　佛—遺「御カ」　弘—田「私」　神下—全・遺「不脱カ」　礼—全・遺「乱カ」　事—全「不」

神—全「外」　滅—原本烕、諸書滅、以下同ジ　忌—田「忘」　田—田「四」

第一次迫害

欽明天皇遺言

大々王進言

佛教再興 櫻井道場

是後言白キ、然弖（欽明天皇三十年）己丑年稲目大臣薨已後、餘臣等共計弖、（欽明天皇三十一年）庚寅年燒切堂舍、佛像經教ヲ流於難波ノ江ニ也、時二柱皇子等言ク、此殿者不佛神宮ニ、借坐在可曽、此大々王之後宮曽と告テ、不令燒切ラ也、但不得堅惜、太子ノ像出弖灌佛ニ並者隱藏不出キ、今此元興寺在此是也、然後辛卯年（欽明天皇三十二年）、神心增益、國内病死人多在キ、大旱不雨、又從天雨大雨、後終大官ヲ神大出燒、天皇卒驚愕、即得病ヲ望於危ニ時ニ、召池邊皇子與大々王二柱ヲ告ク、佛神者恐物ニアリケリ、大父（稲目）後言莫忌愼々、佛神ハ不可憎捨ツ、大々王之其ノ牟久原後宮者、更無望ム心ニ終奉於佛、共ニ莫取テ爲コト自物、其代者耳元宮氣弁田既得爲後宮と告キ、時二柱皇子等其命頂受賜、然同年卯天皇崩、々第十一年（敏達天皇十年）辛丑年、他田天皇大前ニ大后大々王白ク、先己丑年大父祖大臣ノ後言、佛法莫增莫捨曽と、如是後言受在、然庚寅年、依佛法ノ諫ニ止故哩《コリ》侍岐、又辛卯年父天皇ノ後言承テ在也、池皇子與我二人ヲ召告宣テ、佛法不可憎捨と也、又大々王者、其牟ク原ノ後宮者無更望心ニ終奉於佛神ニ、莫取テ爲コト自物ト告宣キ、如是二時後言ヲ承テ在、然依佛法諫ニ止故十餘年之間哩侍と白、時他田天王告宣ク、猶今時臣等モ無等心故、若欲爲爲事竊々ニ可行と告、時承如是命已弖、（敏達天皇十一年）壬寅年大后大々王與池邊皇子二柱同心天、牟久原殿ヲ楷井ニ、癸卯始作櫻井ノ道場ト、灌頂佛之器隱藏キ、然

可―遺「耳」　ニ並―全「ス並」遺「之器カ」　官―全・遺「宮」　大―全・遺「火」　忌―全「忘」　元―遺「毛」　增―全・遺「憎」
池下―田「辺」　ク―田「久」　故―全「衍カ」田「六字下ノ間ノ次」　爲―全「衍カ」田「者」　癸上―田「還」

三女出家

彌勒石像達等感得舍利

第二次迫害

用明天皇即位

後癸卯(敏達天皇十二年)、稲目大臣子馬古(馬子)足禰、得弖國内交坐ト問時言ク、是父ノ世ニ詞神心也、時大臣恐懼メ而願弘佛法ヲ、即求ニ可出家人ヲ、都テ无應者ノ、但是時ニ、針《ワツカニ》聞國ニ有脱衣高麗老比丘名恵便、與老比丘尼名法明、時按師首達等(司馬達等)女斯未賣(島女)年十七在、阿野師保斯女等己賣(豊女)、錦師都瓶善(錦織壺)女伊志賣(石女)、合三女等、就法明受學佛法ヲ在、倶白ク、我等爲出家難(欲歟)受學佛法ヲ白キ、大臣即喜テ令出家、鳴賣ハ法名善信、等己賣ハ法名禪藏、伊志賣法名恵善、爾時、大臣大〻王池邊皇子二柱、歡喜請メ櫻井道場ニ令住、次甲賀臣、従百濟持度來石彌勒菩薩像ヲ、三柱尼等、持家口供養禮拜、時按師首、飯食ノ時得舍利ヲ以奉大臣ニ、〻〻(大臣)乙巳年(敏達天皇十四年)二月十五日、止由良佐岐(豊浦崎)ニ刹柱(大野丘北塔)立作大會ヲ、此會此時ニ、他田天皇欲破佛法ヲ、即此二月十五(盡)日、斫代刹柱ヲ、重テ責大臣及依佛法ニ人〻ノ家、佛像殿皆破燒滅盡、佐俾岐彌牟留古(佐伯連御室)造召三尼等ヲ、位而出往時現本、臣將三尼等ヲ至都波岐(海石榴市)市長屋ニ時、脱其法衣ヲ破滅佛法、爾時櫻井道場者、大后大〻王命以莫犯也、我後宮ソト告而不令燒キ、佛法破亡時、即國内悪瘡流滅、人民多病死、時病者自皆(皆歟)言ク、我燒、我斫、我切ト言、爾時三尼不出堅出守、時大臣又得痾、故他田天皇大前白ク、又欲敬三寶ヲ、天皇但諍(許)大臣ヲ耳、大臣更請三尼等ヲ、敬禮三寶ヲ、他田天皇同乙巳年(十四年)崩、次池邊皇子ヲ即立天皇、馬屋門皇子白ク、佛法ヲ破滅スル者性灾増益、故三

交坐ト—全「夫笠ト」　詞—遺「祠カ」　聞—全・遺・田「間」　未—遺「末」　鳴—全「島」遺「嶋」　大臣—田「衍カ」　二—拾「三」
代—全・遺「伐」　盡—全・拾「遺」　位—全・遺「泣」　現本—拾「観大」　滅—全「興」　出—田「衍カ」　痾—全「病」　更—全「受」

三尼受戒を欲す

僧・造寺工等を百濟に求む

尼者櫻井道場置、可宜供養、時天皇(用明天皇)諍《許》賜テ、令柱△櫻井寺而爲供養、時三尼等官ニ白ク、傳聞、出家之人ハ以戒一爲本、然無戒師、故度百濟國一ニ欲受戒一ヲ白キ、然不久之間、丁未年(用明天皇二年)百濟客來、官問言ク、此三尼等欲度百濟國一ニ受戒、是事應ゝ△何耶、時蕃客答テ曰△ク、尼等受戒法者ハ、尼寺之《内》法先請十尼師一ヲ、受本戒已、即詣法師寺一ニ請十法師、先尼師十合廿師所受本戒也、然此國者、但有尼寺立△法師寺及僧、尼等若爲如法者、設法師寺、請百濟國之僧尼等、可令受戒白キ、時、池邊天皇以△命、大ゝ王與馬屋門皇子二柱ニ語告宣ク、法師寺可作處見定ト告キ、時百濟ノ客白ク、我等國者、法師寺尼寺之間、鍾△聲互聞、其間立△難事、半月ゝゝ日中之前、往還處ニ作也、時聰耳皇子馬古大臣、倶起寺處見定キ、丁未年、時百濟客還本國一ニ、時ニ池邊天皇告宣ク、將欲弘聞佛法故、欲法師等并造寺工人等、我有病故、忽△速宜送也、然使者未來一ラ間、天皇崩已、次椋攝△天皇(崇峻天皇)治△下時、戊申年(元年)、送六口僧、名令照律師ノ弟子恵忩、令威法師弟子恵勲、道嚴法師弟子令契、及恩率首眞等四口ノ工人、并金堂ノ本樣奉上、今此寺在是也、時聰耳皇子、大ゝ王大前ニ白ク、昔百濟國ニ乞《コヒ》遣法師等及工人、奉上、是事爲云何一、時大后大ゝ王各△宣ク、以先種ゝ事一ヲ今帝大前ニ白ト告キ、時聰耳皇子、具ニ白先事一ヲ、時天皇告宣ク、先帝之時爲如所期也、時三尼等官ニ白ク、

柱—全・遺「住」　ゝ—全・遺「云」　曰—田「白」　立—全・遺「無」　以—拾「御」　鍾—全「鐘」　忽—全・遺「急」　摂—田「橋」
治下—全・遺「天脱カ」　各—全・遺「告」

三尼等渡濟

法師寺造營

三尼等歸朝

櫻井寺

但六口僧耳來、不具廿師、故猶欲度百濟國ニ受戒ト白キ、時官問諸法師等ク、此三尼等欲度受戒、是事云何、時法師等答状、如先客ノ答一ノ無異、時尼等強ニ欲ト度一ト白キ、時官許遣ス、弟子信善一善妙合五尼等遣キ、以戊申(崇峻天皇元年)年往、時聰耳皇子、大后大〻王大前ニ曰ク、弘佛法事、官既許賜、今爲云何、時大后大〻王、聰耳皇子與古大臣二人ニ告宣ク、今者以百濟工等一作二寺一ヲ也、然尼寺者如標始、故今作法師寺一ト告キ、時聰耳皇子馬古大臣二柱、共起法師寺一ヲ處ニ、以戊申年一ヲ假垣假僧房一ヲ作、六口法師等ヲ令住、又櫻井寺ノ内ニ作屋ニ工等ヲ令住、爲作カ二寺一ヲ、令作寺木一ヲ、以广(庚)(崇峻天皇三年)戌年、自百濟國一尼等還來テ官ニ白ク、戊申ノ年往テ即受六法戒一、(二年)己酉年三月ニ受大戒一ヲ、今庚戌年還來テ白キ、本ノ櫻井寺ニ住、時尼等白ク、禮佛一ヲ定忽ニ作賜、又半月〻〻爲白羯磨一ノ、并法師寺速作具賜ト白キ、如是櫻井寺内ニ曇略作構置在、然大〻王天皇命ノ等由良宮治天下時癸(丑カ)寅年、(推古天皇元年)聰耳皇子ヲ召告ク、此櫻井寺者、我モ汝モ不得忌捨牟都〻斯於夜度ノ彌與ニ佛法初寺ニテ在、又重キ後言大命受在寺在也、我等在弖須良夜此寺ヲ將ニ荒滅ナラムト汝命以至心一ヲ奉爲歸嶋宮天下一天皇勲ニ作奉也、然、我者此等由良宮者寺成念故ニ、宮門遷入テ急速作也、今不知、我子急速可仕奉、爲我者小治田ニ宮作ト告キ、又尼等爲白羯磨ニ法師寺モ急速作齋ト告、以是弖、癸丑年宮内遷入、先金堂禮佛堂

耳―拾「且」　一―田「衍カ」　合―拾「令」　曰―田「白」　王―遺「皇」　古上―全・遺「馬脱カ」　今―全「令」　定―全「堂」遺「宮カ」
曇―全「最」遺「堂」　度彌―田「座弥」　命―全「令」　至―全「聖」　歸上―全「斯脱カ」　天上―全「治脱カ」　勲―全・遺・田「勲カ」

豊浦寺　元興寺　建興寺　建通寺　推古天皇發願

等略作、等由良宮ヲ成寺一ト、故名等由良寺一ト、又大ゝ王天皇令治天下ノ時、天皇（生年一百歳次癸酉春正（拾遺記ニヨリ補ウー田）（推古天皇二十一年）月元日、善事白也、同日聰）耳皇子白ク、今我等無朝生年之數笇、建於百位並道俗之法、世（マヽ）建興建通一ヲ、竊惟、如是事豈非至徳耶、佛法寂初時、後宮不令破、楷井ニ遷作道場一、爾時三女出家、時即大喜ゝ令住其道場ニ、而生佛法ノ牙一ヲ、故名（名）元興寺ト、其三尼等者、經云、應以比丘身得度者（者歟）、即現比丘身而爲説法、其斯之誦（謂歟）矣、今亦更佛法興弘世一ニ、建元興寺、本名ヲ故稱名建興寺一ト、次法師寺者、自高麗百濟法師等重來奏佛法、寺建稱名建通寺、當皇后帝（推古天皇）世、並通佛之法一ヲ、建興通（建脱カ）、故知、大聖現彰乎、經曰、於王後宮變爲女身而爲説法、其斯之誦（謂）矣、即知、以此相應於此國機一ニ、故隨其徳義一ニ、稱名法興皇一ト、以三稱名永世應流布也、如是符諸臣、如是白已、即發願白言ク、仰願蒙三寶頼、皇帝陛下共與乾坤四海安樂、正法增益、聖化無窮ト白キ、爾時天皇即從座起合掌、仰天至心流キト發懺悔一ヲ言ク、我現在父母六親眷屬愚癡耶見人、三寶即破滅燒流、所奉之物反取滅也、然今我以等由良後宮ヲ爲尼寺一ト、山林園田漬封戸奴婢等更納奉、又敬造法師寺一ヲ、田園封戸奴婢等納奉、又敬造丈六二一軀ヲ、又修自餘種

朝―全「期カ」　ゝ―全「而」　彰―全・遺「影」　三―全・田「此カ」　発上―拾「涙」　愚上―拾「随」　耶―全・遺「邪」　漬―遺「浜」　敬上―拾「加」

太子諸臣の發願

々善根一ヲ、以此功徳ヲ、我現在父母六親眷屬等、爲燒流佛法罪、及所奉之物返取滅之罪一ヲ、悉欲贖除滅、面奉彌勒聽聞正法、悟無生忍、速成正覺、十方諸佛及四天等所、以至誠心誓願所造二寺及二軀丈六、更不破不流不斫不燒、二寺ニ所納種々諸物、更不攝取不滅不犯不謬也、若我正身、若我後嗣子孫等、若疎他人等、（拾遺記ニヨリ補ウ―田）（若有此二寺及二軀丈六凌輕斫燒流、）若有此二軀丈六所納之物返逼取、謬有如是事者、必當受種々大灾大羞ヲ、若有仰信一尊テ供養恭敬修治豊養者、被三寶之頼ヲ、身命長安樂ヲ得、種々之福万事々如意、不絶於万世也、我既定知已、誹謗尊奪施各得其灾福、我既微々已、愼々、不可輕三寶一ヲ、不可犯三寶物一ヲ、隨堪修行善捧營、願引導後々副一ヲ、々賴蒙此法之頼、現在未來令得寂勝安樂一ヲ、信心不絶修行此法一ヲ、永世無窮者、願共一切含識有形、普同此福、速令成正覺一ヲ、如是誓已、即大地動搖シ、震雷卒雨大雨一ヲ、悉淨國内一ヲ、爾時聽耳皇子及諸臣等（拾遺記ニヨリ補ウ―田）（共聞天皇所願、時聽耳皇子、語諸臣等）告ク、傳聞、若行正法即隨行、若行邪法即慰諫、令我等天皇見聞所行願、當此正行願、天下之万姓、悉皆應隨テ行ス、時中臣ノ連物部ノ連等而爲上首、諸臣同心ヲ白言ク、從命以三寶之法ニ、更不破、更不燒流、更不凌輕、三寶之物、不攝不犯、從今以後、左肩三寶坐、右肩我神一ヲ坐、並爲禮拜一尊重供養、若有此

欲―拾「殄」　所―拾「處」　更―全「丈」　尊―全「并」　尊下―拾「重」　誹謗―拾「随凌」　福―全・拾「禍」　微々―遺「徵之カ」全「懲々」
副―全・遺「嗣」　頼―拾「類」　同―全「因」　即下―拾「時」　若―全・田「君」　令―拾・全「今」　而―田「衍カ」　心下―拾「至心」

願破謬者《者歟》、當如天皇所願、被種〻大災蓋ヲ、仰願、以此善願功德、皇帝陛下共與日月天下安樂、後副△
蒙賴ヲ一、雖世時異ト、得益無異、時聽耳皇子聞此語已テ、具白天皇ニ一、爾時天王讃テ告ク、善哉我亦隨喜ト
告ク、時即召聽耳皇子ヲ一告ク、其事狀細知、我治△在時、凡佛法之喜《起》來相、并元興寺建通寺等成來成相、
及我發願皆細爲悉記告キ、又告ク、刹柱立在處、及二軀丈六作奉處者、莫穢汗事、又莫人住△汗、又有《有》此
謬諫犯ノ法者、同於前ノ願受大災蓋ヲ一之、所△刹柱立處者、寶欄之東佛門之處、所誦《謂》二軀丈六作處者、物《モノ》
見岡之北△方乎、地東有十一丈大殿、銅丈六作奉、西《西》有八角円殿者、繡奉北△、池邊列槻宮治天下橘豐(用
明天皇)日命皇子、馬屋門豐聰耳皇子、櫻井等由良治天下豐(推古天皇)彌氣賀斯岐夜比賣命ノ生年一百、歲次癸酉(二十一年)正月
元日、吉事啓聞日、勅受賜上△諸事記、大〻王天皇勅、私稱沙彌善貴、傳於前二寺及△衆物應押凌貪於
悪人、而此文莫授寫開△樂△コト、若滅此文若錯亂者、當知、二寺即將散滅也、汝等三師堅受持、
嚴順法師　妙朗法師　義觀法師
難(孝徳天皇)波天皇之世辛亥年(白雉二年)正月五日、授塔露《覆》盤銘、大和△國天皇斯《シ》歸《キ》斯《シ》麻《マ》宮治天下名阿《ア》末《マツ》△久爾《ニ》△意斯波羅岐△
比△里爾《ニ》波《ハノ》彌《ミ》△(欽明天皇)△己等之奉仕巷(ソガ)宜名伊《イ》那《ナ》米《メノ》大臣、時百濟國正明△王上啓ニ云ク、万法之中佛法寂上也、是以テ

副―全・遺「嗣」　治―全・拾「活」　住―全「任」　所下―遺・田「謂脱」　北―全「地」　北―田「也」　上―拾「止」　及下―田「二軀丈六」ヲ補ウ　開楽―遺「聞楽」全「開示」　和―拾「倭」　末―拾「米」　意―拾「億」　岐―拾「支」　比―拾「此」　波下―拾「乃」　之―遺「世脱カ」拾「世」　正―拾「名」

天皇并大臣聞食之宣、善哉、則受佛法造立倭國、然天皇大臣等受報之盡、故天皇之女佐久羅韋等由《サクラキトヨ》良《ラノ》宮、治天下ク於己彌居加斯夜比彌乃彌己等世(推古天皇)、及㚸名有麻移刀等刀彌ヾ乃彌己等時、奉仕巷宜(蘇我馬子)名有相明了大臣爲領、及諸臣等讃云、魏ヾ乎、善哉ヾヾ、造立佛法文天皇父大臣也、即發𦬇心、誓願十方諸佛化度衆生國家大平、敬造立塔廟、緣此福力、天皇臣及諸臣等過去七世父母、廣及六道四生、ヾヾ處ヾ十方浄土、普因此願皆〔皆〕成佛果、以爲子孫世ヾ不忌、莫絶綱紀、名建通寺、戊申(崇峻天皇元年)、始請百濟寺名昌王法師及諸佛等、改遣上釋令照律師、惠聰法師、鏤盤師將徳自昧淳、寺師丈羅未大、父賈古子、瓦師麻那文奴、陽貴文、布陵貴、昔麻帝彌、令作奉者、山東漢大費宜名麻高垢鬼、名意等加斯費宜也、書人百加博士、陽古博士、雨〔丙〕辰年(推古天皇四年)十一月既、爾時使作全人等、意奴彌首名辰星也、阿沙都麻昔名未沙乃也、鞍部首名加羅爾也、山西首名都鬼也、以四部首爲將、諸手使作奉也、

丈六光銘曰、天皇ノ名廣庭、在斯歸斯麻《シキシマノ》宮時、百濟明王上啓、臣聞、所誦〔謂〕佛法既是世間無上之法、天皇亦應修行、擎奉佛像經教法師、天皇詔巷哥名伊奈米《イナメノ》大臣、修行茲法、故佛法始建大倭、廣庭天皇之子多知波奈土與比《タチハナトヨヒノ》天皇在夷波禮漬邊宮、任性廣慈、倍重三寶、損棄魔眼紹興佛法、而妹公主名止

之—全「業」遺・拾・田「業脱カ」　ク於—全・遺「名等」　夜—拾「支」　等下—拾「己」　相明了—拾「明」田「間子」　云—拾「言」　乎—拾「號」　文—全・遺・拾「父」　𦬇—遺・拾「菩提」　敬—拾「故」　皇下—全・遺・拾・田「大」　生下—拾・田「衆生」　忌—全「忘」　改—全「故」　自—紀「白」　丈—紀「太」　大—紀「太」　父—紀・遺「文」　文—全「父」　布陵貴—紀「陵貴文」　宜—遺「直」　書—紀「画」　全—全「企」遺「金」　昔—遺「首」　巻—全・遺「巷」　漬—全・田「瀆」遺「浜」　倍—全「信」

與彌擧哥斯岐移比彌天皇、在楷井《スルキ》等由羅《トヨラ》宮、退盛濱邊天皇之志、亦重三寶之理、揖命濱邊天皇之子名等與刀禰〻大王、及巷哥伊奈米大臣之子名有明子大臣、聞道諸王子教緇素、而百濟恵聰法師、高麗恵慈法師、巷哥有大臣長子名善徳爲領、以建元興寺、(推古天皇十三年)十三年歳次乙丑四月八日戊辰、以銅二万三千斤、金七百五十九兩、敬造尺迦丈六像銅繡二軀并挾侍、高麗大興王方睦大倭、尊重三寶、遙以隨喜、黄金三百廿兩助成大福、同心結縁、願以茲福力、登遐諸皇遍及含識、有信心不絶、面奉諸佛、共登菲之岸、速成正覺、歳次戊辰(十六年)大隨國使主鴻臚寺掌客裴世清、使副尚書祠部主事遍光高等來奉之、明年己巳(十七年)四月八日甲辰、畢竟坐於元興寺、

牒、以去天平十八年十月十四日、被僧綱所牒偁、寺家縁左并資財等物、子細勘録、早可牒上者、依牒旨、勘録如前、今具事狀、謹以牒上、

天平十九年二月十一日　　三綱三人

□位五人、位所皆在暑、僧綱依三綱牒檢件事訖、仍爲(爲歟)恒式以傳遠代、謹請紹隆佛法、將護天朝者矣、

天平廿年六月十七日　佐官業之僧

次佐官兼藥寺〻主
佐官興福寺師位二人
佐官業之僧一人

濱—同前　濱—遺「浜」　揖—全「指」　禰—田「弥」　明—田「間」　有下—田「間子」遺「明子脱カ」　隨—田「隋」
左—全・遺「起」　□位—遺・田「可信」　暑—全・遺「署」　之—全・遺「了」　藥下—全「師」

資財帳斷簡　寺奴婢
水田
食封
某古記

大僧都行信

合賤口一千七百十三人定九百八十九人、訴良口七百廿四人、三百廿七人有名無実△、見定口△六十二奴婢、奴二百九十一人、婢三百七十人、

合通分水田四百五十三町七段三百四十三歩、

定田四百卌八町四段三百卌三歩、未定五十町三△反、

在七ケ國、大和　河内　攝津　山背　近江　吉備　紀伊

合食封一千七百戸、在七ケ國、伊勢百　越前百五十　信乃三百廿五　上總五百　下總二百　常陸二百　武藏三百　温室分田　安居分　三論衆　攝論衆　成實衆　一切經分　燈分　通分　園地

并陸地　并鹽屋　御井　山寺　各有其員分、皆略也△、

符本國《大皇名ニ》一ニ　當洲ヲ《五末カニ》濃云、

東天竺吉集姓《セイ》云、生天子聖國ト中生《セイ》土△國也、定興五年八月十五日、白月橅《(マヽ)》タリ　滿日《ハキシツタリ》、諸宿ノ万光ノ時分タリ也、依一姓種之△次△万巧ト云巧ヲ一、五間四面ノ堂一宇之身《ハシラヲ》始テ建《キサム》、其興者《ヲコリ》代朝ノ生《トコロニ》ゝ人等《セル》、性仁賢ノ莫　濃《コマヤカニスルコト》　煩事ヲ一、善心ニ長風タリ《イソキヲコリ》、然間、長元大王之□《ツムコト》歳《ヨハキ》四十三　滿《ミチタマフトシ》　歳　三月十六日夜、入香山《カウヤマノ》東見《ケンノ》

実―全「二人」　口―全「四」　三―全「一」　也―遺・田「之」　土―全「公」　之次―全「言以」

午月《ミツトシクエツヲ》好間、日《タチマチニ》立黒光、依之發《ニハカニ》立常之心、月滿円不觸《イソカ》心、出香山東見處、思念
常月清《セイ》光、黒雲風円莫光、我若《シャク》形順《トモナハム》黒支、時彼不異、不如見《マホチ》如來形美像、常順《ネカハムシタカハム》若《シャク》
美《コトヲ》耳、如此等心發悪《ニクムコト》事莫《ナシ》間《ヒマ》、然後次善心思念顯佛像、九《コヽヌカ》等滿九日、舍衛國及云、
一賢僧來、代明人不似《トヽコアラ》諸語《カタラフコト》、發《ニハカニ》國民《ヲトロキサハク》申王云、代明物不似《カフツナル》僧物《モノミエアソフ》見來、國王依《アルニ》
在見語《ケンコ》入《オモムク》王城《ヌト》、法師皇云《ニイフ》種《アマタノ》ヽ不思議事、隨申冣勝王經習賢僧、自《ミ》爲講讃《ハケマス》、經廿
一日滿日、卅余一轉人童、持密《フクロヲ》入王宮、王自惠《サトテ》云、何國來轉童、何《イカナル》具才
能乎、童答曰、無能才《ノタクミ》、但有一少能、顯佛像能也、王重云、我重月願今円《ネカヒケフニミチヌ》、猲《ニハカニ》造佛
像令得給、童云、受《ウケ》給、可造二丈一尺彌勒形美像、云《シカウメ》取作《サク》木高樓入上《ノホル》、九間夜《コヽヌカヽア》
畫《ヒタ》造《イトナム》之、巧《タクミノカス》九十餘人、爲《ヒヽカス》聲、其間二度西方白光來輪《メクル》、然顯佛像、後十月間成堂一
宇乎、巧太得云物《モノ》也、歳《ヨハヒ》九十歳伴一百四十一人悉化人也、其國此堂冣初《ハシメトハシム》也、佛法盛
學《カクスルコト》聖四十人、長元大王世卅一年佛法盛崇《アカム》、大王滅後十二年之間佛法衰滅也、凡建立之後至于
長滿《ハレ》三年、八十九年也、滿九十歳年八月六日、古國焦《シャク》善王見化人作佛形像、歳《ヨハキ》五十余

立―全「無」　支―全「岐」　常―全「希」　次―全「以」　及―全「反」　云―全「而」

ナル入道ヲ現相通《シャウトウ》神タル人來《ツカハス》、宰相依テ國宣ニ外道出家ニ際《ウシロムク》記往《ユクニ》海中ニ、△无樓《ロ》風《フ(マヽ)》事付國ニ事如本意ヲ取還古朝ニ間《アヒタ》、爲メ角《カク》朝ニ爲ニ龍王ノ佛モ人モ入海、其時一ノ海人云《ウト》、若龍王之眉間ノ玉ヲ指悉《サスカヽ》《志》歟、入道恵《トサテ》支度シ思眉間玉ヲ入海ニ免悪命、但無佛光莫尊貴歟、龍王ノ云、我令得其玉ヲ給、龍王云不受語云、我レハ者依此無海中ノ四十三苦、不應令得義《ツクノフ》思、入道ノ云、其ノ語ハ道理《トウ》タリ、但爲ニハ令離苦悪ヲ、奉講金剛般若經ヲ、龍王云善《ヨロコムテ》念取玉ヲ出口海中《△クキ》ヨリ、入道玉ヲ相具テ來古朝ニ、古朝ノ王隨テ入道ノ申次第安立ニ堂塔建立《ツクリタツ》、但堂地東西二町、南北四町、二町者卄炎《△者》ノ觀行、四町者《者》無常生老病死之四相智也、其深△殊勝安立也、已上七字或本有之、記古朝佛法六十四年際《キハム》九保七年アテ、滅後八年至于清滿三年、記、日本日恵氏《ヒサトノウチ》、元明天皇造治本元興寺是也、見《キイテ》東天竺古國ノ次第ヲ、以弟言師形《(マヽ)》ヲ、此朝行佛法ヲ可爲寂勝佛法、　記、六月三日金剛般若會龍忌日、同月廿七日寂勝會長元忌日、八月十八日三論會元明忌日、毎月十五日吉祥會、注云、僧供田ハ在西國、百廿町、河内聖人施入、

私勘　元興寺　大和國添上郡

本願田原天王建立、又説、曾我伊流（入鹿）賀大臣建立、道慈律師修造之、養老二年建立、後道慈律師天平

无―全「元」　ロ―全ナシ　炎―全「涅槃」卅カ　深―全「源」

元年供養三月八日、欽明天皇即位十三年(壬)甲申冬十月十三日辛酉、百濟國聖明王始献金銅尺迦佛像一軀并經論幡蓋等一ヲ、稲目宿禰安置小治田ノ家、勤修出家之業一、以捨向原ノ家一ヲ爲寺、楉木原家牟久木也、今此元興寺是也、

壬申年

大后大ゝ王與池邊皇子二柱同心テ牟久原殿ヲ楷井ニ(敏達天皇十二年)癸卯年始以作櫻井道場、三女善信・禪藏・惠善三尼也出家住其道場一ニ生佛法牙(芽)一ヲ、故名元興寺一、今亦更佛法興弘世一ニ、建元興寺本名一ヲ、故稱名建元興寺、次法師寺者、自高麗百濟一法師等重來テ送佛法一寺ニ建稱名建通寺一、當皇后帝世一ニ、並通佛之法建興通、故知大聖現影云、經曰、於王後宮反爲女身而爲説法、其斯之謂矣、即知、以此相應論此國機、左隨其徳義稱名法興皇、以此之稱名永世應流布也、

欽明天皇第十二子崇峻天王、(用明天皇二年)丁未年八月二日、生年六十七即位、明年爲元年、元年戊申、聰耳皇子與馬子大臣定元興寺之地、即破飛鳥衣縫造木葉之家、造假垣假房、

一云、同年草創元興寺、

云―全「乎」　反―全「(変)」　論―全「於」　左―全「故」

推古天皇元年癸丑正月、蘇我大臣馬子宿禰、依合戰願飛鳥地建法興寺一ヲ、立刹柱ヲ日、嶋大臣并百人着百濟服一、視者悉悦、以佛舍利（利）籠置刹柱ノ礎中一ニ、

二年甲寅春二月、皇太子上宮厩戸豊聰耳皇子、蘇我宿禰左大臣、令建立三寶、始作飛鳥大寺、故曰法興之世一ト也、

或記云、二年甲寅二月朔日、天皇太子及大臣等、令興隆三寶、仍沽臣等各爲君親競造佛舍、是神寺焉、凡佛法興此時繁昌也、

三年己（乙）卯五月、高麗僧惠慈、百濟僧惠聰等來朝、此兩僧弘渲△佛教、並爲三寶棟梁、令住法興寺矣、

或記云、丙辰冬十一月、飛鳥法興寺造立、始住惠慈惠聰二僧等、

四年丙辰冬十一月、法興寺造了、仍云、（マヽ）扶桑文略之 塔殿處亡矣、

元正天皇靈亀二年丙辰、移立元興寺ヲ于左京六条四坊ニ、

元興寺壁上記云、始從養老二年破遷本寺、天平十七年乙酉造末寺一ヲ、飯高天王（元正天皇）即位第四年（養老二年）也、年代記云、養老二年奈良京ニ立元興寺云〻、

渲｜全「演」

若依扶桑記一ニ、興福寺建立以後至第八年移建此所一、若依壁記後卅七年建立、

自和銅三年至應和元年一ニ、後二百廿(マヽ)五年、元興寺三論宗ノ安進大法師遂作麻講門一ヲ、自推古天王四年

至應和元年三百卅(マヽ)八年、自應知(マヽ)元年至長寛三年一百廿年、合四百五十八年、准此南寺佛滅後至于

今年百有余年歟、

長寛三年夏四月廿一(十歟)日　大法師慈俊勒記也

百濟川　百濟大寺

挍了　重挍了　又挍了　光淵

二　諸寺建立次第（菅家本）〔校刊美術史料〕

建保四年丙子三月七日沙門円定之、

又(云)―法興寺、(建脱カ)通寺、飛鳥寺、

元興寺安彌勒像、中門十一面、講堂中尊丈六藥師、　（目次略）

元興寺

〽元明天皇女帝建立、號新飛鳥寺、

彌勒像

〽敏達天皇御宇、第十三年甲辰九月、従百濟國渡馬瑙像彌勒ヲ、安本元興寺(東脱カ)金堂也、

〽元明天皇、高市郡藤原宮ヲサリテ、添上郡ニ宮遷時、次ノ元正天皇、政(改カ)本元興寺ヲ奈良京ニ遷給時、彼佛像等皆奉移今(此カ)寺ニ、彼ノ瑪瑙ノ像ハ本寺ニ安シ時、多武(峯ノカ)□僧盗テ、其座許遺ス(↓カ)也、

法興寺

〔崇峻天皇御〕宇第二年〔乙酉〕、聖徳〔　〕(王子與馬子大臣)几(マヽ)召勝地於高市郡飛鳥《アスカノ》〔郷〕〔　〕地ニ(破飛鳥)衣縫造

元興寺

木葉之家ヲ建立ス寺ヲ、〔名〕法興寺〔也〕、是本元興寺也、後ニ元正天皇養老六年(マヽ)、破《コホツ》本寺ヲ、聖武天皇天平十七年ニ造末《マツ》寺、今ノ奈良京ノ元興寺是也、安彌勒像推古天皇代ニ施入田苑也、

中門

〽中門内ニ安置十一面観音像、此観音者、今ノ元興寺住僧、限一千日ヲ參詣長尺(谷カ)□寺間、彼寺燒失ノ日參詣セリ、然トモ不拜本佛、空ク禮ス観音ノ灰燼之跡、其時灰燼ノ中ヨリ、頂上ノ佛面求得〔之〕、拾《ヒロヒ》取テ彼ノ面、歸《カヘテ》本寺ニ、以頂上ノ佛面ヲ爲シテ土題ト、造立シテ二丈一尺ノ本佛、奉置中間(門カ)正面也、彼六十口ノ僧ヲ爲行人ト、名中門衆也、

南大門額

〽南大門額《ノガクハ》、葛木《カツラギノ》魚養之筆也、又外陣ノ金剛力士ハ、化人ノ造〔之〕也、

講堂　食堂　塔婆　吉祥堂　極樂房

講堂一宇、中尊丈六ノ藥師佛、

(食カ)金堂一宇、十一間、堂ノ棟《ムネ》木ハ以一支ヲ亘《ワタス》十一間ニ云〻、

塔婆一基、四方ハ阿彌陀ノ四佛ノ浄土也、興福寺ノ五重塔佛ハ寫彼塔ヲ也、

敏達天皇御宇十四年乙巳三月ニ、蘇我ノ大臣ノ感得ノ佛舍利ヲ、此塔心柱中安也礎ノ石ノ中、(彼カ)□大臣〔立〕塔於大野、三

七日祈請持斎ノ上ニ得佛舍利一粒、大事如胡麻、其色紅也、光放四方云〻、

(吉祥カ)□堂、五間四面、光明皇后ノ御願、安置八万四千基之小塔、(又號カ)□小塔院也、彼堂在護命僧正ノ影并(輿)轝、護命ハ(前カ)□大僧都也、天長四年十一月〔八日〕、〔殊〕(有カ)□宣旨任僧正、(美乃カ)□〔國〕人也、只一度任僧正者僻事也、

(北カ)□〔室〕馬道以東第一房、智光頼光往生極樂房也、故世ニ号極樂房ト、有本名也、

〳〵小塔院之前在井、玄昉僧正ノ所掘《ホル》也、〳〵道場法師之事ハ本元興寺時ノ事也、

〳〵或記―(云)、元興寺本寺事也高市郡豊浦ノ里ニアリシヲ、元正天皇奈良京ニ移シ給ヒテ、諸ノ佛像等ヲ〔渡〕テ、此元興寺ニ移《ウツ》サレシナリ、彼馬脳ノ彌勒像ハ、本元興寺ニ(御シカ)□マ(シカ)□シヲ、多武峯ノ僧盗テ、彼寺ニハ只石ノ座許ヲ、奈良元興

鐘樓
本元興寺
金堂
講堂
僧房
五重塔
縁起斷簡

寺ニハ送渡シテ金堂ノ内ニ置也、

鐘樓一宇、

（中略、大安寺・東大寺以下諸寺の記事あり、）

本元興寺又云法興寺

金堂、三間四面、二階、金銅丈六ノ尺迦也、度々放光、

講堂、丈六ノ白檀十一面立像、又救世觀音、深沙大將、

北僧房、彌勒石像一尺許、日本國最初佛像也、五重塔、

三　諸寺略記

〔續群書類従　七六九〕
〔阿娑縛抄　二〇〇〕

一元興寺者、元正天皇御宇、△欽明天皇即位七年、百濟國明王差使、悉達太子像并灌佛之器一具、經教等送度（渡イ）、其詞云、嘗聞、佛法既是世間無上之法、其國亦應修行也、時天皇受而諸臣等告、天皇此自他國送渡之物可用耶、善計可白上、諸臣詞等皆以不用也、但蘇我大臣稲目宿禰獨白、他國貴爲

欽明以下ー伽藍縁起ノ略記ノ如シ

物者、我等國亦爲貴可宜止白岐、爾時天皇即大臣爾告天、置何處可禮、大臣白、大々王後宮分止奉流礼家乃宮坐可宜止白岐、仍奉置大々王之宮、（大々王者、推古天皇御即位以前御名也、）此時百濟人高麗僧恵慈等、私少々來詣奉行經年程、國内疫病盛起、人多病死、其時余臣等白久、國内充病天、他國神禮拝止白岐、爾時天皇聞食給天、大臣告、宜計申、時大臣久念念計而白、外余臣等申隨止起内心他國神不捨白、時天皇告久、我亦如此念給岐、余臣等具計氐燒却堂舍、佛像經教流於難波江、時二柱皇子（池邊皇子止、大大王止也、）告久、此殿者不佛神宮、此大王之後宮也、堅惜不令燒切(劫カ)、太子像灌佛之器者、隱藏不出岐、今此元興寺在是也、自百濟國渡佛法、始我國興故有此云名、敏達天皇即位十三年甲辰秋九月、自百濟馬脳像彌勒、本元興寺東堂安置、是本元興寺也、元正天皇御宇奉移奈良京、奉分佛像等安置之、如此相論間、欽明敏達(衍カ)之用明崇峻四代朝、佛法不流布、

（中略）

一七大寺者、東大寺・興福寺・元興寺・大安寺・藥師寺・西大寺・法隆寺、

（中略）

弘安二年正月廿三日、以諸要事入了、　前僧正〻〻承〻

宮坐―伽藍縁起「定資」　私―迦藍縁起「弘」　之器―伽藍縁起「並」

四　諸寺縁起集（護國寺本）〔校刊美術史料〕〔大日本佛教全書寺誌叢書第二〕

（前略）

南大門額ハ魚養之筆也、金剛力士ハ化人造也云々、

又法興寺、又建通寺、又飛鳥寺、又明日香寺、

元興寺縁起　佛本傳來記

和銅二年造立之、元明天皇女帝、新飛鳥寺云々、金堂五間四面、（左右有千手觀音像、五百問事経云、佛像鼻孔不可鐫之由分明也、雖然有證據者也、）丈六彌勒像也、斯像有鼻孔、不似普通像、如常住寺中尊、（云々、在王城乾方、桓武天王遷都之時御願也、世俗呼号野寺、）又云、堂前左右有椿數本、相傳云、本願夜巡禮、見僧房、以椿實爲燈學文、仍爲充彼料、誓殖之南門之内、安置長谷寺△觀音御體文、二天眷屬夜叉△神有霊驗云々、往昔以紙破△結付羅網、爲御物忌也、長谷寺參詣人、必可奉觀音二王御明云々、

寺―美ナシ　叉―全「□」　破―美ナシ

縁起断簡

諸堂宇

第卅代欽明天皇天圖押排廣庭天皇磯島宮御宇卅二歳之中、第十三年壬申、百濟明王、佛像經教奉度日本、泊瀬部天王倉橋宮御宇六歳之中、第二戊申、聰耳王子與馬子大臣、占定元興寺之北、即破飛鳥衣縫造木葉之家、以爲寺地假房、豊御食炊姫天皇小治田宮御宇卅六歳之中、第廿一年癸酉、發種〻弘誓大願、奉納田園封戸等、從爾以來、至于天安二年戊寅合三百一歳、其誓願曰、若我正月、若我後嗣乃至子孫、若疎他人、此寺所納種〻物、返逼取謬、有如是事、□受種〻大災大羞、難波天皇之代辛亥正月五日、授此書三通、一通治部省、一通僧綱所、一通大和國、具如傳記、

講堂中尊丈六藥師、食堂十一間、棟木以一支亘十一間云〻、五重塔婆者、敏達天王御宇十四年乙巳二月、蘇我大臣感得舍利身柱礎石之、吉祥堂五間四面、光明皇后之御願、安置八万四千基少塔、故又號小塔院、無垢浄光タラニ各一本納之云〻、極樂房ハ智光頼光之舊居也、爲智光夢ニ彌陀佛所現極樂万タラ安置之、

（中略）

縁起断簡―醍醐寺本「佛本傳来記」前半ト略同文、　図―全「国」　二―醍「一」　北―醍「地」　地下―醍「造仮桓」アリ
月―全「身」　□―醍「當」　五日―醍「吾」　一通―醍ナシ　通―醍「滅」　王―全「皇」　夢弥陀―全「□」

本元興寺又云法興寺

金堂 三間四面二階 □裳階、 金銅丈六釋迦、度〻放光、有太子御傳、鞍作鳥造云〻、講堂、丈六白檀十一□(面カ)立像、又救世觀世音像、深砂大將、北僧□彌勒□(石カ)像 一尺□□(許、日カ)本 㝡初之佛像也、 又五重塔婆、

五 諸寺緣起集（菅家本）

〔校刊美術史料 七〕
〔大日本佛教全書寺誌叢書第四〕
〔續々群書類從 十一〕

〔南都七大寺巡禮記〕

元興寺 大和國添上郡 平城 左京五條四條七坊之内

額文弥勒殿
金堂、五間四面在重閣、本尊丈六彌勒如來、脇士四躰、千手觀音二躰、各丈六也、世親無著兩卄、各丈六、四大天等也、又半出彫刻十二神將、高三尺許、入厨子在佛後、又在四面廻廊并中門、安中門二天并八夜叉等、件夜叉在靈驗云〻、當寺ハ元明天皇建立云〻、敏達天皇御宇十三年九月、自百濟國渡馬瑙之彌勒像、則安本元興寺金堂云〻、件本元興寺者、橘寺之西北方、但今礎許也、元明天皇、自高

度〻―全「度」　□―美「房」全「堂」　寺―全「時」

市郡藤原宮、遷都于添上郡之次、位以前事也 元正天皇改本元興寺、於奈良京遷給時、彼像等皆奉移新元興寺云〻、彼馬瑙像者、安本寺ノ間、多武峯僧盗取了、其座許相残也、元正天皇養老六年(マヽ)、壊本寺、聖武天皇天平十七年、造奈良元興寺云〻、推古天皇代、施入田地、悉以絶之云〻、

丈六彌勒者、東天竺生天子國之長元王本尊也、彼國五穀豊事無限、而不聞法名、長元王始而聞佛法名、但不見佛造(マヽ)、下宣旨、可求佛法云〻、其時於海邊而一人之僧仁尋向勅使問云、汝者自何國來ッ、僧答云、我者北天竺之法師也、昔ハ佛法修行之者也、今者隨女人數子儲也、爲子食仁暗夜仁船シテ乘出海中魚釣之時、俄風吹來、不慮仁來此浦云〻、奏此旨時、國王宣、汝可説法、僧則令讀誦㝡勝王經而説其大意、國王聞之悦事無限、又王宣、汝可奉造佛、僧答云、我非佛師、只可祈三寶給申、其後僧得多之寶歸本國了、可造佛事於三寶仁祈給、其時又如先僧、海邊仁有小船、其中仁童子人在之、如元問仁、我者云佛師也、奏此旨、王悦給、則仰童子造佛、我木等隨童子云遣之、童子至閑所、閇門戸不入人造之、第九日仁開門、奉造佛由奏、王則在行幸拜給而、此佛者何佛ッ問、童子答云、佛者十方仁在給、是者當來補處之彌勒也云〻、第四兜率天内院仁在、一度拜此尊者、必生彼天云〻、于時自眉間放光給、王見之給而、涙流歡喜給事無限、則造伽藍奉安置也、童子云、及末代悪世、一稱一禮之人必可生内院

了ー全ナシ、　王ー全「年」　於ー全ナシ　向ー全「問」　問ー全ナシ　其ー全ナシ　木等ー全「本末」　于ー全「午」

云〻、則童子失了、其後僧徒數百住シテ弘佛法、又國王及大臣人民等、奉崇此佛事無限、長元王遂内院生云〻、其後悪王出來、其寺之佛法漸滅、僧徒皆失、人民同滅失了、然間白木△國王聞此像靈驗、遣勅使奉請件像也、其時於海中悪風吹來而爲船破、于時船中之寶、悉以爲龍王仁入海中、然而於吹悪風之間、取出佛眉間之玉入海中、其時風閑也、勅使相宰之云、入玉於海中雖存命、爲國王被召頸△然者返而無益、於海中送年月思、向海之面涙流云、爲離三熱苦、此玉於取給、又本國王、以玉失咎、被切我等頸△、然者其玉返給云、龍王夢中仁相宰仁云、龍衆者在九苦、而得此玉後無其苦、汝其苦可尚減△、玉必可返也、夢覺而相宰喜、海仁向云、玉可返事喜事△也、離苦事可報、但諸經之中、金剛般若懺悔減△罪勝給、彼經於令書寫供養、減△九苦云、即書寫供養、其時龍王自海中返入玉於船了、則如元納眉間者△也、歸本國奉國王、如本△堂忽建立伽藍奉安置之、其後僧徒數千集住也、佛法盛也、但玉之光無之、取龍王故也、及數百年、其寺之△佛法漸滅、此堂之前之海仁不知鳥△近有、彼堂之前仁懸也、僧徒恐此波、鳥皆去寺了、仍不住人者也、然而日本國王元明天皇、傳聞此佛利益靈驗、移此朝給、建立伽藍奉安置、今元興寺金堂本△尊△是也、僧徒數千人集、兼學法相三論二宗、經多年序、及末代、彼東天竺之長元王之可懃忌日云、則每年修之不退轉者也、一人之有荒僧云、何故仁本朝元興寺仁可懃天竺王△忌日哉、

木—全「本」　頸—全「顕」　頸—全「頭」　減—全「滅」　事—全ナシ　減—全「滅」　者—全ナシ　本—全「来」
之—全ナシ　鳥—全「其」　本尊—美ナシ　王—全ナシ

講堂

食堂

吉祥堂

自今以後更不懃云〻、此事一寺之及相論、不可行云僧之門徒多之、可行云僧徒之方、被追出寺了、仍多僧移住東大寺、其間事觸而兩寺不和也、及俄合戰間、僧徒皆十方仁散失了、其後無寺住僧也云〻、件像去寶徳三年十月十四日、爲土民金堂炎上之時、丈六佛像燒失了、天竺震旦本朝三國渡給佛也、至此時燒亡、末世我等無緣事、可歎云〻、

講堂

本尊者丈六藥師、脇士者二躰高八尺許、等身十二神將入厨子、二基在本尊左右、顚倒以後不立者也、

食堂

在講堂北、佛像并厨子繪等不可思儀(議イ)也、但顚倒以後無之、

吉祥堂光明皇后御願

五間四面、安吉祥天女也、又號小塔院、安八万四千基之小塔、故號小塔院、轆轤曳高七寸許塔也、各納無垢浄光陁羅尼經眞言之内其一本、五枚障子圖佛像、神妙也、正了知大將繪像万陁羅、毗沙門并吉祥天女繪像、以上障子也、金色佛像一躰在本尊左、護命僧正等身影在本尊右方、以彼僧正之輿爲厨子云〻、

之—全「云」　出—美ナシ　失—全「亡」　歎—全「歡」　万陁—全「曼荼」以下同ジ

鐘樓一宇

在鐘一口、此鐘在靈云〻、永德之頃、大將軍義滿建立相國寺、件鐘渡彼寺云〻、其後應永十△　年寺炎上之時燒失云〻、以△其金又鑄直之云〻、又道場法師事者、本元興寺事也、彼鐘靈鬼住禪定院山、仍號鬼薗山云〻、

觀音堂

件堂號中門觀音堂、靈像之△十一面也、仍垂寶帳、口傳云△、寺僧一千日之間、毎日參詣長谷寺之間、長谷寺炎上之日、空拜堂跡處、灰之中仁頂上佛面儼然不損、以彼一面建立丈六觀音、在靈驗云〻、在△堂衆其行人六十餘人、號中門衆、四天等像同安之者也、

五重塔一基

本尊如興福寺塔也、柱繪等不可思儀〔議イ〕也、件塔者、敏達天皇御宇十四年、蘇我大臣之△感得舍利、加種々寶物納此塔、興福寺五重之塔者、寫當塔云〻、安四方浄土相、

極樂坊

安極樂万陁羅、故號極樂坊也、智光法師所書之万陁ラ也、則號智光万陁羅也、長廣二尺許也、去寶

十―美ナシ　以―全ナシ　之―全「也」　云―全ナシ　在―全ナシ　之―美ナシ

徳三年十月十四日、於禪定院而燒失了△、
堂一宇號万陁羅堂、在四方仁極樂万陁ラ、口傳云、此堂者智光法師造之、其後破損間、西行法師勸十方建立云ゝ、
室一宇、智光法師之坊也、口傳云、件室者、元興寺三面僧坊ノ内、北室之東端、于今相残在之、則智光法師□△也、
太子堂一宇、件太子者昔古△像也云ゝ、安万陁羅堂、然而應永　年中△建立當堂了△、

石塔爐殿一基

在金堂前、高一丈許、顚倒、

南大門

安金剛力士、内ニ安師子像〔崩破〕、件二王ノ内西方之一躰者、日本國二王出現之始也云ゝ、前之池仁現給云ゝ、又在額、文魚養法師筆也△云ゝ、件魚養號葛木魚養也、本者唐人也、父者日本國王遣唐使也、母者唐女也、遣唐使歸朝之時、女語云、汝此子能ゝ可養、我歸朝後必△ゝ可音信也、則歸朝、〔元興之寺〕其後別人遣唐使渡唐之時、彼女問云、以前之遣唐使之音信在之歟否、更以無之云、其時彼女腹立而

了ー全「云云」　□ー全「住」　古ー全ナシ　中ー美ナシ　了ー全「云云」　也ー全ナシ　ゝー全ナシ

札仁書文而件子仁結付、入海中了、其時魚乗而日本仁來、于時△父見付之而、彼札文見之仁我子也、取上養之仁、天下第一之筆跡也、彼魚之海中仁養、故名魚養也、又出家後、葛木山仁住、故云葛木魚養也、

諸門額事

東門額飛鳥寺、西門法興寺、北門建通寺、又云、東門額明香寺、西門飛鳥寺、北門建通寺、云々、

禅定院號飛鳥坊

備前國山田庄號元興寺大庄也、俗云墨笠庄、

（興福寺の項より）
同禪定院元興寺部ニ可入也、

件院、△昔飛鳥權少都成源建之、又永久年中頼實法印建立堂舎云々、本△堂彌勒如來、號丈六堂、又在尺迦堂、號天竺堂、又在塔、本尊阿彌陀也、去治承四年、東大興△福以下所々炎上之時、此院不燒失間、當寺法會等於此院被修之、仍△准寺内云々、大和國永久寺本願者、同頼實法印也、永久寺與當院同時仁建立云々、永久寺者、依鳥羽院之勅建立、仍號永久寺云々、

法興寺號本元興寺、大和國高市郡

件寺云本元興寺、金堂三間四面二階、安丈六金銅尺迦也、度々放光、建立之時、鳥飛去事在之、号

父ー全「文」　昔ー全「者」　堂ー全「尊」　福ー美ナシ　准ー全「非」

飛鳥寺是也、口傳也、其鳥于今成神、在龍蓋寺之南、

講堂

安丈六白檀十一面立像、安又救世觀音深河大將像、

北僧坊

安彌勒石像一尺許、日本國㝡初佛像也、

五重塔

六 極樂坊記 一冊 (元興寺極樂坊藏)

(表紙)

河南沙門投李集縁起之下書

極樂坊ノ記

當寺之秘書也、必ゝ
他見他聞堅可愼者也、

永正十二乙亥春

「冬」

時之住持

順識大徳

立―全ナシ　安―美ナシ　河―全「沙」

平城新元興寺極樂坊記

河南沙門投李集

上宮太子一十六歳ノ傳ニ云、本願縁起ノ説也第三十二代用明《メイ》天皇二年丁未、於テ二飛鳥《アスカ》ノ地一ニ立ツ二法興《コウ》寺一ヲ、太子與ト二蘓馬子《ソノムマコ》《ソメコ》ノ大臣一相與ニ《ヒトモ》商量《シヤウリヤウ》スト云ヽ、若シ依ニ虎關《ヨラハコクハン》ノ所レ撰《セン》スル元亨釋書一ニ資治表《シヂヘウ》ニ云、第三十三代崇《シュ》峻《ジュン》天皇元年戊申冬十月、蘓馬子營《エキメ》ニ法興《コウ》寺一ヲ酬《ムクフ》ニトナリ澁《シブ》河ノ役誓《エキセキ》一ニ也、又太子二十二歳ノ傳ニ云、第三十四代推古《スキ》天皇元年癸丑春正月ニ立ツ二法興寺刹柱《セツチウ》一ヲ、太子臨《ノソ》ンテ而禮《ラキ》スレ之ヲ、以ニ百濟國《サイ》ヨリ所レ献《ケン》《タテマツル》スル舍利一ヲ而安レス心ニ、舍利放《ハナツ┐》レ光ヲ再《サキ》三度矣、釋書云、女帝推右(古)元年春正月ニ起法興寺ノ塔《タツ》ヲ以佛舍利ヲ置《ヲク》ニ柱礎《チウノソ》《ハシライシスエ》中一ニ焉、若シ依ハ釋書ニ云、敏達二年癸巳正月朔厩戸《マヤ》ノ皇子生也、然ル則此ノ時太子可二十一歳也、若シ又依ニ太子ノ本傳ニ云、此時ノ太子二十二歳也、義疑《ウタカハシ》、故ニ兩《フタツナカラ》記ス焉、

資治表云、推古天皇四年丙辰冬十一月ニ法興寺成ル、今之元興寺也、勅《チヨクマウク》ソ設ニ無遮會《シヤエ》ヲ一度《トナム》レ之ヲ、于時紫《シ》雲《ウン》如ニ花《ケ》蓋《カキ》一ノ降《コウ》《フリヲヽウ》覆《フク》塔及殿一ヲ、變ソ爲ニ五色一ト作ニ龍《リヨウ》鳳《ホウ》ノ形《カタチ》一ヲ、太子語ニテ左右一ニ曰、天感《カンス》ニ新寺一ヲ故ニ有リニ祥《セウ》雲一、勅シ高麗《ラキ》ノ沙門恵慈《ジ》百濟ノ沙門恵聰《ソウオシム》居レ寺ニ、以ニ善徳臣一ヲ爲ニ寺司《シ》一ト、太子二十五歳ノ傳ニ云、五色ノ祥雲良久ソ向テレ西ニ而去、太子合セレ掌《タナコヽロ》ヲ目送《ソウ》ソ語ニ左右一云、

此ノ寺感レ天ヲ、故ニ有二此ノ祥一、但シ三百年ノ後霜露霑レシ衣ヲ、五百年後塔殿ノ處亡ント、

太子十三歳ノ傳云、敏《ビ》《ヒン》達十三年甲辰秋九月、彌勒《ロク》ノ石像《ザウ》一軀《ク》従二リ百濟一將《シヤウ》來ス、蘇馬子ノ大臣請《コウ》二テ其ノ石像ヲ一營《エキ》二シ佛殿一ヲ、於二宅《タク》《イヘ》ノ東一ニ安二置《ヂ》ス彌勒ノ石像一ヲ、注ニ云、今ニ在リ古京之元興寺東金堂一ニ也、資治表云、推古天皇十四年丙寅夏四月、銅鏽《タウシウ》丈六ノ二像成《ザウナル》、安二元興寺一ニ設《マフ》二ク大齋《サエ》會一ヲ、此ノ夕此時馬《拔イ》頭ノ面天下也舞人ニ給フト云ヽ、五色ノ雲覆《ヲヽフ》二佛殿一ヲ銅像《トウザウ》放《ハナツ》レ光ヲ内外咸《コトヽヽ》ク明ナリ、帝《テイ》《ミカト》大ニ悦《ヨロコ》フ、毎歳四月八日七月十五日設二齋會ヲ一立テ、爲レ式《シキ》《ノリ》ト矣、像已ニ成テ殿戸窄《スボシ》、梓《シ》匠《シヤウ》將レス隳《マサニヤフラント》レ戸《コ》ヲ、佛工鞍《ク》作鳥《クラツクリノトリ》善ク巧《センゲウ》ニ思盡《シジンノ》ニ不レ壞《ヤブラ》レ戸ヲ而像得レ入ヿ、夏五月賜《タマ》フ鞍作鳥《クラツクリノトリ》于大仁位一ヲ今之五位ナリ、兼《カネテ》以二近州坂田郡二百畝《ホ》ヲ一益《マストナリ》二食邑《ヲフ》一ヲ也、同表ニ云、第三十八代齋《サキ》《セキ》明天皇三年丁巳秋七月、設二盂《ウ》蘭《ラ》盆會《ボンエ》一ヲ作二須彌《シユミ》山ヲ于飛鳥寺一ニ、同キ四年戊午冬、呉《ゴ》僧元興寺ノ福亮《リヤウ》起二ク鎌子ノ請一ニ於テ二陶原家一ニ講二ス維摩《ユイマ》經一ヲ、爾《シヨリ》來タ鎌子延《ヒキテ》二海内ノ碩《セキ》徳一ヲ相ヒ次テ講演《コウエン》セシムルヿ凡《スヘテ》十二年、同表ニ云、第三十九代天智天皇十年辛未冬十月、帝不豫《ヨ》ナリ、以テ二袈裟《ケサ》金鉢象牙《ハツザウゲ》沈《ヂン》水栴檀《センダン》香及ヒ諸ノ珍寶ヲ一供《クウ》二ス法興寺ノ佛像一ニ、同表ニ云、第四十代天武天皇六年丁丑秋八月、設二齋會ヲ于飛鳥寺一讀シム二大藏ヲ一、帝幸《ミユキ》二ノ南門一ニ禮レス佛ヲ、詔《ミコトノリ》二ノ諸王公卿《ケキ》一ニ各賜二フ度者一人ヲ一、因レ此ニ貴族《ソク》之中薙《チ》髪《ハツ》《カミ》ノ者多シ矣、

同九年庚辰秋七月癸巳、飛鳥寺ノ弘聰卒《ソウシュツ》《ソツス》ス、使ニメ大津高市ノ二皇子ヲ弔《チヤウ》セ《トムラハ》レ之、同十四年乙酉夏五月、天皇幸ニ飛鳥寺ニ献シ珍寶ヲ禮ス佛ヲ、秋九月帝疾《シツ》《ヤマヒス》ス、於大官川原飛鳥ノ三寺ニ三日轉《テンジ》レ經ヲ賜ニ稲《タマフタウヲ》《キネ》于三寺ニ、祈《トナリ》レ病ヲ也、同十五年丙戌夏六月使ニメ伊勢王ヲ詣シ飛鳥寺ニ告《ツゲ》テレ衆ニ祈ラ病ヲ、此ノ日三綱律師《カウリツシ》及四方ノ和尚《クワシヤウ》ヲ知事現位等各賜テ御衣被ヲ祈《トナリ》レ病ヲ也、冬十二月設ケ無遮會ヲ于飛鳥寺ニ薦《ス、ムトナリ》ニ大行皇帝ニ也、已上舊都橘《タチバナ》ノ飛鳥ノ本元興寺ノ事也、

同表ニ云、第四十四代元正《ゲン》《グハン》天皇靈亀元年丙辰(乙卯)夏五月、復《フクシ》ニ知事ニ管《クハン》セシム寺産《サン》ヲ、移《ウツ》ス元興寺ヲ于左京ニ今之奈良東京是也、此ノ時移《ウツス》ニ仙光院ヲ于元興ノ艮《ウシトラ》ノ角ニ、今之極樂坊是也、

同表云、第四十五代聖武天皇天平元年己巳春二月、於テ元興寺ニ設ク大齋會ヲ、左僕射《ボクヤ》長室《ナガヤノ》皇子爲リ監護《カンコ》、時一沙彌連《ツラナ》リ比丘ノ座ニ捧《サ、》ケ鉢ヲ受《ウク》レ飯《ボン》《ハン》ヲ、僕射《ホクヤ》以テ牙笏《ゲコツ》ヲ撃《ウツ》ニ沙彌ノ頭《カウヘ》ヲ、血流下《チナカレテ》ル面ニ、沙彌拭《ノコイテ》レ血ヲ而哭《コク》ス、忽然《コツネン》トシテ不レ見、經《ヘ》テ二日ヲ或《ヒト》奏《ソウ》ス此ノ事ヲ、帝怒《イカツ》テ賜フ僕射ニ死ヲ、同天平二十一年己丑夏五月、納《キル》ニ田戸財帛《コサイハクヲ》于十二寺ニ、納《キル》ニ元興寺于二萬畝《ホ》ヲ、同表云、第四十九代光仁天皇寶亀元年辛亥秋八月、鑄《イル》ニ十二大寺ノ印ヲ、各置《ヲ》ク印於本所ニ元興寺ノ(其脱カ)一也、同表云、第五十代桓武天皇延暦十七年戊寅夏六月、定ム官寺十所ヲ、元興又其一也、同表云、第五十八代光孝天皇仁和元年乙巳夏四月、於テ元興寺ニ請《シヤウ》シテ十僧ヲ轉《テン》ル「大般若ヲ五日、賀《ストナリ》ニ藤太郎(師)シ五十ノ算ヲ也、同表云、第六十代醍醐

天皇延長四年丙戌冬十二月十九日、上都ノ七大寺南京ノ七大寺各諷《フウ》レシ經ヲ祝《シク》二スト太上皇一ヲ也、元興又其ノ一也、同表云、第六十二代村上天皇天曆八年甲寅冬十二月初五日、良源法師延《ヒキテ》二元興寺ノ義昭《セウ》一テ於二テ延曆寺一修《シユスルヿ》二法花ノ八講一ヲ四日、藤ノ右《ウ》僕射《ボクヤ》師輔《モロスケ》宿《シユク》二ス睿《エキ》山一ニ聽《キク》レ講ヲ、同表云、第六十八代後一條天皇治安三年癸亥冬十月、法成《シヤウ》寺殿大相《シヤウ》國藤ノ道長詣《ケキシ》二金剛峰寺一ニ取二ル路ヲ南京一ニ禮《ラキ(マヽ)》二謁《エツ》元興寺一ニ、同釋書寺像ノ篇ニ云、元興寺者上宮太子討《タウ》《ウツ》二スル守屋《モリヤ》一ヲ時、蘇馬子又誓《チカツ》テ營《エキ》レス寺ヲ、故ニ於二飛鳥ノ地一ニ創《サウ》口シム之、推古四年成始日法興寺後ニ改ム焉云、釋書太子傳云、太子造二ス九伽藍一ヲ云々、元興又其一也、太子伽藍記云、太子營二造《エイゾウス》四十六箇《カ》寺一、元興又其一也、謹《ツツシンテ》テ按《アンスルニ》、自二崇峻天皇元年戊申一ニ創《ソウノ》二法興寺一ヲ至二テ第一百六代今上皇帝永正十二年乙亥歳一已ニ得二タル九百二十八春秋一ヲ者ナリ、昔シハ乃チ門額《ガク》四方各異《コトナリ》、東ヲ曰二無始《シ》寺一ト南ヲ曰二飛鳥寺一ト西ヲ曰二元興寺一ト北ヲ曰二法興寺一ト、今ハ及（マヽ）チ魚養《ギヨヤウ》師《シ》之攸《トコロ》レ筆スル、元興寺之四大字揚《アグ》二之ヲ南門一ニ焉、就レテ中ニ極樂坊者元興ノ艮角乃チ爲二タリ附庸《フヤウ》一、嘗《カツテ》名二ク仙光院一ト、上宮太子之權輿《ケンヨ》《ハジメ》也、元正ノ御宇移《ウツス》二院於奈良一ニ、爾來《シカツシヨリコノカタ》智光禮光之二沙門養老《ラウ》神亀《キ》之比《コロヲイ》修練《シユレン》之場ニハ也ナリ、疑（凝）然ノ所レノ撰《セン》スル三國傳通記ニ云、呉《ゴ》國ノ沙門智藏ノ上足《ソク》「足カ」ニ有二般匠《ハンノシヤウ》一、乃チ道慈《ジ》智光禮光也、釋書智藏傳云、道慈智光皆藏之徒ト也、智光禮光ハ奈良ノ新元興寺ノ住侶《リヨ》ナリ、立二テ、仙光院一ヲ弘《グツウ》二通法宗一ヲ、莊嚴《シヤウゴン》シ極樂坊一ヲ圖《ズ》二シス安養ノ依正《エ》一ヲ

安二置ス彼ヲ坊一ニ、是レ智光法師所レ建立スル也、又云、本元興寺ハ本ト學二ス三論一ヲ、遷《ウツノヨリ》二彼ノ寺於平城都一ニ已

來タ、専弘《モツハラヒロム》二三論一ヲ、智光禮光倶《トモ》ニ住二ス彼ノ寺一ニ、智光授《サヅ》二ク法於靈叡《エイ》一ニ、〻〻授二ク之薬寶一ニ、〻〻授二之ヲ願曉《キヤウ》一ニ、

此等ノ諸徳皆元興寺ノ三論宗也、曉授二之東大寺ノ聖寶《シヤウ》一ニ、〻〻者七大寺之撿校《ケンゲウ》也、因《ヨツテ》レ茲《コレ》ニ見レ之ヲ東大

三論ノ波瀾源二于元興一ニ者也、又釋書第二恵解ノ篇ニ云、釋ノ智光ハ内州人ナリ、與二禮光一止《ト、マリ》二元興寺一ニ得二タリ

智藏三論之深旨《ジンシ》一ヲ、藏之室《シツ》中推ヲ二ソ二人一爲二ス神足一ト、有二靈叡《ヱイト云》者一、受《ウク》二于二光一ニ、今之三論家ハ皆叡之胤《イン》

也、禮暮《ボ》年ニ禁《キン》二ス語音一ヲ、智問焉、渾《スベテ》無レ所レ答《コトフル》、數歳禮ニソ逝《セイシヌ》、智嘆《タン》メ曰、禮者少年之莫逆《バクゲキ》也、近歳持《ヂス》二不語一ヲ

思二ナリ精修《セイシユ》一也、而ルニ不レ知二受生《ジユシヤウ》何レノ處一ト云フ、祈念スルフ三二月、一夕夢ニ至《イタル》二禮所一ニ、嚴麗《ゴンレイ》光潔《ケツ》ナリ、智問《トフ》、此

處何レソヤ乎、對《コタヘ》テ曰、極樂界ナリ、子以二懇志《コンシ》《ネンゴロ》一ヲ且《シバラク》來レリ此《コ、》ニ也、然トモ非二子カ居《キヨ》一ニ、早ク出テ去レ、智曰、若シ

是安養ナラハ亦夙樂《シクギヤウ》《ネカフ》ナリ、偶《タマ〳〵》至レリ斯《コ、ニ》、何ソ須《モチインヤ》レ歸《カヘル》フヲ乎、禮曰、子ニ無二シ行業《ゴウ》一不レ可レ居《ヲ》ル、智曰、我レ生平

見レルニ子ヲ行無レ過《スギタル》我一ニ、近《チカコロ》只持二ス不語《ゴ》一耳《ノミ》、又言レフ我乎、禮曰、我洽《アマネク》見二經論一ヲ、頗《スコフルイ》委《ユタヌ》二ス浄業一ヲ、往生ノ

資粮《シリヤウ》《タスケカテ》無レ加二ル觀想《クワンサウ》一ニ、是以テ絶《ゼツ》二シ言語一ヲ謝二ス人事一ヲ、四威儀《イ》ノ中専《モツハ》ラ觀二ス彌陀ノ相好《サウゴウ》及ビ浄土ノ莊嚴一ヲ、積《ツミ》レ功《コウ》ヲ

累《カサネ》レ徳ヲ今生二ス樂邦《ラクハウ》《クニ》ニ、我レ若シ不レンバ絶《タ、》二言語《ゴ》一ヲ不レ謝《シヤ》二人事ヲ、〻レンバ〻二〻〻一ヲ不レ至ラ二純想《ジユンソウ》一ニ、子今詰《ナジ》ルレ我ヲ乎、

智曰、然ラバ則チ乞《コ》フ受《ウケン》レ訣《ケツ》ヲ、禮曰、子盍《ナンゾトハ》ルレ問二彌陀一ニ、智即與レ禮ト詣二ス佛所一ニ、莊嚴光色又過《スキ》二タリ禮カ所一ニ、智

頭面《ヅメン》作禮《ライ》白佛言《マフサク》、何等《ラ》是往生正修《シユ》業、佛告《ツゲ》智言、觀如來相好《ガウ》及浄土莊嚴、智曰、今見此界廣博《クワウハク》《ヒロクヒロシ》嚴《ゴン》飾《ジキ》《カザリカザル》心眼《ゲン》不及、況《イワンヤ》又如來相好、豈《ア》凡慮《ボンリヨ》之所堪《タエル》乎、於是《コヽ》彌陁、便《スナハチ》擧《アゲテ》右手、智見掌《シヤウ》《タナゴコロ》中現《ゲン》小浄土、嚴飾《ゴンジキ》具足、智覺《サメテ》命工《コウ》圖佛掌《シヤウ》浄土、常《ツネ》自觀《ミ》之、

其後吉祥《シヤウ》而逝《セイ》、其圖見在元興寺、世争《アラソフテモ》模寫《シヤ》、同釋書第十四檀《ダン》興篇行基《ギ》傳云、時智光法師者《ト云ヒト》有辯《ベン》恵、嘗疏《カツテシヨ》盂蘭盆般若心等經、聞基榮授《エイジユ》曰、我才智宏淵《クワツエン》《クワフフカシ》《ヒロシ》、行基只營《エイ》小行耳《ノミ》、朝廷棄《テイステテ》我取彼何乎、抱嫉恨《イダイテシツコンヲ》《ネタミウラム》隠山《カクルサン》並（是不分）谷《コク》、光一夕俄《ガ》《ニハカニ》死、其徒《ト》以忽殂《ユク》《ホロブ》未葬《ホフムラ》十日而蘇《ソ》《ヨミカヘル》、語諸弟子曰、冥使《メウシ》驅《カツテ》我而行、路《ミチ》有金殿高廣光《クワウ》耀《ヨウナリ》《カヽヤク》、我問使者、此所《トコロ》何、冥使《メウシ》曰、汝稱《ナンチシヤウス》智人、何不知之、行基僧正受生之處也、又進《スヽミ》行望《ノゾミ》見煙《エン》《ケフリホノヲ》焔《エン》滿空《ミツクウ》、問之、答《コタヘテ》曰、汝當《マサ》墮《ダ》《オツル》之地獄也、既《スデニメ》而到閻《イタルエン》王所、王呵《カメ》曰、汝於閻浮提《ブダイ》日本國有謗嫉《ホウシツスル》《ソシルネタム》行基僧正之心、今所以召《ユエンメス》汝《ナンヂヲ》者、治《チセントナリ》《ヂ》其罪《ツミ》也、非命終《オワルニ》也、即令抱《イダカ》火銅《ドウ》《アカヽネ》柱《ハシラヲ》、我肉鎔《ニクトロケ》骨融《ホネトク》而後放還《ハナチカヘルト》言已《ヲワツテハ》馳謝《シヤ》基、々時在攝州造《ツクル》難波橋、遙《ハルカニ》見光來而微笑《ミセウ》、光伏《フ》地作《ナシ》禮悔《ケ》謝説《ト》夢事、故釋書智光贊曰、一光者三論之翹楚《ギヨウソ》也、智昔落節（マヽ）于行基、今

極樂堂　　太子堂

考《カンガフルニ》二終始《ジウシ》ヲ一過《アヤマツテ》而能ク改ル者也、善《イカナ》哉君子之道矣、而已其レ掌《シヨウ》中浄土者夢中ノ之遺澤《イタク》カ乎、又世俗《ゾク》相傳テ云、禮師ハ一生熟睡深入《ジユクスイメフカク》二般舟《ハンジユ》一ニ、故ニ安養之席《セキ》重ゝ先重《カサヌ》矣、智叔《シク》ハ學惜《ヲシム》二三餘《ヨ》一ヲ、故ニ樂土ノ轡既《クツバミステ》ニ輸《ユタヌ》《イタスニ》ニ一鞭《ベン》《ムチ》ヲ一云レ爾、君子ノ曰、然レトモ而綉《ヌイモノニシ》二實報《ヂチホウヲ》於掌中一ニ彌二布《ミフスルヿ》扶桑《ハフサウ》一ニ者、實ニ智叔之汗《カン》馬也、彼ノ曼陀羅現ニ今圖スル二于極樂堂一ニ者是也、堂之縱横《ジウワウ》《タテヨコ》六間也、中央《ワウ》方一間四面ニ各圖シ二安養一ヲ中心ニ有二リ石浮圖一ト矣、蓋シ掌曼陀羅者寶徳飛去ル、熟《ツラ〳〵》按《アン》スルニ化縁《エン》未レタ竟ル則ンハ留《トヽマリ》、化縁既竟《ヲワル》則ハ去者カ乎、抑第一百四代後花《ハナ》園《ゾノ》天皇寶徳三年辛未十月十四日、土一揆《キ》屯《アツマル》《タムロシ》《シユンス》二于元興一ニ放《ハナツ》二火ヲ金堂及ヒ小塔院一ニ炎ヲ逼《ホノヲセマ》ル二極樂一ニ、或人進《スヽン》テ捧《サヽ》二掌曼陀羅《ゲシヤウマンタラ》一ヲ遷《ウツス》二禪定院一ニ今ノ大乘院是也、而ルニ元興ノ炎遙ニ飛二東街《ケイ》《チマタ》一ニ火ク二禪定院一、終失《ツキニシツスル》二曼陀羅ノ所在一ヲ者也、毎歳三月始レ自十八日一七箇蓂《カメイ》蓂猶日日也、就テ二于樂堂一ニ緇白群集《シハククンジウ》シ修シ二大念佛一ヲ、薦《スヽメ》二蘋蘩《ヒンハン》於二一光一ニ又各自祈二冥《メウ》福一ヲ也、又樂堂之天井《ジヤウ》ハ乃チ西行法師ノ再興也、彼ノ人ハ和歌之李《リ》杜《ト》李白 杜子美也、又堂ノ南庭小池水ノ中ニ昔シ有二毒蚖《ドクグワン》蛇一悩《ナヤマシ》レ人ヲ魘《ヲビヤカス》レ人ヲ、於是ニ圖ス二天像《ゾウ》於東南之柱《ハシラ》一ニ、爾《シヨリ》來タ毒蚖受レ降潜《ウケコウヒソムアトヲ》レ距《アゴヲ》池水モ亦涸《カル》云、又艮

角ニ有レ殿、八耳太子一十六歳之廟、皃巍《ベウメウギ》々兮堂々《タリタウ》兮《タリ》、太子手自模訓《モキン》スト焉、粤《コヽニ》今在家ニ有二鍛冶《タンヤ》《カジ》子一、或時夢ニ太子告テ曰、汝詣《セヨ》二廟《ビヤウ》堂一ニ、戸今已開《ヒラクト》、故覺《サメテ》後詣《ケイ》ス焉、恍惚《クハウサウ》《ココロホル、》之須《アキタニ》太子手《テツカ》ラ授二浄土ノ三部經一ヲ矣、又樂

鐘樓

元興神

極樂坊諸世代

堂西垂《スイニ》《ホトリ》有長十二間廣六間室、乃智光起居《キキヨ》《タチヰ》之南坊是也、中間《ナカコロ》三百年衣之徒《ト》、未出入之後成律院西大寺派、又室内《シツ》西偏《ヘン》有影《ヤウ》向堂《ガウ》、毎早卯尅春日大明神狂《マケテ》白鹿駕欽《ツヽシムトナリ》、智光所感《カン》之設利《シヤ》也、又室西畔《ハン》《ホトリ》一十餘歩《ブ》竹藪《ソウ》《ヤブ》《ヲドロ》之間有妖魅《エウミ》鬼鐘樓《シユロウ》之舊《キウ》地也、時俗謂《イフ》之元興神《カゴウジ》、昔在法師名曰道場《ヂヤウ》、居元興之道場故因《ヨツ》名焉、其長丈《タケ》餘而有力量《リヤウ》、或夜於鐘樓上劈《ヒ》妖鬼《エウ》髻《モトヽリ》云々、又室比背《ヲツクハヰ》有香積厨《ツ》《クリヤ》、乃禮光坐臥《ザグワ》之北坊是也、香積左右圃《ソノ》數十畝《ホ》、羅漢菜諸葛《カンカツ》菜鬱々《ウツヽ》《サカン》兮、又至南園《エン》《ソノ》開尸羅《ヒラシラ》地栽《ウフ》木叉《モクシヤ》戒ノヿ春、或補處《フ》梅或持戒樹、有蜀茶《シヨクサ》有川椒《シヤウ》、真如竹《イヨマカニ》森般若菊肥《キクコヘ》、盧橘《ロキツ》穹窿《キウリウト》《タカクタカシ》大椿磅礴《チンハウハクト》《ヒロヽクヲ、イナルヿ也》、石榴《シヤクロ》吐紅《コウ》《ハククレナイヲ》岩柳刷白《セツハク》《カキツクロフ》、雨杉聳坤《サンソビヘコン》《ヒツジサル》風松偃巽《ノヘフスソン》《タツミ》、又東門内有百尺井湛《タヽヘテ》菩薩泉、加（マヽ）旃《イツミヲ》《シカノミナラス》防非《フセキヒ》《ホウヒ》止《ヤム》《シ》悪《アクヲ》《アク》之窓《マド》前撥《ハラキ》身口露、五篇《ヒン》七聚《ジユ》之臺《ウテナノ》上待報應《ホウヲウ》春、波離《リ》遺《ヰ》風不墜《ヲチ》地、興正《コウ》家訓猶《キン》得時者也、予《ヨ》從永正甲戌冬至乙亥春靠《ヨセタツ》鳥藤杖ノヿ也於極樂坊、一日住持順識謂予《ヨ》云、前法務《ム》大僧正孝覺請《シヤウ》吾律匠《リツシヤウ》道種於此院令《シメテ》為住持以來、及我八代也、一百年前室中《ツ》空虚《クウキヨ》而無三衣《エノ》輩、多為百工《コウ》之肆《シ》《イチクラ》云爾、

前大乘院殿法務大僧正孝覺者後□求衣号己心寺殿、應安元年戊申九月十九日戌刻逝壽五十歳也、極樂律院第一世諱道種字《アサナ》光圓上人、當院中興乃為孝覺大僧正之戒師也、第二世諱《イミナハ》重然、第三世諱道喜字覺潤、第四世諱元清、第五世諱叶戒字

ハ賢聖、第六世ノ諱ハ元順字ハ尊琳《リン》、第七世諱ハ順圓字ハ良堯、隠《ゲウキン》道之地号曰眞如ト也、維《コレ》時予親ク逢二斯ノ人一ニ、齢八十八眉《ヒ》毛數寸、戒

珠《シユ》明潔《ケツノ》《イサギヨシ》而モ其勇健《ユコン》猶如二壯《ソウ》年ノ者一ノ矣、又樂堂ノ鴛瓦《エングワ》傾頽《ケイタヰ》年久、而順圓住院之日再興惟レ新ナル者也、第八世ノ諱ハ順識字ハ堯《ゲウ》光、

今日予祈寄住之主也、乃順圓ノ嫡《チヤク》於レテ越《ココニ》予所ノ聞見一スル者ノ聊カ上二ス簡第《カンタイ》一ニ、因テ繋《カケ》テ二一辭《ジ》一ヲ云ク、八耳ノ濫觴《ランシヤウ》逮《ヲヨヘリ》二乎

弟《テキ》律門ノ箕裘《キキウ》不三譲《ユツラ》二他一ニ者也、

一千ノ寒燠《カンヲフ》一ニ、二光ノ掛錫幾□七百ノ青黄《ワウ》ニ、是ニ故ニ昔ハ則三論ノ義兵横《ヘキヨコタフ》二百中ノ斧《フ》鉞《エツ》《マサカリ》一ニ、今則チ五部《ブ》ノ律士《シ》

靡《ナビカス》二十重ノ旌旗《セヰキ》一ヲ、釋藥地觀文之上皇朝々《アサナ〳〵》把二轡《トリクツハミ》ヲ於影向室《エウカウ》一ニ、檀戒忍信禪《ダンカイニンシンセン》之大士時々《ジトキ〳〵》《ヨリ〳〵》傾《カタフクカヰ》二蓋於樂堂一ニ、

鈴鐸《レキタク》響《ヒビキ》レ雲ニ絲竹《シチク》涌《ワク》レ月ニ、補處《フシヨ》ノ梅不レ得三会《エ》之雨露《ロ》一ヲ頓《トン》《タチマチ》ニ綻《ホコロ》二ブ成道ノ紅《クレナイ》一ヲ、持戒樹《ジユ》不レ凋《シボマ》二九結《ケツ》之雪霜一ニ

猶ヲ増《マス》木叉《モクシヤ》ノ碧《ミトリ》一ヲ、悪鬼忍痛《ニンツフ》《トフ》而失《ウシナフ》二妖怪《エウクハイ》之髻《モトヽリ》一鐘樓《ヲシユロウ》礎《ソ》《イシズヘ》存ス、毒蚖《ドククハン》受《ウケ》レ降《ゴウ》ヲ而亡《ウシナイ》《カク》二貪痴《トシチ》之唇《クチビル》一ヲ、鑑《カン》

池水涸《カレ》、眞如ノ翠《スヰ》竹酌不二變隨縁《スヰエン》之涼《シリヤウ》一般若ノ黄《クワウ》花示《シメス》二畢竟《ヒツキヤウ》皆空之色一ヲ、聲聞《シヤウモン》鳥囀《サヘヅリ》牟尼《ムニ》鹿遊《ロクアソブ》、前

庭《テイ》ハ則チ菩薩ノ泉《イツミ》後花ハ則チ羅《ラ》漢菜、禮師之熟睡《ジユクスヰ》依二俙《イヽ》乎タリ那《ナ》律《リツ》一ニ、安養之席《セキ》《ムシロ》光重サヌ知叔之多聞《モン》彷《ホウ》《ホツ》二佛乎《ホツタリ》

阿難《ナン》一ニ、樂土之樹更ニ綉《ヌヰモノス》化二ス承鹿再興《ロクサヰコウ》之檀越《タンヲツヲワ》一、倭歌《カノ》西行授ク二浄土三部《ブ》之多羅《タラヲ》一、陳《チン》朝ノ南嶽《ガク》寶徳ノ回禄《ロク》

揖《イフジヤウシ》二譲東街《ケイ》一ニ、勝照ノ經營《ケヰエイフ》附二庸《ヨウ》タリ艮角《コンカク》《ウシトラスミ》一ニ、誠ニ是レ灌《ソソギ》二戒瓶《カキビヤウ》於四海一ニ戴《イタダク》二律冠《クワンヲ》於億年一ニ、皇《クワウ》風永ク

扇《アフギ》佛日高ク照《テラス》、永正十二年ニ龍集《シウ》乙亥仲春日記、

七　本朝佛法最初南都元興寺由來（大日本佛教全書寺誌叢書第二）

一欽明天皇即位十三年壬申、百濟國聖明王、銅像釋迦經論幡蓋等を貢献せしに、物部尾輿中臣鎌子等違逆す、蘇我稲目謹乞、天皇像を稲目に賜ふ、稲目大臣大悦ひ、高市郡小治田の家に安し、佛像を供養す、後向原の宅を捨て寺となす、向原寺と名付、又建興寺、又元興寺と號す、本朝佛法最初元興寺の濫觴是なり、

一敏達天皇十三年甲辰九月、百濟國聖明王彌勒石像經論等を貢献せしむ、蘇我大臣佛殿を石川の宅に構立、高麗僧恵便還俗して播磨國に在しを、求得て師と爲し、初て三尼を度す、善光尼善恵尼善信尼深く佛法を崇敬す、于時守屋大連大に嫉み、益佛敵となる、

一用明天皇二年丁未四月、守屋大連佛殿を燒拂ひ、弘通の僧并に三尼を搦取て、右次郎左次郎と名つけ、山背國上狛下狛に流す、右次左次不語言諺、幡餘す佛像を取て難波の堀江に棄つ、守屋大連中臣勝海等朝敵となる、聖徳太子止事を得す、蘇我馬子大臣共に謀を廻し、軍を催し給ふ、守屋大連強盛にして三度戰ふて利なし、太子宣く、佛天の冥助に依すんは、降伏し難しとて、太子大臣供（マヽ）に祈誓を起し、強敵退治成しめ給は、堂塔建立有へしと信心をこらし給へは、守屋忽ち誅せら

法興寺
(新元興寺)

れ朝敵悉滅す、

一崇峻天皇元年戊申十一月、飛鳥の地に於て伽藍を建立し事を始給ふ、法興寺と名つく、是新元興寺の草創也、百濟國より送る六口僧、令照(聆)律師・恵聰法師・令威法師・恵動(勳)法師・道聲(嚴)法師・令契法師、假垣假僧房を造て安住せしむ、

一推古天皇元年癸丑正月、大塔眞柱を建、太子臨て禮拜し給ふ、百濟國献する所の佛舎利を心に安置す、舎利光を放ち給ふ事再三度、見者大に悦ふ、

一同四年丙辰十一月、伽藍造畢、太子天皇に奏し、無遮會を設給ふ、既夕紫雲あり華蓋の如し、天より降て堂塔を覆ふ、變て五色となる、或は龍鳳凰の形ちをなし、良久して西に去る、太子合掌目送して曰、此寺天に感す、故に祥雲あり、恵慈・恵聰の二師法興寺に居しむ、善徳臣を以て寺司とす、

一同九年辛酉三月、蘇我大臣に詔してのたまはく、朕か豊浦宮と、汝か建興寺と其地を替むと思し給ふ、馬子伏して建興寺を壊ち、豊浦の宮の舊跡に移し、建興寺の寺地を天皇に献し奉る、仍て小墾田の宮を營修す、

一同十一年癸亥冬十月四日、天皇小墾田宮に遷都し給ふ、九年より今年迄、耳無の行宮に皇居し給ふ、太子諸沙門に命して、安宅經を宮庭に講せしめ給ふ、豊浦の都より遷り給ふにより、小治

田豊浦の宮ともいへり、於レ是葛城豊浦寺・高市明香の豊浦寺、同名別所こゝに発る、
一同十四年丙寅四月、天皇太子に詔して、鞍作鳥佛師に勅し、始て丈六釋迦銅像を造らしむ、五月蘇我大臣、彼建興寺を豊浦宮の舊跡に遷し作る、建通寺と稱し、俗に豊浦寺といふ、造畢して天皇詔し、丈六銅像を安置せしむ、佛像金堂の戸より高して堂に納ことを得す、鞍作鳥秀工にして、堂に入る事を得たり、大齋會を設く、此夕五色の美雲あり、佛殿を覆ふ、銅像光を放ち、内外咸く明也、帝大歓喜し給ひ、毎歳四月八日・七月望、齋會を設立て恒式となし給ふ、
一同十七年己巳五月、百濟國沙門道欣・恵彌並に舟人十一人、表を上け留まらんことを請、勅して元興寺に止む、
一同卅二年甲申、沙門祖父を殺す者あり、朝廷勅して、初て僧正僧都及ひ法頭の官僧を置給ひ、僧尼を撿挍せしむ、元興寺觀勒僧正位に叙す、是本朝僧正の元祖也、
一同三十三年乙酉、天下大に旱す、高麗の慧灌に勅して雨を祈しめ給ふ、恵灌元興寺に於て三論を講讀し給ふ、忽ち大雨降る、帝大に悦ひ僧正を授給ふ、
一皇極天皇四年乙巳六月十四日、帝位を太子に禪り給ふ、皇太子孝徳謙退して太兄王子に辟り給ふ、太兄王子宣く、已に聖旨を奉て何そ讓り給ふ事あらんや、臣素より薙染を志すと、辭おわつて佩刀を解き地に投、即ち法興寺に往て鬚髪を除き給ふ、太子已事を得たまはすして帝位を践給ふ、

一孝徳天皇白雉四年癸丑五月、元興寺道昭和尚河内國丹比郡之人、勅を請て唐國に入る、玄奘三藏に謁して法相を學ひ禪定を兼學して、其後三藏を辭し、歸帆の時三藏佛舍利一切經を授け、又一鐺子を與へ給ふ、竟に纜を解き船を發せしに、風波漂揺する事七日七夜なり、下人云ふ、海神鐺子を望む、願くは鐺子を海に入、諸人を救はれよと、於レ此鐺子を海中に擲入給ふに、難風忽ち止み、天智帝五年丙寅年歸朝ありて、其後鐺子造らしめ世に弘給ふとかや、天下を周遊して路傍に井を穿ち、諸津に渡の船を儲け、橋を造て行人を助け給ふ、山背國宇治橋は、道昭始て渡さるる所也、天智天皇勅して、元興寺に再住せしめ給ふ、禪院を東南の隈に建て、佛舍利一切經を安置し、文武帝四年庚子三月十日往生し給ふ、光明室に充ち、異香天樂寺内に滿つ、遺言によつて栗原に於て火葬し奉る、是吾朝火葬の開祖也、行狀諸書に委し、

一齋明天皇三年丁巳七月、盂蘭盆會を設け、須彌山を飛鳥寺に作る、同四年戊午冬、元興寺沙門福亮を鎌子の陶原の家に赴請して、維摩經を講せしむ、

一天智天皇十年辛未十月、帝不豫なり、袈裟・金鉢・象牙・沈水・旃檀香、諸の珍寶を法興寺佛像に供給ふ、

一天武天皇六年丁丑八月、飛鳥寺に齋會を設け、大藏經を讀しむ、帝南門に行幸ましまして佛を

平城本元興寺

禮し給ふ、諸王公卿に詔して度者一人を賜ふ、これによつて貴族の中髪を薙者多し、
一同九年戊寅(庚辰)七月癸巳、沙門弘聰卒す、大津・高市の二皇子をして弔しむ也、
一同十四年乙酉五月、帝二度飛鳥寺に行幸ありて、病を祈給ふに験あり、仍て珍寳を奉り多く田戸を納給ふ、於レ是詔して法満寺と號奉る、同十五年丙戌六月、伊勢王をして衆僧に告け病を祈しむ、
一元明天皇和銅元年戊申十月、詔して元興寺僧を禁庭に召て、大般若經を讀しむ、
一同帝和銅三年庚戌春三月辛酉、大和國高市郡藤原宮より、同國添上郡平城に都を遷し給ふ、
一元明天皇和銅三年、道昭和尚開基し給ふ禪院、佛舎利一切經並に佛法最初金銅釋迦如來彌勒石像等、平城新京に移し建給ふ、平城元興寺・法興寺草創權輿是なり、
一元正天皇靈亀二年丙辰五月、勅して豊浦建興寺を同國添上郡平城左京六條四坊地に移し造る、本元興寺是なり、
昔は三論宗法相宗を兼學す、崇峻天皇元年より、元正帝靈龜二年に至て、其年間凡百二十九年也、

金堂 五間四面二重樓閣 或七間五間佛層舎

元正天皇養老六年壬六戌月、勅して大金堂に改造立、是より先の本堂を遷して東金堂となし給

ふ、
丈六釋迦如來衣裳座、脇士虚空藏、觀世音八尺、四天王四軀、天皇持統天皇の爲に、稽文會・稽首勲に勅して作らしめ給ふ、同十二月開眼供養、導師僧正慈訓、呪願大僧都觀成、散位従四位上石川朝臣右《石ィ》足を使に充、佛會を専當せしむ、

東金堂三間四面元正天皇御本願

新羅國より献する所の佛法最初釋迦三尊銅像三軀を安置す、今興福寺東金堂後堂にあり(マヽ)是也、

西大塔三間四面七重塔婆

聖武天皇神亀五年戊辰十月、天皇皇太子喪靈菩提の爲に誠願を起し給ひ、七重大塔一基を建立し、半丈六多寶如來・脇士普賢文珠を安置し給ふ、開眼供養、導師大僧都觀成、呪願小僧都辨正、左大臣正二位長屋王勅を奉て佛場に到り、大會を行ひ給ふ、

講堂五間三間佛舎聖徳太子御本願

半丈六阿彌陀如來座像、脇士大勢至 觀世音

四門額 南本元興寺 北豊浦寺 西建興寺 東建通寺

桓武天皇延暦年中、忍海原連魚養、勅を奉て是を書く、

平城新元興寺

一聖武天皇天平勝寳元年乙丑閏五月、詔して絁五百疋・布一千端・綿一千屯・稲十萬束を、治田一百町を施捨し給ふ、

一孝謙天皇詔して、治田一千九百町を増入れ、都合二千町を定賜ふ、

一高野天皇神護景雲元年丁未三月二日、天皇行幸ましまして、綿八十屯・商布一千端を捨賜ひ、奴婢爵位を賜ふ、

鎮守白山姫神（伊弉冊尊也、亦申二治田神社、）

今移轉して法興寺の内に小祠あり、白山辻子といふ是也、

一光孝天皇仁和三年丁未十二月晦日、本元興寺残なく地を拂ふて焼亡、其後再興あらす、當時悉く田畠に變す、

崇峻天皇元年より仁和三年迄凡三百年、

一元正天皇養老二年戊午八月甲寅、勅して飛鳥法興寺を同國平城左京五條四坊に移して造建し給ふ、新元興寺是也、

法相三論華嚴兼學す、

金堂（五間四面二重樓閣 并五間三間中門廊）號二彌勒殿一、

元正天皇養老六年壬戌六月、勅して大金堂に改造立し給ふ、是より先の本堂を遷して東金堂となし給ふ、

丈六彌勒菩薩結跏趺、脇士法花林大妙相兩菩薩三軀、天皇天武天皇の爲に勅して、稽文會に彫造せしめ給ふ、

八尺四天王像四軀

養老六年十二月開眼供養、導師僧正慈訓、呪願大僧都觀成、

散位従四位上石川朝臣石足使に充、佛會を専當せしむ、

東金堂三間四面

百濟國より、敏達天皇十三年に、渡所の彌勒佛石像を安置し給ふ、

養老二年戊午八月、従四位上石川朝臣難波麻呂・同右足《石イ》、勅を奉て造營する所也、祖父大臣蘇我宿禰連功田租を従ひ用ゆ、

崇峻天皇元年より養老二年に至て凡百三十一年に當る、

西金堂五間三間佛舎

聖武天皇神亀五年戊辰八月、天皇皇太子の病苦を救んか爲に、勅して七觀音一㮨手半像七百七

十七軀を造刻し、并観音經七百七十七巻を書寫せしめ、精舎を造營して安置し給ふ、然後光孝帝仁和三年十二月晦日の火災に、精舎佛像燒失せしを、醍醐天皇延喜年中、別當義濟傳燈大法師位新に丈六千手観音像を造立し、燔殘観音經七百餘巻を納め安し給ふ、即ち宇多法皇の御願心に依所也、

講堂五間三間佛舍

本尊丈六藥師如來座像、脇士日光月光兩菩薩三軀、律師道慈建立して佛像を安置し給ふ、等身十二神將厨子に入、二基本尊の左右にあり、

大塔院五重大塔一基三間四面高二十四丈

孝謙天皇天平勝寳年中、御本願五大虚空藏、等身座像四軀を安置し給ふ、後代五智如來に改造り安置せしる(む)、

天平寳字元年丁酉五月開眼、塔供養、

導師律師慶俊、呪願法師廣達、

観音堂五間四面號二中門堂一

本尊丈六十一面觀世音立像一軀、

孝謙天皇御本願、聖武皇帝・光明皇后の菩提の爲に、初瀬寺觀音霹靂木餘材を以て、稽文會・稽首勲に勅して彫造せしめ安置し給ふ、四天王像四軀、

孝謙天皇大僧都良辨に詔して、開眼供養を修し給ふ、天皇行幸有て、佛像を拝し給ふ、其後延喜三年癸亥五月、別當義濟に詔して、再建造營あり、宇多法皇の御願志に依所なり、今の觀音堂是也、

寳形二層八角塔一基　號二小塔院一

寳冠虚空藏等身座像一軀、四天王像四軀を安置す、天武帝御宇、小徳冠中臣連國足、藤原の都の地に於て建立せしむ、

國足の孫、左中辨清麻呂、勅を奉て大塔院の西方に徙し造建す、天平寳字元年丁酉五月塔基供養、導師呪願僧徒大塔院に同し、

吉祥堂五間四面　號服部堂

光明皇后御願、吉祥天女像を安置し給ふ、護命僧正等身影像、本尊の右脇に安置す、彼僧正の輿を以て厨子とす也、

稱徳天皇弘願として、三重小塔一百萬基、高各四寸五分、基の徑三寸五分、露盤の下各根本慈心

相論六度等陀羅尼を置、寳亀元年庚戌三月戊午に至て、諸寺に分置給ふ、法興寺奉納小塔、即ち此吉祥堂に安置し給ふ所也、然し此小塔基安置有を以て小塔院と名付には非す、小塔院は大塔院に對するに依て名つくる所也、

食堂十一間堂棟木一支十一間、

竈殿一宇　各講堂の北に有、

鐘樓一宇

此鐘靈あり、當昔高市郡元興寺にあり、道場法師鐘堂の悪鬼を拉き退治有て、世にいふ元興寺名鐘是也、養老年中、此所に引移し建立ありしより、六百七十餘年を經て、應永二年丁亥六月晦日、將軍義滿公の令命に依て、洛陽相國寺に引移さる、同十年六月廿四日、雷火の爲に鐘樓燒失す、其蕩銅を加へ新に鐘を鑄直されしとかや、今相國寺洪鐘是也、

鎭守飛鳥神並社　事代主命一座、大巳貴命神子也、

養老二年戊午、高市郡明香より勸請也、小塔院の東に在り、里俗誤て率川阿波神宮といふ、飛鳥川と率川と混雜して神號を訛れり、

四門額　南新元興寺　北飛鳥寺　西法興寺　東法滿寺

桓武天皇延暦年中、忍海原連魚養勅を奉て之を書す、宇多法皇詔して新元興寺再興し給ひ、伽藍舊字に復し、勅して小野美村（材）四門の銘額を書せしむ、新の字を除て元興寺と書改給ふ、

金堂三面僧房中門廻廊 鐘樓 經臺

中門 多聞持國二天並八夜叉を安置す、件夜叉靈驗あり、

南大門 五間二重樓閣、

金剛力士を安置、件二王、西の方一體は日本國二王出現の始にして、前の池に出現し給ふ、樓門裏獅子形像二頭を置く、

御靈明神井上皇后・崇道天皇・他戸皇子三座、神輿舎南大門前五條大路にあり、

飛鳥川　金堂の北講堂の前を西に流、奈良の飛鳥川是也、

飛鳥井　小塔院の南に在、玄昉僧正穿所也、

誕生堂

欽明天皇十三年、百濟國貢献する悉達太子像・灌佛器一具を安置す、元正天皇勅して、養老二年平城に移建給ふ、元正帝御諱、日本根天津御代豐國成姫天皇と號し奉る、此御名を俗に誤り傳

して、横萩(佩)の右大臣豊成公息女中将姫誕生所と稱す、不可なり、

中院極樂坊　曼陀羅堂太子堂

智光法師頼光法師の住房、浄土曼陀羅を安置せらる、其後大破に及ひしを、西行法師勸進して修造ありし也、

北室　南室　東室　仙光院

禪定院號飛鳥坊元興寺別當御所　其後大乘院御門跡となる、

南光院　西光院　十輪院　公納堂　納院　葛木尼寺　高林院

其外別院別坊勝計へからす、

一光孝天皇仁和三年丁未十二月晦日、諸堂回祿して再興有しを、其後倒顚頽廢せし堂宇數多あり、

一御(マヽ)花園院寶德三年辛未十月廿日、元興寺伽藍地を拂ふて燒亡し、漸く五重寶塔・觀音堂燒残れり、今奈良元興寺といへる是なり、佛法最初の大伽藍敷地、各民家に變して、其古跡を知る人さへ希になりぬ、まことに可レ悲事也、

一東照大權現　慶長七年壬寅八月六日

寺領五拾石　御朱印御寄附

八　本元興寺縁起

（大日本佛教全書寺誌叢書第二）

本元興寺安居院は、聖徳太子御建立、橘の都の大佛殿なり、用明天皇即位二年丁未草創し給ひ、元興寺と號す、其後元正天皇の御宇、此元興寺を平城の京に移し、佛像をわけて安置し給ふ、故に此寺を本元興寺と云、推古天皇即位四年丙辰四月十六日より、恵慈・恵聰此寺に居し給ひ、一夏（マヽ）をむすひ安居院と號し、傍に井をほり、則安居井と名付給ふ、其井今にあり、本朝安居の初め是なり、同年十一月に名を法興寺と改め、猶二名を加へ、四門に四つの額をかけ、東門は飛鳥寺、西門は法興寺、南門は元興寺、北門は法滿寺、太子建立の最初、此寺三百年後必火災あらんと未來を記し給へり、令言たかはす、仁和三年十二月晦日燒失す、天災なりと云傳へし、其後再興ありしか、いつの比よりか衰破して、本尊のみ殘れり、推古十三年乙丑、異國より來朝せし鞍作鳥佛師に仰て、金銅丈六釋迦の像を作る、是日本大佛殿のはしめにて、其銅像今にあり、宗旨は眞言、いにしへは境內方二十餘町ありし、されともわつかのこりて今は草庵の一坊あり、

九極樂院記　一巻

（元興寺極樂坊藏）

元興寺別院極樂坊

夫觀念の夕の日にハ三障の雲をのつから巻き、稱名の朝の風にハ九品の花則ひらく、爰を以て住立の三尊は光を放て空中にあらハれ、臨終の獄火ハたちまち變して涼風となれり、實にいわゆる萬機普益の妙術轉迷開悟の良導なるもの也、抑南都元興寺の別院極樂坊と申ハ、むかし上宮王子蘓我の馬子と心を合て、大和國高市の郡飛鳥の里に草創し給へり、是則本朝佛法の權輿王臣歸敬の靈場なり、其後代ゝを緣（マヽ）て第四十四主元正天皇靈亀元年にはしめて奈良の京に移し給へり、こゝにをゐて智光禮光といひし二人の大德、此寺に籠り居てもハら三論の宗義をひろめ給ふ、同しく是智道兼備の高僧、世に元興寺の二光といへるこれなり、

智光と行基

其比行基法師といふ人有けり、道義薫練して德香つゐに天聞に達しにけれハ、聖武天皇御歸依浅からすまし〳〵て大僧正にそ補せられける、智光法師これを聞て、安からぬことかな、我こそ才智世にすくれにたれ、行基ハたゝ小行をつとむ、しかるに朝庭我ヲすてゝ彼をすゝむ、ふかく是をねたみ思ひて終に山中にかくれぬ、或時智光俄に死せり、その頓死なるを思ひて弟子等いまた

葬らさりしに、十日にして蘇り弟子等に語給ひけるハ、閻王の冥使我をゐて行けるに、かしこに七寶莊嚴の樓閣あり、いかなる所そと問にけれハ、冥使あれこそ行基僧正受生の所なれと答ふ、猶すすミ行にけれハ煙焔空にみち鐵火地をはしる所あり、又いかにと問に、汝か落へき地獄なりと答て、既して閻王の前に至る、王呵責して云、汝何そ行基僧正をそしりねたむや、その罪かろからす、今これを治せんと思ふ、命のつくるにハあらすとて、即火柱をいたかしむるに、肉とろけ骨くたけて後はなちかへさるゝと思ひて蘇へけりといひをハりて、即僧正に行て其咎を謝す、時に僧正ハ攝州にありて難波の橋を造りたまへり、遙に智光の來れるを見て則微笑したまふ、智光法師僧正を拜し罪を謝して歸たまひぬ、

禮光法師ハ老て後かたく言語を禁して晝夜常に睡れるかことし、智光法師その故を問ひ給ひけれ共終こたふることなし、如斯して數歲の後しつかにおハり給ひき、智光法師嘆して云、禮光ハ少年の學友也、近年不語を行す、生所いつれの所そや、祈念する事三ニ月なり、一夕夢に禮光のもとに至れり、嚴麗光潔なり、智光是ハいかなる所そと問、禮光答て云、極樂界也、汝懇志をもて且く爰に來れり、しかれとも汝か住へき所にあらす、はやく出去へし、智光の云、是安養界ならハ我

常に願ふ所なり、何そかへるへきや、禮光の云、汝ハ此所に生すへき行業なし、いかんそ爰にとゝまるへき、智光の云、生平汝か行業を見るに、唯無言にして我に超る事なし、しかるに已に爰に生す、我何そ住せさらんや、禮光の云、我ひろく諸經論を見るに、往生の業觀想に過たるハなし、爰を以言語を絶して行住坐臥常に彌陀の相好及浄土の莊嚴を觀し、積功累徳して今樂邦に生れぬ、更に我を詰る事なかれ、智光の云、すてにしからハ我も又觀想せんと思ふ、願ハその秘訣を示し給へ、禮光の云、此事彌陀尊に問ひ奉るへしとて智光と共に佛所に詣す、智光頭面作禮して佛にもふして云く、いつれか是往生の正業ならん、佛告てのたまハく、如來の相好及浄土の莊嚴を觀すへしと、智光又白て言く、今極樂界を拜し奉るに、廣博嚴飾にして心眼及かたし、况如來の相好更に凡慮の堪る所にあらす、時に如來右の御手を擧させ給へハ、掌の内に小浄土現す、莊嚴具足せり、佛又告て曰、汝此界に來る事娑婆世界の衆生或ハこれを疑へし、是ハこれ釋迦如來砕身の舍利、則無上の寳珠なり、汝此界に來れる證誠にせよとて舍利一顆を授給ふと思ひて夢さめけるに、掌の内に現に舍利有、世にあひつたへて智光舍利といへるこれなり、

智光法師夢さめて後、かの小浄土を畫かゝしめんとて數の畫工を召されけれ共、心にかなハさり

けれハ、蓮糸をもて絹を織せて、しかるへき畫工をまたれけるところに、或時忽然として年の程十四五歳はかりの童子來て告て云、汝浄土の變相を畫かんと欲す、我汝か諸願をたすけんか爲來れりとて、一七日の内に小浄土の變相を畫て智光法師に授く、佛菩薩の相好寶樹化鳥の有さままたく夢見る所にたかハす、禮光ハ外縛の印を結ひ左に坐し、智光ハ掌を合て右に坐せり、智光法師是を拜して歡喜胸にミち、感涙眼にたゝへぬ、扨畫工ハいつくの人そと問ひ給ひけれハ、我ハ是西方極樂彌陀左脇の大士なり、汝臨終の時必來り迎へしといひて西の空に飛去給へり、爰にしる、此曼陀羅ハ生身の觀音、悲願に乘してあらハし給へるもの也、一度もこれを拜する輩ハ、たとひ重悪の人なりとも往生何そうたかハんや、あふくへくたうとむへきにたれる物也、本朝最初智光曼荼羅といふこれなり、

智光法師變相感得の後、九間四面の曼荼羅堂を造營したまふ、九品になそらへて堂内を九つにわかち、本願をかたとりて柱を四拾八本そ立られける、中央にハ一間四面の寶龕を造り、その四方及天井にをの〳〵曼荼羅を自畫して旋遶觀想の道場とし、一生此曼荼羅を觀し臨終吉祥にして終り給ぬ、そのゝち數百歳伽藍修復の折ふし西行法師天井を再興せり、又東南の柱にゑかきし龍王ハ畫工金岡か筆なり、昔南庭の池中より毒蛇出て人をなやます事侍りしに、金岡これをゑかき

にしより其災つゐに止池水も又かれぬ、伽藍の北に五間に七間の室有、これ禮光法師の住たまへる所也、南に七間に十八間の室有、智光法師これに住給へり、智光法師自二光の影像を作残し置給へり、又此室内の西に春日明神影向の間有、朝毎に影向し給ひて曼荼羅及舎利を守護し給ひ、吾此所に住せんと神勅ありしを、弘法大師勸請し給ひて春日影向の曼荼羅を自畫し、又みつから遺像を作りて残し給へり、又五間四面の太子殿有、飛鳥本元興寺より移し給ひし殿也、太子御手つから刻ませ給ふ十六歳の遺像有、當所今在家といふ所に住ける冶工なにかしに夢の告有て、覺て後此殿に詣けれハ太子手つから浄土三部經を授させ給ふ靈驗あらたの眞影なり、

太子殿

其後代々願生西方の行者此寺に入住して觀念の春の朝にハ十六觀想の花匂ひを薫し、稱名の秋の夕にハ四十八願の月光を放てり、道寂法師願西ひしりなとも皆此寺にして久く道業を修せられけるとそ、中比西大寺の興正菩薩當寺に入給ひにしより律院となれり、その後道種律師不斷念佛を再興し、もハら往生の要義を談して諸人を濟渡し給ひけり、誠に是佛法權輿の靈地往生極樂の道場なるものなり、

律院となる

元興寺別院極樂坊

智光と行基

一〇　元興寺極樂院圖繪緣起　二巻　（紙本彩色）　（元興寺極樂坊藏）

（上巻）南都元興寺別院極樂坊緣起

夫觀念の春の朝には十六觀想の花匂ひをまし、稱名の秋の夕には四十八願の月光をかゝく、されハ迎接の三尊は光をはなちて空中にあらハれ、臨終の獄火ハ乍に變して淸凉となれり、万機普盖（マヽ）の妙術轉迷開悟の良導ひとへに稱名觀念の力に有をや、抑南都元興寺の別院極樂坊と申は、昔上宮王子蕪我の馬子と心を合て大和國高市郡飛鳥の里に草創し給へり、是すなハち本朝佛法の權輿王臣歸敬の靈場なり、其のち代ゝをへて人王四十四代　元正天皇の御宇靈亀元年に初て奈良の京にうつし給へり、時に此寺に智光禮光とて二人の大徳おはしけり、もハら三論の宗義をひろめたまふ、おなしくこれ智行兼備の高僧なれは、世に元興寺の二光といひあへり、

（繪　智光・禮光宗義をとく）

其頃行基法師といへる人有けり、徳香薫練し道義他にことなる故にや、つゐに天聞に達しけれハ、

聖武天皇御歸依あさからすまし〱て大僧正にそ補せられける、

（繪　行基大僧正に補せらる）

爰に智光法師これを聞てやすからぬ事に思ひ、我こそ才智世に勝れたれ、行基ハたゝ小行をのミつとむ、朝廷なんそわれを捨て彼をすゝめ給ふやと深くねたみて、終に山中にかくれぬ、或時智光何事なくて俄に死つ(マヽ)に赴ぬ、弟子等その頓死なるを思ひていまたはふむらさりしに、十日にして穌(蘇)生し給ひけり、

（繪　智光山中に頓死す）

智光穌生して弟子等に語り給ひけるハ、閻王の冥使我をゐて行けるに、かしこに七寳荘嚴の樓閣有、いかなる所そと問けれハ、あれこそ行基僧正受生の所なりとをしへぬ、猶すゝみゆくに、煙焰空にみち鐵火地をはしりはなはた恐怖の所あり、またいかなる所そと問ふに、是汝かおちぬへき地獄なりとしめしぬ、

（繪　智光冥使に導かれて極樂地獄をみる）

既にして閻王の前にいたりにけれハ、閻王呵責して曰、汝何そ行基をそしりねたむや、その罪かろからす、今これを治せむと思ふ、報命(マヽ)のつくるにはあらすとて、すなハち火柱をいたかしむるに、肉とろけ骨くたけてのちゆるしかへさると思ひてよみかへりぬ、

（繪　智光閻王の呵責を受く）

かくて智光慚愧の心ふかく成て其咎を謝せん事を思ひて、行基僧正のもとに至りぬ、行基は攝州におはして難波の橋を造り給へるか、はるかに智光の來れるをみて微笑し給ふ、智光法師僧正を拝し佉(低)頭懺悔して寺に歸り給ひけり、

（繪　智光行基に謝す）

爰に禮光法師は年老て後かたく言語を禁して晝夜眠れるかことし、智光法師そのゆへを問はれけれとも、終にこたふる事なくして、年へて後静にをはり給ひぬ、

（繪　禮光語らずして没す）

智光法師嘆して曰、禮光ハ少年の學友なり、近年無言にしてむなしく世を去ぬ、いふかし生所いつれの所そやとて、祈請する事二三月を經たり、

（繪　智光祈請す）

或夜智光夢の中に禮光のもとに至れり、嚴麗光潔なる事言葉を以述かたし、是はいかなる所そととはれけるに、禮光の曰、これ極樂界也、汝ねんころの志をもてしはらく爰に來れり、しかあれと汝かすむへき所にあらす、早く歸るへしといへり、智光の曰、これ安養界ならハ我常に願ふ所な

り、何そ歸るへきや、禮光の曰、汝は此所に生すへき行業なし、いかてか久しくとゝまるへき、智光のいはく、汝平生の行業をミるに唯無言のミにして我に超る行なし、しかるに汝爰に生す、われ何そ住せさらんや、禮光のいはく、我ひろく諸經論をうかゝふに、往生の業ハ觀想に過たるハなし、是故にわれ久しく言語を絶して行住座臥常に彌陀の相好浄土の莊嚴を觀し、積功累徳して今此土に生れぬ、汝さらに我を疑ふ事なかれ、

（繪　智光禮光と語る）

智光のいはく、謹て教誨を承りぬ、我も又觀想をこらし浄土に生せんと思ふ、願くハ其秘訣を示し給へ、禮光の曰、此事彌陀尊に問奉るへしとて智光と倶に佛所に詣す、智光頭面作禮して佛にまうして言く、いつれかこれ往生の正業にて侍るやと、佛告てのたまハく、浄土に生せむとおもはハ如來の相好をよひ浄土の莊嚴を觀すへし、智光又まうさく、今極樂界を拜し奉るに廣博嚴飾にして心眼をよひかたし、况如來の相好さらに凡慮の堪る所にあらす、願くハ大悲方便を以要路示し給へ、時に如來右の御手を擧させ給へハ掌の内に小浄土の相を現す、莊嚴歴然たり、

（繪　浄土の莊嚴を示す）

（下巻）

佛また智光に告たまハく、汝此界に來れる事娑婆世界の衆生疑惑を生すへし、是ハこれ釋迦如來砕身の舍利すなハち無價の寳珠也、これを證誠にせよとて舍利一顆をさつけ給ふと思ひて夢さめけるに、掌の内に現に舍利をえたり、世に智光の舍利といふこれなり、

（繪　智光の掌中に舍利あり）

智光法師夢さめて後、かの小浄土をゑかゝしめむとて、數の畵工におほせけれとも心にかなはさりしかは、蓮の糸をもて絹ををらせ、しかるへき畵工をまたれける所に、齢のほと十四五歳はかりの童子忽然として來り告て曰、汝浄土の變相をゑかゝむ事を願ふ、我汝か願をみてしめむかために來れりとて、一七日といふに浄土の變相思ひのまゝに圖して智光にさつけぬ、佛菩薩の相好寳樹化鳥のありさま全く夢みる所にたかハす、禮光は外縛の印を結ひて左に座し、智光ハ掌を合て右に座せり、智光法師これを拜して欽喜の涙せきあへす、有かたき事になんおもはれける、さて畵工はいつくの人そととハれけれは、我こそ西方極樂彌陀左脇の大士なり、臨終の時はかならす汝を迎へんといひて西の空に去給ひぬ、

（繪　童子彌陀と浄土を畫きて去る）

されは此曼荼羅ハ、生身の觀音薩埵悲願に乘してあらはし給へるか故に、一度これを拜する輩

ハ、たとひ重悪の人なりとも往生何そうたかハむや、されハ世に本朝冣初智光曼荼羅といへるこれなり、

（繪　衆人智光曼荼羅を拝す）

智光法師變相感得の後、九間四面の堂を造りて曼荼羅を安置し、九品になそらへて堂内を九にわかち、又本願をかたとりて柱を四十八本そ立られける、

（繪　曼荼羅堂を建築す）

智光みつから二光の影像を作り残せり、又堂内の中央には一間四面の寳龕をつくり、その四方をよひ天井にミつから曼荼羅を圖して旋繞観想の道場とし、一生この曼荼羅を観してつゐにめてたく入寂したまへり、則天平十九年丁亥三月廿五日なり、

（繪　智光自ら影像を畫きやがて入寂す）

其のち數百歳の星霜をへて伽藍破壊に及しかは、西行法師天井を再興せり、又東南の柱にハ金岡か筆にて龍王をゑかき侍る、昔此寺の南庭の池中に毒蛇かくれゐて時ゝ人を悩す事おほかりしに、金岡此龍をゑかきてよりその害永くやミ池水も又枯ぬ、

（繪　池中の龍人を悩す）

伽藍の北に五間に七間の室あり、これ禮光の住給へる所也、南に七間に十八間の室有、智光これに住し給へり、此室内の西にあたりて春日明神影向の間あり、朝ことに影向し給ひて曼荼羅をよひ舎利を守護し給ひ、また此所に住せんと神勅ましく〱しかは、弘法大師勸請したまひて春日影向の曼荼羅を自畫し、又ミつから形像を造りて残したまへり、

（繪　春日明神影向して曼荼羅を守る）

又四間四面の太子殿あり、飛鳥の本元興寺より移し給ひし殿なり、太子手つからきさませたまふ十六歳の御すかたにして靈驗いちしるしくあふかれ給ひける、中頃の事にや、當所今在家といふ所に住ける冶工なにかしに夢の告有て、此殿に詣けれは太子手つから浄土三部經をさつけさせ給ひける、かゝる不思議の事ともおほくましく〱ける、

（繪　太子殿にて聖德太子浄土三部經を授く）

そのゝちおほく願生西方の行者此寺に入住して、あるは觀念をこらしあるは稱名をすゝめて利益衆生の靈場となれり、道寂法師願西ひしりなとも、ミな此寺にして久しく道業を修せられけるとそ、中頃西大寺の興正菩薩當寺に入給ひてより律院となれり、其後道種律師不斷念佛を再興して、もハら往生の要義を談しておほくの化緣をまうけられたり、誠にこれ佛法權輿の勝地往生極

樂の道場なるものなり、

（繪　極樂坊庶民念佛の靈場となる）

（奥跋）

右雖有舊來緣起、因爲蠹損、今應尊覺律師需、重令染毫畢、

元祿十四辛巳年仲夏穀日東大寺華嚴長吏

二月堂別當安井門主前大僧正道恕（花押）

一一　莊嚴極樂院記　一巻　（元興寺極樂坊藏）

莊嚴極樂院記上

觀念の夕日にハ三雲の妄をはらひ、虚空の三尊ハ光明を照す、唱名の夜月にハ一念の劒をふるひ、炎烟の鑵湯ハ凉風と變せり、夫仙光院極樂坊は元興寺の別院なり、彼寺ハ上宮太子と蘓我の馬子と心をあはせて大和國高市郡飛鳥の地に草創ましく〱て、本朝佛法權輿の道場なり、代ゝを經て

仙光院極樂坊

本元興寺
新元興寺
智光と行基

四十四主元正天皇靈亀二年に奈良の京六條の四坊に移しかへ給ひしより、飛鳥の里に残りしを本元興寺と號し、奈良にありしを新元興寺といへり、蓋當坊には智光禮光二葉の昔よりともに籠居して三論の奥義をうかゝひしかは、終に栴檀ミのりぬれハひかり十方をてらすにひとしく、世に二光とそいひあへりける、そのなかれの末を汲たまひし聖寶僧正ハ、はしめて賢聖義及二空比量義の論文をたてゝ威風を東大寺に残さる、こゝに慧辨勝れしひしり有、行基とそいへり、四十五主聖武天皇かたしけなくも御歸依有て終に大僧正に補せらる、葵藿日影にしたかひておのつからめくり、磁石鐵をすふ因縁なるを、いかにそや智光心にふかくねたミ山谷に身を隠す、俄に息たえぬ、弟子等おとろき心まとひしてはうふるわさも思ひあへさりし、かくして十日といふによみかへりつ、弟子らにむかひていはく、閻王の冥使我をおひたてゐてゆくに、七寶荘嚴の樓閣巍ゝたる有、いかなる所にかとゝふ、冥使あれこそ行基僧正の往生せられなん所よとこたふ、猶ゆき〳〵て炎煙虚空にみち鑊湯わきかへり鉄玉ほとはしる所有、またいかにとゝへハ、冥吏あれこそ汝か墮すへき地獄よとこたへつ、すてにして閻王の前にいたりぬ、王呵してのたまはく、汝いかなれは行基僧正をそしりねたむそや、罪いとおもし、則火銅の柱をいたかしめつ、身肉筋骨とろけて後はなちかへさるゝとおもひてよみかへりぬ、といひおはりて、行基に謝せすハあらしとて津のくにゝおもむく、基は難波の橋を造らせてゐなからはるかに智光のきたれるを見て莞爾としてゐ給ひしか、智光しか〳〵の事とも懺謝作禮してそ歸ける、地につまつきてたふるゝ者は地をつきて立とかや、しかありてより禮光法師晝夜をわかたす枕によりふし言語を禁して更にいはす、智光法師よりきていかなる事にやとゝふにこたふる事なし、年をへてしつかに終られけり、智光おもふに無語にして命おはること罪かろからす、生所いつれにかゐます覧と祈念あさからさりしかハ、三二月一夕夢見るに禮光の所にいたれり、その所の様嚴麗光潔いふへくもあらす、智光これはいつくにやと問、禮光これ極樂界也、汝はやくされとこたへつ、智いはく、若是安養界ならは我常に願ふところなり、何そ歸るへけんや、禮のいはく、汝に行業なし、智いはく、平生汝の修行をみるに只無語のミにして我にこゆることなし、なんそ我をおとしむるや、禮のいはく、我あまたの經論を見るに往生の業にハ觀想にまさるなし、語言を絶し四威儀なから彌陀の相好及浄土の莊嚴を専に觀して今樂邦に生れぬ、さらに我を詰ることなかれ、智いはく、しからハ觀想のやうを我におしへよ、禮のいはく、此事彌陀尊に問奉るへし、とて智と共に佛の御許にいたり、五投作禮していつれか往生の正業に成なん、彌陀尊智光につけての給ハく、如來の相好及浄土の莊嚴を觀すへし、智いはく、今更極樂界を見たてまつるに廣嚴博飾にして心眼をよふへきニあらす、まして如來の相好をや、時に彌陀尊右の御手をあけさせ給ひて、掌のうちに小浄土を現し給ふ、荘厳かくる事あらさりけり、佛勅あり、汝安養界に來たる事娑婆の衆生うたかひなくハあらし、證誠たるへしと設(含)利一顆をさつけ給ふと見て夢覺ぬ、さめて後掌の中に舎利おはします、仍小浄土を圖せすハあらしとあまたの繪師に仰てかゝしむといへとも、丹青色あさく泥茚光りをうしなひ心にかなハす、蓮糸の絹を調して畫工をえらふところに、十四五許の童子の入きて七日をへてかきえさせつ、如來の相好はひかり四方にかゝやき、寳樹ハさなから十方刹土の影うつるかとあやしまれ、菩薩の舞樂はおのつから天衣をひるかへすにことならす、諸鳥ハさへつらねとも説法の聲をなすかとあやしまれ、禮光は手をこまぬきて左に坐し、智光ハ掌をあはせて右に坐す、觀念のよそほひさなからにこそ書なしけれ、あやしたれ人にかととへは、我ハ安養彌陀の左脇士觀世音なり、汝か善巧たすけんためにきたれり、又臨終の夕に來迎せんと約してうせたまひにき、まことに童男童女の御ちかひむなしからぬこそたうとけれ、されは一たひも此圖を拝禮しつる輩は、十悪の人なれともかならす往生の主伴と成なましとの佛勅あり、これらの功徳をかきつきなハ紙の山をなし筆の岡をもつきなん、本朝最初智光曼荼羅是也、

(裏書)

此壹巻市場ニアリ、幸ニ之ヲ得タリ、以テ極樂院ニ寄附ス、

奈良

明治廿八年六月十二日　中村雅眞（花押）

編年史料

―古代―

538　欽明天皇
552　蘇我稲目

第一編　飛鳥の法興寺　（飛鳥・白鳳期）

宣化天皇三年（欽明天皇七年）（戊午）十月または十二月
欽明天皇十三年（壬申）
}?

佛教が公傳し、蘇我稲目が牟久原の家に佛像をまつった。

〔元興寺伽藍縁起并流記資財帳〕（その他諸縁起）（↓縁起）

〔上宮聖徳法王帝説〕

志癸嶋（欽明）天皇御世、戊午年十月十二日、百濟國聖明王、始奉度佛像經教并僧等、勅授蘇我稲目宿禰大臣、令興隆也、

〔三國佛法傳通縁起中〕　華嚴宗

然華嚴宗古徳記述、日本佛法初傳年代、總有二説、一昔新羅學生大安寺審祥大徳記云、檜隈芦入野宮御宇宣化天皇即位三年歳次戊午年十月十二日、従百濟國佛法傳來、宣化天皇即第二十八代帝王也、二東大寺圓超僧都、延喜十四年甲戌、奉詔撰華嚴宗并因明章疏目録、彼序中曰、磯城嶋金指宮御宇欽明天皇十三年佛法始傳矣、雖有二説若依多分圓超所説以爲正録、

欽明天皇

蘇我稲目
物部尾輿
中臣鎌子

向原寺

〔太子傳古今目録抄〕一悉達太子并灌佛器渡事

建興寺縁起云、廣庭天皇御世治天下當南岳卅三歳七年十二月十二日、百濟國主明王、太子像并灌佛之器一具及説佛起盡奏一送度云云、已上、

〔日本書紀十九〕欽明天皇

十三年、冬十月、百濟聖明王更名聖王遣西部姫氏達率怒唎斯致契等、献釋迦佛金銅像一軀・幡蓋若干・經論若干巻、別表讃流通禮拜功徳云、是法於諸法中最爲殊勝、難解難入、周公・孔子尚不能知、此法能生無量無邊福徳果報、乃至成辨無上菩提、譬如人懐隨意寳、逐所須用、盡依情、此妙法寳亦復然、祈願依情無所乏、且夫遠自天竺、爰洎三韓、依教奉持、無不尊敬、由是百濟王臣明謹遣陪臣怒唎斯致契、奉傳帝國、流通畿内、果佛所記我法東流、是日、天皇聞已、歡喜踊躍、詔使者云、朕従昔來未曾得聞如是微妙之法、然朕不自決、乃歴問群臣曰、西蕃献佛相貌端嚴、全未曾看、可禮以不、蘇我大臣稲目宿禰奏曰、西蕃諸國一皆禮之、豊秋日本豈獨背也、物部大連尾輿・中臣連鎌子同奏曰、我國家之王天下者、恒以天地社稷百八十神、春夏秋冬祭拜爲事、方今改拜蕃神、恐致國神之怒、天皇曰、宜付情願人稲目宿禰、試令禮拜、大臣跪受而忻悦安置小墾田家、懃脩出世業爲因、浄捨向原家爲寺、

司馬達止

570

物部尾輿
中臣鎌子

〔扶桑略記三〕欽明天皇

十三年壬申冬十月十三日辛酉、（ほゞ書紀と同じ、略）　同年、（善光寺縁起その他による説を引く、中略）

日吉山藥恒法師法華驗記云、延暦寺僧禪岑記云、第廿七代繼躰天皇即位十六年壬寅、大唐漢人案部村主司馬達止、此年春二月入朝、即結草堂於大和國高市郡坂田原、安置本尊、歸依禮拜、擧世皆云、是大唐神之、出縁起、隱者見此文、欽明天皇以前、唐人持來佛像、然而非流布也、

〔濫觴抄上〕佛法來本朝（略）　〔壒囊鈔十三〕一我朝佛法ノ始リケル事ハ何比ソ（略）

欽明天皇三十一年（庚寅）

蘇我稲目の没後、向原寺は破却された（第一次迫害）。（百済からもたらされた佛像は隠し置かれ、後に元興寺に安置されたと傳えられる。）

〔元興寺伽藍縁起并流記資財帳〕（↓縁起）

〔上宮聖徳法王帝説〕

庚寅年、焼滅佛殿、佛像流却於難波堀江、

〔日本書紀十九〕欽明天皇

十三年、冬十月、（中略）於後國行疫氣、民致夭残、久而愈ゝ多、不能治療、物部大連尾輿・中臣連

蘇我稲目

583

彌勒石像
蘇我馬子
惠便
善信尼 禪藏尼 惠善尼
佛舍利

鎌子同奏曰、昔日不須臣計致斯病死、今不遠而復、必當有慶、宜早投弃懃求後福、天皇曰、依奏、有司乃以佛像流弃難波堀江、復縦火於伽藍、燒燼更無餘、於是天無風雲忽災大殿、

卅一年春三月甲申朔、蘇我大臣稲目宿禰薨、

敏達天皇十二年(癸卯)

向原寺のあとに櫻井寺を造營し、善信ら三人の尼をここに住まわせ、また翌年百濟傳來の彌勒石像を安置した。(この像が後に元興寺に置かれたと傳えられる。)

〔元興寺伽藍縁起并流記資財帳〕(↓縁起)

〔日本書紀廿〕敏達天皇

十三年、秋九月、從百濟來鹿深臣闕名字有彌勒石像一軀、佐伯連闕名字有佛像一軀、是歳、蘇我馬子宿禰請其佛像二軀、乃遣鞍部村主司馬達等・池邊直氷田、使於四方訪覓修行者、於是唯於播磨國得僧還俗者、名高麗惠便、大臣乃以爲師、令度司馬達等女嶋、曰善信尼、年十一歳、又度善信尼弟子二人、其一漢人夜菩之女豊女、名曰禪藏尼、其二錦織壺之女石女、名曰惠善尼、壺、此云都苻、馬子獨依佛法、崇敬三尼、乃以三尼付氷田直與達等令供衣食、經營佛殿於宅東方、安置彌勒石像、屈請三尼大會設齋、此時達等得佛舍利於齋食上、即以舍利献於馬子宿禰、馬子宿禰試以舍

585

石川精舎

彌勒石像に關する諸傳

利置鐵質中、振鐵鎚打、其質與鎚悉被摧壞、而舍利不可摧毀、又投舍利於水、舍利隨心所願浮沈於水、由是馬子宿禰・池邊氷田・司馬達等、深信佛法修行不懈、馬子宿禰亦於石川宅脩治佛殿、佛法之初自茲而作、

〔扶桑略記三〕敏達天皇

十三年甲辰九月、自百濟國彌勒石像一軀送之、今在元興寺東堂、蘇我大臣馬子宿禰請取件像、營佛殿於宅東、屈請三尼、大設齋會、石川宅立佛殿、

〔諸寺略記〕（↓緣起）　〔佛法傳來次第〕敏達天皇十三年（略）

〔元亨釋書十六、十八、二十、〕力遊九 釋慧便、尼女四 善信尼 敏達天皇十三年（略）

〈聖德太子傳曆上〉敏達天皇十三年（略）　〈三寶繪中〉一 聖德太子（略）　〈水鏡中〉敏達天皇（略）

（↓天喜年中）（その他諸書　略）

敏達天皇十四年（乙巳）二月

司馬達等が得た舍利を大野丘北塔の柱頭に納めた。（この舍利が後に元興寺の塔に納められたと傳えられる。）

〔元興寺伽藍緣起并流記資財帳〕（↓緣起）

大野丘北塔

大野丘北塔に關する諸説

豊浦寺

〔日本書紀廿〕敏達天皇
十四年春二月戊子朔壬寅(十五日)、蘇我大臣馬子宿禰、起塔於大野丘北大會設齋、即以達等前所獲舍利藏塔柱頭、(↓敏達天皇十二年)

〔扶桑略記三〕敏達天皇
十四年乙巳二月、蘇我大臣於大野丘北、起塔供養、耳聰王子語左右曰、是佛舍利之器也、不置舍利、不得爲塔、大臣聞之、謀感舍利、三七日後、齋食之上、得舍利一枚、大如胡麻、其色紅白、紫光四周、浮水不沈、穿半而居、鍛擊不碎、彌吐妙暉、大臣納瑠璃壺、旦夕禮拜、舍利常旋壺裡、或爲二三、或爲五六、無有定數、每夕吐光、遂設大會、安塔心柱下、

〔諸寺建立次第〕元興寺 (↓緣起)

〔聖徳太子傳暦上〕敏達天皇十四年 (略)

〔元亨釋書二十〕敏達天皇十四年 (略)

〈太子傳古今目録抄〉八伽藍建立事
又云、大野岡立塔、安舍利、蘇我大臣造、太子十四歳時云云、本元興寺東佛門大野岡云云、

〈聖徳太子平氏傳雜勘文上二〉大野岳北事
扶桑舍利集云、大野岳者、今豊浦寺東佛門之處也、今元興寺也云々 裏書、引之、

敏達天皇十四年

蘇我馬子
石像
物部守屋
中臣勝海
大野丘北塔

585

本元興寺縁起云、春二月戊子朔壬寅嶋大臣起刹柱大野岳北、大會設齋、即以達等前獲舍利藏柱頭大野岳北地者、今起豊浦寺之處也、其舍利種々寶物、今藏元興寺塔柱礎中也、

（その他諸書　略）

敏達天皇十四年（乙巳）三月

物部守屋が石川精舍と大野丘北塔を燒き、佛像を難波の堀江にすてた（第二次迫害）。

〔日本書紀廿〕敏達天皇

十四年春二月、戊子朔、（中略）（廿四日）辛亥、蘇我大臣（馬子）患疾、問於卜者、卜者對言、祟於父時所祭佛神之心也、大臣即遣子弟奏其占狀、詔曰、宜依卜者之言、祭祠父神、大臣奉詔禮拜石像、乞延壽命、是時國行疫疾、民死者衆、

三月丁巳朔、物部弓削守屋大連與中臣勝海大夫奏曰、何故不肯用臣言、自考天皇及於陛下、疫疾流行、國民可絶、豈非專由蘇我臣之興行佛法歟、詔曰、灼然、宜斷佛法、

（卅日）丙戌、物部弓削守屋大連自詣於寺、踞坐胡床、斫倒其塔、縱火燔之、并燒佛像與佛殿、既而取所燒餘佛像令棄難波堀江、是日無雲風雨、大連被雨衣、訶責馬子宿禰與從行法侶、令生毀辱之心、乃遣佐伯造御室、更名於閭礙也、喚馬子宿禰所供善信等尼、由是馬子宿禰不敢違命、惻愴啼泣、喚出尼等、付於

御室、有司便奪尼等三衣、禁錮楚撻海石榴市亭、(中略)又發瘡死者充盈於國、其患瘡者言、身如被燒被打被摧、啼泣而死、老少竊相謂曰、是燒佛像之罪矣、

夏六月、馬子宿禰奏曰、臣之疾病至今未愈、不蒙三寶之力難可救治、於是詔馬子宿禰曰、汝可獨行佛法、宜斷餘人、乃以三尼還付馬子宿禰、馬子宿禰受而歡悦、嘆未曾有頂禮三尼、新營精舍、迎入供養、或本云、物部弓削守屋大連・大三輪逆君・中臣磐余連、俱謀滅佛法欲燒寺塔并棄佛像、馬子宿禰諍而不從、

〔元興寺伽藍緣起并流記資財帳〕(↓緣起)

〔扶桑略記三〕敏達天皇十四年　(略)　〔元亨釋書二十〕敏達天皇十四年　(略)

(その他諸書　略)

588

崇峻天皇元年(戊申)十月

善信尼

物部氏が倒されて後、蘇我馬子の願により、飛鳥に法興寺造營の工がおこされた。

〔日本書紀廿一〕崇峻天皇卽位前紀

(用明天皇二年丁未)六月甲辰朔甲子(廿一日)、善信阿尼等謂大臣曰、出家之途以戒爲本、願向百濟學受戒法、是月、百濟調使來朝、大臣謂使人曰、率此尼等將渡汝國令學戒法、了時發遣、使人答曰、臣等歸蕃先導國王、而後發遣、亦不遲也、秋七月(中略、諸皇子と蘇我馬子らが物部守屋を討つ、)

四天王寺
僧・寺工等来朝
法興寺
櫻井寺
大寺

平亂之後、於攝津國造四天王寺、分大連奴半與宅、爲大寺奴田莊、以田一萬頃賜迹見首赤檮、蘇我大臣亦依本願於飛鳥地起法興寺、

元年、是歳、百濟國遣使并僧惠摠(聰)・令斤(析・欣)・惠寔(尺)等、献佛舍利、百濟國遣恩率首信・徳率蓋文・那率福富味(尺)身等進調、并献佛舍利、僧聆照律師・令威・惠衆・惠宿、道嚴・令開等、寺工太良未太(大)・文賈古子、鑪盤博士將徳白昧淳、瓦博士麻奈文奴・陽貴文・陵(㥄)貴文・昔麻帝彌、畫工白加、蘇我馬子宿禰請百濟僧等、問受戒之法、以善信尼等付百濟國使恩率首信等、發遣學問、壞飛鳥衣縫造祖樹葉之家、始作法興寺、此地名飛鳥眞神原、亦名飛鳥苫田、

三年春三月、學問尼善信等、自百濟還住櫻井寺、

〔元興寺伽藍縁起并流記資財帳〕（↓縁起）

〔元興寺縁起佛本傳來記〕（↓縁起）

〈上宮聖徳法王帝説〉

（法隆寺釋迦三尊光背銘につき）釋曰、法興元世一年、此能不知也、但案帝記云、少治田(推古)天皇之世、東宮厩戸豐聰耳命・大臣宗我馬子宿禰、共平章而建立三寶始興大寺、故曰法興元世也、此即銘云、法興元世一年也、

豊浦寺

（裏書） 庚戌春三月、學問僧善信等自百濟還、住櫻井寺、今豊浦寺也、初櫻井寺云、後豊浦寺云、

＜扶桑略記三＞崇峻天皇

元年戊申三月、自百濟國献佛舍利、并寺工二人・鑪盤師一人・造瓦師二人・畫工一人參來、（下略）

一云、同年草創元興寺、

三年庚戌三月、學問尼善信・禪藏・恵善尼等自百濟還、住櫻井寺、

＜元亨釋書二十＞崇峻天皇元年・三年　（略）　＜佛法傳來次第＞推古天皇元年正月　（略）

（その他諸書　略）

592 元興寺

崇峻天皇五年（壬子）十月

法興寺の佛堂と歩廊の工事が始められた。

〔日本書紀廿一〕崇峻天皇

三年冬十月、入山取寺材、

五年冬十月、是月、起大法興寺佛堂與歩廊、

593 法興寺佛堂・歩廊

推古天皇元年（癸丑）正月十五日

法興寺の塔をたて、その礎石に佛舍利を納めた。

推古天皇四年

〔日本書紀廿二〕推古天皇

元年春正月壬寅朔丙辰（十五日）、以佛舎利置于法興寺刹柱礎中、丁巳（十六日）、建刹柱、

〔扶桑略記三〕推古天皇

元年正月、蘇我大臣馬子宿禰、依合戰願、於飛鳥地建法興寺、立刹柱日、嶋大臣并百餘人、皆着百濟服、觀者悉悦、以佛舎利籠置刹柱礎中、

〔元亨釋書二十〕推古天皇元年（略）

（↓敏達天皇十四年二月）（その他縁起類↓縁起）

〈水木文書〉（↓建久八年三月）

〈飛鳥寺發掘調査報告〉遺物（↓昭和三十二年八月十一日）

推古天皇元年正月十五日埋納物

玉類（硬玉製丁字頭勾玉・硬玉製勾玉・瑪璃製勾玉・ガラス製勾玉・管玉・切子玉・小玉等）、金鐶、金銀延板と小粒、金銅製打出金具（圓形金具・杏葉形金具）、鍔付半球形金銅金具、金銅鈴、金銅製瓔珞多數、馬鈴、挂甲、蛇行狀鐵器一群、刀子、雲母片等、（詳細略）

推古天皇四年（丙辰）十一月

恵慈　恵聰

法興寺　善徳臣

法興寺が完工し、蘇我善徳臣が寺司となり、恵慈・恵聰の二僧が入寺した。

〔日本書紀廿二〕 推古天皇

二年春二月丙寅朔、詔皇太子及大臣、令興隆三寶、是時、諸臣連等各爲君親之恩、競造佛舍、即是謂寺焉、

三年五月戊午朔丁卯(十日)、高麗僧恵慈歸化、則皇太子師之、是歳、百濟僧慧聰來之、此兩僧弘演佛教並爲三寶之棟梁、

四年冬十一月、法興寺造竟、則以大臣男善徳臣拜寺司、是日恵慈・恵聰二僧始住於法興寺、

〔元興寺伽藍縁起并流記資財帳〕 塔露盤銘 (↓縁起)

〔扶桑略記三〕 推古天皇

三年乙卯五月(恵慈・恵聡來朝のこと、略)

四年丙辰冬十一月、法興寺造了、天皇設无遮會供養之、今元興寺是也、其時有一紫雲、如花盖形、降自上天、圓覆塔上、又覆佛堂、變爲五色、或爲龍鳳、或如人畜、良久向西方去、合掌目送、語左右曰、(聖徳太子―元亨釋書)此寺感天、故有此祥、但三百年後、霜露霑衣、五百年後、塔殿廢亡矣、

〔元亨釋書十六・二十・二十八〕 力遊九 釋恵慈・推古天皇四年 寺像志 (略)

〔諸寺縁起集菅家本〕 本元興寺縁起 （↓縁起）

〔本元興寺縁起〕 （↓縁起）

〈三寶繪中〉聖徳太子 （略） 〈佛法傳來次第〉 （略）

〈今昔物語集十一〉 推古天皇造本元興寺語第廿二

今昔、推古天皇ト申ス女帝ノ御代ニ、此ノ朝ニ佛法盛ニ發テ、堂塔ヲ造ル人世ニ多カリ、天皇モ銅ヲ以テ丈六ノ釋迦ノ像ヲ、百濟國ヨリ来レル□ト云フ人ヲ以テ令鑄給テ、飛鳥ノ郷ニ堂ヲ起テ、此ノ釋迦佛ヲ囧安置給ハムトシテ、先ヅ堂ヲ被造ル間、堂ヲ可起所ニ、當ニ生ケム世モ不知ヌ古キ大ナル槻有リ、疾ク切リ去ケテ、堂ノ壇ヲ可築シト宣旨有テ、行事官立テ是ヲ行フ間、行事ト木□曳出ヨナド喤テ皆人迯テ去ヌ、其後程ヲ[經テ再ビ]可伐キ也ト被定テ、亦他ノ人ヲ以テ令伐ルニ、始テ斧鐇《タツキ》ヲ一二三度許打立ル程ニ死シカバ、亦此ノ度惶〻《オツ〱》寄テ令伐ル程ニ、亦前ノ如ク俄ニ死ヌ、具ノ者共皆是ヲ見テ斧鐇ヲ投ゲ棄テ、身ノ成ラム様モ不知ラ[ズ]逃テ去ヌ、其後ハ何ナル勘當有ト云ドモ、今ハ更ニ木ノ邊ニ可寄キニ非ズ、命ノ有ラバコソ公ニモ仕ラメト云テ、惶デ迷フ事无限シ、其時ニ或ル僧ノ思ハク、何ナレバ此ノ木ヲ伐ニハ人ハ死ルト、搆テ此事知ラバヤト思テ、雨ノ隙无ク降ル夜、僧自ラ蓑笠ヲ着テ、道行ク人ノ木蔭ニ雨隠シタル様ニ、木ノ本ニ竊ニ抜足ニ寄テ、木ノ空《ウツロ》ノ傍ニ竊ニ居ヌ、夜半ニ成ル程ニ、木ノ空《ウツロ》ノ上ノ方ニ多ノ人ノ音聞ユ、聞ケバ云ナル様、カクテ度〻伐リニ寄來ル者ヲ不令伐シテ皆蹴毀シツ、然リトテ遂ニキラヌヤウ有ラジト云ヘバ、亦異音シテ、然リトモ毎度ニコソ蹴毀サメ、世ニ命不惜ヌ者无ケレバ、寄來テ伐ラム者不有[ジ]ト云フ、異音シテ、若[シ]麻苧ノ注連ヲ引廻ラシテ中臣秡ヲ讀テ、杣立ノ人ヲ以テ縄墨ヲ懸テ伐ラム時ゾ、我等術可盡キト云フ、亦異音共シテ、現ニ然ル事也ト云[フ]、亦異音共歎タル言共ニテ云合ル程ニ、鳥ナキヌレバ音モセズ成ヌ、僧賢キ事ヲ聞ツト思テ抜足ニ出ヌ、其後此由ヲ奏スレバ、公感ジ喜給テ、其僧ノ申ス如クニ、麻苧ノ注連ヲ木ノ本ニ引廻テ、木ノ本ニ米散シ幣奉テ、中臣秡ヲ令讀テ、杣立ノ者共ヲ召テ、縄墨ヲ懸テ令伐ルニ一人モ死ヌル者无シ、木漸ク傾ク程ニ、山鳥ノ大サノ程ナル鳥五六許木末ヨリ飛立テ去ヌ、其後ニ木倒レヌ、皆伐リ揮《ハラヒ》テ御堂ノ壇ヲ築ク、其鳥共ハ南ナル山邊ニ居ヌ、天皇此ノ由ヲ聞給テ、鳥ヲ哀テ忽ニ社ヲ造[テ]其鳥ニ給[フ]、于今神ノ社ニテ有[リ]、龍海寺ノ南ナル所也、其後堂ヲ造畢ヌ、供養ノ日曉ニ佛ヲ渡シ奉ルニ、佛ハ大キニ堂ノ南ノ戸ハ狹シ、今一二寸廣カラムニ攝佛可入給キ様无シ、是ハ今三尺許廣サモ高サモ佛ハ過給ヘルハ可爲キ様无[シ]、喬《ソバ》ノ壁ヲ壊テコソハ入レ奉ラメ、何ガセムト□喤リ騒ギ合タル事无限シ、然ル間年八十［　　　　　　］突タルガ出來テ云ク、イデヽヽ、主達皆去ケ、只翁ガ申サムニ随テ可爲ト云テ、佛ノオトガヒ引廻ハシ奉ル様ニシテ、御頭ノ方ヲ前ニシテ糸安ラカニ引入テ奉リツ、其後此ノ翁ハ何人ゾト問ヒ尋ヌルニ、掻消［ツ］様ニ失ヌ、更ニ行ケム方ヲ不知［ズ］、［然レバ驚キ怪ビ喤ル事无限シ、猶可尋キ仰セ有テ、東西ヲ走リ廻ルト云ヘドモ知レル人无シ、是化人也ト云フ事ヲ皆人知ヌ、其後時至ヌレバ供養有リ、其講師其時ニ佛ノ眉間ヨリ白キ光リ出來テ、中ノ戸ヨリ出テ堂ノ上ニ盖ト成テ覆ヘリ、是奇異ノ事也ト貴ビ合ヘリ、供養ノ後ハ此ノ寺ノ事ヲ聖徳太子承テ行ヒ給ヒケレバ、佛法盛ニシテ愚ナル事无シ、本ノ元興寺ト云フ是也、其佛于今在マス、心有ラム人ハ必ズ參テ可禮奉キ佛也トナム語リ傳ヘタルトヤ、

法興寺の創建および寺名についての説
太子の七寺

〈上宮聖徳太子傳補闕記〉
宗我大臣輔政、太子與之興隆三寶、紹發二諦、始起四天王寺・元興寺（一説法隆寺）・中宮寺・橘寺・蜂岳寺（細註略）・池後寺・葛木寺、

太子十一院

〈聖徳太子傳暦下〉
始起四天王寺（時俗號荒陵寺）・法隆寺（時人名鵤僧寺）・元興寺（或説不入）・中宮寺（細註略）・橘樹寺（時人名菩提寺）・蜂岡寺（又名廣隆寺（略））・池後

寺又名法起寺・葛城寺又名妙安寺、賜蘇我葛木臣・日向寺或説不入・定林寺世人名爲立部寺又説以此寺爲太子・法興寺又名鵤尼寺、已上二寺雖不入此本、捜求記之耳、合十一院本九院、云々

〈太子傳古今目録抄〉一、法隆寺繪殿事

此有二誤、所謂法興寺様於中宮寺處圖云事、又元興寺有四面門銘、東門品幡寺、南門飛鳥寺、西門元興寺、北門法興寺云々、又云中宮寺是其誤也、又云建興寺、又云法万寺、（中略）

一、太子合戰以前有佛經等事、

又敏達天皇十三年、蘇我大臣造元興寺大安寺云元興寺也、

一、日羅并阿佐讃歎事

本元興寺、蘇我大臣建之、講堂丈六白檀十一面觀音也、

一、太子造立八箇寺事

七代記云、上宮太子造立寺舍八、八所

四天王寺俗號荒陵寺　法隆寺時人名爲鵤僧寺

法興寺時人呼爲鵤尼寺　法起寺時人號爲池後寺

菩提寺時人呼橘尼寺　定林寺世人為立部寺

妙安寺世人名為葛木尼寺　廣隆寺號蜂岡寺

一、法隆寺縁起事

貞觀十二年正月三日作之、(中略)建興寺縁起同然云々、

一、八伽藍建立事

法興寺日鵤尼寺、廿二歳、元興寺本也、靈異記云、大和國平郡鵤林岡本尼寺、莫墾田宮上宮皇所住宮也、太子發願、以宮成尼寺、名中宮云々、

元興寺、太子卅八歳、百濟僧道欣等十人、住當寺云々、勝鬘疏於焉製作、

〈聖徳太子傳私記下〉

太子建立寺　四天王寺　法隆寺　池後法起寺

法興寺　菩提寺　葛城妙安寺　定林寺已上七ケ伽藍也

元興寺　百濟寺後寺也　蜂岡寺　六角堂

ウツマサ寺桂宮院　大安熊凝寺　中宮寺　比蘇現光寺

或説不入日向寺　妙教寺　宮所坂田寺　河内茨田寺

大官寺　般若寺　（中略）

中宮寺者、太子母ノ穴穂部皇女之宮也、而新成寺、名鵤尼寺、云中宮寺、但以此寺、名法興寺有異説、此不審也、無遮大會ヲ行ハル事モ本元興寺歟、即見二巻傳文、更不見中宮寺、繪殿書無遮大會之儀式、此誤歟、但二巻傳ニ、法興寺注云鵤尼寺、依之繪歟、傳ノ誤歟、若法興寺此中宮寺者《ナラハ》、列諸寺之所、中宮寺ト法興寺トヲ並不可出、但並擧元興寺・法興寺者、彼元興寺ニハ四面皆有別名、此ヲ誤テ出歟、唯法興寺者、諸寺ノ中ニ立始之寺ヲ惣名クル歟、爾者可通中宮寺云々、其時在法興元世之年號、然者中宮寺ヲモ可云法興寺、如天台山云延暦寺也、

〈顯眞得業口決抄〉

日本最初本元興寺ニ四面門皆在別名、南ハ元興寺、西飛鳥寺、東法万寺、北法興寺也、建久七年丙辰六月戌時雷火焼失了、

〈七大寺巡禮私記〉（↓保延六年）

〈南都巡禮記〉（↓建久二年十二月）

〈壒嚢鈔十三〉

元興寺、崇峻天皇元年戊申十月ニ建立有ト云共、其時ハ法興寺ト云、是蘇我ノ馬子ノ大臣ノ私ノ寺也、八年ノ後、推古天皇四年丙辰十一月改造テシ元興寺ト號シ、以被官寺ト、其後高麗ノ沙門恵慈・百濟ノ僧恵聰ヲ以

テ被令居住、

605　釋迦丈六銅像　鞍作鳥

推古天皇十三年(乙丑)四月

銅繡の丈六釋迦像各一軀を造り始めた。

〔日本書紀廿一〕推古天皇

十三年夏四月辛酉朔、天皇詔皇太子・大臣及諸王・諸臣、共同發誓願、以始造銅繡丈六佛像各一軀、乃命鞍作鳥爲造佛之工、是時、高麗國大興王聞日本國天皇造佛像、貢上黄金三百兩、

〔元興寺伽藍縁起并流記資財帳〕(↓縁起)

〔扶桑略記四〕推古天皇十三年　(略)　〔元亨釋書二十〕推古天皇十三年　(略)

〈日本書紀廿五〉孝徳天皇

白雉元年冬十月、是月、始造丈六繡像俠侍八部等卌六像、　是歲、漢山口直大口奉詔刻千佛像、

白雉二年春三月甲午朔丁未(十四日)、丈六繡像等成、戊申(十五日)、皇祖母尊請十師等設齋、

606　丈六繡像

推古天皇十四年(丙寅)四月八日または十七年、

釋迦丈六銅像ができ上り、元興寺金堂に安置した。これより毎年四月八日と七月十五日に齋会を行なった。

丈六銅像
元興寺金堂
鞍作鳥

坂田尼寺

〔日本書紀廿二〕 推古天皇

十四年夏四月乙酉朔壬辰(八日)、銅繡丈六佛像並造竟、是日也、丈六銅像坐於元興寺金堂、時佛像高於金堂戸、以不得納堂、於是諸工人等議曰、破堂戸而納之、然鞍作鳥之秀工、以不壊戸得入堂、即日設齋、於是會集人衆不可勝數、自是年初每寺、四月八日・七月十五日設齋、

五月甲寅朔戊午(五日)、勅鞍作鳥曰、朕欲興隆内典、方將建佛刹、肇求舍利、時汝祖父司馬達等便献舍利、又於國無僧尼、於是汝父多須那爲橘豊日天皇出家、恭敬佛法、又汝姨嶋女、初出家爲諸尼導者、以修行釋教、今朕爲造丈六佛以求好佛像、汝之所献佛本、則合朕心、又造佛像既訖不得入堂、諸工人不能計、以將破堂戸、然汝不破戸而得入、此皆汝之功也、則賜大仁位、因以給近江國坂田郡水田廿町焉、鳥以此田爲天皇作金剛寺、是今謂南淵坂田尼寺、

〔元興寺伽藍縁起并流記資財帳〕 丈六光銘(十七年) (↓縁起)

〔扶桑略記四〕 推古天皇下

十四年丙寅四月、丈六銅像坐元興寺金堂、大設齋會、此夕於寺有五色雲、覆佛堂甍、此夜、丈六佛像放大光明、如火照于内外、始自此年、每年四月八日・七月十五日設齋、

〔元亨釋書二十〕 推古天皇十四年 (略)

〈今昔物語集十一〉推古天皇造本元興寺語第廿二(↓推古天皇四年十一月)

〈太子傳古今目録抄〉一元興寺金銅佛像事

(前略)四月八日、七月十五日、太子於元興寺始此安居、初行之、太子卅五歳時也、灌佛等、自此時始也、即流當世者也、

609 道欣 恵彌

推古天皇十七年(己巳)五月十六日

百濟の僧道欣・恵彌ら十人を元興寺に住まわせた。

〔日本書紀廿二〕推古天皇

十七年夏四月丁酉朔庚子(四日)、筑紫大宰奏上言、百濟僧道欣・恵彌爲首、一十人、俗人七十五人、泊于肥後國葦北津、是時、遣難波吉士徳摩呂・船史龍以問之曰、何來也、對曰、百濟王命以遣於呉國、其國有亂不得入、更返於本郷、忽逢暴風漂蕩海中、然有大幸而泊于聖帝之邊境、以歡喜、五月丁卯朔壬午(十六日)、徳摩呂等復奏之、則返徳摩呂・龍二人、而副百濟人等送本國、至于對馬以道人等十一皆請之欲留、乃上表而留之、因令住元興寺、

〔元亨釋書十六・二十〕釋慧彌 推古天皇十七年 (略)

613 元興寺

推古天皇二十一年(癸酉)正月元日

聖徳太子が勅により元興寺の縁起を書いたと傳えられる。

〔元興寺伽藍縁起并流記資財帳〕（↓縁起）

推古天皇二十三年（乙亥）十一月十五日

高麗僧恵慈が歸國した。

〔日本書紀廿二〕推古天皇

廿三年十一月己丑朔癸卯（十五日）、高麗僧恵慈歸于國、

廿九年春二月己丑朔癸巳（五日）、半夜厩戸豊聰耳皇子命薨于斑鳩宮、（中略）是月、葬上宮太子於磯長陵、當是時、高麗僧恵慈聞上宮皇太子薨、以大悲之、爲皇太子請僧而設齋、仍親説經之日、誓願曰、於日本國有聖人、曰上宮豊聰耳皇子、固天攸縱、以玄聖之徳生日本之國、苞貫三統纂先聖之宏猷、恭敬三寶救黎元之厄、是實大聖也、今太子既薨之、我雖異國心在斷金、某獨生之有何益矣、我以來年二月五日必死、因以遇上宮太子於浄土、以共化衆生、於是恵慈當于期日而死之、是以時人之彼此共言、其獨非上宮太子之聖、恵慈亦聖也、

〔元亨釋書十六〕力遊釋慧慈（略）

推古天皇三十二年（甲申）四月十三日

觀勒

僧正・僧都

始めて僧正・僧都を置き、ついで觀勒を僧正に任じ僧尼を檢校させた。

〔日本書紀廿二〕 推古天皇

十年冬十月、百濟僧觀勒來之、仍貢曆本及天文地理書并遁甲方術之書也、

卅二年夏四月丙午朔戊申(三日)、有一僧、執斧毆祖父、時天皇聞之、召大臣詔之曰、夫出家者頓歸三寶具懷戒法、何無懺忌輙犯悪逆、今朕聞、有僧以毆祖父、故悉聚諸寺僧尼以推問之、若事實者重罪之、於是集諸僧尼而推之、則悪逆僧及諸尼並將罪、於是百濟觀勒僧表上以言、夫佛法自西國至于漢經三百歳、乃傳之至於百濟國、而僅一百年矣、然我王聞日本天皇之賢哲、而貢上佛像及内典未滿百歳、故當今時、以僧尼未習法律、輙犯悪逆、是以諸僧尼惶懼以不知所如、仰願其除悪逆者、以外僧尼悉赦而勿罪、是大功徳也、天皇乃聽之、戊午(十三日)、詔曰、夫道人尚犯法、何以誨俗人、故自今已後任僧正・僧都、仍應撿按僧尼、壬戌(十七日)、以觀勒僧爲僧正、以鞍部徳積爲僧都、即日以阿曇連名闕爲法頭、秋九月甲戌朔丙子(三日)、按寺及僧尼、具録其寺所造之縁、亦僧尼入道之縁、及度之年月日也、當是時、有寺卌六所、僧八百十六人・尼五百六十九人、并一千三百八十五人、

〔日本靈異記上〕 信敬三寶得現報縁第五 (校本日本靈異記・日本古典全書)

(前略) 四八年甲申夏四月、有一大僧執斧毆父、連公見之直奏之曰、僧尼撿按應中△(脱カ—次頁)置止僧七人尼

五百七十九人也、以觀勒僧爲大僧正、以大信大伴屋栖古連公與鞍部徳積爲僧都、（下略）

〔扶桑略記四〕推古天皇卅二年　（略）　〔元亨釋書二十〕推古天皇三十有二年　（略）

〔僧綱補任一〕推古天皇卅二年　（略）　〔濫觴抄上〕僧綱　（略）　〔壒嚢鈔十三〕六　（略）

〔三國佛法傳通緣起中〕（略）　〔佛法傳來次第〕推古天皇卅二年　（略）

〈聖徳太子傳暦上〉推古天皇十年

冬十月、百濟僧觀勒來、（中略）是時、選書生三四人、以俾學習於觀勒矣、大陽胡史祖王陳習暦法、大友村主高聰學天文遁甲、山背臣日立學方術、皆學以成業、太子聞之謂左右曰、吾昔在衡山修行也、此僧爲吾弟子常在吾左右、言七曜度數山河利害之事、吾以小術疾之而去之、而猶追來、將如何之、宜取其生令習、

推古天皇三十三年（乙酉）正月七日

高麗僧恵灌が來朝して元興寺に住み、のち僧正に任ぜられ、三論の法門をひろめた。

〔日本書紀廿二〕推古天皇

卅三年春正月壬申朔戊寅（七日）、高麗王貢僧恵灌、仍任僧正、

置下―上座糺悪使斷是非、天皇勅之曰、諾也、連公奉勅而撿之、僧八百卅（七人）、

〔扶桑略記四〕推古天皇卅三年（略）　〔太子傳古今目録抄〕太子入滅後旱魃事（略）

〔元亨釋書一〕傳智一之一

釋慧灌、高麗國人、入隋受嘉祥吉藏三論之旨、推古三十有三年乙酉春正月、本國貢來、勅住元興寺、其夏天下大旱、詔灌祈雨、灌著青衣講三論、大雨便下、上大悦、擢爲僧正、後於内州(河内国志紀郡)創井上寺、弘三論宗、

〔元亨釋書二十〕推古天皇三十三年（略）　〔三論祖師傳〕（略）

〔三國佛法傳通縁起中〕（略）　〔僧綱補任抄出上〕推古天皇第三十三年（略）　〔濫觴抄上〕祈雨（略）

〔佛法傳來次第〕推古卅三年（略）　〔本朝高僧傳一〕慧灌傳（略）

625 推古天皇三十三年（乙酉）

僧福亮を僧正とした。

〔元亨釋書二十〕推古皇帝

三十三年、此歳福亮爲僧正、古史失時日也、

〔扶桑略記四〕（↓齊明天皇四年）

〔僧綱補任抄出上〕推古天皇第三十三年（略）

632 靈雲 僧旻

舒明天皇四年(壬辰)八月

霊雲・僧旻らが唐から帰朝し、元興寺に入った?

〔日本書紀廿三〕 舒明天皇

四年秋八月、大唐遣高表仁送三田耜、共泊于對馬、是時學問僧靈雲・僧旻及勝鳥養、新羅送使等從之、

〔本朝高僧傳七十二〕 和州元興寺沙門靈雲傳

釋靈雲、推古末年入唐、謁吉藏大師傳習三論、舒明四年秋八月、隨唐使高表仁與僧旻歸、居元興寺盛說空宗、孝德帝擇擢十師敎令衆僧、弘通釋典、雲亦預焉、

642 蘇我蝦夷 大寺

皇極天皇元年(壬寅)七月

祈雨のため、大寺で讀經が行なわれた。(大寺は百濟大寺か、飛鳥寺という説あり、參考に掲ぐ)

〔日本書紀廿四〕 皇極天皇

元年秋七月甲寅朔戊寅(廿五日)、群臣相謂之曰、隨村々祝部所敎、或殺牛馬、祭諸社神、或頻移市、或禱河伯、既無所効、蘇我大臣(蝦夷)報曰、可於寺寺、轉讀大乘經典、悔過如佛所說、敬而祈雨、庚辰(廿七日)、於大寺南庭、嚴佛菩薩像與四天王像、屈請衆僧、讀大雲經等、于時蘇我大臣手執香爐、燒香發願、

〔元亨釋書二十〕皇極天皇元年（略）

法興寺の槻樹の下の蹴鞠に際し、中臣鎌子が中大兄皇子と接近し、國家の計をはかった。

644

中臣鎌子

蘇我入鹿

中大兄皇子
法興寺槻樹

皇極天皇三年(甲辰)正月

〔日本書紀廿四〕皇極天皇

三年春正月乙亥朔、以中臣鎌子連拜神祇伯、再三固辭不就、稱疾退居三嶋、于時輕皇子(孝徳天皇)患脚不朝、中臣鎌子連曾善於輕皇子、故詣彼宮而將侍宿、輕皇子深識中臣鎌子連之意氣高逸容止難犯、乃使寵妃阿倍氏浄掃別殿高鋪新蓐、靡不具給、敬重特異、中臣鎌子連便感所遇、而語舍人曰、殊奉恩澤、過前所望、誰能不使王天下耶、謂宛舍人爲駈使也舍人便以所語陳於皇子、皇子大悦、中臣鎌子連爲人忠正、有匡濟心、乃憤蘇我臣入鹿失君臣長幼之序、挾闚闈社稷之權、歷試接於王宗之中、而求可立功名哲主、便附心於中大兄(天智天皇)、蹴然未獲展其幽抱、偶預中大兄於法興寺槻樹之下打毱之侶、而候皮鞋隨毱脫落、取置掌中、前跪恭奉、中大兄對跪敬執、自茲相善倶述所懷、既無所匿、

〔扶桑略記四〕皇極天皇三年三月（略）　〔家傳上〕（略）　〔水鏡中〕皇極天皇（略）

644

皇極天皇三年(甲辰)六月六日

蘇我蝦夷が劒池の一莖二蕚の蓮を瑞祥として法興寺の佛前に献じた。

劒池
蘇我蝦夷
大法興寺
645

〔日本書紀廿四〕皇極天皇
三年夏六月癸卯朔戊申(六日)、於劒池蓮中有一莖二蕚者、(蘇我蝦夷)豊浦大臣妄推曰、是蘇我臣將榮之瑞也、即以金墨書而献大法興寺丈六佛、

皇極天皇四年(乙巳)(大化元年)六月十二日

中大兄皇子
法興寺
蘇我入鹿
蘇我蝦夷
645

中大兄皇子らが蘇我入鹿を誅して後、法興寺を陣とした。

〔日本書紀廿四〕皇極天皇
四年六月丁酉朔戊申(十二日)、天皇御大極殿、古人大兄侍焉、(蘇我入鹿を誅す、略)中大兄即入法興寺爲城而備、凡諸皇子・諸王・諸卿大夫・臣連・伴造・國造、悉皆隨侍、使人賜鞍作臣(蘇我入鹿)屍於大臣蝦蛦、於是漢直等摠聚眷屬擐甲持兵、將助大臣處設軍陣、中大兄使將軍巨勢徳陀臣、以天地開闢君臣始有説於賊黨令知所赴、於是高向臣國押謂漢直等曰、吾等由君大郎應當被戮、大臣亦於今日明日、立俟其誅決矣、然則爲誰空戰盡被刑乎、言畢解劒投弓捨此而去、賊徒亦隨散走、

〔扶桑略記四〕皇極天皇四年（略）　〔家傳上〕（略）

皇極天皇四年(乙巳)(大化元年)六月十四日

古人大兄皇子が法興寺に入り、皇位を辭退した。

古人大兄皇子
法興寺
輕皇子
645

孝徳天皇
大槻木
大化改元
645

〔日本書紀廿五〕 孝徳天皇即位前紀

皇極天皇四年六月庚戌（十四日）、天豊財重日足姫天皇（皇極天皇）思欲傳位於中大兄、而詔曰、云々、（中大兄皇子が中臣鎌子とはかって辭したので、天皇が輕皇子に位を讓ったが、輕皇子また辭して古人大兄皇子を推した、略） 古人大兄避座逡巡拱手辭曰、奉順天皇聖旨、何勞推讓於臣、臣願出家入于吉野、勤修佛道奉祐天皇、辭訖、解所佩刀投擲於地、亦命帳内皆令解刀、即自詣於法興寺佛殿與塔間、剔除髯髮、披著袈裟、由是、輕皇（孝徳天皇）子不得固辭升壇即祚、

〔扶桑略記四〕 皇極天皇四年 （略）

〔元亨釋書二十〕 皇極天皇四年 （略）

大化元年（乙巳）六月十九日

孝徳天皇と先帝・皇太子が群臣を大槻の木の下に集めて盟約し、大化と改元した。

〔日本書紀廿五〕 孝徳天皇即位前紀

四年六月乙卯（十九日）、天皇・皇祖母尊（皇極天皇）・皇太子（中大兄皇子）、於大槻樹之下、召集群臣盟曰、告天神地祇曰、天覆地載、帝道唯一、而末代澆薄、君臣失序、皇天假手於我、誅殄暴逆、今共瀝心血、而自今以後、君無二政、臣無貳朝、若貳此盟、天災地妖、鬼誅人伐、皎如日月也、改天豊財重日足姫天皇四年、爲大化元年、

大化元年（乙巳）八月八日

使を大寺に遣わし、僧尼を集めて佛教尊崇を詔し、福亮・道登らを十師とし、また法頭を定めた。

大寺（百濟）
崇佛の詔

福亮
道登
十師

〔日本書紀廿五〕孝徳天皇

大化元年八月、丙申朔癸卯（八日）、遣使於大寺喚聚僧尼而詔曰、於磯城嶋宮御宇天皇（欽明天皇）十三年中、百濟明王奉傳佛法於我大倭、是時、群臣倶不欲傳、而蘇我稲目宿禰獨信其法、天皇乃詔稲目宿禰使奉其法、於譯語田宮御宇天皇（敏達天皇）之世、蘇我馬子宿禰追遵考父之風、猶重能仁世之教、而餘臣不信、此典幾亡、天皇詔馬子宿禰而使奉其法、於小墾田宮御宇（推古天皇）之世、馬子宿禰奉爲天皇造丈六繡像・丈六銅像、顯揚佛教恭敬僧尼、朕更復思崇正教光啓大猷、故以沙門狛大法師福亮・惠雲・常安・靈雲・惠至・寺主僧旻・道登・惠隣（集解補惠妙・惠隱）、而爲十師、別以惠妙法師爲百濟寺々主、此十師等宜能教導衆僧、修行釋教要使如法、凡自天皇至于伴造所造之寺、不能營者、朕皆助作、令拜寺司等與寺主、巡行諸寺、驗僧尼・奴婢・田畝之實、而盡顯奏、即以來目臣名闕・三輪色夫君、額田部連甥爲法頭、

〔元亨釋書二十〕皇極天皇四年（略）　〔太子傳古今目録抄〕一、内供禪師寺（略）

〈本朝高僧傳七十二〉和州元興寺沙門慧雲傳

釋慧雲、超海入唐、謁嘉祥寺吉藏三藏受空宗、歸居元興寺、孝徳帝選用十師之日、雲當其銓、又常安・慧隣共入中華、傳吉藏大師之法、歸來住元興寺、預十師數、敎衆演宗、

（大寺は百濟大寺か）

646　宇治橋　道登　道昭

大化二年(丙午)

元興寺僧道登が始めて宇治橋を造った。(道昭とする説もある。)

〔宇治橋斷碑銘〕

浼浼横流　其疾如箭　修(々征人　停騎成市
欲赴重深　人馬亡命　従古至今　莫知航竿)
世有釋子　名曰道登　出(自山尻　慧満之家
大化二年　丙午之歳　搆立此橋　濟度人畜)
即因微善　爰發大願　結(因此橋　成果彼岸
法界衆生　普同此願　夢裏空中　導其昔縁)

〔帝王編年記九〕孝徳天皇

大化二年丙午、元興寺道登・道昭、奉勅始造宇治川橋、石上銘、(碑文　略)

〔續日本紀一〕(↓文武天皇四年三月十日)

〔扶桑略記四〕孝徳天皇

大化二年丙午、始造宇治橋、件橋北岸石銘曰、世有釋子、名曰道登、出自山尻恵満之家、大化二年丙午之歳、搆立此橋、濟度人畜、已上件道登者、本是高麗學生、元興寺沙門也、（中略、次の「日本靈異記」を引用）、國史云、山背國宇治橋、道昭和尚創造也已上、

〔元亨釋書一〕傳智一

釋道昭（中略）山州宇治之大橋、昭之創造也、

〔濫觴抄上〕宇治橋（略）　〔壒嚢鈔三〕五十一（略）　〔水鏡中〕孝徳天皇（略）

〈日本靈異記上〉人畜所履髑髏、救收示靈表而現報緣第十二

高麗學生道登者元興寺沙門也、出自山背恵満之家而往、大化二季丙午、營宇治椅、往來之時、髑髏在于奈良山溪、爲人畜所履、法師悲之、令從者万侶置之於木上、迄于同季十二月晦夕、人來寺門白、欲遇道登大徳之従者萬侶者、萬侶出而遇之、其人語之曰、蒙大徳之慈顧（頤）、得平安之慶、然非今夜无由報恩、輙將万侶至于其家、從閉屋而入於屋裏、多設飲食、其中以己分之饌、與萬侶共食、其於後夜有男聲、告萬侶曰、殺吾之兄欲來、故早去、萬呂恠而問之、答、昔吾與兄共行交易、吾得銀卌斤許、時兄妬忌殺吾取銀、自爾以來多經季來（還多年歳往）、人畜所（皆）踏我頭、大徳垂慈、今見離苦、故不忘汝恩、今宵報耳、時（其）母與長子爲拜諸靈入其屋内、見萬侶而驚畏、問其所以到來、萬侶於是具説前事、母詈（罵）長子曰、吁（呼）乎我愛子爲汝所殺非他賊也、便禮萬侶更設飲食、萬侶還來以狀白師、夫死靈白骨

尚猶如此、何況生人豈忘恩乎(哉)、

＜今昔物語集十九＞髑髏報高麗僧道登恩語第卅一　（略）

＜日本靈異記攷證上＞第十二　（狩谷掖齋全集）

營宇治椅　續日本紀道昭ガ傳云、山背ノ國ノ宇治橋ハ和尚之所ノ二創造一者也、帝王編年記ニ云、大化二年丙午、元興寺ノ道登道昭奉テレ勅ヲ始テ造二宇治川ノ橋一ヲ、石上ノ銘ニ云々、世ニ有二釋子一、名ヲ曰二道登一ト出レ自二山尻ノ恵滿ノ之家一、大化二年丙午ノ之歳、搆二立此ノ橋一、濟二度ス人畜一ヲ、扶桑略記、引二テ宇治橋ノ銘一ヲ作二道堂一ニ、按ニ續日本紀、以下道昭周二遊シ天下一ニ諸ノ津濟ノ處ニ儲レ船ヲ造レ橋ヲ、又道昭道登共ニ元興寺ノ僧ニシテ而名モ亦相涉上ヲ、誤認テ爲二道昭一ト也、如ク二編年記ニ所一レ云、二僧戮レハ力ヲ、則石銘豈特リ記二シ道登一ト哉、蓋編年記、本ト作二道登一ニ、後人依テ二續日本紀一ニ、記二道昭ノ字ヲ於行間一ニ者、遂ニ攙二入本文一ニ也、宇治橋ノ銘ノ断石、今猶存シテ在二宇治ノ常光寺一ニ、正ニ作二道登一ニ、則扶桑略記ニ引二テ石銘一ヲ作二道堂一ニ、亦傳寫ノ之誤、應下據二テ此書及ヒ石銘一ニ、以二テ道登造一ヲレ橋ヲ爲上レ正ト也、水鏡ニ云、大化二年道登創造二テ宇治橋一、與二此書一合ス、

（狩谷棭齋の「古京遺文」、屋代弘賢の「道の幸」、神田喜一郎氏「宇治橋碑銘攷釋」參照）

649　蘇我倉山田石川麻呂

大化五年(己酉)三月廿四日

大臣蘇我倉山田石川麻呂が讒せられて大和に逃れ、その子興志に大槻木のもとで迎えられて山田寺に入った。

〔日本書紀廿五〕孝徳天皇

大化五年三月乙巳朔戊辰(廿四日)、蘇我臣日向(日向字身刺)譖倉山田大臣於皇太子曰、僕之異母兄麻呂、伺皇太

子遊於海濱而將害之、將反其不久、皇太子信之、（天皇が使を遣わして訊問し、ついで兵を向けた、略）大臣乃將二子法師與赤猪更名秦、自茅渟道逃向於倭國境、大臣長子興志、先是在倭謂在山田之家營造其寺、今忽聞父逃來之事、迎於今來大槻近、就前行入寺、顧謂大臣曰、興志請自直進、逆拒來軍、大臣不許焉、是夜興志意欲燒宮、猶聚士卒宮謂小墾田宮、（翌日倉山田石川麻呂の一家は山田寺に自經した。）

山田寺
今來大槻

651

白雉二年（辛亥）正月五日

塔の露盤の銘を授けた。

元興寺縁起

「元興寺縁起」を治部省・僧綱所・大和國に授けた。

〔元興寺伽藍縁起并流記資財帳〕（↓縁起）

〔元興寺縁起佛本傳來記〕（↓縁起）

651

白雉二年（辛亥）十二月晦日

味經宮に二千餘人の僧尼を集めて一切經を讀ませた。

〔日本書紀廿五〕 孝德天皇

白雉二年冬十二月晦、於味經宮請二千一百餘僧尼、使讀一切經、是夕、燃二千七百餘燈於朝庭内、使讀安宅土側等經、

〔扶桑略記四〕白雉二年十二月（略）　　〔元亨釋書二十一〕孝徳天皇七年十二月（略）

653

道昭

白雉四年（癸丑）五月十二日

元興寺僧道昭が遣唐使に従がい入唐した。

役行者と道昭に關する説話

〔日本書紀廿五〕孝徳天皇

白雉四年五月辛亥朔壬戌（十二日）、發遣大唐大使小山上吉士長丹・副使小乙上吉士駒（駒更名絲）、學問僧道嚴・道通・道光・惠施・覺勝・弁正・惠照・僧忍・知聰・道昭・定惠（定惠内大臣之長子也）・安達（安達中臣渠每連之子）・道觀（道觀春日粟田臣百濟之子）、學生巨勢臣藥（藥豊足臣之子）・氷連老人（老人眞玉之子、或本以學問僧知弁義德、學生坂合部連磐積而增焉）并一百廿一人、倶乘一船、以室原首御田爲送使、（下略）

〔續日本紀一〕（↓文武天皇四年三月十日）

＜日本靈異記上＞修持孔雀王咒法、得異驗力以現作仙飛天緣第廿八

役優婆塞者、賀茂役公氏、（中略）吾聖朝之人、道昭法師、（奉）勅求法性（往）於大唐、法師受五百虎（席・庸イ）請至於新羅、有其山中講法花經、其（于）時虎衆之中有人、以倭語擧問也、（ナシ）法師問、誰、答、役優婆塞、法師思之我國聖人、自高座下求之无之、彼一語主大神者、役行者、（所）前呪縛至于今世不解脱、其示奇表多數而繁、故略耳、知佛法驗術廣大者、歸依之人必證得之矣、

＜三寶繪中＞二、役優婆塞

（前略）我朝の道昭法師、勅を承て法をもとめむがためにもろこしにわたりし時、五百虎の請を受て新羅にいたれり、山内にして法華經を講ずる庭に人ありて、我國の詞にてうたがひをあげたり、道照和尚たれぞとゝへば、答云、我はもと日本國にありし役優婆塞也、彼國の人神の心も狂り、人の心もあしかりしかばさりにし也、今も時々はかよひゆくといふ、我國の聖也としりて、そのかひに高座よりおりてをがみもとむるに、忽にみえずなりぬ、葛木の一言主の神は此行者にしばられて、いまだとけずといへり、

＜今昔物語集十一＞道照(昭イ、下同)和尚亘唐傳法相還來語第四

今昔、本朝天智天皇ノ御代ニ道照和尚ト云フ聖人在マシケリ、俗姓ハ丹氏、河内國ノ人也、幼ニシテ出家シテ元興寺ノ僧ト成レリ、智リ廣ク心直シ、亦道心盛[リ]ニシテ、貴キ事佛ノ如ク也、然レバ世ノ人公ヨリ始奉テ、上下ノ道俗男女首ヲ低テ貴ビ敬ヘル事无限シ、然ル間天皇道照ヲ召仰セ給テ云ク、近來聞ケバ震旦ニ玄奘法師ト云フ人有テ、天竺ニ渡テ正教ヲ傳テ本國ニ返來ルト、其中ニ大乘唯識ト云フ法門有リ、殊ニ彼ノ法師好ミ習ヘル所也、此レ諸法ハ必識ニ不離ズト立テ佛ル道ヲ教ヘタリ、然ルニ其教法未ダ此ノ朝ニ无シ、然レバ汝ヂ速ニ彼ノ國ニ罷渡テ、

玄弉法師ニ會テ彼ノ教法ヲ受ケ習テ可返來シト、道照宣旨ヲ奉ハリテ震旦ニ渡ヌ、玄弉三藏ノ所ニ行至テ門ニ立テ人ヲ以テ示テ云[ク]、日本ノ國ヨリ國王ノ仰ヲ承リテ罷渡リケル僧也ト云[ヒ]入タレバ、使返出テ來レル心ヲ問フ、道照ノ云ク、國王ノ仰セニ依テ、唯識ノ法門ヲ習ヒ傳ヘムガ爲ニ參リ來レル也ト、其時ニ三藏此ノ由ヲ聞テ、速ニ道照ヲ呼ビ入レテ、自ラ下リ合テ房ニ道照ヲ迎ヘ入レツ、面リ談ズル事互ニ本ヨリ知タル人ノ如シ、其後唯識ノ法門ヲ教フ、道照夜ハ宿房ニ返リ、晝ハ三藏ノ所ニ行テ習フ事既ニ一年有テ、其ノ[法]門瓶ノ水ヲ寫スガ如ク習ヒ得テ返ラムト爲ル間ニ、三藏ノ弟子等師ニ申テ云ク、此ノ國ニ若干ノ御弟子有リ、皆止事无キ徳行ノ人也、然ルニ大師皆敬ヒ給フ事无[シ]、此ノ日本ノ國ヨリ來レル僧ヲ見テハ、座ヲ下リ敬ヒ給フ事不心得[ズ]、縦ヒ日本ノ僧止事无シト云フトモ小國ノ人也、何許ノ事カ有ラム、我ガ國ノ人ニ可合キニ非ズト、三藏答テ宣ハク、汝等速ニ彼ノ日本ノ僧ノ宿房ニ行テ、夜ル竊ニ彼レガ有樣ヲ可見シ、其ノ後謗リモ讃メモ可爲也ト、其ノ後三藏ノ御弟子二三人許、夜ル道照ノ宿房ニ行テ竊ニ伺ヒ見ルニ、道照經ヲ讀テ居タリ、吉ク見レバ口ノ内ヨリ長サ五六尺許ノ白キ光ヲ出タリ、御弟子等是ヲ見テ奇異ノ思ヲ□　□此レ希有ノ事也、我ガ大師ノ□□亦大師他國ヨリ來レル人ノ本ヨリ不知ルヲ、兼テ其徳行ヲ知給ヘルハ此[レ]權者也ケリト知ヌ、返リ參リテ師ニ申サク、我等行テ竊ニ見ツルニ、日本ノ僧口ヨリ光ヲ出セリト、三藏ノ宣ハク、汝等極テ愚也、我ガ敬フヲ様有ラムトシモ不思シテ謗ルガ知ノ无キ也ト、御弟子等恥テ去ヌ、（下略、新羅國の五百の道士に法華經を講ずること）

〈扶桑略記四〉白雉四年　（略）

〈三國佛法傳通縁起中〉　（略）

〈元亨釋書一〉傳智一之一　元興寺道昭

釋道昭、世姓船氏、内州丹北郡人也、居元興寺、有戒行譽、白雉四年癸丑五月、奉勅従遣唐使小山長丹泛海、緇侶同志者道嚴等一十有三人、到長安謁三藏玄奘、即高宗永徽四歳也、藏謂諸徒曰、此子多度人矣、汝等莫以外域輕之、加意誘誨、又告曰、我往西天、食絶、路又無人家、殆入死地、偶一沙門、以梨子與我、我啖之、氣力復生、漸達竺土、其沙門者汝前身也、故吾憐汝耳、一日藏語曰、經論文慱、勞多功少、我有禪宗、其旨微妙、汝承此法、可傳東徼、昭欣愜修習、早得悟解、又指見相州隆化寺慧滿禪師、滿委曲開示、謂曰、先師僧那曰、昔達磨以楞伽經付二祖曰、吾觀震旦所有經、唯此四巻可以印心、業成辭藏、藏以佛舍利・經論及相宗章疏付之、亦與一鐺子曰、我自天竺持來、煮物治疾、必有神効、故我贈汝、昭捧承而出、至登州、衆人多病、昭試以鐺烹粥、或煎水與之、病者無不愈、解纜發舶、風波俄悪、船不進、留滞七日夜、一舡皆曰、海神之所爲也、卜曰、海神要物、船人謀曰、恐鐺子也、昭曰、三藏靈器、遠従佛國、不可失也、諸人白曰、寧一鐺子慱衆命乎、昭不得已以鐺入海、應時風止波恬、歸帆如飛、還本邦又止元興寺切諭導、此土始聞八五三二之旨、又遊諸州事行化、國人崇之、(下略)

〈本朝高僧傳一〉道昭傳　(略)　　〈東國高僧傳一〉道昭大師傳　(略)　　〈濫觴抄上〉(略)

657　親貨邏人

齊明天皇三年(丁巳)七月十五日

飛鳥寺の西に須彌山の形を造り、盂蘭盆會を設けて覩貨邏人を饗した。

〔日本書紀廿六〕齊明天皇

三年秋七月丁亥朔己丑(三日)、覩貨邏國男二人・女四人漂泊于筑紫、言、臣等初漂泊于海見嶋、乃以驛召、辛丑(十五日)、作須彌山像於飛鳥寺西、且設盂蘭瓮會、暮饗覩貨邏人、或本云、堕羅人、

(推古二十年に路子工須彌山の形を造る、またこの後、須彌山像を甘檮丘・石上池畔等につくり渡來人を饗す、)

〔元亨釋書二十一〕齊明天皇三年　(略)　　〔世諺問答〕七月　(略)

658　飛鳥寺　須彌山像　盂蘭盆會

齊明天皇四年(戊午)

元興寺僧福亮が中臣鎌子の請により陶原家で維摩經を講じた。

〔扶桑略記四〕齊明天皇

山階寺
福亮
維摩會

659

三年丁巳、内臣鎌子於山階陶原家、在山城國宇治郡、始立精舍、乃設齋會、是則維摩會始也、四年戊午、中臣鎌子於山科陶原家、屈請呉僧元興寺福亮法師後任僧正爲其講匠、甫演維摩經奥旨、其後、天下高才、海内碩學、相撰請用如此、周覆歴十有二年矣、

〔元亨釋書十六〕力遊九

釋福亮、呉國人、受三論于嘉祥、齊明四年、内臣鎌子於陶原家精舍、請亮講維摩詰經、

(同書二十一　齊明天皇四年の條、略)

〔本朝高僧傳一〕福亮傳

釋福亮、姓熊凝氏、本呉國人、來朝出家、從高麗慧灌僧正習稟三論、兼善法相、又入支那謁嘉祥師、重研本宗、住元興寺熾唱空宗、勅任僧正、齊明四年大織冠鎌足公、於山科陶原家新建精舍、延亮講浄名經、是南都維摩會之權輿也、

〔濫觴抄上〕維摩會　(略)　〔壒嚢鈔十〕三十一　(略)

〔僧綱補任抄出上〕推古天皇第三十三年　(略)　〔三會定一記一〕齊明天皇四年　(略)

齊明天皇五年(己未)七月十五日

京中の諸寺で、盂蘭盆經を講説させた。

662 京内諸寺盂蘭盆經

670 道昭禪院

〔日本書紀廿六〕 齊明天皇

五年秋七月丙子朔庚寅(十五日)、詔群臣、於京内諸寺勸講盂蘭盆經、使報七世父母、

天智天皇元年(壬戌)三月

道昭が歸國して再び元興寺に入り、禪院をその東南隅に建てた。

〔續日本紀一〕 (↓文武天皇四年三月十日)

〔三代實録卌二〕 (↓元慶元年十二月十六日)

〔日本靈異記上〕 (↓文武天皇四年三月十日)

〈扶桑略記四〉白雉四年

件年、元興寺道昭和尚隨使入唐、(中略、前記諸説話あり、歸朝後)於元興寺東南隅別建禪院、止住行業之輩、多從學禪、和尚暗夜无燈之時、自其兩牙、通宵放光、披閲經論焉、禪院坐禪之間、或三日一起、或七日一起、時々香氣薫滿、時人異敬之、已上國史

〈今昔物語集十一〉道昭和尚亘唐傳法相還來語第四 (略)

〈元亨釋書一〉傳智一之一釋道昭 (略)

〈濫觴抄上〉禪院 (略)

天智天皇九年(庚午)閏九月

前年没した藤原鎌足の家財をさいて元興寺に入れた。

〔家傳上〕

即位二年冬十月、稍纏沉痾、遂至大漸、（天智天皇が鎌足を見舞う、略）仍授大織冠、以任内大臣、改姓爲藤原朝臣、十六日辛酉、薨于淡海之第、時年五十有六、（中略）粤以庚午閏九月六日、葬於山階精舍、勅王公卿士、悉會葬所、使大錦下紀大人臣告送終之辭、致贈賻之禮、于時空中有雲、形如紫蓋、絲竹之音、聽於其上、大衆聞見、歎未曾有也、大臣性崇三寳、欽尚四弘、毎年十月、莊嚴法筵、仰維摩之景行、説不二之妙理、亦割取家財入元興寺儲置五宗學問之分、由是賢僧不絶、聖道稍隆、蓋斯之徵哉、

〔扶桑略記五〕 天智天皇九年閏九月六日 （略）

天智天皇十年（辛未）十月

天皇の病により、珍財を法興寺の佛前に奉納した。

〔日本書紀廿七〕 天智天皇

十年九月、天皇寢疾不豫、

冬十月、是月、天皇遣使、奉袈裟・金鉢・象牙・沈水香・栴檀香及諸珍財於法興寺佛、

〔扶桑略記五〕天智天皇十年九月（略）

〔元亨釋書二十一〕天智天皇十年十月（略）

672 大伴吹負

弘文天皇元年(壬申)六月廿九日

壬申の亂にあたり、飛鳥寺一帯も戰場となった。

〔日本書紀廿八〕天武天皇上

元年六月辛酉朔己丑(廿九日)、是日、大伴連吹負密與宮守司坂上直熊毛議之、謂一二漢直等曰、我詐稱高市皇子、率數十騎、自飛鳥寺北路出之臨營、乃汝内應之、既而繕兵於百濟家、自南門出之、先秦造熊令犢鼻而乘馬馳之、俾唱於寺西營中曰、高市皇子自不破至、軍衆多從、爰留守司高坂王、及興兵使者穗積臣百足等、據飛鳥寺西槻下爲營、唯百足居小墾田兵庫運兵於近江、時營中軍衆聞熊叫聲悉散走、仍大伴連吹負率數十騎劇來、則熊毛及諸直等共與連和、軍士亦從乃擧高市皇子之命、喚穗積臣百足於小墾田兵庫、爰百足乘馬緩來、逮于飛鳥寺西槻下、有人曰、下馬也、時百足下馬遲之、便取其襟以引墮、射中一箭、因拔刀斬而殺之、(下略)

673 飛鳥寺

天武天皇元年(癸酉)三月

元興寺に関係ある僧智藏・惠師等が僧正になった。

〔僧綱補任一〕

恵師
智藏
智圓
神泰

天武天皇即位第二年癸酉　僧正恵師三月日任、高麗人、鞍部氏、　僧正智藏同日任、呉國人、福亮在俗時子也、　恵輸大原氏、　智圓鞍部氏、

〔懐風藻〕　釋智藏二首

智藏師者、俗姓禾田氏、淡海帝（天智天皇）世遣學唐國、時呉越之間、有高學尼、法師就尼受業、六七年中學業穎秀、同伴僧等頗有忌害之心、法師察之計全軀之方、遂被髪陽狂奔蕩道路、密寫三藏要義盛以木筒、着漆秘封負擔遊行、同伴輕蔑以爲鬼狂遂不爲害、太后天皇（持統）世、師向本朝、同伴登陸曝涼經書、法師開襟對風曰、我亦曝涼經典之奥義、衆皆嗤笑以爲妖言、臨於試業昇座敷演、辭義峻遠音詞雅麗、論雖蜂起應對如流、皆屈服莫不驚駭、帝嘉之拜僧正、時歳七十三、（以下詩略）

〔本朝高僧傳一〕　和州法隆寺沙門智藏傳

釋智藏者呉國人、福亮法師在俗時之子、少隨慧灌僧正於元興寺、習究空論之旨、又入唐國質餘蘊歸、住法隆寺誘衆僧、白鳳元年詔任僧正、不記其終、　大安寺道慈・元興寺智光・禮光藏之徒也、又釋神泰、受三論於福亮居元興寺、爲衆開講、名侔智藏、有弟子宣融一人、宗付相續至于六世矣、

〔本朝高僧傳七十二〕　和州元興寺沙門智圓傳

釋智圓、推古末年、與同志數人入唐、從嘉祥寺吉藏三藏、傳受三論、附唐使歸、　住元興寺、　說吉藏大師之法、釋慧師、就吉藏大師承空宗、歸住元興寺、白鳳二年、勅擧智圓・慧師及慧潾爲僧正、

〔元亨釋書二〕傳智一之一　（略）　〔三國佛法傳通緣起中〕（略）　〔三論祖師傳下〕（略）

飛鳥寺封戸

673 天武天皇元年（癸酉）（613 推古天皇二十一年？）

飛鳥寺に封千七百戸を施入した。

〔新抄格勅符抄十〕寺封部

飛鳥寺　一千八百戸 癸酉年施千七百戸、寶亀十一年五月符加百戸、白壁天皇、上總五百戸、常六（陸）二百戸、信乃三百卅戸、武藏四百十五戸、下野二百戸、越前百五十戸、

〔元興寺緣起佛本傳來記〕（↓緣起）

〔諸寺緣起集〕元興寺緣起　（↓緣起）

675 天武天皇四年（乙亥）四月五日

僧尼二千數百人を集めて宮中に齋會を設けた。

〔日本書紀廿九〕天武天皇下

四年夏四月甲戌朔戊寅（五日）、請僧尼二千四百餘而大設齋焉、

〔元亨釋書二十一〕天武天皇四年四月　（略）

677 天武天皇六年（丁丑）二月

多禰島人等を飛鳥寺の西の槻の木のもとで饗した。

677 多禰島人 飛鳥寺

〔日本書紀廿九〕天武天皇下

六年二月癸巳朔、是月、饗多禰嶋人等於飛鳥寺西槻下、

天武天皇六年(丁丑)八月十五日

679 飛鳥寺

飛鳥寺に行幸して齋會を設け、一切經の讀誦を行なった。

〔日本書紀廿九〕天武天皇下

六年八月辛卯朔乙巳(十五日)、大設齋於飛鳥寺、以讀一切經、便天皇御寺南門而禮三寶、是時、詔親王・諸王及群卿、每人賜出家一人、其出家者不問男女長幼、皆隨願度之、因以會于大齋、

〔元亨釋書二十一〕天武天皇六年（略）

天武天皇八年(己卯)四月五日

680 食封 諸寺名

食封ある寺を調査し、また諸寺の名を定めた。

〔日本書紀廿九〕天武天皇下

八年夏四月辛亥朔乙卯(五日)、詔曰、商量諸有食封寺所由、而可加加之、可除除之、是日、定諸寺名也、

天武天皇九年(庚辰)四月

官治の寺院を制限したが、飛鳥寺は特に官治の例に入れた。

〔日本書紀廿九〕天武天皇下

九年夏四月乙巳朔、是月、勅、凡諸寺者、自今以後、除爲國大寺二三以外、官司莫治、唯其有食封者、先後限卅年、若數年滿卅則除之、且以爲、飛鳥寺不可關于司治、然元爲大寺而官司恒治、復嘗有功、是以猶入官治之例、

〔元亨釋書二十二〕天武天皇九年（略）

飛鳥寺　680

天武天皇九年（庚辰）五月一日

京内二十四寺に布帛を施入し、また始めて金光明經を説いた。

〔日本書紀廿九〕天武天皇下

九年五月乙亥朔、勅、絁綿糸布、以施于京内廿四寺各有差、是日、始説金光明經于宮中及諸寺、

〔元亨釋書二十二〕天武天皇九年（略）

京内廿四寺金光明經　680

天武天皇九年（庚辰）七月一日

飛鳥寺の西の槻の枝が折れた。

〔日本書紀廿九〕天武天皇下

九年秋七月甲戌朔、飛鳥寺西槻枝自折而落之、

飛鳥寺の槻

680 弘聴

天武天皇九年(庚辰)七月二十日

飛鳥寺の僧弘聴(聰)が没した。

〔日本書記廿九〕 天武天皇下

九年七月甲戌朔癸巳(二十日)、飛鳥寺弘聴僧終、遣大津皇子・高市皇子弔之、

〔元亨釋書二十一〕 天武天皇九年 (略)

681 京内諸寺

天武天皇十年(辛巳)閏七月十五日

皇后の誓願により、京内諸寺で齋會が行なわれた。

〔日本書紀廿九〕 天武天皇下

十年閏七月戊戌朔壬子(十五日)、皇后誓願之、大齋、以説經於京内諸寺、

〔元亨釋書二十一〕 天武天皇十年 (略)

681 多禰嶋人 飛鳥寺

天武天皇十年(辛巳)九月十四日

多禰島人らを飛鳥寺の西の河邊で饗した。

〔日本書紀廿九〕 天武天皇下

十年九月丁酉朔庚戌、饗多禰嶋人等于飛鳥寺西河邊、奏種種樂、

682

隼人
飛鳥寺

天武天皇十一年(壬午)七月廿七日

隼人らを飛鳥寺の西で饗した。

〔日本書紀廿九〕天武天皇下

十一年秋七月壬辰朔戊午(廿七日)、饗隼人等於飛鳥寺西、發種々樂、仍賜祿各有差、道俗悉見之、

683

僧綱

天武天皇十二年(癸未)三月二日

僧正・僧都・律師が置かれた。

〔日本書紀廿九〕天武天皇下

十二年三月戊子朔己丑(二日)、任僧正・僧都・律師、因以勅曰、統領僧尼如法云々、

〔僧綱補任抄出上〕天武天皇十二年　(略)

684

福揚

天武天皇十三年(甲申)閏四月廿四日

飛鳥寺の僧福揚を獄に下したが、後日福揚は自殺した。

〔日本書紀廿九〕天武天皇下

十三年閏四月壬午朔乙巳(廿四日)、坐飛鳥寺僧福揚以下獄、庚戌(廿九日)、僧福揚自刺頸而死、

〔元亨釋書〕天武天皇十三年　(略)

685 飛鳥寺

天武天皇十四年(乙酉)五月五日

飛鳥寺に行幸し、珍寳を奉納した。

〔日本書紀廿九〕天武天皇下

十四年五月丙午朔庚戌(五日)、天皇幸于飛鳥寺、以珍寳奉於佛而禮敬、

〔元亨釋書二十一〕天武天皇十四年（略）

685 大宮大寺 川原寺 飛鳥寺

天武天皇十四年(乙酉)九月廿四日

天皇の病により、大宮大寺・川原寺・飛鳥寺で讀經が行なわれた。

〔日本書紀廿九〕天武天皇下

十四年九月甲辰朔丁卯(廿四日)、爲天皇體不豫之、三日誦經於大宮大寺・川原寺・飛鳥寺、因以稻納三寺、各有差、

〔元亨釋書二十一〕天武天皇十四年（略）

686

天武天皇十五年(丙戌)(朱鳥元年)六月十六日

伊勢王ら官人を飛鳥寺に遣わし、天皇の病氣平癒を祈り珍寳を施入した。

〔日本書紀廿九〕天武天皇下

三綱

686 四寺

687 五寺 飛鳥寺

十五年春正月壬寅朔庚戌（九日）、請三綱・律師及大宮（マヽ）大寺知事・佐官并九僧、以俗供養々之、仍施絁緜布、各有差、

六月己巳朔甲申（十六日）、遣伊勢王及官人等於飛鳥寺、勅衆僧曰、近者朕身不和、願頼三寶之威、以以身體欲得安和、是以僧正・僧都及衆僧應誓願、則奉珍寳於三寳、是日、三綱・律師及四寺和上・知事并現有師位僧等、施御衣・御被各一具、

〔元亨釋書二十一〕天武天皇十五年　（略）

朱鳥元年（丙戌）十二月十九日

天武天皇の崩御により、無遮大會を飛鳥寺ら五寺で行なった。

〔日本書紀卅〕持統天皇

朱鳥元年十二月丁卯朔乙酉（十九日）、奉爲天渟中原瀛眞人天皇（天武）設無遮大會於五寺、大官・飛鳥・川原・小墾田豊浦・坂田、

〔元亨釋書二十一〕朱鳥元年　（略）　〔類聚國史百七十七〕佛道四無遮會　（略）

持統天皇元年（丁亥）八月廿八日

使者を飛鳥寺に遣わし、三百僧を集めて袈裟をおくった。

飛鳥寺 688

蝦夷 飛鳥寺の西の槻 690

七寺

三寺

〔日本書紀卅〕持統天皇

元年八月壬辰朔己未(廿八日)、天皇使直大肆藤原朝臣大嶋・直大肆黄書連大伴、請集三百龍象大徳等於飛鳥寺、奉施袈裟、人別一領、曰、此以天渟中原瀛眞人天皇御服所縫作也、詔詞酸割、不可具陳、

〔元亨釋書二十一〕持統天皇元年（略）

持統天皇二年(戊子)十二月十二日

蝦夷二百餘人を飛鳥寺の西の槻のもとに饗した。

〔日本書紀卅〕持統天皇

二年十二月乙酉朔丙申(十二日)、饗蝦夷男女二百一十三人於飛鳥寺西槻下、仍授冠位賜物各有差、

〔扶桑略記五〕持統天皇元年（略）

持統天皇四年(庚寅)七月十四日

七寺の僧三千餘人に絁等を施し、別に皇太子のために三寺の僧三百餘人にも施した。

〔日本書紀卅〕持統天皇

四年秋七月丙子朔己丑(十四日)、是日、以絁絲綿布奉施七寺安居沙門三千三百六十三、別爲皇太子奉施於三寺安居沙門三百廿九、

京諸寺

〔元亨釋書二十二〕 持統天皇四年 （略）

691

持統天皇五年(辛卯)六月

長雨のため、京内諸寺の僧に五日間の誦經をさせた。

〔日本書紀卅〕 持統天皇

五年六月(マヽ)、京師及郡國卅雨水、戊子(午)、詔曰、此夏陰雨過節、懼必傷稼、夕惕迄朝憂懼、思念厥愆、其令公卿百寮人等、禁斷酒完、攝心悔過、京及畿内諸寺梵衆、亦當五日誦經、庶有補焉、自四月雨、至于是月、

〔元亨釋書二十二〕 持統天皇五年 （略）

692

持統天皇六年(壬辰)

全國諸寺に各燈分の稲一千束を施入した。

〔扶桑略記五〕 持統天皇

六年、有勅、令計天下諸寺、凡五百四十五寺、寺別施入燈分稲一千束、大官大寺、資財奴婢種々施入、改舊洪鐘、加調銅數千斤、新鑄之、

694

持統天皇八年(甲午)三月十八日

飛鳥寺の僧弁聡らの父母のために、観音像が造られた。

〔法隆寺観音像牌〕

（表）甲午年三月十八日、鵤大寺徳聡法師、片岡王寺令弁法師、飛鳥寺弁聡法師三僧、所生父母報恩、敬奉観世音菩薩像、依此小善根、令得无生法忍、乃至六道四生衆生倶成正覺、

（裏）族大原博士、百濟在王、此土王姓、

〔法隆寺良訓補忘集〕

一、四十八躰佛座光銘享保十九年開帳刻寫之、此帳之ロニモ銘文有之、

（銘文略）

如此金物ニ彫付有之、六七寸計物也、後光之茎歟、本尊ハ知タカシ、四十八之内後光令混雑有之ハ、何ノ尊ノ後光トモ難知、

持統天皇九年（乙未）五月廿一日

飛鳥寺の西の槻のもとで隼人の相撲があった。

〔日本書紀卅〕持統天皇

九年五月丁未朔己未（十三日）、饗隼人大隅、丁卯（廿一日）、観隼人相撲於西槻下、

697　京中諸寺

持統天皇十一年（丁酉）六月六日

京中の諸寺で讀經があり、ついで諸寺を清めた。

〔日本書紀卅〕持統天皇

十一年六月丙寅朔辛未（六日）、詔、讀經於京畿諸寺、辛巳（十六日）、遣五位以上掃灑京寺、

〔元亨釋書二十二〕持統天皇

十有一年、夏六月、法雩于京畿諸寺、遣官僚掃京寺、百僚造佛像、

698　善往

文武天皇二年（戊戌）三月廿二日

元興寺僧善往が最初の律師になった。

〔續日本紀二〕文武天皇二年

三月壬午（廿二日）、詔以恵施法師爲僧正、智淵法師爲少僧都、善往法師爲律師、（恵施は大安寺僧 智淵は藥師寺僧）

〔七大寺年表〕

文武天皇二年　律師善往三月十八日壬午任、元興寺、律師初也、　（智淵は恵輪在俗時の子）

〔扶桑略記五〕文武天皇二年

三月壬午（廿二日）日、（中略）善往法師始爲律師、恵輪僧正在俗時子也、

〔僧綱補任一〕文武天皇二年　（略）

〔元亨釋書二十一〕文武天皇二年　（略）

〈日本書紀卅〉持統天皇

七年十一月丙戌朔己亥(十四日)、遣沙門法員・善往・眞義等、試飲近江國益須郡醴泉、

700

道昭

入唐

文武天皇四年（庚子）三月十日

道昭が禪院で没した、年七十二。

〔續日本紀一〕文武天皇四年

三月己未(十日)、道照(昭)和尚物化、天皇甚悼惜之、遣使弔(衍カ)即賻之、和尚河内國丹比郡人也、俗姓船連、父恵釋少錦下、和尚戒行不缺、尤尚忍行、甞弟子欲究其性、竊穿便器漏汙被褥、和尚乃微笑曰、放蕩小子汙人之床、竟無復一言焉、初孝徳天皇白雉四年、隨使入唐、適遇玄弉三藏、師受業焉、三藏特愛、令住同房、謂曰、吾昔往西域、在路飢乏、無村可乞、忽有一沙門手持梨子、與吾食之、吾自啖後氣力日健、今汝是持梨沙門也、又謂曰、經論深妙不能究竟、不如學禪流傳東土、和尚奉敎、始習禪定、所悟稍多、於後隨使歸朝、臨訣三藏以所持舍利經論、咸授和尚而曰、人能弘道、今以斯文附屬、又授一鐺子曰、吾從西域自所將來、煎物養病、無不神驗、於是和尚拜謝、啼泣而辭、及至登州、使人多病、和尚出鐺子、暖水煮粥遍與病徒、當日即差、既解纜順風而去、比至海中、船漂蕩不進者

禪院
宇治橋
火葬
禪院移建

七日七夜、諸人怪曰、風勢快好、計日應到本國、船不肯行、計必有意、卜人曰、龍王欲得鐺子、和上聞之曰、鐺子此是三藏之所施者也、龍王何敢索之、諸人皆曰、今惜鐺子不與、恐合船爲魚食、因取鐺子抛入海中、登時船進還歸本朝、於元興寺東南隅別建禪院而住焉、于時天下行業之徒、從和尚學禪焉、於後周遊天下、路傍穿井、諸津濟處、儲船造橋、乃山背國宇治橋、和尚之所創造者也、和尚周遊凡十有餘載、有　勅請還止住禪院、坐禪如故、或三日一起、或七日一起、儵忽香氣從房出、諸弟子驚怪、就而謁和尚、端坐繩床、无有氣息、時年七十有二、弟子等奉遺教、火葬於粟原、天下火葬從此而始也、世傳云、火葬畢、親族與弟子相爭、欲取和上骨歛之、飄風忽起、吹颺灰骨、終不知其處、時人異焉、後遷都平城也、和尚弟及弟子等奏聞徙建禪院於新京、今平城右京禪院是也、此院多有經論、書迹楷好、並不錯誤、皆和上之所將來者也、

〔日本靈異記上〕　勤(依勤)求學佛教弘(ナシ)法利物命(臨)終時示異表緣第廿二

故道昭法師者船氏、河内國人也、奉勅求法(佛法)性於大唐、遇玄弉三藏而爲弟子、三藏語弟子曰、是人還來(東)、將化多人、汝等莫可輕、可能供給、業成之後、到此土(直)、造院(禪)寺而止住(爲時利)、戒珠无玷、智鑑恒曜、遍遊諸方、弘法化物、遂住院(禪)、爲諸弟(子)、演暢所請衆經要義、臨命終時、洗浴易衣、向西端坐、光明遍室、于時開目、召弟子知調、汝見(光)不、答言已見(ナシ)、法師誡曰、勿忘(亦宣傳)語宣他、即後夜、光自房出、施耀寺

庭松樹、良久乃(光)指西飛行、弟子等莫不驚怪、大徳西面端座、應時焉(卒)、定知、必生極樂浄土、賛曰、
船(ナシ)氏明徳、遠求法性(藏)、是(聖)非凡(ナシ)、終没放光、

〔入唐記〕（龍門文庫本）

(朱)・・道照　或記云、道照和尚、龍養(蓋)寺義淵僧公弟子、道慈・道場・道鏡等同法也、文武天王第四季三月入滅、七十二、

國史云、孝徳天皇白雉四年〻〻入唐、遇玄弉三藏受業、遂歸本朝住元興寺云々、被授禪文、

〈七大寺年表〉文武天皇四年　（略）

大寶三年癸卯　僧正義淵三月十四日任、法相宗興福寺、化生人也、道照・道慈・道場・道鏡、已上皆一室弟子也、智鳳法師弟也、

〈扶桑略記四・五〉白雉四年・文武天皇四年・大寶元年　（略）　〈拾遺往生傳下〉道昭　（略）

〈今昔物語集十一〉道照和尚亘唐傳法相還來語第四　（略）　〈水鏡中〉文武天皇　（略）

（その他諸書　略）

701

大寶元年（辛丑）六月一日

道君首名が大安寺で僧尼令を説いた。

〔續日本紀二〕大寶元年

僧尼令　大安寺

702

善往

702

持統天皇　四大寺

703

六月壬寅朔、令正七位下道君首名説僧尼令于大安寺、

〔類聚國史百四十七〕文部下律令格式　（略）　〔日本紀略前九〕大寶元年　（略）

大寶二年正月廿五日

元興寺僧善往が大僧都になった。

〔七大寺年表〕

大寶二年　大僧都善往（正月十五日）同日任、不經少僧都、元興寺、元法師（マヽ）

〔續日本紀二〕大寶二年

正月癸巳（廿五日）、詔以智淵法師爲僧正、善往法師爲大僧都、辨照法師爲少僧都、

〔扶桑略記五〕大寶二年　（略）

大寶二年十二月廿五日

持統天皇の崩御により、四大寺で齋會が行なわれた。

〔續日本紀二〕大寶二年

十二月丁巳（廿五日）、設齋於四大寺、　（持統天皇は十二月廿二日崩御）

大寶三年正月五日

四大寺
卅三寺
703

持統天皇のために、四大寺で齋會が行なわれ、翌月また四大寺および三十三寺で齋會が營まれた。

〔續日本紀三〕大寶三年

正月丁卯(五日)、奉爲　太上天皇、設齋于大安・藥師・元興、弘福四寺、

二月癸卯(十七日)、是日當　太上天皇七七、遣使四大寺及四天王・山田等卅三寺、設齋焉、

〔扶桑略記五〕大寶三年　(略)　〔元亨釋書二十一〕文武天皇六年　(略)

四大寺
703

大寶三年三月十日

四大寺に詔して大般若經を讀ませ、七月には金光明經を讀ませた。

〔續日本紀三〕大寶三年

三月辛未(十日)、詔四大寺讀大般若經、度一百人、

七月壬寅(十三日)、令四大寺讀金光明經、

智鳳

大寶三年

僧智鳳が入唐し、のち元興寺に入った。

〔元亨釋書十六〕力遊九

釋智鳳、大寶三年入唐、學唯識、僧正義淵、鳳之徒也、

〔本朝高僧傳六十七〕和州元興寺沙門智鳳傳
釋智鳳、新羅國人、不祥其姓氏、神彩高遠、早志于道、某年航海來朝、留學年久、大寳三年、奉遠遊之勅、與沙門智鸞智雄入唐、謁濮陽智周大師、稟法相而歸、是相宗入唐得法之第三番也、住元興寺、大弘唯識、名振當代、慶雲三年十月十六日、右僕射藤淡海公、膺大識冠之遠忌、修維摩會、請南京英宿、論説經旨、鳳爲講師、詞義淸壯、請益之賓、常盈講席、龍門寺僧正義淵、從鳳受法相、或擊鳳於慈恩下者非也、

704
慶雲元年十一月十一日
太上天皇のための齋會を諸寺で行なった。
〔續日本紀三〕慶雲元年
十一月癸巳(十一日)、設　太上天皇百七齋于諸寺、

705
慶雲二年四月三日
年穀不作のため、五大寺で金光明經を讀ませ、租庸を減じた。
〔續日本紀三〕慶雲二年
四月壬子(三日)、詔曰、朕以非薄之躬、託于王公之上、不能德感上天仁及黎庶、遂令陰陽錯謬、水旱失

時、年穀不登、民多菜色、每念於此惻怛於心、宜令五大寺讀金光明經、爲救民苦、天下諸國、勿收
今年擧稅之利、并減庸半、
〔元亨釋書二十一〕 文武天皇八年 （略）

五大寺

705 食封

慶雲二年十二月九日

都下の諸寺に食封を施入した。

〔續日本紀三〕 慶雲二年
十二月乙卯（九日）、都下諸寺權施食封、各有差、

〔扶桑略記五〕 慶雲二年 （略）

〈續日本紀七〉靈亀二年
八月癸亥（二十日）、備中國浅口郡犬養部麿手、昔配飛鳥寺燒鹽戸、誤入賤例、至是遂訴免之、（假に収める）

706 浄名玄論

慶雲三年十二月八日

「浄名玄論」が書寫されたが、もとは元興寺の所藏と考えられる。

〔浄名玄論〕 題跋 （神田喜一郎氏藏）
慶雲三年十二月八日記、

707 四大寺

708 都下諸寺

709 天地院

慶雲四年六月十六日

文武天皇の崩御により、四大寺で齋會が營まれた。

〔續日本紀三〕 慶雲四年 （文武天皇前日崩御）

六月壬午（十六日）、以三品志紀親王・正四位下犬上王・正四位上小野朝臣毛野・従五位上佐伯宿禰百足・従五位下黄文連本實等、供奉殯宮事、擧哀着服、一依遺詔行之、自初七至七々、於四大寺設齋焉、

和銅元年六月廿八日

天下太平百姓安寧を祈り、詔して都下の諸寺で轉經させた。

〔續日本紀四〕 和銅元年

六月己丑（廿八日）、詔爲天下太平百姓安寧、令都下諸寺轉經焉、

和銅二年三月五日

天地院建立の供奉會に元興寺僧が加わった。

〔東大寺要録四〕 諸院章第四

一、天地院號法蓮寺

縁起文云、是文殊化身行基井建立也、（中略）令（於）大和國造基寺（八箇）第二、添上郡求諸山根令（於）御笠山

安部氏社之北高山半中始造、和銅元年二月十日戊寅、山峯一伽藍即天地院名法蓮寺、同二年三月(十)五日辛卯、供養請僧十人、導師經淵法師大安寺、呪願行聖法師藥師寺、唄善儀法師元興寺、散花圓理法師藥師寺、六人法隆、大安元興、藥師僧固(因カ)世也、(後略)

710 善儀

和銅三年三月五日

興福寺の供養に、元興寺僧行信がその導師をつとめた。

〔法隆寺良訓補忘集〕

一、順禮記大乘院、、也曰、興福寺供養和銅三年三月五日、導師元興寺行信、咒願同善祐云々、行信忌三月二日或過去帳出之、或十月二日寺要日記嘉元記異説紛紜、年號不知、

〔興福寺諸堂縁起〕(略)

711 行信 善祐

和銅四年八月

道昭の建立した禪院を平城右京に移した。

〔續日本紀一〕(↓文武天皇四年三月十日)

〔三代實録卅二〕(↓元慶元年十二月十六日)

〈藥師寺佛足石記〉

(左側)大唐使人王玄策、向中天竺□[丘][茲]國中、轉法輪□、因見跡、得轉寫搭、是第一本、日本使人黄書本實向大唐國、於普光寺得轉寫搭、是第二本、此本在右京四條一坊禪院、向禪院壇披見神跡、敬轉寫搭、是第三本、従天平勝寶五年歳次癸巳七月十五日盡廿七日、并一十三箇日作□、檀主従三位智努王、天平勝寶四年歳次壬辰九月七日、改之寫成、文室眞人智努、畫師越田安万書寫、神石作主□□呂人足、匠仕(奉)□人、

(場所は今の奈良市四條町附近か、―福山敏男氏・奈良朝寺院の研究の内禪院寺、池田源太氏・禪院寺參照)

和銅四年

元興寺僧大僧都善往が没した。

〔七大寺年表〕

和銅四年　大僧都善往、元興寺、律師始也、不經少僧都任、入滅、僧綱已後三十八年、(云々)

〔本朝高僧傳七十二〕　和州元興寺沙門善往傳

釋善往、京兆人、遊學講肆、究法相三論、帝屢召宮中、問空有之旨、持統七年十二月、江州益須郡醴泉涌出、郡守以奏、詔善往及法員眞義、至益須試嘗之、大寶二年三月、住元興寺、勅任律師、翌年春轉大僧正、和銅四年入滅、

和銅五年九月十五日

元興寺僧観成が大僧都になった。

〔七大寺年表〕

和銅五年　大僧都観成九月十五日直任、元興寺、不歴前位歟、

〔續日本紀五〕和銅五年（略）〔扶桑略記六〕和銅五年（略）

和銅年間

散手寳冠面が元興寺寳藏に納まったと傳えられる。

〔教訓抄三〕散手破陣樂

（前略）、此曲、誰人ノツクリタルト云事、勘イタサヾル所ニ、古老傳曰、率川明神、平新羅軍、抃悦之餘、向新羅國、指麾而舞、時人見此姿摸之、見船舳、今ノ寳冠散手是ナリ、

或書云、此曲新造所、多奏此曲、地鎮故云々、

元明天皇御宇、和銅之比、寳冠之面、天降、于今元興寺之有寳藏之、以件本摸寫、留山階寺、殊勝宝物也、而文治件寳藏令燒失了、仍件面并玉樹別様装束、悉令燒失了、其後又山階寺面ヲ寫返テ、元興寺ニハ留置タリ、

717

神叡

道場法師の説話

〔教訓抄七〕 舞曲源物語 （略）

〈舞樂散手面裏刻銘〉（↓壽永三年二月）

養老元年七月廿三日

元興寺僧神叡が律師になった。

〔七大寺年表〕

養老元年　律師神叡（七月廿一日）同日任、法相宗元興寺、得虚空藏驗一切智者云々、賜封五十戸、

〔續日本紀七〕 養老元年七月庚申（廿三日）、（略）　〔扶桑略記六〕 養老元年七月庚申（廿三日）日、（略）

？（假にこの説話を第一編の終りにおく）

元興寺に道場法師の強力に關する説話がある。

〔日本靈異記上〕 得雷之喜令生子（衍歟）強力子縁第三

昔敏達天皇是磐余譯語田宮食國渟名倉太玉敷命也御世、尾張國阿育知郡片蕝里有一農夫、作田引水之時、小細雨降、故隱木本、擽金杖而立、時雷鳴、即恐擎金杖而立、即雷墮於彼人前、雷成小子而隨伏、△（恐有脱）汝何報、 雷答言（云言）也、寄於汝令胎子而報、（故）爲我作楠船入水、泛竹葉而賜、即如雷言作備而與、時雷言莫近依令避（遠）、

隨下―其人持金杖將撞、時雷言、莫害我々報汝之恩、其人問言、

即霿霧登天、然後所産兒之頭纏蚍二遍、首尾垂後而生、長大季(年)十有餘頃、聞之朝庭有力人念試之、來於大宮邊居、爾時、(有臨時王)王有力秀當時、住大宮東北角之於別院、彼東北角有方八尺石、力王自住處(家)出、取其石而投、即入住處閇門他人不令出入、小子視念、名聞力人者是也、夜不見人取其石而投益一尺、力王見之、手(拍)揖攅取石而投、從(小子ー板橋)常不得投益、小子亦二尺投益、王見之希(ナシ)亦投、猶不得益、小子立投石處、小子之跡深三寸践入、其石亦三尺投益、王見跡、念是居小子之投石也、將捉而依、即小子逃、王追小子、(逃小子通墻)通墻而迯、王踰墻(墻)上而追、小子亦返通而迯走、力王終不得捉、念自我益力小(ナシ)子、更不追、然後小子作於元興僧(寺脱)之童子、時其寺鐘堂童子夜別《コトニ》死、彼童子見白衆僧言、我捉此(ナシ)鬼鈠、謹止此死灾、衆僧聽許、童子鐘堂之四角燈儲(置燈人)、四人言教、我捉鬼時、倶開燈蓋覆(覆蓋)、然於鐘堂戸童之(本居)鬼居、大鬼半夜所《ハカリニ》來、佇童子而見之退、鬼亦後夜時來入、即捉鬼頭髮而引、鬼者外引、童子者内引、彼儲四人慌(迷)來、燈蓋不得開、童子四角鬼引而依(別引鬼)、開燈蓋、至于晨朝時、鬼之頭髮所引《レテ》剝而迯、明日尋彼鬼之血而求(ナシ)往、至於其寺悪奴埋立衢、即知彼悪奴之靈鬼也、彼鬼頭髮者、今收(在)元興寺爲財(宝)也、然後其童子作優婆塞、猶住元興寺、其寺作田引水、諸王等妨不入水、田燒亡、時優婆塞言、吾引田水、衆僧聽之、故十餘人可荷作鋤柄使持也(之)、優婆塞彼持(持彼)鋤柄撞杖而往、立水門口而居《オク》、諸王等鋤柄引棄、塞水門口而不入寺田、優婆塞亦取百餘人引石塞於水門、入於寺田、王等恐乎優婆塞之力ニ、而終不犯、故寺田不渇(旱)而能得之、故寺衆僧聽令得度出家、名号道場法師、後世人傳謂、元興寺道場法師強力多有是也、當知、誠先世強修能縁所感之力也、是日本國奇事也、

〈日本靈異記中〉力女捔力試縁第四

聖武天皇御世、三野國片縣郡少川市有一力女、爲人大也、名爲三野狐、是昔三野國狐爲母、生人之四繼孫也、力強當百人力、住少川市内恃己力凌弊於往還商人、而取其物爲業、時尾張國愛智郡片輪里有一力女、爲人少也、是昔有元興寺道場法師之孫也、（下略）

力女示強力縁第廿七

尾張宿禰久玖利者、尾張國中嶋郡大領也、(ナシ)聖武天皇食國之時人也、久玖利之妻有同國愛知郡片菴里之女人、是昔有元興寺道場法師之孫也、（下略）

〔道場法師傳〕（略）

〔扶桑略記三〕敏達天皇（略）

〔日本高僧傳要文抄一〕道場法師傳云、（略）

〔水鏡中〕敏達天皇（略）

〔太子傳古今目録抄〕一道場法師事、（略）

718 元興寺 法興寺

第二編 平城京と元興寺（奈良朝期）

養老二年九月廿三日

飛鳥の法興寺を平城に遷して元興寺とした。

〔續日本紀七〕靈亀二年（七一六）

五月辛卯（十六日）、始徙建元興寺于左京六條四坊、

〔續日本紀八〕養老二年

九月甲寅（廿三日）、遷法興寺於新京、

〔元興寺伽藍縁起并流記資財帳〕（↓縁起）

〔元興寺縁起佛本傳來記〕（養老二年）（↓縁起）

〔諸寺縁起集〕元興寺縁起（和銅二年）（↓縁起）

〔類聚三代格二〕（↓貞観四年八月廿五日）

〔扶桑略記六〕靈亀二年・養老二年九月（略）

〔元亨釋書二十二〕靈亀元年（略）

〔僧綱補任抄出上〕靈亀二年（略）

〔七大寺年表〕靈亀二年・養老元年九月（略）

本元興寺
新元興寺

〔太子傳古今目録抄〕八伽藍建立事

本元興寺　敏達天皇十三年九月、従百濟國持來彌勒石像云々、

新元興寺　和銅二年造之、元明天皇女帝、新飛鳥寺、天王寺建立已後、百廿年建之、堂前左右有數本椿爲燈、學文料誓被殖云々、

〔佛法傳來次第〕養老二年九月　（略）

〈今昔物語集十一〉

元明天皇始造元興寺語第十五

今昔、元明天皇奈良ノ都ノ飛鳥ノ郷ニ、元興寺ヲ建立シ給フ、堂塔ヲ起給テ、金堂ニハ□丈ノ彌勒ヲ安置シ給フ、其彌勒ハ此朝ニテ造給ヘル佛ニハ不御ズ、昔シ東天竺ニ生天子國ト云フ國有リ、國王ヲバ長元王ト云フ、其國五穀豊カニシテ乏キ事无シ、而ルニ其國本ヨリ佛法ノ名ヲモ不聞ズ、長元王始テ世ニ佛法ト云フ事有ナリト聞テ、我ガ世ニ何デカ佛法ヲ可知キト願テ、國ノ諸ノ人ニ佛法シルラム者ヲ求メ出セト宣ヲ下ス、然ル間、海邊ニ小船一ツ風ニ付テ寄レリ、國ノ人是ヲ見テ怪ムデ王ニ奏ス、此ノ船ニ僧只一人ノミ有リ、國王僧ヲ召テ、汝ハ何者ノ何ノ國ヨリ來レルゾト問フ、僧ノ云ク、我レハ北天竺ノ法師也、昔シハ佛法ヲ修行シキ、今ハ女人

ニ付テ數子ヲ儲タリ、身貧クシテ貯无シ、數子魚ヲ食セムト云〔フ〕ニ、直物无キガ故ニ、暗夜船ニ乘テ海中ニ出テ魚ヲ釣ニ、俄ニ風ニ放レテ、不慮ニ此ノ浦ニ來レル也、國王ノ宣ハク、然ラバ汝ヂ法ヲ可説シト、僧寂勝王經ヲ讀誦シテ其ノ大意ヲ説ク、國王是ヲ聞テ喜テ宣〔ハ〕ク、我レ既ニ法ヲ知ヌ、今ハ佛ヲ造リ奉ラムト思フト、僧ノ云ク、我レ佛ヲ造ル者ニ非ズ、王佛ヲ造ラムト思ヒ給ハヾ、心ヲ至シテ三寶ニ祈請シ給ハヾ、自然ラ佛造ル者出來ナムト、王僧ノ云フニ隨テ此事ヲ祈請シ給テ、諸ノ財ヲ僧ニ與フ、然レバ乏キ事无シ、然レドモ僧常ニ故郷ヲノミ戀テ不喜〔ズ〕、王是ヲ聞テ僧ニ宣ハク、汝ヂ何ゾ不喜ゾト、僧ノ云ク、我レ此ニシテ樂ブト云ドモ、舊里ノ妻子常ニ戀シ、此〔ノ〕故ニ不喜ル也ト、王是ヲ理也ト宣テ、速ニ可返キ也、船ニ諸ノ財ヲ積テ本國ヘ送ツ、其後亦海邊ニ小船一ツ寄レリ、其船ニ童子一人ノミ有リ、國ノ人是ヲ見テ前ノ如ク王ニ奏ス、王童子ヲ召テ宣ハク、汝ヂ何ノ國ヨリ來レルゾ、能ハ何ゾト、童子ノ云ク、我レ他ノ能无シ、只佛ヲ造ル許也ト、王座ヲ下テ童子ヲ禮シテ宣ハク、我ガ願既ニ滿ヌ、汝ヂ速ニ佛ヲ可造シトテ、涙ヲ流シテ我ガ〔　　　　　　　〕童子ノ云ク、是佛ヲ可造〔キ〕所ニ非ズ、閑ナル〔　　　　　　　〕也ト、王然レバ一ノ遊ブ所ノ閑ナルヲ令見給ヘバ、童子其ヲ定ツ、然レバ王、可入キ物等、并ニ佛ノ御本童子〔ノ〕云〔フ〕ニ隨テ送ツ、其ニシテ童子、門ヲ閉テ人ヲ不寄シテ佛ヲ造ルニ、国ノ人密ニ門外ニシテ聞ケバ、童子一人シテ造ツト思フニ、四五十人許シテ造[ル]音有リ、奇異也ト思フニ、第九日ト云[フ]ニ、童子門ヲ開テ佛ヲ造リ出タル由王ニ奏ス、王急デ其[ノ]所ニ行幸シテ、佛ヲ禮シテ宣ハク、此ノ佛ヲバ何佛トカ名付ルト、童子ノ云ク、佛ハ十方ニ在マセドモ、是ハ當來補處ノ彌勒造リ奉レル也、第四兜率天ノ内院ニ在[マ]ス、一度此ノ佛ヲ禮スル人、必ズ彼ノ天ニ生レテ佛ヲ見奉ルト云フ、時ニ佛眉間ヨリ光ヲ放[チ]給フ、王是ヲ見テ涙ヲ流シテ歡喜シテ禮拜ス、王童子ニ宣ハク、此ノ佛ヲ安置シ奉ラムガ爲ニ、速ニ伽藍ヲ可建シト、然レバ童子先ヅ伽藍ノ四面ノ外閣ヲ廻シキ、中ニ二階ノ堂ヲ起テ、此ノ佛ヲ安置シキ、東西二町ニ外閣ヲ廻ス事ハ、菩提涅槃ノ二果ヲ證スル相ヲ表ス、南北四町ナル事ハ生老病死ノ四苦ヲ離レム事ヲ表ス、末代悪世ニ及バムマデ、此ノ佛ヲ一稱一禮セム人ハ必ズ兜率天内院ニ生レテ、永ク三途ヲ離レテ三會ニ令得脱給ヘト誓テ、童子即チ掻消[ツ]様ニ失ヌ、王及ビ人民ニ至ルマデ是ヲ見[テ]、涙ヲ流シテ禮拜シ奉ル、時ニ佛眉間ヨリ光ヲ放チ給フ、其後此ノ伽藍ニ僧徒數百住シテ佛法ヲ弘ム、亦國ノ大臣百官人民ニ至マデ、此ノ佛ヲ崇メ奉ル事无限シ、長元王ハ願ノ如ク、遂ニ此ノ身乍ラ兜率天ニ生[レ]ヌ、加之此佛ヲ恭敬供養シ奉ル上下ノ人、彼ノ天ニ生ル、其數有リ、其後國ニ悪王出來テ、其寺ノ佛法漸ク滅テ僧徒皆失ニケリ、人民モ漸ク滅ス、然ル間白木ノ國ニ國王有リ、此佛ノ靈験ヲ傳ヘ聞テ、何デ我ガ國ニ移シ奉テ、日夜ニ恭敬供養セムト願ヒケルニ、其國ニ相宰有リ、心極テ賢ク思慮深カリケリ、國王ニ申テ、宣ヲ蒙テ彼ノ國ニ渡リテ、構ヘ謀テ密ニ此佛ヲ取テ船ニ入[レ]テ、亦此伽藍ノ[　　　]海中ニシテ俄ニ悪風出來テ、波高クシテ海ノ面[　　　]船ノ財ヲ海中ニ投グ、然レドモ風不止ケレバ、命ヲ存ゼムガ為ニ第一ノ財也ト思テ、此佛ノ眉間ノ珠ヲ取テ海ニ入ル、龍王手ヲ指出テ取ツ、然テ風波閑マリヌレバ、相宰ノ云ク、龍王ニ珠ヲ施シテ命ヲバ存スト云ヘドモ、國王ニ必ズ頸ヲ被召ナムト、然レバ返テ益不有[ジ]、只此ノ海中ニシテ年月ヲ送ラムト思テ、海ノ面ニ向テ涙ヲ流テ云ク、三熱ノ苦ヲ離レムガ為ニ此ノ珠ヲ取[リ]給ヒツ、亦本國ノ王珠ヲ失タル咎ヲ以テ、我等ガ頸ヲ被切ナムトス、然レバ其珠ヲ返シ給テ、此ノ苦ヲ[令]免メ給ヘト、龍王夢ノ中ニ相宰ニ云ク、龍衆ニハ九ノ苦有リ、而ルニ此ノ珠ヲ得テ後其苦ヲ滅タリ、汝ヂ其苦ヲ尚滅セヨ、珠ヲ返サムト、夢覺テ相宰喜デ海ニ向テ云ク、珠返サム事喜也、必ズ苦ヲ離レム事ヲ可報シ、但シ諸ノ經ノ中ニ金剛般若懺悔滅罪勝レ給ヘリ、彼ノ經ヲ書寫供養シテ九ノ苦ヲ滅セムト云テ、即チ書寫供養シツ、其時龍王海中ヨリ珠ヲ船ニ返シ入ツ、但シ光ハ龍王取テ失ニケリ、其後龍王夢ニ告テ云ク、我ガ虵道ノ苦此ノ珠取テ離レヌ、亦金剛般若ノ力ニ苦皆離レヌ、大キニ喜ブト告テ夢覺ヌ、然レバ其珠ヲ佛ノ眉間ニ入レ奉テ、本國ニ返テ國王ニ奉ル、王喜テ佛ヲ禮シテ、本堂ノ繪圖ヲ以テ忽ニ伽藍ヲ建立シテ、此佛ヲ安置シ給ヒツ、其後僧徒數千集リ住シテ佛法盛也、但シ佛ノ眉間ノ光无シ、其ヨリ數百歳ニ及デ其寺ノ佛法漸ク滅スル比、堂ノ前ノ海ニ不知ヌ鳥近ク有テ、波堂ノ前ニ懸ル、僧徒此ノ波[鳥]ニ恐テ皆去ヌ、寺ニ人不住マ[ズ]、然ル間、我朝ノ元明天皇、此ノ佛ノ利益靈驗ヲ傳ヘ聞給テ、此ノ朝ニ移シ給テ、伽藍ヲ建立シテ安置[シ]奉ラムト思ス願有ケルニ、國王ノ外戚ニ僧有リ、佛ノ道ヲ行フ人也、亦心賢ク思慮有リ、國王ニ奏スル様、我レ國王ノ宣ヲ奉テ彼ノ國ニ行テ其佛ヲ取奉ラム、吉ゝ[ク]三寶ニ祈請シ給ヘト、國王喜ビ給ヌ、僧彼ノ國ニ至テ、暗夜ニ彼寺ノ堂ノ前ニ船ヲ漕寄テ、三寶ニ祈請シテ密ニ佛ヲ取テ船ニ入レ奉テ漕去テ、遙ニ□云フニ我ガ朝ニ佛ヲ渡シ奉レリ、國王□以テ今ノ元興寺ヲ建立シテ金堂ニ此ノ佛ヲ安置シ給ヘリ、其後此ノ寺ニ僧徒數千人集リ住シテ佛法盛也、法相・三論二宗ヲ兼學シテ多ノ年序ヲ經ルニ、寺ノ僧末代ニ及デ、彼ノ東天竺ノ長元王ノ忌日ヲ可勤ト議シテ、毎年[ニ]不闕[ズ]勤ルニ、一人ノ荒僧有リ、極タル非性[ノ]人也、其ガ云ク、何ノ故有テカ我朝ノ元興寺ニシテ天竺ノ王ノ忌日ヲ可勤キゾ、自今以後ハ更ニ不可勤ト非道ニ行フ、滿寺ハ何也トモ何デカ本願ノ忌日ヲバ不勤ルベキト云フ程ニ、大キニ論出來テ互ニ諍ケルニ、非性ノ僧ノ門徒ハ廣クテ、滿寺ノ僧ノ忌日可勤シト行フヲ皆追ツ、然レバ多ノ僧東大寺ニ移[住]シヌ、其間事ニ觸テ兩寺不和ニシテ俄ニ合戰スル時、老僧ノ所行ニ非ズト云ヘドモ、悪ニ被引テ甲鎧ヲ着テ、法文聖教ヲ不持シテ諸堂ニ弃テ十方ニ散失ヌ、若僧ハ我ガ師逃失ナバ、我等亦此ノ寺ニ可住キニ非ズト云テ泣ゝ[ク]各散失ヌ、然レバ五日ノ内ニ千餘人ノ僧皆失畢ニケリ、其ヨリ元興寺ノ佛法ハ絶タル也、但シ彼ノ彌勒ハ于今御マス、化人ノ造[リ]奉ル佛ニ御マセバ糸貴シ、亦天竺震旦本朝三國ニ渡リ給ヘル佛也、正ク度ゝ光ヲ放テ歸敬スル人皆兜率天ニ生タリ、世ノ人尤モ禮[シ]可奉ト、奈良ノ元興寺ト云フ是也トナム語リ傳ヘタルトヤ、(「元興寺伽藍縁起并流記資財帳」・菅家本「諸寺縁起集」参照)

〈萬葉集六〉

大伴坂上郎女、詠元興寺里歌一首

古郷之、飛鳥者雖有、青丹吉、平城之明日香乎、見樂思好裳、

養老三年十一月一日

僧神叡を元興寺に住まわせ、大安寺の道慈とともに封五十戸を与えた。

〔續日本紀八〕 養老三年

神叡　720
道慈　720
四十八寺　722
藤原不比等　722

十一月乙卯朔、詔僧綱曰、朕聞、優能崇智、有國者所先、勸善獎學、爲君者所務、於俗既有、於道宜然、神叡法師、幼而卓絶、道性夙成、撫翼法林、濡鱗定水、不踐安遠之講肆、學達三空、未漱澄什之言河、智周二諦、由是、服膺請業者已知實歸、函丈挹教者悉成宗匠、道慈法師(中略)、朕每嘉歎不能已也、宜施食封各五十戸、並標揚優賞、用彰有德、

〔扶桑略記六〕 養老三年十一月一日 (略)　〔元亨釋書二十二〕 養老三年十一月 (略)

〈今昔物語集十一〉(↓天平九年神叡没するの條)

養老四年八月二日

右大臣藤原不比等の病により、都下四十八寺で藥師經の讀誦があった。

〔續日本紀八〕 養老四年

八月壬午(二日)、令都下卌八寺一日一夜讀藥師經、免官戸十一人爲良、除奴婢一十人從官戸、爲救右大(藤原不比等)臣病也、

癸未(三日)、是日右大臣正二位藤原朝臣不比等薨、

〔元亨釋書二十二〕 養老四年八月 (略)

養老六年六月

元興寺大金堂を造營して先の本堂を東金堂とし、ついで十二月金堂本尊丈六彌勒如來像の開眼供養を行なった?

〔諸寺緣起集菅家本〕元興寺(↓緣起)

〔本朝佛法最初南都元興寺由來〕(↓緣起)

〈續日本紀九〉養老六年

十二月庚戌(十三日)、勅奉爲浄御原宮御宇(天武)天皇、造彌勒像、藤原宮御宇(持統)太上天皇釋迦像、其本願緣記、寫以金泥、安置佛殿焉、

〈扶桑略記六〉養老六年十二月庚戌　(略)

〈元亨釋書二十二〉養老六年

十二月、於京畿諸寺、齋僧尼二千六百三十八人、及藤原宮安彌勒像者、薦天武天皇也、

養老六年十二月七日

元明天皇の一周忌に當り、京畿の諸寺で法會が營まれた。

〔續日本紀九〕養老六年

十一月丙戌(十九日)、詔曰、(中略)故奉爲(元明)　太上天皇、敬寫華嚴經八十巻・大集經六十巻・涅槃經卌巻・大

菩薩藏經廿巻・觀世音經二百巻、造灌頂幡八首・道場幡一千首・着牙漆几卅六・銅鋺器一百六十八・柳箱八十二、即従十二月七日、於京并畿内諸寺、便屈請僧尼二千六百卅八人、設齋供也、

〔元亨釋書二十二〕養老六年十二月（略）

725 京畿諸寺

神亀二年七月十七日

諸寺院に清浄にすることを命じた。

〔續日本紀九〕神亀二年

秋七月戊戌（十七日）、詔七道諸國、除寃祈祥、必憑幽冥、（中略）又諸寺院限、勤加掃浄、仍令僧尼讀金光明經、若無此經者、便轉㝡勝王經、令國家平安也、

〔東大寺要録二〕本願章第一（略）

725 大和諸寺

神亀二年九月廿三日

災異を除くため、大和の諸寺で轉經が行なわれた。

〔續日本紀九〕神亀二年

九月壬寅（廿二日）、詔曰、（中略）宜令所司、三千人出家入道、并左右京及大倭國部内諸寺、始今月廿三日一七日轉經、憑此冥福、冀除災異焉、（神亀二年に天變地異がしばしばおこる）

〔東大寺要録一〕本願章第一　（略）

728

神亀五年八月廿一日

皇太子の病苦を救うため、観音像をきざみ經巻を書寫させた。

〔續日本紀十〕神亀五年

八月甲申（廿一日）、勅、皇太子寝病、經日不愈、自非三寶威力、何能解脱患苦、因茲、敬造觀世音菩薩像一百七十七軀并經一百七十七巻、禮佛轉經、一日行道、縁此功德欲得平復、

〔扶桑略記六〕神亀五年八月甲申日　（略）

〔東大寺要録一〕本願章第一　（略）

〔本朝佛法最初南都元興寺由來〕（↓縁起）

728

神亀五年

元興寺僧大僧都観成が没した？

〔七大寺年表〕

神亀五年　大僧都觀成去職歟入滅歟、三論宗、元興寺、大僧都號十七年、

〔僧綱補任一〕神亀五年　（略）

729

神亀六年（天平元年）二月八日

元興寺大法會
長屋王

聖武天皇が元興寺に大法會を營み、長屋王をその司に任じた。

〔日本靈異記中〕

恃己高德、刑賤形沙彌、以現得惡死緣第一

諸樂宮御宇大八嶋國勝寳應眞聖武太上天皇、發大誓願、以天平元年己巳春二月八日、於左京元・興・寺修大法會、供養三寳、勅太政大臣正二位長屋親王、而任於供衆僧之司、時有一沙彌、濫就盛供養之處、捧鉢受飯、親王見之、以牙冊以罸沙彌之頭、々破流血、沙彌摩頭捫血悕哭而忽不覿、所去不知、時法會衆道俗偷嘵之言、凶之不善矣、逕之二日、有嫉妬人讒天皇奏、長屋謀傾社稷、將奪國位、爰天心瞋怒、遣軍兵陳(陣)之、親王自念、无罪而被囚執、此決定死、爲他刑殺不如自死、即其子孫令服毒藥而絞死畢後、親王服藥而自害、天皇勅捨彼屍骸於城之外而、燒末散河擲海、唯親王骨流于土左國、時其國百姓多死云、百姓患之而解官言、依親王氣國內百姓可皆死亡、天皇聞之、爲近皇都、置于紀伊國海部郡椨(椒)抄奥嶋、嗚呼惆哉、福貴熾之時高名雖振華裔、而妖災窘之日无所歸、唯一旦滅也、誠知、怙自高德、刑彼沙彌、護法嚬嘁、善神慓嫌、着袈裟之類雖賤形不應不恐、隱身聖人交其中、故憍慢經云、先生位上人尺迦牟尼佛頂佩履踋人等罪云々、何況著袈裟之人、打侮之者、其罪甚深矣、

729　神叡　現光寺

〔扶桑略記六〕 神亀六年二月六日 （略）　〔元亨釋書二十二〕 天平元年二月 （略）
〔今昔物語集二十〕 長屋親王罰沙彌感現報語第廿七 （略）
〔元興寺伽藍縁起并流記資財帳〕 慈俊私勘文 （三月八日供養とある） （↓縁起）
〔平城新元興寺極樂坊記〕 （↓縁起）
〔本朝佛法最初南都元興寺由來〕 （七重大塔建立の開眼法會とある） （↓縁起）

天平元年十月七日

元興寺僧律師神叡が少僧都になった。

〔七大寺年表〕
天平元年　律師神叡（十月七日）同日任少僧都
〔續日本紀十〕 天平元年十月甲子（七日） （略）　〔僧綱補任一〕 天平元年 （略）
〔扶桑略記六〕 天平二年
十月十七日乙酉、同日、神叡法師爲小僧都、道慈法師爲律師、唐僧思託作延暦僧録云、沙門神叡、唐學生也、因患制亭、便入芳野、依現光寺、結廬立志、披閲三藏、秉燭披翫、夙夜忘疲、逾二十年、妙通奥旨、智海・淵冲・義雲・山積盖法門之龍象也、俗時傳云、芳野僧都得自然智、

730 飛鳥寺 賢證

天平二年二月十日

飛鳥寺の僧賢證が「瑜伽師地論」を書寫した。

〔瑜伽師地論廿二〕奥書（石山寺藏）

天平二年歳次庚午二月十日、飛鳥寺僧賢證、爲七世父母六親眷屬及廣无邊无際之、與一切有情共成佛道、貢敬瑜伽論七卷、盖如一豪當於理者、仰願現在之身停於千秋之林、心神凝於万春園、而六度輕舫設於三會之津、四无量梶貫、而八弟人覺爲左右梶取、八正道分爲水手、而法音輪大妙相二柱菩薩船主、分段生死之海度、而願與群生共速登无上覺也、

733 遣唐使 隆尊 栄叡

天平五年四月三日

元興寺僧隆尊の請により、戒師を求めるために榮叡・普照を遣唐使に随行させた。

〔續日本紀十一〕天平五年

閏三月癸巳（廿六日）、遣唐大使多治比眞人廣成辭見、授節刀、夏四月己亥（三日）、遣唐四船、自難波津進發、

〔東大寺要録一〕本願章第一

五年癸酉、（中略）有元興寺沙門隆尊律師者、志存鵝珠終求草繋、於我國中雖有律本問傳戒人、幸簉玄門嘆無戒足、即詣（請）舍人王子處曰、日本戒律未具、假王威力、發遣僧榮叡隨使入唐、請傳戒師、

還我聖朝、傳受戒品、舍人親王即爲隆尊奏、勅召件榮叡入唐、於是、興福寺榮叡與普照倶奉勅、四月三日、隨遣唐大使多治比眞人廣成到唐國、（下略）

〔扶桑略記六〕 天平五年七月 （略）

四寺

735

天平七年五月廿四日

災害を除くために、元興寺ら四寺で大般若經が轉讀された。

〔續日本紀十二〕 天平七年

五月己卯（廿四日）、於宮中及大安・藥師・元興・興福四寺、轉讀大般若經、爲消除災害、安寧國家也、

（天平五年諸國飢疫、六年地震、七年天下不作悪疫流行）

〔東大寺要録一〕 本願章第一 （略）

735

天平七年六月七日

飛鳥寺で齋會が營まれた。

〔正倉院文書續々修十二帙三〕 寫經目録 （大日本古文書

（前略）

六年四（六）月

飛鳥寺　736

四大寺　736

婆羅門僧正

最勝王經十部一百巻黄紙及綺帯木畫軸
法華經十五部一百廿巻十二月角院讀 黄麻紙及標紫綺水精軸竹帙龜錦縁緋裏
右件經、宮八月二日、即七年六月七日飛鳥寺齋會、(下略)

天平八年七月十四日

太上(元正)天皇の病氣により、四大寺で七日間の行道があった。

〔續日本紀十二〕天平八年

七月辛卯(十四日)、詔曰、比來太上(元正)天皇寢膳不安、朕甚惻隱、思欲平復、宜奉爲度一百人、都下四大寺七日行道、(下略)

〔東大寺要録一〕本願章第一　(略)　〔元亨釋書二十二〕天平八年七月　(略)

天平八年

婆羅門僧正のもたらした佛舍利等を元興寺小塔院等に納めた。

〔東大寺要録二〕供養章第三

元興寺小塔院師資相承記

婆羅門僧正者、南天竺國聖人也、爲問評(訊)(許)文殊行基𦬇、以天平十九年尋來此日本國、(中略)又彼國

土毛鍮石香呂五具、菩提子念珠十貫、多羅葉梵字百枚、佛舍利二千粒、種々雜物多以奉、悉給卄傳以献上、天皇分給諸寺、多分奉置元興寺小塔院、爲優婆羅門弟子眷屬等、厚給粮食、天皇殊以尊重、已上（婆羅門僧正の來朝は天平八年である、かりに八年におく）

〔七大寺巡禮私記〕東大寺

元興寺小塔院師資次第略記云、今述師資次第有二門、初述天竺波羅門僧正與日本行基卄由緒、後述道慈僧都與神叡僧都三論法相之分因縁、（以下「東大寺要録」とほとんど同文）

天平九年三月十日

皇后宮職の請により、攝大乘論門徒を元興寺からえらんで興福寺に住持させた。

〔類聚三代格二〕經論并法會請僧事

太政官符（衍カ）謹奏

請抽出元興寺攝大乘論門徒一依常例住持興福寺事、

右得皇后宮職解偁、始興之本、從白鳳年、迄于淡海天朝（天智天皇）、內大臣（藤原鎌足）割取家財、爲講説資、伏願、永世万代勿令斷絶、近則裝嚴天朝、福田万姓、遠則恒轉法輪、奉資菩提者乎、亦中間者、故正一位太政大臣藤原公（不比等）、頻割取財貨添助論衆、迄于聖代、皇后（安宿姫）自減資財、亦增論衆、伏願、再興先祖之業、重

張聖代之徳、三寳興隆、万代无滅、欲令講説興福寺、伏聽進止者、朝議商量、崇道勸學、无妨佛教、
望依所請、今具事狀、伏聽　天裁、謹以申聞、謹奏、奉　勅依奏、

天平九年三月十日

〔興福寺縁起附録〕 興福寺牒狀 （略）

737

天平九年九月廿八日

京内および畿内の僧に綿・鹽を施した。

〔續日本紀十二〕 天平九年

九月己亥（廿八日）、因施兩京四畿二監僧正以下沙彌已上、惣二千三百七十六人綿并鹽、各有差、

〔元亨釋書二十二〕 天平九年九月 （略）

神叡

737

天平九年

元興寺僧少僧都神叡が没した。

〔七大寺年表〕

天平九年　少僧都神叡 入滅、法相宗、元興寺、天皇崇尊賜食封云々、

〔僧綱補任二〕 天平九年 （略）

〔元亨釋書十六〕力遊九

釋神睿、唐國人、居元興寺講唯識、世言、得虚空藏菩薩靈感、靈亀三年勅曰、沙門神叡、學達三空、智周二諦、戒珠光潔、慧海波深、宜施食封五十戸、天平九年化、

〈今昔物語集十一〉

道慈亘唐傳三論歸來神叡在朝試語第五

今昔、聖武天皇ノ御代ニ道慈・神叡ト云フ二人ノ僧有ケリ、道慈ハ大和國ノ添下ノ郡ノ人也、俗姓ハ額田ノ氏、心智リ廣クシテ法ノ道ヲ學ブニ明カ也ケレバ、法ヲ深ク學ビ傳ヘムガ爲ニ、大寳元年ト云ケル年、遣唐使粟田ノ道麿ト云ケル人ニ隨テ震旦ニ渡リニケリ、□法師ト云フ人ヲ師トシテ、无相ノ法文ヲ學ビ極テ、震旦ニシテ□來レリ、聖武天皇是ヲ貴ムデ□聖武（衍カ）、此ノ朝ニ更ニ此ノ人ニ並[ブ]智者无カリケリ、然ル間、法相宗ノ僧神叡ト云フ者有ケリ、□國□郡ノ人也、俗姓ハ□ノ氏、心ニ智有[リ]ト云ヘドモ學ブ所薄クシテ、道慈ニハ不可並[ズ]、而ルニ神叡心ニ智恵ヲ得ム事ヲ願ヒテ、大和國ノ吉野ノ郡ノ現光寺ノ塔ノ杓形ニハ虚空藏菩薩ヲ鑄付タリ、其レニ緒ヲ付テ神叡是レヲ引ヘテ、願クハ虚空藏菩薩、我レニ□智恵ヲ令得給ヘト祈ケルニ、日來ヲ經テ神叡ガ夢ニ、貴キ人來テ告

テ云ク、此ノ國添下ノ郡ニ觀世音寺ト云[フ]寺ノ塔ノ心柱ノ中ニ、大乘法苑林章ト云フ七巻ノ書ヲ納タリ、其レヲ取テ可學シト、夢覺テ後神叡彼ノ寺ニ行テ塔ノ心柱ヲ開テ見ルニ、七巻ノ書有リ、是ヲ取テ學スルニ、吉ク智リ有ル人ト成ヌ、然レバ天皇此ノ由ヲ聞シ食シテ、忽ニ神叡ヲ召シテ王宮ニシテ彼ノ道慈ト合セテ被試ケルニ、道慈ハ本ヨリ智リ廣カリケルガ上ニ、震旦ニ渡テ止事无キ師ニ隨テ、十六年ノ間學シタル者也、神叡ハ本ヨリ智リ廣キ者トモ不聞ザリケレバ、天皇智恵出來タリトハ聞シ食セドモ、何許カハ有ラムト思シ食ケルニ、道慈論義ヲ爲タリケルニ、神叡答ヘケル様實ニ昔ノ伽旃延ノ如シ、然テ論義百條ヲ互ニ問ヒ答ケルニ、神叡ガ智恵朗ニ勝タリケレバ、天皇是ヲ感給テ、共ニ歸依シ給テ、各封戸ヲ給テ、道慈ヲバ大安寺ニ令住メテ三論ヲ學シ、神叡ヲバ元興寺ニ令住テ法相ヲ學シケリ、彼ノ道慈ガ影像ハ、大安寺金堂ノ東登廊ノ第二門ニ、諸羅漢ヲ書加ヘテ有[リ]、彼[ノ]神叡ガ見付タル七巻ノ書ハ、今ノ世マデ傳ハリテ、宗ノ規摸ノ書ト有リ、是ヲ思フニ虚空藏菩薩ノ利益量无シ、其レニ依テ神叡モ智恵ヲ[バ]得タルトゾ人云ケルトナム語リ傳ヘタルトヤ、

天平十年閏七月九日

元興寺僧行信が律師になった。

740

元興寺經

藤原夫人

〔七大寺年表〕
天平十年　律師行信七月三日任、法相宗、元興寺、或本云、諸寺撿挍、又兼法務云、
天平十八年　律師行信或云法務、天平年中任大僧都、而任日不見、兼諸寺撿挍云々、
〔續日本紀十三〕天平十年閏七月乙巳（九日）、（略）　〔僧綱補任一〕天平十年（略）

天平十二年三月

藤原夫人（藤原房前の女）の發願による一切經に元興寺の圓印がある（元興寺經）。

〔藤原夫人發願一切經〕佛說阿難四事經奥書（書道全集所收）

維天平十二年歲次庚辰三月十五日、正三位藤原夫人、奉爲　亡考贈左大臣府君及見在　內親郡主、發願敬寫一切經律論各一部、莊嚴已訖、設齋敬讚、藉此勝緣、伏惟　尊府君道濟迷途神遊淨國、見在　郡主心神朗慧福祚無疆、伏願　聖朝萬壽國土清平、百辟盡忠兆人安樂、及檀主藤原夫人常遇善緣必成勝果、俱出塵勞同登彼岸、

（以下判明しているもの）

瑜伽師地論卷第十七　（一切經）

同　卷第九十九（〃）

頻婆沙羅王詣佛供養經（〃）檀王法琳寺藏

同具經（十數巻）（〃）諸家藏

蘇悉地羯羅經巻下　光明院藏（？）

（元興寺の圓印のあるものを便宜以下に合敍する）

〈大智度論巻九十七〉（既多寺知識經）（天理圖書館藏）

（奥書）天平六年歳次甲戌十一月廿三日寫、播磨國賀茂郡既多寺　民直次甲

〈瑜伽師地論巻第四十二〉（天理圖書館藏）

（奥書）天平十六年歳次甲申三月十五日

讃岐國山田郡舍人國足

（黒印）石山寺一切經　（墨書）松翁

〈瑜伽師地論巻第七〉（天理圖書館藏）

（奥書）寶亀拾年歳次己未三月廿五日

願主穴太乙麻呂

（黒印）石山寺一切經　（墨書）松翁

743

天平十五年正月九日

荒田井直子麻呂が優婆塞となるに際し、元興寺僧賢璟が師主となった。

〔正倉院文書続々修一帙三裏書〕　優婆塞貢進解　（大日本古文書八）

荒田井直挨（族）子麻呂年十六

誦　理趣經　　最勝王經二品

　　羂索經咒　　千手經咒

讀　法華經一部破文　最勝王經一部音

　　瑜伽論菩薩地破文　雜經種種

右人、尾張國愛智郡成海郷戸頭少初位上荒田井直挨（族）益麻呂戸口

　　師主元興寺僧賢璟

　　　天平十五年正月九日

745

天平十七年五月二日

地震により、平城の諸寺で最勝王經の轉讀が行なわれ、ついで元興寺ら四寺で大集經の讀誦があった。

京師諸寺
四寺
745
四大寺
平城還都

〔續日本紀十六〕天平十七年
五月己未(二日)、地震、令京師諸寺限一七日轉讀最勝王經、
乙丑(八日)、地震、於大安・藥師・元興・興福四寺、限三七日令讀大集經、

天平十七年五月四日

四大寺の僧が、平城を都とすべきであるという意見を述べた。

〔續日本紀十六〕天平十七年
五月辛酉(四日)、遣大膳大夫正四位下栗栖王於平城藥師寺、請集四大寺衆僧、問以何處爲京、僉曰、可以平城爲都、
壬戌(五日)、是日、車駕還恭仁宮、以參議従四位下紀朝臣麻路爲甲賀宮留守、
癸亥(六日)、車駕到恭仁京泉橋、于時、百姓遙望車駕、拜謁道左、共稱万歳、是日到恭仁宮、
甲子(七日)、遣右大弁従四位下紀朝臣飯麻呂、掃除平城宮、時諸寺衆僧率浄人童子等、争來會集、百姓亦盡出、里無居人、以時當農要、慰勞而還、
戊辰(十一日)、是日行幸平城、以中宮院爲御在所、舊皇后宮爲宮寺也、諸司百官各歸本曹、
〔元亨釋書二十二〕天平十七年五月（略）

745

天平十七年九月十九日

聖武天皇の病氣により、京内諸寺等で佛事が修せられ、ついで寫經等が行なわれた。

〔續日本紀十六〕天平十七年

九月癸酉(十九日)、天皇不豫、(中略)令京師畿内諸寺及諸名山浄處行藥師悔過之法、奉幣祈禱賀茂松尾等神社、令諸國所有鷹鵜並以放去、度三千八百人出家、

甲戌(二十日)、令京師及諸國寫大般若經合一百部、又造藥師佛像七軀高六尺三寸、并寫經七卷、

丁丑(廿三日)、平城中宮請僧六百人令讀大般若經、

〔東大寺要録一〕本願章第一（略）

745

天平十七年

聖武天皇が元興寺末寺を造營させたと傳える。

〔元興寺伽藍縁起并流記資財帳〕慈俊私勘文（↓縁起）

〔元興寺縁起佛本傳來記〕（↓縁起）

〔諸寺縁起集菅家本〕元興寺（↓縁起）

〔伊呂波字類抄六〕元興寺《クエムコウ》　推古天皇陵號飛鳥

有本新兩寺云〻、推古天皇御願、建立大和國武智(高市)郡、號本元興寺、元明天皇御願、建立於奈良、新元興寺云〻、共號飛鳥寺、格云、此寺佛法元興之場、聖教寂初之地也、去和銅三年、帝都遷平城之日、詩(諸)寺隨移、件寺獨留、朝廷更造新寺、備其一不移之闕、所謂元興寺是也、于時初立六宗、分業相傳、其後聖武天皇慨法音之移新都云〻、本元興寺四面在額云〻、寺家縁起云、崇峻天皇第二年乙酉聖徳太子與蘇我馬子大臣高市郡飛鳥地、建法興寺、本元興寺是也、元正天皇養老二年破本寺、聖武天皇天平十七年造末寺、今元興寺是也、安置彌勒像、推古天皇時、施入多田薗癸、

聖武天皇

746 天平十八年四月十九日

元興寺に誓願の聖武天皇の宣命が出された。

〔元興寺縁起佛本傳來記〕(↓縁起)

聖武天皇

746 天平十八年十月十四日

僧綱所が、各寺の縁起資財等を調査報告させた。

〔元興寺伽藍縁起并流記資財帳〕(↓縁起)

747 天平十九年二月十一日

前年の僧綱所の牒により、「元興寺伽藍縁起并流記資財帳」が提出された。

〔元興寺伽藍縁起并流記資財帳〕（↓縁起）

天平二十年四月廿七日

元正天皇崩後初七日に当り、飛鳥寺で誦經があり、以後七日毎に平城の諸寺で佛事が營まれた。

〔續日本紀十七〕天平二十年

夏四月庚申（廿一日）、太上天皇（元正）崩於寢殿、春秋六十有九、
丙寅（廿七日）、當初七、於飛鳥寺誦經、自是之後、毎至七日、於京下寺誦經焉、

天平二十年四月廿八日

沙彌賓進が元興寺僧某のもとで得度した。

〔正倉院文書續々修六帙一裏〕奈良宮中中島院例得度注文（大日本古文書十）

沙彌賓進年拾捌 美濃国山縣郡御田郷戸主他田水主戸口 他田豊人、黒子頷中上一鼻折上一
右、奉天平廿年四月廿八日勅、於奈良宮中中嶋院、伍伯拾人例得度、沙彌五百 沙彌尼十
師主元興寺僧□興

天平二十年六月十七日

元興寺から出された「元興寺伽藍縁起并流記資財帳」が確認された。

749　元興寺之村　行基　服部堂（吉祥堂）

〔元興寺伽藍縁起并流記資財帳〕（↓縁起）

天平年間

僧行基の元興寺村の法會に關する説話。（行基は天平二十一年に没した、假にここにおく）

〔日本靈異記中〕

行基大徳放天眼視女人頭塗猪油而呵嘖縁第廿九

故京元興寺之村嚴備法會、奉請行基大徳、七日説法、于是道俗皆集聞法、聽衆之中有一女人、髪塗猪油、居中聞法、大徳見之嘖言、我甚臰哉、彼頭蒙血女遠引棄、女大耻出罷、凡夫肉眼是油色、聖人明眼見視完（宍）血、於日本國、是化身聖也、隱身之聖癸、

〔三寶繪中〕三　行基菩薩　（略）

〔今昔物語集十七〕文殊生行基見女人悪給語第卅六　（略）

服部堂吉祥天女像の靈異の物語。

〔日本靈異記中〕

窮女王歸敬吉祥天女像得現報縁第十四

聖武天皇御世、王宗廿三（衆—今昔）人結同心、次第爲食設備宴樂、有一窮女王入宴衆列、廿二王以次第設宴樂已訖、但、此女王獨未設食、備食無便、大耻貧報、至于諾樂左京服部堂、對面吉祥天女像而哭之

曰、我先世殖貧窮之因、今受窮報、我身爲食入於宴會、徒瞰人物設食無便、願我賜財、于時其女王之兒忩〻走來白母曰、快従故京備食而來、母王聞之、走到見之、養王乳母、〻談之曰、我聞得客故具食來、其飲食蘭美味芬馥無比無等、無不具足物、(其)設器皆銃、使荷之人卅人也、王衆皆來受饗以喜、其食倍先王衆、讃稱富王、不然何貧敢能餘溢、飽盈佐我先設、儛歌奇異如鈞天樂、或脱衣以與、或脱裳以與、或送錢絹布綿等、不勝悦望捧得衣裳着之乳母、然後參堂將拜尊像、着之乳母衣裳、被之其天女像、疑之而往問レニ之、乳母答之不知、定知菩薩感應所賜、因大富財免貧窮愁、是奇異之事矣、

〔日本靈異記攷證中〕十四

服部堂 吉川氏曰、奈良吉祥寺町ノ吉祥天女堂疑ハ此、

〔今昔物語集十七〕 王衆女仕吉祥天得富貴語第卅六 (略)

元興寺僧嚴智が華嚴經を金鐘道場に講じたと傳える。

〔本朝高僧傳四〕 和州元興寺沙門嚴智傳

釋嚴智、初學法相・三論、後従祥公受華嚴、住元興寺、倡賢首宗、天平之季、奉勅講華嚴於金鐘道場、以標瓊・性泰爲覆師、畢六十卷、(「三國佛法傳通緣起」によれば、この話は審祥のことである。)

禪院

禪院所藏の經典が寫經に役立てられた。

〔正倉院文書續々修二十八帙三〕　裝潢本經充帳　（大日本古文書八）

天平十四年七月廿四(日脱カ)　禪院本經充

阿刀息人順正論第帙(マヽ)四六局　（下略）

〔正倉院文書續々修十四帙七〕　撿定本經注文　（大日本古文書九）

撿定本經惣柒伯陸拾捌卷四百十三卷禪院之本帙六枚更可加三局、三百五十五局帙卅六枚藥師寺本、

右、且撿定如前、

天平十九年三月一日受阿刀酒主

丸部「嶋守」

〔正倉院文書正集二裏書〕　寫疏所解　（大日本古文書二）　（經名の上又は下に○あるいは◡あり、略）

佛說正齊經一卷(局、以下同じ)　薩婆多論八卷

十二明了論一卷　三階律周部九卷无緒軸表

禪經三卷　治禪病秘要法一卷白紙无軸

秘要法二巻白紙
比丘尼木叉一巻白紙无緒軸
選比丘傳一巻白无緒軸「可寫」
卅木叉一巻柒軸
梵天經論四巻
發智論廿巻
讃釋迦彌勒二聖因果行一巻白
法花經疏二部廿巻慧藏師撰白紙无軸「一部重」
大品經疏五巻白紙无軸憹法師撰
略説教誡經疏一巻白
唯識論疏十巻白紙无軸基法師
攝大乘論疏十一巻白紙无軸神廓師又五巻白紙无軸
智度論疏五巻白紙无軸偘法師
又述本記一巻並白紙

波羅提木叉一巻「可寫」
布薩文一巻白紙无緒軸
禪要經一巻
雑集論十六巻白紙无軸已上經所納
四宗論一巻副涅槃論
六度集八巻
往生禮讃一巻白紙
本有今无偈一巻「可寫」
卅藏經疏十巻靖邁師撰白紙无軸
天請問經疏一巻白紙无軸文備師
倶舎論疏廿巻白紙无軸少々破神泰師疏
集論疏十三巻白紙无軸靈携師
觀所縁々論疏二巻神廓師「一巻重」
成業論疏一巻白

顯揚論抄一巻白紙无軸
六巻抄六巻宣律師撰白紙
二障義一巻白紙
大乘五法章一巻
十二縁起義一巻白
雜設難章一巻白
卅十章一巻白
道品章一巻白
大乘三性義章一巻白
大乘章一巻白
大乘集論疏二巻白實大乘十論經疏三巻也
无垢稱經疏六巻白基師
〔正集一裏書〕
天地□
明三階佛法二巻上下无軸

雜羯磨抄一巻白紙
花嚴抄五巻白少〻破「依誤不寫」
大乘四善根章一巻白紙
中有章一巻白
六現觀章一巻白
末那四或章一巻白
五種衆生義一巻白
五果章一巻白内有十因義四縁義
法花音義二巻白
涅槃經疏卅巻廿巻吉藏師白「一部重」
□四巻黄□
觀□
「明」
略名法界衆生根機浅深法一巻信行マ无軸

佛性論四巻天親卄造
菩提資粮論六巻无軸雑樹卄(龍カ)
廣百論十巻白紙无軸
十地經論十二巻
「重」妙法蓮花經優婆提全一巻
百字論一巻・准中論義入大般若波羅密經初亦法門秘𨒅之記二巻白紙
无相思塵論一巻无軸
大乘攝論十巻
登論十五巻
一切經抄三巻白紙柒軸无緒
沙彌派部論二巻上下白
赦弟子傳一巻白紙柒軸
傳論一巻白
優婆夷浄行法門一巻白朱軸

維摩疏六巻白表无軸少〻破
寶性論四巻𤢖流支譯
中邊分別論二巻
「重」十二因縁經疏一巻實十二因縁論
法集經五巻白紙方一五六二巻无題
入大乘論三巻白紙无軸
三法度二巻白紙
无相禮佛文一巻白
曇无徳羯磨一巻无軸少〻破入律所
隨相論一巻白「可寫」
請賓頭盧法一巻白紙檜軸
涅槃五種佛性義一巻白
大論疏十一巻白

「重」勝鬘經疏三卷白上宮王製　大方等如來藏經疏二□
分別功德論一卷白　佛跡圖一卷一條紅帒一條錦帒一條□
管一合着柒

禪院寺

從禪院寺奉請疏論等、歷名如件、
天平十九年十月九日知他田水主
但自佛說正齊經至雜集論十六卷者、皆收納於阿刀繩萬呂所也、又□此疏論等中、以丹點□
〔正倉院文書續々修四十帙二裹〕造東寺司櫃納經并未返經論注文（大日本古文書十一）

岡本禪院

十六合納一切經一部并十部花嚴經奉請大安寺、
十一合納一切經一部并阿含經百九十七卷奉請豊前國大神宮寺、
六合納法花經一百九十部一千五百廿卷、奉請岡本禪院千部之内者
二合納大般若經一部奉請掃守寺
二合納仁王經疏奉請内裏
今遺十五合並納經
天平勝寶二年十二月廿四日

次官正五位上兼行大倭介佐伯宿禰「今毛人」(自署)

(岡本禪院とあるが、かりにここに収める、これは岡本寺即ち法起寺の禪院か)

天平・天平勝寶・天平寶字年間

寫經のため、元興寺北宅經藏の藏書や元興寺僧所持の經論等が造東大寺司・寫經所等に貸し出された。

〔正倉院文書續々修十七帙三〕 韓國人成寫經巻數筆墨注文 (大日本古文書八)

起天平十三年閏三月三日、至十四年五月卅日寫一切經、

合六百卅巻 (中略)

自六月廿三日至十四年五月卅日寫千手經、合五百九十九巻 十七巻本經出充、廿一巻元興之寺請、廿六巻二校了、未正依三百七十七巻二校正了、充装潢奏

大床百五十八巻校生充 (中略)

右件數、寫經并返筆墨等、顯注如前、以申、

六月廿一日 人成

〔正倉院文書續々修十五帙二〕 納櫃本經檢定并出入帳 (大日本古文書二十四)

納本經櫃盛文「第三」 (中略)

諦集

行信

雜四帙十局　　雜六帙十三局勝鬘經三卷元興寺奉請

雜五帙十二局　　大集經月藏分十局

普曜經一帙八局　　雜二帙九局　（中略）

觀虛空藏經一卷

右、依市原宮奉請（宣脱カ）、（天平十四年）八月廿八日　知阿刀縄万呂　（中略）

（天平十四年十二月十三日高屋赤万呂第六櫃本經檢定注文のうち）

（天平十九年カ）十二月五日出大乘造像功德經二卷

右、依良弁大德今日宣、奉請元興寺諦集師所、使沙彌仙隆

「返了」　知史生阿刀　他田水主

〔正倉院文書正修三十三裏書〕　律論疏集傳等本収納並返送帳　（大日本古文書八）

（前略）

（天平十五年）六月同日（十三日）、納法花玄贊三卷第一第四第五、以十五年八月十五日返送、使葛野古万呂、

右、律師行信師所、使人成、　（中略）

八月十五日、納律論集傳章等合一百卅六卷帙十二枚

右、置元興寺北宅一切經内、受酒主細名注別紙　（中略）

（天平十六年）十月廿一日、納疏本九十六巻帙十三枚

右本者、元興寺一切經内者、受人成、桧前万呂、　（中略）

（天平十七年）四月五日、納疏本六十六巻帙十二枚

右本者、元興寺一切經内者、受人成、石村　（下略）

〔正倉院文書續修三十四裏書〕　律論疏集傳等本收納並返送帳案（前文書の案文か）　（大日本古文書八）

（前略）

（天平十五年）八月十五日、納律論集傳章等合百卅六巻帙十二枚、並北宅所寫者、細員着別紙、在元興寺　酒主

又觀无量壽經一巻元興寺收置北宅經内使不知　（下略）

〔正倉院文書正集三十三裏〕　經疏等收納并返送帳斷簡（前文書に關連あるか）　（大日本古文書二十四）

（前略）

（天平十六年二月）二月九日、納起信論疏二巻上下恵遠師選者、以同年四月一日、送平攝師所、受標瓊沙彌、知人成、

右平榮師所、受人成

十日、納觀无量壽經一巻元興寺北宅經内　受人成　（下略）

〔正倉院文書續々修十五帙二〕櫃納經疏道具目録（大日本古文書八）

乙櫃

法花玄十巻四巻装潢了六局未装　此間書也、以丹交寫者、

又本廿巻行信師所　金剛三昧論六巻山邊千足寫者

名義集二局一巻新寫一巻本　法花玄論第六巻　兩巻經字釋一巻

空帙貳枚　並三色元興寺者

四分律一局第四不知本所　白銅盤貳口　白銅香爐一口无一足

天平十七年九月廿六日　阿刀酒主

今撿受阿刀「息人」（自署）

〔正倉院文書續々修三十五六裏書〕櫃納經疏道具目録斷簡（年月不詳、前文書と同類か）（大日本古文書八）

（甲櫃カ）

「合」法花玄讃二巻　「合」毗尼律二巻　已上一切納内

小乗集十三帙一帙々无十二帙別在帙並飛鳥寺　「合」唐法花經一部八巻山階寺

「合」肇論疏三卷　「合」樞要四卷一卷在丙櫃並慈訓師

乙櫃　（下略）

〔正倉院文書續々修三十五帙、六裏書〕　間寫書等歷名　（大日本古文書九）

間寫書等歷名　新寫并本等

十一面經疏一卷新古　尊勝珠林序一卷新古　唯識論樞要一部四卷

最勝王經二部縹紙大鳥高人未寫終七卷　四分律一部六卷本者飛鳥寺送了　（中略）

（天平）十八年五月十二日檢定

志斐麿

〔正倉院文書正集三十五表〕　一切經散並奉請帳　（大日本古文書二十四）

（前略）

注入楞伽經一帙七卷帙留　楞伽阿跋多羅寶經四卷

右、依田邊（眞人）史生宣、奉請元興寺僧行順師所

「檢阿刀酒主」

「以六月廿一日、返納已了」

天平十八年潤月九日附行舸師　（下略）

飛鳥寺

〔正倉院文書續々修十二帙四〕　常疏寫納并櫃乗次第帳　（大日本古文書九）

（前略）

公文第五櫃　（中略）

常疏借充文　隨寫疏目録　飛鳥寺本寫盡文　（中略）

間本借置第六巻　（中略）

花嚴經疏廿巻白紙也、未知主也、遺三巻者置挍櫃内、未挍了飛鳥寺疏本十九巻　（中略）

天平十九年三月七日挍授志斐麻呂

挍驗授受他田水主

〔正倉院文書正集二十一裏書〕　寫疏論集納受帳　（大日本古文書九）

（前略）

（天平十九年）三
八月　五日、納金光明寂（勝脱カ）王略賛一部五巻无帙

右、元興寺書也、受使辛國人成以同月五日進納（宮裏）信勝尼御所受藏人養德御勝、使辛國人成

五日、納六巻抄六巻白紙橡表无軸　納革箱一合以同月内裏進納寫并本十二巻使長官王

右、自信勝尼御所給出者、受辛國人成

十九日、納十二巻章一部十二巻、帙一　佛地經論述記一部四巻帙

右、元興寺書也、受使酒主國益

十月一日、請大因明論䟽二巻　圓知師章一帙四巻帙一枚

法花䟽四巻、帙一、雜集增一法數一巻、七處八會論一巻、海印三昧論一巻、

抄大乘論一巻、判比量論一巻　已上請元興寺、本使阿刀息人、

（下略、十九年十一月より廿年二月にわたる分あり）

〔正倉院文書續々修三十五帙六裏書〕　元興寺牒　（大日本古文書九）

元興寺　牒寫一切經司

瑜伽論抄　唯識論述記

唯識義燈　倶舍䟽

以前䟽等、當要用、仍注狀、申上如件、

天平十九年十一月十四日　書司

〔正倉院文書續々修十六帙四〕　寫一切經所請經帳　（大日本古文書八）　（この文書の案が「正倉院文書續修八裏書」にある）

（前略）

寫一切經所牒　平攝大徳之所可返奉寫䟽事、合卅五局

勝叡

華嚴經疏一部廿巻法藏師撰　起信論四巻二巻恵遠師又二巻元曉師

華嚴疏一部一巻元曉師　起信論別記一巻元曉師者

右、自天平十六年二月廿三日始、十七年四月十五日所奉請疏等、今速急進内裏仰給、仍所返奉如前、

専受使沙彌標瓊・鏡嚴・敎演

天平廿年三月廿四日

〔正倉院文書塵芥二十四裏〕　經疏本出入帳案　（大日本古文書二十四）

（前略、天平廿年七月九日始）

自元興寺奉請四分律□一部六十巻黄紙赤木軸赤表綺緒並无帙占

右、依宮一切經之内律誤、爲計會、以天平勝寶二年五月四日奉請、使舎人飽田石足、

「天平勝寶五年十一月十六日、付舎人大伴蓑万呂返了、史生阿刀 知上馬甘 檢納他田水主」（中略）

自元興寺主勝叡師所奉請疏

合二部八巻

中論疏六巻元庸師 白紙及表、无緒軸　仁王經疏二巻吉藏師 白紙黄表、青斑緒

右䟽、以天平勝寶三年四月十日奉請、使田部乙成、

六月十日、付田部乙成返送了、（下略）

〔正倉院文書續々修十五帙九〕　間寫經本納返帳　（大日本古文書九）

（前略）

四分律三部百巻一部第一二三五六帙　一部一二三四帙
一部第三五帙　巻別在印

右、為用本、自元興寺且所請如件、

（天平勝寶）二年二月廿二日上馬養

四分律一部六十巻黄紙及表綺緒无帯染軸

右、為用本、葛木寺請如件、

「以五年八月十一日返送、但誤云、「請時書未合者」

二年二月廿九日　上馬養」

「使上馬甘　秦家主」、（中略）

「合」四分律三帙第一帙　第三　第五帙

右依來牒旨、付便使元興寺維那僧恵福奉返如件、

曉　仁

二年四月九日　上馬養

四分律七箇帙第二第三第四第五第六

右依來牒旨、返送如件、

二年九月十五日付僧恵福

上馬養

〔正倉院文書續々修十六帙三〕　元興寺三綱返抄　（大日本古文書十一）

元興寺三綱牒　返抄之事

一切經目録二巻

右、依來數將領納已訖、今注事狀、以牒、

天平勝寶三年二月十六日

受収堂建(達カ)僧善□

〔正倉院文書正集四十五〕　造東寺司牒　（大日本古文書三）

（この文書の案文が「正倉院文書續々修三十三帙二裏」にある）

造東寺司牒　元興寺曉仁大德房下

奉請對法論抄一部十三巻基法師撰

飛鳥寺
眞福
神泰

牒、今依　令旨、可寫件疏、此求他所、都無所得、承聞、在大徳房中、仍差舎人少初位上他田水主、充使令向、乞察事趣、須臾之間、分付此使、事尤切要、勿在隠惜、今以狀牒、

天平勝寳三年三月廿五日

主典正八位下紀朝臣池主

判官正六位下上毛野君眞人

玄蕃頭正五位下市原王

〔正倉院文書續々修十二帙九〕　僧宣教疏本目録　（大日本古文書十二）

（前略）

无量義經疏一部測師撰　右在岡寺傳聞智憬師受了

法花論子注一部三巻右在慈訓師所

唯識論疏一部十巻道證撰　右在飛鳥寺眞福師所

瑜伽論抄十六巻基師撰　右在觀音寺

正理門論一部二巻備師撰　右在飛鳥寺神泰師所即豊浦寺華嚴複師者

天平勝寳三年六月十五日僧宣教

法隆　理教　義軌　曉仁　眞福　神泰

〔正倉院文書續々修十二帙九〕　應請疏本目録　(大日本古文書十二)

應奉請疏合卅三部　(中略)

深密經疏一部三卷玄範師　又一部五卷璟興師　又一部三卷元曉師　隆瑩師章一部廿卷

右疏在元興寺法隆師所　(中略)

入楞伽經疏一部八卷元曉師　在理教師所

起信論疏一部三卷延法師　在大安寺法宣師所

因明論疏一部三卷備法師　在元興寺義軌師所

對法論抄一部十三卷基法師　在元興寺曉仁師所

唯識(論脱)貶量一部廿卷璟興師「且來三卷」　在興福寺光藏師所

倶舍論抄一部四卷璟興寺師　在大安寺善勝師所

(涅槃)卌經疏一部十四卷璟興師　在大安寺玄智師所

唯識論疏一部十卷道證撰　在元興寺眞福師所

正理門論一部二卷備師撰　在元興寺神泰師所

倶舍論疏一部廿卷神泰師撰　金光明經疏八卷元曉師

理教　法隆　理教　勝叡　仁基

荘嚴論疏一部　　章疏傳集目録

右、在岡寺　（中略）

以前、應請經と疏本、略所聞知、顯注如件、

天平勝寶三年六月廿六日

〔正倉院文書續々修十二帙九〕　應寫疏本勘定目録　（大日本古文書十二）

（年月を欠くが、前文書のもとになつたものか、　前略）

〈中邊分別論疏一部三巻元曉師述、在飛鳥寺理教師所　（中略）

深密經疏一部三巻玄範師述

又一部五巻璟興師述

又一部三巻元曉師述、以上三部在元興寺唯識講師法隆師所

入楞伽疏一部八巻、元曉師述、在元興寺理教師所

仁王經疏一部三巻、測法師述、在永金師所

又一部三巻、吉藏師述、在元興寺知事勝叡師所　（中略）

卌經疏一部十四巻璟興師述、在大安寺玄智師并在藥師寺弘輝師所及元興寺仁基師所　（中略）

曉仁　法隆　義軌　法隆　義軌　勝叡　曉仁

對法論抄一部十三巻基師述、在元興寺曉仁師所　（中略）
顯揚論疏一部十二巻、在元興寺書中、又在法隆師所、璟興師述
瑩隆師章一部卅巻、在玄印師書中、掌善和師、又在元興寺法隆師所
正理門論抄一部二巻、備法師述、在宣教師所
因明論疏一部三巻、備法師述、在元興寺義軌師所　（下略）

〔正倉院文書續々修十二帙九〕　應請疏本目録　（大日本古文書十二）

（年月を欠くが前文書と關係があろう、　前略）

・・・・・
○元興寺法隆師所
深密經疏一部三巻玄範師　又一部五巻璟興師
又一部三巻元曉師　○顯揚論疏一部十二巻璟興師
瑩隆師章一部廿巻　（中略）
因明論疏一部三巻備法師、元興寺義軌師　（中略）
○仁王經疏一部三巻吉藏師、在元興寺知事勝叡師所
○對法論抄一部十三巻基法師、在元興寺曉仁師所　（中略）

義軌

仁基

飛鳥寺

○因明論疏一部三巻備法師、在元興寺義軌師所　(中略)

卅經疏一部十四巻璟興師、在大安寺玄智師所并元興寺仁基師所　(下略)

〔正倉院文書續修後集四十七〕　經疏出納帳　(大日本古文書三)

(前略)

宮倶舍論廿九巻欠第廿六巻　疏一部十五巻法寶師撰

順正論疏十九巻欠第十八巻

右、依倶舍宗、天平勝寶三年八□(月)廿二日牒、付僧勝貴、令請講師元興寺□

八月廿六日他田水主

「□□四月二日納了撿嶋宗麿」

□令請次官佐伯宿彌判官上毛野　呉原生人

三嶋

〔正倉院文書續修四十二〕　寫經請本狀　(大日本古文書四)

可請零落經事

右、被僧都命稱(偁)、件零落經者、使請山階及飛鳥等寺經者、仍以狀牒、其經名目附寺家使已訖、事

飛鳥寺

是有限、不須延怠、

天平勝寶六年五月廿三日　上毛野君粟守

佛本行集經六十巻

〔正倉院文書續々修二帙十〕　外島院一切經散帳　（大日本古文書十三）

合經并律陸佰拾陸巻　帙柒拾捌枚　（中略）

○第三般　飛鳥寺　合一百巻「欠六」帙十枚「如員奉請了」

第廿一袠

、寶雲經七巻　、阿惟越致遮經三巻

第廿二　右二經十巻同袠无籤

、不退轉法論四巻　、廣博嚴浄不退轉輪論經六巻

第廿三　右二經十巻同袠无籤

、不必定入印經一巻　、等集衆德三昧經二巻

、集一切福德三昧經三巻　、持心梵天經四巻

第廿四　右四經十巻同袠

、思益梵天所問經四巻　、勝思惟梵天所問經六巻
第廿五　右二經十巻同袠
、持人𦬇經四巻　、持世經三巻
、濟諸方等覺經一巻　、大方廣寶篋經三巻
、大乘同性經二巻
第廿六　右五經十三巻同袠
、深密解脱經五巻　、解深密經五巻
第廿七　右二經十巻同袠
、解節經一巻　、相續解脱地波羅密了義經一巻
、緣生初勝分法本經二巻　、分別緣起初勝法門經二巻
、楞伽阿跋多羅寶經四巻
右五經十巻同袠
、注楞伽阿跋多羅寶經七巻　、入楞伽經十巻
。、大薩遮尼乾子所説經十巻　「飛鳥寺」（中略）

以前經、爲正、奉請寺々、并奉請内裏如件、

天平勝寳七歳二月九日

撿知遠江員外少目正七位下上毛野君「粟守」(自署)

丹波員外目従八位上日置造

舎人大隅「君足」

田口「兄人」

〔正倉院文書塵芥二十八裏書〕經疏出納帳　(大日本古文書四・二十五)

(前略)

合經拾柒巻

帙伍枚

三枚繍(帙脱カ)並緋綾裏、錦縁、組帯

二枚麁帙一枚深緑綾裏、赤紫縁、組帯　一枚緋綾裏、黒紫縁、組帯

勝思惟梵天所問經六巻　阿惟越致經三巻

大乘問性經二巻　縁生初勝分法經二巻

右四部十三巻並黄紙及表、綺緒、紫軸

楞伽阿跋多羅寶經四巻黄紙及表、綺緒、柒軸

前、依次官大藏伊美吉天平勝寶七歳□□廿七日宣、令奉請元興寺如件、付使奴御□

天平勝寶七歳四月廿七日呉原生人

「大藏伊美吉　　主典美努連　　」

元興寺三綱

〔正倉院文書續修別集九〕元興寺三綱牒（大日本古文書四）

元興寺三綱牒上　貢返抄事

奉請一切經玖拾伍巻子細名如別紙

右、被綱所今月十五日牒偁、依内宣奉請一切經、不過今日、令持寺人、奉請法花寺中嶋院者、

今三綱等、謹依牒旨、件經貢上如前、仍録事狀、附浄人小依、以牒上、

天平勝寶七歳八月十六日　都維那正忍

元興寺勘經所

〔正倉院文書續修三十〕元興寺勘經所解（大日本古文書四）

元興寺勘經所解　申勘奉經并未勘事

合玖拾伍巻
勘奉八十九巻
未勘六巻楞伽經二巻 注楞伽經四巻
右、今勘奉經并未勘如件、仍録事状申送、以解、
天平勝寳七歳八月十七日　散位従七位上上毛野君立万呂
〔正倉院文書續々修三十九帙三裏〕　元興寺三綱牒　（大日本古文書十三）

・・・・

元興寺三綱牒　造東大寺司
千手千眼經伍拾巻黄紙黄表綺帯朱頂軸并斐紙
右件經、依來數領納已訖、今具事状、以牒、
天平寳字二年八月九日　少都維那「徳勝」（自署）
上坐「明教」
寺主「了行」
〔正倉院文書續々修十六帙六〕　請島院等本經目録　（大日本古文書十四）
合三千六百巻　（中略）

金剛般若經一百廿巻
右、奉請興福寺
千手經五十巻奉請元興寺　（天平寶字二年十一月十四日類収、この年か、下略）
〔正倉院文書續修別集十一〕　元興寺三綱牒　（大日本古文書四）
元興寺三綱牒　造東大寺司務所
合奉請經參巻并稱讃浄土經者
右件經、付信令奉請如前、今以状牒、
天平寶字四年六月九日　小寺主善□（撰）
「請了二巻知小治田案主□□舎人」
〔正倉院文書續々集十七帙七裏〕　奉寫經所本經論奉請并借充帳　（大日本古文書十六）
（前略）
（天平寶字）八年三月九日出充上馬養
八十花嚴經初帙十巻黄紙及表綺帯朱軸有印寮一切經内
右、令請元興寺僧滿恵師所、即付　（後略）

749　天平感寶元年閏五月二十日

五寺

詔して經論の轉讀講説の料として、絁・綿・布・稲並びに墾田百町を元興寺に施入した。

〔續日本紀十七〕天平勝寳元年(この年七月改元)

閏五月癸丑(二十日)、詔捨大安・藥師・元興・興福・東大五寺、各絁五百疋、綿一千屯、布一千端、稲一十万束、墾田地一百町、法隆寺絁四百疋、綿一千屯、布八百端、稲一十万束、墾田地一百町、弘福・四天王二寺、各絁三百疋、綿一千屯、布六百端、稲一十万束、墾田地一百町、崇福・香山藥師・建興・法花四寺、各絁二百疋、布四百端、綿一千屯、稲一十万束、墾田地一百町、因發御願曰、以花嚴經爲本、一切大乘小乘、經律論抄䟽章等、必爲轉讀講説、悉令盡竟、遠限日月、窮未來際、今故以茲資物、敬捨諸寺、所冀　太上天皇沙彌勝満、諸佛擁護、法藥薫質、万病消除、壽命延長、一切所願、皆使満足、令法久住、抜濟群生、天下太平、兆民快樂、法界有情共成佛道、

修多羅供

〔東大寺要録七〕雜事章第十

修多羅供事、雜格中巻云、勅旨大修多羅衆、(下略)

〔元亨釋書二十二〕天平二十一年閏五月　(略)

〔平城新元興寺極樂坊記〕(↓縁起)

〔本朝佛法最初南都元興寺由來〕（↓縁起）

天平勝寳元年七月十三日

諸寺の墾田所有の限界を定め、元興寺は二千町とした。

〔續日本紀十七〕天平勝寳元年

七月乙巳（十三日）、定諸寺墾田地限、大安・藥師・興福・大倭國法華寺・諸國分金光明寺、々別一千町、大倭國々分金光明寺四千町、元興寺二千町、弘福・法隆・四天王・崇福・新藥師・建興・下野藥師寺・筑紫觀世音寺、々別五百町、諸國法華寺、々別四百町、自餘定額寺、々別一百町、

〔東大寺要録六〕封戸水田章第八

雜格佛法僧中巻

民部省符山陽道諸國司等（中略、このうち元興寺飛鳥寺・弘福寺川原・法隆寺鵤・崇福寺志我寺・建興寺豊浦寺とある）

以前被太政官去天平勝寳元年七月十四日符偁、奉今月十一日勅偁、去四月一日詔書寺々墾田地許奉者、宜依件數施行、今以狀下、符到奉行、

天平勝寳二年三月廿九日

〔元亨釋書二十二〕天平二十一年七月（略）

749　柘殖郷墾田　三論衆

〔本朝佛法最初南都元興寺由來〕(↓縁起)

天平勝寶元年十一月廿一日

元興寺三論衆が柘殖郷の墾田を買得した。

〔東南院文書三櫃一巻〕　伊賀國阿拜郡柘殖郷墾田賣買券　(大日本古文書三)

柘殖郷長解　申常地賣買墾田立券事、

神田柒段「上(異筆)
下」限東紀寺田　限西石部大万呂田
限南京戸敢朝臣粳万呂田　限北物部廣万呂田「重、下」(異筆)

柘殖郷戸主敢臣安万呂之賣墾田者

付價銭捌貫(追筆)「天平勝寶元(三)年歳次辛卯年始常地作料」
「一年直米四斛」

右墾田買得處元興寺三論衆

以前、墾田賣買人、依法式立券者如件、仍具録狀申送、以解、

天平勝寶元年十一月廿一日郷長桃尾臣(自署)「井麻呂」

田主　敢臣「安万呂」(左手食指)

證人　壬生少粳「同姓」

石部石村
「印代」万呂
「筆取」　壬生浄足
「税長」　石部(自署)「果安麻呂」

750 天平勝寶二年

元興寺僧律師行信が没した。

〔七大寺年表〕

天平勝寳二年　律師行信入滅、法相宗、元興寺、或本天平廿年任大僧都、他本相違、

〈續日本紀十九〉天平勝寳六年　（十一月廿四日の條に、藥師寺僧行信が遠流に處せられた記事がある）

〈仁王護國經疏上〉

多著測疏、少加餘疏、釋僧行信抄、

751 天平勝寳三年四月廿二日

元興寺僧隆尊が律師になった。

〔七大寺年表〕

天平勝寳三年

天平勝寶三年　律師隆尊四月廿二日任、化人、年四十六、東大寺供養導師、

〔僧綱補任二〕天平勝寶三年　（略）

〔續日本紀十八〕天平勝寶三年四月甲戌（廿二日）、（略）

〔東大寺要録一〕本願章第一　（略）

〔扶桑略記抄二〕天平勝寶三年　（略）

752

天平勝寶四年正月廿三日

元興寺に韓櫃を送った。

〔正倉院文書續々修四十四帙十〕韓櫃進送注文　（大日本古文書十二）

韓櫃一合

右、依依阿刀（酒主）主典天平勝寶四年正月廿三日宣、送於元興寺、

使舎人佐伯諸上

知呉原生人

752

天平勝寶四年四月九日

東大寺大佛開眼供養にあたり、四大寺から物を献じ、元興寺僧隆尊がその講師となった。また元興寺僧から歌三首を献じた。

〔續日本紀十八〕天平勝寶四年

大佛開眼
隆尊
四大寺献物

四月乙酉（九日）、盧舎那大佛像成、始開眼、是日行幸東大寺、天皇親率文武百官、設齋大會、（下略）

〔東大寺要録二〕供養章第三

一開眼供養會

皇帝敬請　菩提僧正（中略）

皇帝敬請　隆尊律師

以四月八日設齋東大寺、欲講花嚴經、其理甚深、彼旨難究、自非大德博聞多識、誰能開示方廣妙門、乞勿辞、攝受敬白、

咒願大安寺道璿律師請書如右、

都講景静禪師請書如右、使各差五位、

天平勝寳四年三月廿一日勅書

（中略）（講師隆尊らが輿に乗って白蓋をさして入場する）

四月九日、（中略）並着堂幄、即開眼師進佛前、取筆開眼、亦筆着縄、令参集人等開眼了、即講讀共登高座、講説花嚴經、請衆僧沙彌等、自南門左右頒以参入引道、（中略）着東面北幄、即大安・藥師・元興・々福寺四寺、献種々奇異物、繼自南門柱東、過□（亦烈）種々樂参入、（中

752

献歌

元興寺綱封倉

略）又有大安・薬師寺等四大寺、各呈伎（異）以助荘嚴、（中略）
東大寺大會時、元興寺献歌二（三カ）首、
比美加之乃　夜万比遠岐與美　邇井之世（々）流　盧佐那保度介邇　波那多天万都留
乃利乃裳度　波那佐岐邇多利　計布與利波　保度介乃美乃利　佐加江多万波舞
美那毛度乃　々利乃於古利之　度布夜度利　阿須加乃天良乃　宇太々天万都留

天平勝寶四年四月十日

御作

宇留波之度　和加毛布岐美波　古禮度利天　美加度加與波世　與呂津與万天邇也

此等和歌者、元興寺綱封倉牙笏注之、

〔扶桑略記抄二〕天平勝寶四年四月（略）　〔元亨釋書二十二〕天平勝寶三年四月（略）
〔七大寺年表〕天平勝寶四年四月（略）　〔東大寺諸伽藍略録〕（略）　〔濫觴抄上〕（略）

天平勝寶四年八月二日

隆尊が上宮で華嚴經を講じた。

〔東大寺要録二〕本願章第一

隆尊

752 般若心經述義 智光

753-4

755 愛智庄

四年八月二日、請律師隆尊、令講花嚴經於上宮、三箇日問答析微、以輪達・弘明・玄智・正基・永鑒・嚴智・慶俊等爲聴衆也、

天平勝寶四年

智光が「摩訶般若波羅密多心經述義」を著わした。

〔摩訶般若波羅密多心經述義〕序 （大日本佛教全書六）

（前略）智光従生九歳避憒肉處、遊止伽藍、然自志學、至于天平勝寶四年、三十箇年中、専憩松林、縛身研神、隨堪禮讀、周覽聖教、其最要者、唯此經焉、（下略）

天平勝寶五年または六年

元興寺が近江國愛智庄を買得した。

〔東大寺文書〕（↓貞観元年十二月廿五日）

天平勝寶七年八月廿一日

紫微中臺請經文に八田智光師の名がある。

〔正倉院文書續々修十六帙七〕紫微中臺請經文 （大日本古文書一三）

奉請陁羅尼集經十二卷

八田智光 755

如意輪陁羅尼經一巻

右、奉請八田智光師所、如件、

天平勝寶七歳八月廿一日付舎人江野秣鞨

（自署）「判少忠山口忌寸沙彌万呂」

勝叡 755

天平勝寶七年九月三日

元興寺僧勝叡らが光明皇后願經を校正した。

〔聖語藏所藏光明皇后御願持心經三〕奥書 （天平十二年五月一日の跋がある）

天平勝寶七歳九月三日

従七位上守大學直講上毛野君立麻呂正

大徳元興寺沙門勝叡

大徳沙門了行

大徳沙門尊應

業了沙門法隆

法隆 755

天平勝寶七年十月十三日

東大寺戒壇院供養會に元興寺僧も参加し、授戒には大小十師各一人を出した。

〔東大寺要録四〕　諸院章第四

一、戒壇院

堂二宇南戒壇　北講堂

本願聖武皇帝之所建也、（中略）

天平勝寶六年甲午五月一日、被下戒壇院建立之宣旨、（二十一箇脱カ）國客（寄カ）造之、勅使中納言藤原高房、壇四角内銅四天王立像者、同七年九月造畢、同年十月十三日甲午、儲大會、供養請僧百二十人、

導師權少僧都鑒眞、任大僧都、

呪願權少僧都良弁任法務、

定者一（二イ）人、梵音卅二（十二人）人、錫仗卅二（十二人）人、（納甲）請僧東大寺・興福寺・元興寺・大安寺・藥師寺・法隆寺・天王寺、度縁三千枚、（下略）

〔東大寺要録九〕　雜事章第十之三

東大寺始行授戒作法記

合八箇條

大小十師

755

慶順

一、天平勝寶七年十月十五日、宣旨、法務所大僧都和尚位鑒眞、先令日本行受戒、如唐朝可請諸
寺大小十師狀、
東大寺大十師五人、小十師五人、興福寺大小十師各一人、
元興寺・大安寺・藥師寺・法隆寺、大小十師各一人、（下略）

天平勝寶七年十月十八日

「僧伽吒經」の書寫にあたり、元興寺僧慶順がこれに關與した。

〔僧伽吒經巻二〕奥書（大徳寺藏）

天平勝寶七歳十月十八日
正八位上行大學寮少屬内藏伊美吉全成校本經
覆位元興寺沙門慶順證
天平勝寶八歳四月八日
右大舍人正八位下志紀縣主久比麿寫
散位大初位下大網君廣道初校
左大舍人無位大隅忌寸君足再校

右大舎人大初位下田邊史人道參校

天平勝寶八年五月四日

太上(聖武)天皇の崩御により、七大寺で誦經が行なわれた。

〔續日本紀十九〕 天平勝寶八年

五月乙卯《二日》、是日、太上《聖武》天皇崩於寢殿、遺　詔以中務卿従四位上道祖王爲皇太子、
丁巳《四日》、於七大寺誦經焉、
辛酉《八日》、太上天皇初七、於七大寺誦經焉、
戊辰《十五日》、二七、於七大寺誦經焉、
乙亥《廿二日》、三七、於左右京諸寺誦經焉、

〔東大寺要録十〕 雑事章之餘 (略)

天平勝寶八年十二月三十日

石川年足・池田王を元興寺に遣わして、梵網經を講じさせた。

〔續日本紀十九〕 天平勝寶八年

十二月己酉《三十日》、勅遣皇太子及右大弁従四位下巨勢朝臣堺麻呂於東大寺、(中略、大安寺・藥師寺にも)大

宰帥従三位石川朝臣年足・彈正尹従四位上池田王於元興寺（中略、山階寺にも）講梵網經、講師六十二人、其詞曰、皇帝敬白、朕自遭閔凶情深荼毒、宮車漸遠、號慕無追、万痛纒心、千哀貫骨、恒思報徳、日夜無停、聞道、有菩薩戒、本梵網經、功徳巍々能資逝者、仍寫六十二部、將説六十二國、始自四月十五日、令終于五月二日、是以、差使敬遣請屈、願衆大徳、勿辭攝受、欲使以此妙福无上威力、翼冥路之鸞輿、向華藏之寶刹、臨紙哀塞、書不多云、

〔元亨釋書二十二〕天平勝寶七年十二月（略）

757

天平寶字元年五月

五重大塔が建立され供養が行なわれた？

〔本朝佛法最初南都元興寺由來〕（↓縁起）

〔奈良坊目拙解〕（↓後出）

（大塔跡出土品中に、天平神護元年鑄造の神功開寶がある）

757

天平寶字元年閏八月廿一日

官大寺に戒本師田十町を置いた。

〔續日本紀二十〕天平寶字元年

閏八月丙寅(廿一日)、勅曰、如聞、護持佛法、無尚木叉、勸導尸羅、實在施禮、是以官大寺別永置戒本師田十町、自今已後、每爲布薩、恒以此物量用布施、庶使怠慢之徒日厲其志、精勤之士彌進其行、宜告僧綱知朕意焉、

〔類聚三代格十五〕寺田事(閏八月廿三日)(略)

天平寶字二年十月七日

元興寺僧嚴鏡が東大寺へ功德分として家屋を施入した。

〔東南院文書參櫃十三〕東大寺功德分施入狀(大日本古文書四)

(表題)
「東大寺越前國坂井郡券施入狀二通　天平寶字二年」

(見返シ)
「施入帳三通續爲一卷

一通　　　紛失

一通端破不知子細　　元興寺僧嚴鏡施入功德分

一通坂井郡田三町九段　　高堣寺僧信高施入功德分」

(異筆)
「不知何庄分」

草屋一間長四丈五尺　廣一丈六尺　梁廣九寸
桁廣九寸　厚七寸　厚七寸

板屋一間 長諸端四丈五尺 桁廣一尺　廣二丈 厚七寸　梁廣一尺 厚七寸

□(右カ)件屋者、元興寺僧嚴鏡之所進

以前、得僧嚴鏡辭狀云、爲功徳分、欲將進件屋寺家之産業所者、仍使等庄所運造已畢、今注事狀、

附即嚴鏡申上、謹解、

天平寶字二年十月七日使正七位下田邊史「正業」(自署)

勘知　坂井郡司便以郡印　正六位下尾張連「古麻呂」

大領外正六位上品治部君「廣耳」擬主政无位荒木臣「叙婆」

善覺　758

天平寶字二年

「増壹阿含經」の書寫に當り、元興寺僧善覺が對讀した。

〔増壹阿含經卷十六〕　奥書(吉田履一郎氏藏)

天平寶字二年二月十七日覆位藥師寺沙門善牢勘本經

覆位元興寺沙門善覺對讀

天平寶字三年十二月十七日

散位正八位下城上連神徳寫

神宮舎人少初位上秦忌寸忍國初校
差大舎人少初位上大隅忌寸君足再校
散位従八位下大網公廣道参校
（異筆）「以上廿七枚　高舜（花押）」
（續古經題跋巻廿二・法隆寺藏巻廿三は善覺對校天平寶字二年三月廿七日、金剛峯寺藏巻卅二は同年四月廿一日、安田文庫藏巻四十九・藥師寺藏巻五十・安田文庫藏巻五十一は同年五月十一日となつている）

759　教玄

天平寶字三年六月廿二日
元興寺僧教玄の請により私度僧を禁じた。
〔類聚三代格三〕　僧尼禁忌事
乾政官符
禁斷私度僧事
右元興寺教玄法師奏狀偁、竊惟私度僧者深乖佛法、更作亡命、伏請、頒下天下勿住國内、彼此共撿勒還本色者、奉　勅依奏、
天平寶字三年六月廿二日

759

天平寶字三年

元興寺一切經

隆尊

760

元興寺一切經が書寫された。

〔中阿含經九〕奥跋　（諸家藏）

天平寶字元年潤八月十日、式部位子少初位下上毛野大河勘本經　覆位興福寺沙門行禪證、
天平寶字三年九月廿七日、散位少初位下一難寶郎寫、
坤官舍人少初位上秦忌寸忍國初校、
左大舍人少初位上大隅忌寸君足再校、
散位從八位下大綱君廣道參校、
裝書匠散位少初位上秦忌寸東人裝、
用穀紙　卅一張、

（この類の寫經はなお諸家に多く所藏されている。「古寫經綜鑒」により元興寺一切經とする）

天平寶字四年閏四月十八日

元興寺僧律師隆尊が没した、年五十五。

〔七大寺年表〕

天平勝寶七年　律師隆尊或本今年退

天平寶字四年　律師隆尊（閏四月十八日カ）同日入滅、五十五、或本云、天平勝寶七年辭職云々、元興寺云々、化人也、

〔僧綱補任一〕天平寶字四年　（略）

〔東大寺要録一〕本願章第一

天平寶字四年閏四月十八日、隆尊律師遷化、年五十五、

〔日本高僧傳要文抄三〕（延暦僧録第二）

又云、釋隆尊者、氏族未詳、住元興寺、隆尊幸簉（マヽ）玄門、嘆無戒足、欲廣曠野、嘆無良伴、欲渡瑤潤、歎無舟楫、欲渉炎陸、歎無義井、欲行遠道、歎無旅亭、於黒月夜、歎無庭燎、於闇室内、歎無燈明、如佛所言自未得度、願前度人（マヽ）。而隆尊雖□戒律大行、平生業華嚴經、毎發耀衆妙、則理暢春葩、遠近緇流感家日用（マヽ）、今偏上高僧傳、録以呈万代、文、

760

天平寶字四年閏四月廿八日

皇太后（光明皇后）の病により五大寺に薬等を施入した。

〔續日本紀二十二〕天平寶字四年

閏四月丁亥（廿八日）、仁正（衍カ）皇大后遣使於五大寺、毎寺施雜薬二樻・密缶一缶、以皇太后（光明皇后）寝膳乖和也、

五大寺・光明皇后

760

天平寶字四年五月十八日

京内六大寺で誦經が行なわれた。

〔續日本紀二十二〕 天平寶字四年

五月丁未《十八日》、於京内六大寺誦經、

（このころ疾疫流行、また光明皇后病気の記事がある、皇太后はこの年六月七日崩御）

〈續日本紀二十三〉天平寶字四年

七月癸丑《廿六日》、設皇太后七々齋於東大寺并京師諸小寺、其天下諸國、毎國奉造阿彌陁浄土畫像、仍計國内見僧尼、寫稱讃浄土經、各於國分金光明寺禮拜供養、

六大寺

760

天平寶字四年八月廿二日

京中の諸寺に新銭を賜うた。

〔續日本紀二十三〕 天平寶字四年

八月己卯《廿二日》、賜新京諸大小寺、及僧綱大尼・諸神主・百官主典已上新銭、各有差、

（この年三月十六日の勅に、新銭として万年通寶、銀銭大平元寶、金銭開基勝寶の鑄造を命じている）

万年通寶

763

天平寶字七年五月十四日

法均尼の宣によって寫した灌頂經一部を元興寺に納めた。

〔正倉院文書續々修十帙三〕 十二灌頂経充本帳 （大日本古文書十六）

元興寺三綱
務所

十二灌頂經十二部依法勤尼師今年十一月廿一日宣、奉寫如件、（中略）

以七年五月十三日内裏奉請八部使主典安都宿禰

十四日奉散四部

一部元興寺使船大長　一部東大寺使上馬養　一部興福寺使釆女山守　一部香山藥（マヽ）寺使下道主

上馬養

〔正倉院文書續修四十七裏〕　東大寺寫經所灌頂經奉請案帳　（大日本古文書十六）

（前略）

東大寺寫經所　元興寺三綱務所

奉請灌頂經一部色目顯内裏牒

右、被今月十三日宣稱（偁）、宜件經令奉彼所、使返抄取貢上於内裏者、仍差舍人少初位上船連大

譯、以牒、

天平寶字七年五月十四日主典正八位上安都宿禰

一部奉請香山藥（マヽ）寺使下道主一部奉（請脱カ）當寺使上馬甘

右二寺有（部カ）内裏、仍經所不牒、

766

道鏡
圓興
基眞

天平神護二年十月二十日

僧道鏡に法王の位を、その弟子元興寺僧大僧都圓興に法臣の位を、同基眞に法參議大律師を授けた。

〔續日本紀二十七〕天平神護二年

七月乙丑(十二日)、以中律師圓興爲大僧都、

十月壬寅(二十日)、奉請隅寺毗沙門像所現舍利於法華寺、(中略)詔曰、(中略)太政大臣朕大師爾法王乃位授末都良久止勅天皇御命乎諸聞食止宣、(中略)次爾諸大法師可中仁毛此二禪師等伊同(同)心乎以天相從道乎志天世間乃位冠乎波不樂伊末佐倍止毛奈毛猶不得止天圓興禪師爾法臣位授末川流、基眞禪師爾法參議大律師止之天冠乎波正四位上乎授気(下略)、

乙巳(廿三日)、詔、法王月料准供御、法臣大僧都第一修行進守大禪師圓興准大納言、法參議大律師修行進守大禪師正四位上基眞准參議、

〔七大寺年表〕

天平神護二年　中律師圓興同月(七月)任、同十月日任大僧都、元興寺三論宗、但補任中律師任日不見、道鏡弟子也、

十月二十三日道鏡授法王位、更行大嘗會、以沙門圓興爲法臣、

神護景雲元年　大僧都圓興為道鏡法皇法大納言云々、三論宗元興寺

大律師基眞同爲法參議元興寺

〔扶桑略記抄二〕神護二年七月乙丑日（略）

〔僧綱補任一〕天平神護二年（略）

〔元亨釋書二十三〕神護景雲元年

十二月、圓興爲法臣、基眞法諫議、

〈續日本紀二十五〉天平寶字八年

十一月庚子（七日）、復祠高鴨神於大和國葛上郡、高鴨神者、法臣圓興其弟中衛將監従五位下賀茂朝臣田守等言、（下略）

767　諸大寺　767

天平神護三年（神護景雲元）正月

諸大寺の僧を請じて宮中に最勝王經を講讀させた。

〔續日本紀二十八〕神護景雲元年

八月癸巳（十六日）、改元神護景雲、詔曰、（中略）復去正月爾二七日之間、諸大寺乃大法師等乎奏請天良倍、最勝王經乎令講讃末都利、又吉祥天乃悔過乎令仕奉流爾、諸大法師等我如理久勤天坐佐比（下略）

767　天平神護三年（神護景雲元）三月二日

稱徳天皇

768

基眞

圓興

稱徳天皇が元興寺に行幸し、綿・商布を施入し奴婢に爵を與えた。

〔續日本紀二十八〕神護景雲元年

三月辛亥(二日)、幸元興寺、捨綿八千屯・商布一千段、賜奴婢爵有差、

〔本朝佛法最初南都元興寺由來〕(↓縁起)

神護景雲二年十二月四日

大律師基眞が流罪になった。

〔續日本紀二十九〕神護景雲二年

十二月甲辰(四日)、先是山階寺僧基眞、心性無常、好學左道、詐呪縛其童子、教説人之陰事、至乃(乃至)作毗沙門天像、密置數粒珠子於其前、稱爲現佛舍利、道鏡仍欲眩耀時人以爲己瑞、乃諷　天皇、赦天下賜人爵、基眞賜姓物部浄志朝臣、拜法參議、隨身兵八人、基眞所作怒者、雖卿大夫不顧皇法、道路畏之、避如逃虎、至是淩突其師主法臣圓興、擯飛驒國、

(山階寺僧基眞とあるが、七大寺年表に元興寺とあり、假にここにあげる)

〔七大寺年表〕

寶亀二年　大律師基眞去職、今年有事被配流云々、

〔僧綱補任二〕寶亀二年（略）

神護景雲四年（寶亀元年）四月廿六日

百萬塔を造り、これを諸寺に分置した。元興寺ではこれを吉祥堂に納めたという。

〔續日本紀三十〕寶亀元年

四月戊午（廿六日）、初 天皇、八年亂平（恵美押勝の乱）、乃發弘願、令造三重小塔一百万基、高各四寸五分、基径三寸五分、露盤之下、各置根本・慈心・相輪・六度等陀羅尼、至是功畢、分置諸寺、賜供事官人已下仕丁已上一百五十七人爵、各有差、

〔東大寺要録一〕本願章第一（諸寺の箇所十大寺とあり）（略）

＜本朝佛法最初南都元興寺由來＞（↓縁起）

神護景雲四年（寶亀元）七月十七日

除災のため、京中諸寺で大般若經の轉讀が行なわれた。

〔續日本紀三十〕寶亀元年

七月乙亥（十五日）、勅曰、（中略）禁殺之令立國、宥罪之典班朝、而猶疫氣損生、變異驚物、永言疢懐、不知所措、唯有佛出世遺教應感、苦是必脱、灾則能除、故仰彼覺風拂斯祲霧、謹於京内諸大小寺始自

今月十七日、七日之間、屈請緇徒、轉讀大般若經、因此智恵之力忽壊邪嶺、慈悲之雲永覆普天、既往幽魂、通上下以證覺、來今顯識及尊卑而同榮、宜令普告天下、斷辛肉酒、各於當國諸寺奉讀、

〔元亨釋書二十三〕景雲四年　(略)

770　稱徳天皇

神護景雲四年(寶亀元)八月廿三日

稱徳天皇崩御三七日の誦經が元興寺で行なわれた。

〔續日本紀三十〕寶亀元年

八月癸巳(四日)、天皇崩于西宮寢殿、春秋五十三、

壬子(廿三日)、三七、於元興寺誦經、

771　寺印

寶亀二年八月廿六日

僧綱および十二寺等の印を鑄造した。

〔續日本紀三十一〕寶亀二年

八月己卯(廿六日)、初令所司鑄僧綱及大安・藥師・東大・興福・新藥師・元興・法隆・弘福・四天王・崇福・法華・西隆等寺印、各頒本寺、

〔元亨釋書二十三〕寶亀元年　(略)

771

〔極樂坊記〕（↓縁起）

寶亀二年七月

元興寺僧豊慶に關する説話。

〔日本靈異記下〕

未作畢捻攝像、生呻音示奇表縁第十七

沙彌信行者、紀伊國那賀郡彌氣里人、俗姓大伴連祖是也、捨俗自度、剃除鬢髮、著福田衣、求福行因、其里有一道場、號曰彌氣山室堂、其村人等造私之堂、故以爲字、法名曰慈氏禪定堂者也、未作畢有捻攝像二躰、彌勒菩薩之脇士也、臂手折落居於鐘臺(堂)、檀越量曰、斯像隱藏乎山浄處、信行沙彌常住其堂、打鐘爲宗、見像未畢、猶以爲患、落臂之者、以糸縛嗣、撫於像頂每願之言、當有聖人令得因縁、淹逕數年、白壁天皇代、寶亀二年辛亥秋七月中旬、從夜半有呻聲言、痛哉〻〻、其音細少、如女人音而長引呻、信行初思越山之人時頓(得)病宿、即起巡坊覓無病人、恠之嘿然、彼病呻音累夜不息、不得乎忍、起窺見之、呻有鐘堂、實知彼像、信行見之一恠一悲、時左京元興寺沙門豊慶、常住其堂、驚ニシ彼沙門、叩室戸白、咄、大法師起應聞之矣、具述呻狀、於茲豊慶與信行大恠大悲、率引知識奉捻造畢、設會供養、令(今)安置彌氣堂、以居乎彌勒脇士之并是也、左大妙聲菩薩、右法音輪菩薩、誠知、願無不得、願無不果

者、其斯謂之也、斯亦奇表之事也、

772

寶亀三年六月十五日

仁王會が京中諸寺等で行なわれた。

〔續日本紀三十二〕 寶亀三年

六月甲子（十五日）、設仁王會於宮中及京師大小諸寺、并畿内七道諸國分金光明寺、

〔類聚國史百七十七〕 佛道四仁王会 （略）

778 圓興

寶亀九年

大僧都圓興がその職を去った？

〔七大寺年表〕

寶亀九年　大僧都圓興去職歟、三論宗元興寺、道鏡弟子、道鏡爲法皇時々爲法臣、件法臣只一人□也、

〔僧綱補任二〕 寶亀九年 （略）

（道鏡は寶亀元年下野に貶され、同三年配所に没した）

780 飛鳥寺

寶亀十一年五月

飛鳥寺に封百戸を加えた。

〔新抄格勅符抄〕（↓天武天皇元年・推古天皇二十一年）

寳亀年間

元興寺僧智光が没した。

〔日本靈異記中〕（↓次項）

〈元興寺極樂院圖繪緣起下〉（天平十九年三月廿五日智光入寂と傳う）（↓緣起）

〈三論祖師傳下〉

入唐學生呉智藏僧正、亦此元興、業渉内外、學通三藏、於法隆寺傳三論宗、仙光院智光法師禮光法師相受傳之、

〈三國佛法傳通緣起中〉　三論宗

智藏上足有三般匠、乃道慈・智光・禮光也、智光禮光奈良新元興寺住侶、立仙光院弘通法宗、莊嚴極樂房圖安養依正安置彼房、是智光法師所建立也、

本元興寺本學三論、遷彼寺於平城都已來、專弘三論、智光・禮光倶住彼寺、智光授法於靈叡法師、靈叡授之於藥寳法師、藥寳授之願曉律師、此等諸德皆元興寺三論宗也、願曉授法於聖寳僧正、

〈東域傳燈目録〉

大恵度經疏廿巻智光、云三論東大寺長尋五師、下帙和國、

般若心經述義一巻云疏、日本智光撰、

浄名玄論四巻日本智光述、

盂蘭盆經疏述義一巻智光、

無量壽經論釋五巻日本智光述、

正觀論一巻智光撰、

〈増補諸宗章疏録〉

中論疏記

初學三論宗義

安養賦

〈長西録〉

元興寺僧智光が行基をねたんで地獄の苦を受けたという説話。

〔日本靈異記中〕

智者誹妬變化聖人而現至閻羅闕受地獄苦緣第七

釋智光者、河内國人、其安宿郡鋤田寺之沙門也、俗姓鋤田連、後改姓上村主也、母氏飛鳥部造也天年聰明、智恵第一、製盂蘭瓫大般若心般若等經疏、爲諸學生讀傳佛教、時有沙彌行基、俗姓越史也、越後國頸城郡人也、母和泉國大鳥郡人蜂田藥師也、捨俗離欲、弘法化迷、器宇聰敏、自然生知、内密菩薩儀、外現聲聞形、聖武天皇感於威德、故重信之、時人欽貴美稱菩薩、以天平十六年甲申冬十一月任大僧正、於是智光法師發嫉妬之心、而非之曰、吾是智人、行基是沙彌、何故天皇不齒吾智、唯譽沙彌而用焉、恨時罷鋤田寺（相田寺ー今昔）而住、儵得痢病經一月許、臨命終時誡弟子曰、我死莫燒、九日一日（間カ）置而待、學生問我、答之應曰、有緣東西（何カ）、而留供養、愼勿知他、弟子受教閉師室戸不令知他、而竊涕泣、晝夜護闕、唯待期日、學生問求如遺言答、留供養也、時閻羅王使二人、來召於光師、向西而往見之、前路有金樓閣、問、是何宮、答曰、於葦原國名聞智者、何故不知、當知、行基菩薩將來生之宮、其門左右立二神人、身著鉀鎧、額著緋蘰、使長跪白之曰、召也、問曰、是有於豊葦原水穗國、所謂智光法師矣、智光答白、唯然、即指北方曰、從此道將往、副使歩前不見火、非日光甚熱之氣當身灸面、雖極熱惱、而心欲近就、問、何是熱、答、爲煎汝地獄熱氣、往前極熱鐵柱立之、使曰、抱柱、光就抱柱、肉皆銷爛、唯骨璅存、歴之三日、使以弊箒撫於其柱、而言活ゝ、如故身生、又指北將往、倍勝於先熱銅柱立、極熱之柱、而所川(心カ)悪猶就欲抱、言抱之、即就抱之、身皆爛銷、逕之三日、如先撫柱而言活〻、如故更生、又指北而往、甚熱火氣如雲霞、而從空飛鳥當於熱氣而落煎之、問、是何處、答、爲師煎熬阿鼻地獄、即至執師燒入燒煎、唯聞打鍾音時、冷乃憩、逕之三日、叩地獄邊而言活〻、如本復生、更將還來、至金字(宮カ)門、如先白言、將還來之、在于宮門、二人告言、召師因縁、有葦原國ニ誹謗行基菩薩、爲滅其罪故請召耳、彼菩薩化葦原國、已將生此宮、今垂來時故待候也、愼黄竈火物莫食、今者忽還、與使倶向東、還來即見之項准(頃唯カ)逕九日、蘇喚弟子、弟子聞音集會哭喜、智光大歎、向弟子具述閻羅狀、大懼念、言向於大德舉誹妬心、時行基菩薩有難波、令渡椅堀江造船津、光身漸息往菩薩所、菩薩見之即神通知光所念、含嘆愛言、何罕面奉、光發露懺悔曰、智光於菩薩所、致誹妬心而作是言、光者古德大僧、加以智光生、行基沙彌者浅識之人不受具戒、何故天皇唯譽行基捨智光也、由口業罪、閻羅王召我令抱於鐵銅柱、逕之九日、償誹謗罪、恐至餘罪於後主世、是以慙愧發露、當願免罪、行基大德和顏、嘿然亦更白、見大德生處、以黄金造宮、行基聞之言、歡矣貴哉、誠知、口傷身之災門、舌剪善之銛鉞、所以不思議光菩薩經云、饒財菩薩説賢天菩薩過、故九十一劫常墮婬女腹中生、々已棄之、爲狐狼所食、其斯謂之矣、從此已來、智光法師信行基菩薩、明知聖人、然菩薩感機盡縁、以天平廿一年己丑春二月二日丁酉時、法儀捨生馬山、慈神遷彼金宮

也、智光大徳、弘法傳敎化迷趣正、以白壁天皇世智囊蛻日本地、奇神遷不知堺矣、

〔三寶繪中〕行基菩薩（略）　〔法華驗記上〕（略）

〔日本往生極樂記〕行基菩薩（略）　〔扶桑略記抄二〕天平十七年（略）

〔今昔物語集十一〕行基菩薩學佛法導人語第二（略）　〔私聚百因緣集七〕行基菩薩事（略）

麻福田丸の說話

〔奧義抄下〕（日本歌學大系一）

十一　問云、せりつみしむかしの人と云ふ古歌を、あるは后のせりめしけるを、庭はく者おのづから見たてまつりて思ひに成りて、めしゝ物也とて芹をつみて、佛僧などに奉りし事のある也といへり、或は獻芹と云ふ本文の心也など申すは、いづれにつくべきぞ、

答云、いづれとさだめがたし、但或人のかたりしは、むかし大和國に猛者ありけり、いへには山をつき池をほりていみじきことゞもをつくせり、門まもりの嫗のこなりけるわらはの、まぶくだ丸といひけるありけり、池のほとりにいたりてせりをつみけるあひだ、猛者のいつきの姫ぎみ出てあそびけるを見てより、このわらはおほけなき心つきてやまひに成りて、その事となくふせりければ、母あやしみてゆゑをあながちにとひければ、わらはは此よしをかたるに、すべて

あるべきことならねば、わが子のしなむずる事をなげくほどに、はゝも又病にふしぬ、その時かの家の女房此をうなのやどりに立ちいれりけるに、ふたりのものゝやみふせるを見て、あやしみてとふに、おうなのいはく、させるやまひにあらず、しかぐ〳〵のことのはべるを思ひなげくによりて、親子しなむとする也といふ、女房わらひて此よしを姫君に語るに、姫君あはれがりて、やすき事也、はやくやまひをやめよといひければ、わらはも親もかしこまりよろこびて、おきて物くひなどして、例のごとくになりぬ、姫君のいふやう、忍びて文などかよはさむに、てかゝざらむくちをし、手をならふべし、わらはよろこびて一二日にならひつ、又いはく、我父母死なむことちかし、其後は何事もさたせさすべきに、もじ知らざらむわろし、學問すべし、わらは學問して見あかすほどになりぬ、又いはく、忍びてかよはむに、わらはゝ見ぐるし、ほうしに成るべし、すなはちなりぬ、又いはく、そのことゝなきにほうしの近づかむあやし、心經・大般若などをよむべし、いのりせさするやうにもてなさむと云ふに、したがひてよみつ、又いはく、なほいさゝか修行せよ、護身などするやうにて近づくべしといへば、修行にいでたつ、姫君あはれみて、ふぢのはかまを調じてとらす、かたばかまをばみづからぬひつ、是をきて修行しありくほどに、姫君かくれにければ、そのよしきゝて、道心をおこして偏に極楽を願ひて、たうときひじりにてうせぬ、弟子ども後の事に行基菩薩を導師に請じたるに、禮盤にのぼりていはく、まぶくだ丸がふぢばかまわれぞぬひしかそのかたばかま、といひて、かねうちてことぐもいはでおりぬ、弟子あやしみてとひければ、亡者智光はかならず往生すべき縁ありしものゝ、はからざるに世間に貪着して悪道にゆかむとせしかば、わが方便にてかくはこしらへいれたる也となむ有りける、姫君は行基の化身、行基は文殊也、まぶくだ丸は智光なり、智光頼光とて往生したるものは是也、是はかきたることにてもあらず、人の文殊供養しける導師にて仁海僧正のゝたまひける也、さて、

せりつみしむかしの人もわがごとや心にものゝかなはざりけむ

といふ歌を詠じて、此歌はこの心をよめる也となむのたまひける、

〔梅澤本古本說話集下〕眞福田丸事第六十（略）　〔今昔物語集十一〕行基菩薩學佛法導人語第二（略）

〔聖譽鈔上〕（略）　〔當麻曼陀羅疏四〕（略）

智光と頼光に關する說話、智光曼陀羅の成立についての說話。

〔日本往生極樂記〕

元興寺智光・頼光兩僧、従少年時同室修學、頼光及暮年與人不語、似有所失、智光恠而問之、都無

智光曼陀羅

極樂房

所答、數年之後、賴光入滅、智光自歎曰、賴光者是多年親友也、頃年無言語無行法、徒以逝去、受生之處、善悪難知、二三月間至心所念、智光夢到賴光所、見之似浄土、問是何處乎、答曰、是極樂也、以汝懇志示我生處也、早可歸去、非汝所居、智光曰、我願生浄土、何可還耶、賴光答曰、汝無行業不可暫留、重問曰、汝前無所行、何得生此土乎、答曰、汝不知我往生因縁乎、我昔披見經論、欲生極樂、倩而思之知不容易、是以捨人事絶言語、四威儀中、唯觀彌陀相好浄土莊嚴、多年積功今纔來也、汝身意散亂善根微少、未足爲浄土業因、智光自聞斯言、悲泣不休、重問曰、何爲決定可得往生、賴光曰、可問於佛、即引智光共詣佛前、智光頭面禮拜、白佛曰、得修何善生此浄土、佛告智光曰、可觀佛相好浄土莊嚴、智光曰、此土莊嚴微妙廣博心眼不及、凡夫短慮何得觀之、佛即擧右手、而掌中現小浄土、智光夢覺、忽命畫工令圖夢所見之浄土相、一生觀之終得往生、云々、

〔今昔物語集十五〕

元興寺智光賴光往生語第一

(前略、前文とほぼ同じ)其後其ノ房ヲバ極樂房ト名付テ、其ノ寫セル繪像ヲ係テ、其ノ前ニシテ念佛ヲ唱ヘ講ヲ行フ事、于今不絶ズ、心有ラバ必ズ可禮奉キ繪像也トナム語リ傳ヘタルトヤ、

〔往生拾因〕(略)　〔扶桑略記四〕白雉二年(略)　〔寶物集七〕(略)

〔十訓抄第五〕可撰朋友事　(略)

〔水鏡中〕孝徳天皇　(略)

〔扶桑寄歸往生傳上〕(略)

〔私聚百因縁集七〕智光賴光事　(略)

〔三州俗聖起請十二箇條事〕三州俗聖起請文　(略)

〔元亨釋書二〕慧解二之一　釋智光

(前略)其圖見在元興寺、世争模寫、

賛曰、二光者三論之翹楚也、智昔落節于行基、今考終始、過而能改者也、善哉君子之道矣而已、其掌中浄土者、夢中之遺澤乎、

〔智光曼荼羅記〕一巻　(元興寺極樂坊藏)

南都元興寺之別院極樂坊智光法師之曼荼羅事

伏聞師三世契云事何者、此行基菩薩ノ一世ハ生二大和國貴女一、令麻福田丸發心一、第二生ハト行基菩薩一令智光法師往‐二生浄土一、智光依行基教化一往‐二生極樂一、於彼可奉値二文殊一トトハ是中臺ノ三十七尊随一也、亦虚空荘嚴普賢文殊并飛騰、文殊令發二生菩提智恵一ヲ、普賢使三勸二進大會ノ行願、智光必跪一テ中臺二先拜ノ文殊二可報二昔重恩一、飛二虚空一可令發‐二生今ノ智恵一、當レ知極樂ノ値遇是第三生也、師三世之契誠哉、但智光麻福田一生之任、一世ノ値レ師二世ノ師三世親子二世契也、其外式多世誘引、若曠劫知識生ト世ト不可一准、雖爾曠劫結縁込《コメ》テ云一世、今生後生合云三世也、今思二合之一、

寶亀年間

極樂坊
智光曼荼羅

智光舎利

我等師範多生之間、誘引メ我等令作師弟一、遂ニ勸二浄土往生一ヲ、極樂定而可レ待我等一ヲ、三世約諾實忝哉、彼智光曼陀羅事、予若年之時拾因所學之間、雖承之二、正ニ不拜二見彼一ヲ、自然ニ歴年之處、應永三十四年十月十四日尋二行テ元興寺極樂坊ニ委ク問レ之、長老出テ對-面言ク、我坊是智光禮光共-住ノ坊也云〻、驄《ヤカ》テ問曼陀。事致拜見望一、時長老此曼陀羅ハ日本㝡初曼陀羅也、堅ク所レ秘、但七月十五日之外余日不出之、但遠國人於拜見望深二可奉見一被出之二、拜見之二方一尺二寸小曼陀羅也、尋テ畫師何人ト問、長老曰、作(サレバ)禮葉都而不思議ノ曼陀羅當寺ノ名譽是也、智光法師先預二テ夢ノ所見一銘畫工《グワコフヲ》一、雖令寫之一更ニ悉ク不似二夢ノ所見一、静ニ可精書之一、以蓮糸織絹一欲尋二畫師一更ニ不得明師一、時ニ忽然ト十四五計ノ童子來テ告二テ智光一曰、汝欲ス畫二ント浄土反相一ヲ、然ニ浄土微妙ニメ難思《ナリ》、誰人聊カ書之一、但爲助二汝願一來レリ、我可書之一云〻、智光悦テ令書之一、一七日書終乞レ暇ヲ欲レ還、抑何ノ處ノ人ソト問、答曰、我是西方極樂彌陁佛左脇士也、汝往生之時早ク來-迎ント汝一ヲ、云テ指西方飛去リヌ、佐禮葉此靈像ハ觀音書寫ノ曼陀羅也云〻、次金蓮ノ中ニ收舎利一ヲ取-出ニ曰、此舎利ハ又奇特ノ舎利也、是ハ此智光法師自リ二極樂世界阿彌陁佛一夢中ニ直ニ給舎利也、其故ハ智光佛掌ノ内ニ浄土見テ二云、猶娑婆衆生不信事思、又阿彌陀佛ニ言テ曰ク、實ニ其驗ヲ一ツ給侍ント云、佛ケ重テ言ク、此是釋迦牟尼如來砕身之舎利也、亦是無上寶珠也、汝宣(宜)特(持)メ行娑婆一見テ佛境界一ヲ實驗勢·與(セヨ)·都《ト》·傳《テ》直ニ給ト見テ夢覺、見二ニ我カ掌ノ内一ヲ在此舎利一、于今収二金蓮一永ク爲奇異云〻、此時拜舍利一、〻〻紫磨黄金色小豆計ノ量也、光明赫キ内ニ水精ノ外ニ拜之一ヲ、能〻拜二見ス曼陀羅一ヲ、一尺二寸量雖挍（マヽ）少一ナリト、彌陀三尊儀式粗不違二當磨（麻）曼陁羅一ニ、寶樹寶林寶池皆有之一、又虚空會莊嚴雖不二微細一似此曼陀羅一、但中尊彌陀在リ小宮殿中一ニ、是此レ小シ相違也、余ハ大底似二同リ儀式一也、誠以彌陀授二釋迦舍利一ヲ也、極樂ニモ釋迦舍利アル「更無疑也、誠彌陀釋迦一躰始終也、釋迦出二世閻浮一説二彌陀功德一、彌陁在安養一持二釋迦舍利一、二尊善行同意勸安養一開淨土教一、彌以奇異哉〻〻、又思合、智光依誹謗行基之悪業ニ正墮ン地獄一ニ、罪人トモ皈彌陁一欣安養一終詣極樂一感見ス淨土一ヲ、得反相一ヲ得舍利一行業成就メ終以臨終正念ニメ生極樂一、誠罪悪破戒人誹謗正法之族皈彌陁至二ル安樂一ニ明據併在之一也云〻、以上於日本曼陀羅第一智光曼陀羅竟、

（↓縁起・文治年間・應永三十四年十月十四日等）

奈良朝後期

大安寺僧慶俊が元興寺に食堂を造った。

〔彌勒如來感應抄第五〕

慶俊僧都平生作知足天業事

（延暦僧録）同第五云、釋慶俊者、河内國人也、俗姓藤井、名大（居）安寺、弱齢之歳、情樂道門、弁李之年、預參玄

服、宗匠唐學生道慈律師、入室昇至(堂)、諸稟道化、三藏範躅、六足玄開、空有窮澂(徹)、圓宗洞曉、承基有緒、名播朝端、(中略以下逸文)。又於元興寺引勵有緣造食堂一所、又殖田九町三分分之親及自稟粮兼善知識不食常住、(下略)

〔扶桑略記抄二〕神護景雲四年

八月廿六日乙卯、(中略)律師慶俊補少僧都、(中略)大安寺道慈律師入室弟子、住法花寺、(下略)

〈日本高僧傳要文抄第三〉延曆僧錄第五　(略)

〈續日本紀十九〉天平勝寶八年

五月丁丑(廿四日)、勅、(中略)又和上鑒眞・小僧都良弁・華嚴講師慈訓・大唐僧法進・法華寺鎮慶俊、或學業優富、或戒律清浄、堪聖代之鎮護、(中略)法進・慶俊並任律師、

〈續日本紀三十〉寶龜元年

八月乙卯(廿六日)、以慈訓法師・慶俊法師復爲少僧都、

781 元興寺食堂

天應元年十二月廿九日

光仁天皇崩御初七日により、七大寺で誦經が行なわれた。

〔續日本紀三十六〕天應元年

光仁天皇
七大寺
783
定額寺
京内諸寺

十二月丁未(廿三日)、太上天皇崩、春秋七十有三、
癸丑(廿九日)、當太行天皇初七、於七大寺誦經、自是之後、毎値七日、於京師諸寺誦經焉、

延暦二年六月十日

都の定額寺が私に自墾地を擴張するのを禁じ、ついでまた京中寺院が利を貪るのを禁じた。

〔續日本紀三十七〕延暦二年

六月乙卯(十日)、勅曰、京畿定額諸寺、其數有限、私自營作、先既立制、比來所司寬縱、曾不糺察、如經年代、無地不寺、宜嚴加禁斷、自今以後、私立道場、及將田宅園地捨施、并賣易與寺、主典已上解却見任、自餘不論蔭贖、決杖八十、官司知而不禁者、亦與同罪、

十二月戊申(六日)、(中略)勅、先有禁斷、曾未懲革、而今京内諸寺、貪求利潤、以宅取質、廻利爲本、非只綱維越法、抑亦官司阿容、何其爲吏之道、輙違王憲、出塵之輩、更結俗網、宜其雖經多歳、勿過一倍、如有犯者、科違勅罪、官人解其見任、財貨沒官、

(このころ、王臣家及び諸司寺家の土地兼併を禁ずる令がしば〱出ている)

〔類聚國史百八十〕佛道七　諸寺　(略)

〈類聚國史七十九〉政理一　禁制

延暦十四年四月甲子（廿七日）、勅、以田宅園地、捨施及賣易與寺、禁制久矣、今聞、或寺借附他名、實入寺家、如此之類、往々而在、此而不粛、豈曰皇憲、宜其先既施捨勘録申之、以後皆没官、以懲將來、

784　如應

延暦四年十月十日

元興寺僧如應が維摩會の講師になつた。

〔七大寺年表〕

延暦四年　維摩講師如應（法相宗 元興寺）

〔僧綱補任一〕延暦三年　（略）

〔三會定一記一〕三會定一以前維摩會講師（延暦三年）　（略）

786　昌禪

延暦五年

元興寺僧昌禪を東大寺戒和上とした。

〔東大寺要録五〕戒和上次第

三、昌禪和上（延暦五年任 同八年任律師）元興寺　年七十八

790

延暦九年九月三日

皇太子安殿親王の病氣により、京中七寺で誦經が行なわれた。

〔續日本紀四十〕延暦九年

九月丙寅(三日)、於京下七寺誦經、爲皇太子寝膳乖適也、

奈良時代

元興寺僧慈應に關する説話　（かりにここにおく）

〔日本靈異記上〕

自幼時用網捕魚而現得悪報縁第十一

播磨國餝磨郡濃於寺、京元興寺沙門慈應大徳、因檀越請安居、夏(夏安居)内講法花經、時寺邊有漁夫、自幼迄長以網爲業、後時佃畠家内桑林之中、揚聲叫號曰、炎火迫身、親屬欲救、其人唱言、莫近我、ゝゝ頓欲燒、于時其親請(詣)寺、請求禪師(ナシ)行者、兒(呪)時良久乃免、其著袴燒、漁夫悚慄詣濃於寺、於大衆中懺(ナシ)悔罪改心、施衣服等令誦經、竟従此以後不改(復)行悪心(如)、顔氏家訓云、昔江陵劉氏、以賣鱓羹爲業、後生一兒、頭具是鱓、自頸以下方爲人形者、其斯之謂矣、

〔三寶繪中〕　六播磨國漁翁　（略）

瓦の刻銘

〔平・丸瓦刻銘〕　（元興寺極樂坊藏）

「今堂」　「大」　「田部」　「田部」　「田部」　「山田」　「山」　「康□(庚?)年」　「今作男瓦」

第三編　南都七大寺の一寺としての元興寺（平安時代前期）

延暦十四年四月九日

僧空海が東大寺で具足戒を受けるに當り、元興寺僧泰信がその和上となった。

〔金剛寺文書〕　僧空海戒牒案　（平安遺文八）

今年四月九日於東大寺戒壇院受具足戒律諱空海師主勤操　戒牒文

元興寺　大徳泰信律師　奉請爲和上

西大寺　大徳勝傳律師　（中略）

沙彌空海稽首和南　大徳足下

竊以、三學殊途、必會通於漏盡、五乘廣運、資戒足以爲先、是以表無表戒、務衆行之律《津》梁、願無願心。七《祈ル》支之勝躅、但空海宿因多幸、得篕《アフヿ》法門、請禁未登、夙夜尅悚、今契延暦十四年四月九日、於東大寺戒壇院、受具足戒、伏願大徳慈悲、戡濟少識、謹和南疏、

延暦十四年四月九日　沙彌空海疏

已上大師御作

795 七大寺

延暦十四年七月十八日

使を七大寺に遣わして、僧尼をとりしまった。

〔類聚國史百八十〕佛道七　諸寺

延暦十四年七月癸未(十八日)、遣使七大寺、撿挍常住見僧尼、

〈類聚國史百八十六〉佛道十三　僧尼雜制

延暦十四年四月庚申(廿三日)、勅、去延暦四年制、僧尼等多乖法旨、或私定檀越、出入閭巷、或誣稱佛驗、詿誤愚民、如此之類、擯出外國、而未有遵悛、違犯彌衆、夫落髮遜俗、本爲修道、而浮濫如此、還破佛教、非徒汙穢法門、實亦紊亂國典、僧綱率而正之、誰敢不從、宜重教喩不得更然、

〈日本紀略前十三〉延暦十四年四月　(略)

795 七大寺出擧稲

延暦十四年十一月廿二日

出擧の利が百姓を苦しめるため、七大寺の出擧稲を抑制した。

〔類聚國史百八十二〕佛道九　施入物

延暦十四年十一月乙卯(廿二日)、公卿奏、諸國擧七大寺稲、施入以來經代懸遠、毎年出擧其利極多、誠可隨代盛衰、稍有沿革、而猶執昔時之全數、擧今日之耗民、國司由其有煩於徵納、百姓爲此無堪於

酬償、喪業破家、寔繁有輩、夫衆生一子、恩愛爲先、徵責如此、豈稱父母、伏望取寺家所在見僧支度年中雑用、省出擧之數、息百姓之愁、待其豊給、更復前例、許之、

796　隆平永寶　七大寺

延暦十五年十一月十四日

新錢「隆平永寶」を七大寺等に頒った。

〔日本後紀五〕延暦十五年

十一月乙未(八日)、詔曰、(中略)更制新錢、仍增其直、文曰隆平永寶、宜以新錢一、當舊錢十、新舊兩色、兼使行用、(下略)

辛丑(十四日)、始用新錢、奉伊勢神宮・賀茂上下二社・松尾社、亦施七大寺及野寺、賜皇太子親王已下職事正六位已上、僧都律師等、各有差、

797　勝虞

延暦十六年三月十一日

元興寺僧勝虞が律師になった。

〔日本後紀五〕延暦十六年

三月丁酉(十一日)、傳燈大法師位勝虞・如寶、並爲律師、

〔僧綱補任二〕

延暦十六年　律師勝虞　三月十四日任、法相宗、興福寺尊應弟子、阿波國板野郡人、俗姓凡氏〔六十六〕、

797　最澄　七大寺僧

延暦十六年

僧最澄の一切経論章疏書写に、七大寺の僧が援助した。

〔扶桑略記抄二〕　延暦十六年

傳敎大師傳云、延暦十六年丁丑、寂澄和尚書寫一切經論章疏、山院本自無備、不盡部卷、仍和尚行向大和國平城故京、於大安寺別院龍淵寺、營成此願、七大寺衆僧傾鉢添供、捨功成巻、大安寺沙門聞寂、道心堅固、相助此願、又有東國化主道忠禪師者、是此大唐鑒眞和上持戒第一弟子也、傳法利生、常自爲事、知識遠心、助寫大小經律論二千餘巻、纔及滿部帙、設万僧齋、同日供養、今安置叡山經藏、斯其經也、已上

〔叡山大師傳〕（略）　〔七大寺年表〕（略）

〔三國佛法傳通縁起下〕　天台宗　（略）

798

延暦十七年六月十四日

元興寺等十大寺の三綱の従僧數を定め童子食を給した。

〔類聚三代格三〕　僧綱員位階并僧位階事

十大寺三綱

太政官符

定僧綱并十（衍カ）[五]大寺三綱法華寺鎮等従僧、并可充童子食事

大少僧都、各従僧四人、沙彌三人、童子六人　律師、各従僧三人、沙彌二人、童子四人

威儀師、各従僧一人、沙彌一人、童子二人　従儀師、各従沙彌一人、童子二人

大安・元興・弘福・藥師・四天王・興福・法隆・崇福・東大・西大[寺]等三綱、并法華寺鎮二人、各沙彌一人、童子二人、

以前被太政官今月六日符偁、大納言従三位神王宣偁、奉　勅、件等綱衆、宜定従僧數兼給童子食者、省宜承知依件爲定、童子各米一升二合、鹽五勺充之、自今以後永爲恒例、

延暦十七年六月十四日

〔政事要略七十〕糺彈雜事十　従者員數事（略）　〔七大寺年表〕（略）

〔元亨釋書二十三〕延暦十七年（官寺十所を定むとある）（略）

〔極樂坊記〕（↓縁起）

〈延喜式二十一〉玄蕃寮

凡僧正従僧五人、沙彌四人、童子八人、（大少僧都以下「類聚三代格」に同じ、略）東大寺別當従僧・沙彌・童

子各二人、興福・元興・大安・藥師・西大・法隆、弘福・四天王・崇福等寺別當、并法華寺大鎮各従僧一人、沙彌一人、童子二人、三綱少鎮沙彌一人、童子二人、竝用本寺物供之、其童子各米一升二合、鹽五勺、

〈壒囊鈔十〉三十四

三綱トハ上座・寺主・都維那ヲ云也、(中略)夫我朝ノ諸寺ニ三綱ヲ置ルヽ事、桓武天皇延暦十四年ニ梵釋寺ヨリ始ル也、

〈伊呂波字類抄九〉

七大寺

東大　興福　元興　大安　藥師　西大　法隆

十大寺

大安　元興　弘仁　藥師　四天王　興福　法隆　崇福　東大　西大　見于格文

十五大寺

東大　興福　元興　大安　藥師　西大　法隆　新藥師　大后　不退　京法花　超證　招提

宗鏡　弘福已上十五大寺

延暦十七年

又加

崇福　梵釋　檀林　延暦　貞觀　元慶　仁和　醍醐　勸修十五大寺ニ加是、謂二十五大寺ト、

798　平城僧尼

延暦十七年七月廿八日

平城舊都の僧尼のとりしまりを嚴しくした。

〔類聚國史百八十六〕　佛道十三　僧尼雜制

延暦十七年四月乙丑(十五日)、勅云々、又沙門之行、護持戒律、苟乖此道、豈曰佛子、而今不崇勝業、或事生產、周旋閭里、無異編戶、衆庶以之輕慢、聖教由其陵替、非只黷亂眞諦、固亦違犯國典、自今以後、如此之輩、不得住寺并充供養、凡厥齋會、勿關法筵、三綱知而不糺者與同罪、自餘之禁宜依令條、若有改過修行者、特聽還住、使夫住法之侶彌篤精進之行、厭道之徒便起慚愧之意、

七月乙亥(廿八日)、勅平城舊都、元來多寺、僧尼猥多、濫行屢聞、宜令正五位下右京大夫兼大和守藤原朝臣園人便加撿察、

十月壬辰(十七日)、勅、破戒之僧、或營生產、不聽住寺并充供養、其有犯之尼宜准僧糺正、使得薫蕕不雜、涇渭異流、

〔扶桑略記抄二〕　延暦十七年四月十五日　(略)

（この他、僧尼の取締令がしばしば出ている）

798 最澄

延暦十七年十一月十四日

僧最澄が七大寺の僧を請じて始めて法華會十講（霜月會）を修した。

〔扶桑略記抄二〕 延暦十七年

十一月十四日、㝡澄和尚請七大寺名徳十人、始修霜月法花會十講、

〔叡山大師傳〕（略） 〔僧綱補任抄出上〕 延暦十七年 （略） 〔濫觴抄下〕（略）

〈三國佛法傳通縁起下〉天台宗

延暦二十年辛巳、最澄年三十五、請七大寺英哲勝猷・奉基・寵忍・賢玉・光證・觀敏・慈誥・安福・玄耀等十大徳、於比叡峰一乘止觀院修法華十講、自此後代毎年無闕、同二十一年壬午正月十九日、朝議大夫和氣朝臣弘世、於高雄山延請七大寺高僧善議・勝猷・奉基・寵忍・賢玉・安福・勤操・修圓・慈誥・玄耀・歳光・道證・光證・觀敏等十餘大徳、講演天台法門、天皇下勅叡感是深、日本開天台會乃此爲初、此年所講即止觀玄義文句也、

800 御靈社

延暦十九年

元興寺南門前に御靈社を造營し、井上内親王の靈を祀ったと傳える。

〔社傳〕（略）（この年、井上内親王の皇后の稱を復している、その配所大和五條の御靈社・靈安寺の草創もこのころか）

〈璉城寺紀〉　崇道天皇神社

（前略）或説曰、當座崇道盡敬天皇舍人親王靈也、然哉否哉、案元興寺古圖縁起、早良太子御靈御輿舍是也、延暦年修平城南里御靈會、元興寺南門前、中津道安座井上御靈神輿舍、今藥師堂町、御堂始在井上町、仍名井上町是也、他戸皇子神輿舍、安於京終町、奈良下津道是也、崇道天皇神輿舍、上津道、紀寺即當社是也、往古紀寺・本元興寺・法興寺・葛城尼寺・新藥師寺・禪定院等各相續焉云云（中略）吉備御靈祠奉加帳曰、（中略）延暦年中ニ崇道天皇ト追稱シ、州租ヲ分テ元興寺ニ納メ、諸寺ニ送テ、井上皇后・他戸王之御靈ヲ弔ヒ給ヒシカドモ、世間ヲモ騒ナラス、（下略）

延暦二十一年正月十三日

三論と法相が相争うのを止め、御齋會・維摩會を六宗學僧が等しく勤めることを命じた。

〔類聚三代格二〕　經論并法會請僧事

太政官符

應正月御齋會及維摩會均請六宗學僧事

右被右大臣（神王）宣偁、奉　勅、上件諸宗、各有所趣、欲興佛教、廢一不可、如聞、三論法相、彼此角争、

阿黨朋肩、欲専己宗、更相抑屈、恐有所絶、自今以後、件等之會、宜均請諸宗勿聽偏阿、周知諸寺分業競學、

延暦廿一年正月十三日

〔類聚國史百七十七〕佛道四　維摩會　（略）　〔日本紀略前十三〕延暦廿一年正月十三日　（略）

＜類聚國史百七十九＞佛道六　諸宗

延暦十七年九月壬戌（十六日）、詔曰、法相之義、立有而破空、三論之家、假空而非有、並分軫而齊騖、誠殊途而同歸、慧炬由是逾明、覺風以之益扇、比來所有佛子、偏務法相、至於三論、多廢其業、世親之説雖傳、龍樹之論將墜、良爲僧綱無誨、所以後進如此、宜慇懃誘導、兩家並習、俾夫空有之論經馳騤而不朽、大小之乘變陵谷而靡絶、普告緇侶、知朕意焉、

延暦二十一年二月二日

元興寺等四寺の智行にすぐれた僧に布・絁・綿を施した。

〔類聚國史百八十六〕佛道十三　施物僧

延暦廿一年二月庚寅（三日）、僧綱言、智行二科僧卅三人、身住伽藍、志研聖教、傳燈之勞無怠、瑩珠之勤不倦、望施物者、勅、宜元興藥師二寺僧廿九人各施布廿五端、弘福寺五人各施布八端、東大寺九

803　三論法相

人各施絁一疋綿十屯、

延暦二十二年正月廿六日

法相のみが榮え三論の學が衰えたので、勅して二宗が並び行われるようにした。

〔類聚國史百七十九〕佛道六　諸宗

延暦廿二年正月戊寅（廿六日）、勅、緇徒不學三論、專崇法相、三論之學、殆以將絶、頃年有勅、二宗並行、至得度者未有法制、自今以後、三論法相各度五人、立爲恒例、

〔日本紀略前十三〕延暦廿二年（略）

〈日本後紀十二〉延暦廿三年

正月癸未（七日）、勅、眞如妙理、一味無二、然三論法相、兩宗菩薩、目撃相諍、蓋欲令後代學者、以競此理、各深其業歟、如聞諸寺學生、就三論者少、趣法相者多、遂使阿黨凌奪、其道疎浅、宜年分度者、每年宗別五人爲定、若當年無堪業者、闕而莫塡、不得以此宗人補彼宗數、但令二宗學生、兼讀諸經并疏、法華最勝、依舊爲同業、華嚴涅槃各爲一業、經論通熟、乃以爲得、雖讀諸論若不讀經者、亦不得度、其廣渉經論、習義殊高者、勿限漢音、自今以後永爲恒例、

〈三國佛法傳通縁起中〉成實宗

昔日已來中古已前、人各策勵、元興・大安・西大・法隆、學三論處皆兼成論、

成實宗

804 延暦二十三年十二月廿五日

桓武天皇の病氣平癒のため、平城七大寺に誦經を命じ、南都の道俗を賑給した。

〔日本後紀十二〕 延暦廿三年

十二月丙寅(廿五日)、聖體不豫、遣使平城七大寺、賷綿五百六十斤誦經、又賑恤舊都飢乏道俗、

七大寺

805 延暦二十四年正月三日

定額寺が權門を檀越と詐稱して田地を賣買するのを禁じた。

〔日本後紀十二〕 延暦廿四年

正月癸酉(三日)、制、定額諸寺、檀越之名、載在流記、不可輙改、而愚人争以氏寺、假託權貴、詐稱檀越、寺家田地、任情賣買、事多奸濫、宜加禁斷、

〔類聚三代格三〕 定額寺事 (略)　〔類聚國史百八十〕 佛道七 諸寺 (略)

(大同元年には檀越以外の王臣家が寺を預ること、また檀越が寺田を佃することなどを禁じている)

定額寺

805 延暦二十四年正月十五日

僧勝虞が少僧都になった。

勝虞

〔日本後紀十二〕　延暦廿四年
正月甲申(十四日)、(聖體不豫)又請大法師勝虞、放却鷹犬、侍臣莫不流涙、
乙酉(十五日)、是日、大法師勝虞爲少僧都、均寵爲律師、
三月癸酉(四日)、賜少僧都傳燈大法師位勝虞度二人、
〔僧綱補任一〕　延暦廿四年　(略)
〈類聚國史百八十七〉佛道十四　度者　(延暦廿一年度一人、廿四年度二人)　(略)

805
護命

延暦二十四年八月
元興寺僧護命が御齋會の講師になった。
〔僧綱補任一〕
延暦廿四年八月日、護命御齋會講師、

805
最澄

延暦二十四年
最澄が唐から齎らした天台の法門を寫して七大寺に置いた。
〔扶桑略記抄二〕　延暦廿四年
六月、㝡澄和尚着長門國、八月上洛、持渡天台法門并眞言法門道具等、同廿六日奉進内裡、其表

云、圓教難説、演其義者天台、妙法難傳、暢其道者聖帝、（中略）勅、大唐請益求法供奉大徳㝡澄闍梨將來天台法門、方欲流布天下習學尺家、宜爲七大寺書寫七通、於野寺天台院一云常住寺令道證・修圓・勤操等六人法師、受學新寫天台法文矣、（下略）

〔拾遺往生傳上〕 傳教大師

所持來天台法門并眞言、總二百卌部、四百六十卷、及道具等、奉進内裏、勅國子祭酒和氣朝臣弘世、以最澄闍梨所持來天台法門、流布諸國、令安七寺、即仰圖書寮令書寫之、

延暦二十五年（大同元）正月五日

僧勝虞ら僧綱が、最澄の天台法華宗の獨立を認めた。

〔天台法華宗年分緣起〕 僧綱等上表文 （平安遺文八）

傳燈大法師勝虞等言、 今月四日中納言從三位藤原朝臣内麻呂奉 勅、賜示國昌寺僧最澄上表云、誠願准十二律呂、定年分度者之數、法六波羅密、分授業諸宗之員、則兩曜之明、宗別度二人者、仰惟无上世尊是大醫王、隨類設教、拔苦與樂、八萬法藏、有權有實、始雖似殊、終皆一揆、衆生之病既異、所與之藥不同、欲濟有情、廢一不可、悉皆勸勵、乃拯群迷、今垂疇咨、欲鳴法鼓、佛日將没、揮 聖戈而更中、法網殆絶、添 叡索以復續、加以始自當年盡未來際、歳歳所度、無量無表、

功徳之聚、惣集聖躬、釋門老少誰不抃躍、無任隨喜歡荷之至、謹奉表以聞、法師勝虞等、誠惶誠懼
謹言、

延暦廿五年正月五日

少僧都傳燈大法師位勝虞
少僧都傳燈大法師位常騰
律　師傳燈大法師位如寶
律　師修行大法師位修哲
大唐留學傳燈大法師位永忠

(題に「賀内裏所問定諸宗年分一十二人表一首」とある)

〈日本後紀十三〉大同元年

正月辛卯(廿六日)、勅、(中略)宜華嚴業二人・天台業二人・律業二人・三論業三人・法相業三人、分業勸催、共令競學、

〈類聚三代格二〉年分度者事　(略)

〈類聚國史百七十九〉佛道六　諸宗　(略)

〈日本紀略前十三〉延暦廿五年　(略)

806　勝虞　泰信

延暦二十五年（大同元）四月廿三日

少僧都勝虞が大僧都に、泰信が少僧都に、護命が律師になった。

〔日本後紀十三〕大同元年

四月丙辰（廿三日）、少僧都大法師勝虞・大法師玄賓爲大僧都、律師大法師如寶・大法師泰信爲少僧都、大法師永忠爲律師、

〔僧綱補任一〕

大同元年　小僧都勝虞 四月丙辰、任大僧都　泰信 四月丙辰任、自大法師不經律師、　律師如寶 同日任小僧都

律師護命 四月丙子任、法相宗、元興寺、勝虞僧都弟子、美乃國各務郡人、秦氏、延暦年中渡海求法、〔延暦廿四年御齋會講師、大同三年維摩會講師、而妄任律師、不審、可尋〕

806　護命

延暦二十五年（大同元）四月廿五日

十五大寺

十五大寺に、毎年の安居には仁王般若經を講じて國土の護持を祈らせた。

〔類聚三代格二〕經論并法會請僧事

太政官符

應令十五大寺毎年安居奉講仁王般若經事

右被大納言正三位藤原朝臣雄友宣偁、奉　勅、今聞、消禍長福護持國土者、仁王般若斯最居先、

中門四王の霊験説話
聖護
勝寧

782-806

是以天竺城中興行此業、國家治平灾難不起、宜下知諸國分寺、安居之内、副於㝡勝王經、奉講件經、庶令天下安和、朝庭無事、自今以後、立爲恒例、其七道諸國〻分寺准此、

延暦廿五年四月廿五日

〔扶桑略記抄二〕延暦廿五年(大同元)（略）

延暦年間

元興寺中門四王の霊験についての諸説話。

〔日本感霊録〕（龍門文庫藏本複製本・續群書類從本）

欲隱己咎於同法至搆架《コウカ》得横死縁搆遇古反、下古取反、并虚言一種也、

法師聖護者元興寺僧也、其本居俗姓非明了也、居住其寺西方北行白(自カ)馬道西第三房高□(戸屋カ)也、於同小子房住止勝寧《ネイ》《ニヤウ》師、以去延暦年中□聖護師及山階寺若僧倶共親厚交、通(延カ)暦□(仁―類)年、于時勝寧師於小子房嘿然而住□(山階カ)寺若僧從其僧高戸屋□房於中間此綾力膺反言夜阿□此、寧師欲指示頃、護師□自房、于此寧師心中思□取納之者不可誤失、嘿□白童子乞其座具、護師□□童子手空而去、既而至□言一昨任〻(之)座具此間忘□

□看出人否耶、於是寧師不知先心而□座具者彼日即便戸屋大徳取收云〻、於是護師大忿恚曰、我都不識、是汝盗匿《カクセル》何以虚□輙債《オホスル》於我、都不屈伏、尋即告率諸俗氏族欲搏《ウタムト》寧師、債側賣反、負也、搏補各反、手撃也、因茲寧師沐浴清浄繋念中門西方天王、毎夜後分至誠祈言、余比日《ヒコロ》蒙《テ》於虚言《ヲ》繋《リ》盗人《ヌスヒトノ》羂《ワナニ》、居宜反、和那、仰願天尊必垂靈驗殊特之助而救吾耻、種〻祈願過一二日、然間護師唱率氏族、於元興寺正人□之院悉皆來集、當以今日將族領之、於此□師齊食之後、出自房内閇目正念一心祈願四天大王、黙然而住登、時所住室裏床前、如□寧乍聽驚開眼見之、房内□有晴光、遂降氷雹蒲角反、阿洛禮、□欲召寧師而赴《オモフク》、自室將□遂跳挫《フミクタイツ》、跳律彫反、踏也践也、護師并□一柱、其柱于今替改之□河水寺内倏然《シクセントノ》忽也變成江、□蒼天即晴、然後大衆共□其座具皆悉作弊□之諸人无不奇誹、于時伽藍□巻舌人〻扣目《タヽイテメヲ》扣社反、撃也、敢覺所□集諸刀禰等亦生驚怖同共嘆言、我等(江一類)□善之誹而設來至於清浄伽藍、羞哉哀哉、徒行苑□也事空懐、大慚而去、然後其栴櫪神主□房歴年不去、共住老少非時頓滅、種〻悪事續不斷、依此大衆數〻生愁、於時衆中有一大徳、名曰行旭《キヨクコク》、許玉反、日也、福智具足徳魏〻爲衆中長、判斷是非弁作衆事其操七力反了〻、於爰行旭大徳於日中堂大衆之中立理唱言、諸天畜生其道不同、鬼神人類其趣亦異、而今辟歴神住僧房中發種〻禍、其理不然、所以因大衆命可移他處也云〻、而後徙於其神安置大衆西殿之後、（徙思紫反、遷也移也、）今以浄供祭祀神是也、親敬大賛曰、希哉奇哉中門天主、應寧師〔　〕於威勢降諸佞人令起浄心、〔　〕〔　〕葉之能化而爲允尊、〔　〕（佞奴定反、諂也、）

歸念四王像蒙靈助縁

清野眞貞者高岳親王〔　〕下縣植槻村矣、（槻倭言都支乃木亦爲槻字、）〔　〕六月眞貞私家併染疫〔　〕染患也、于時眞貞至誠〔　〕驗殊特朝野被恩、所以垂靈〔　〕病之者《(共)》、如是種〻祈願無怠經兩三日、至〔　〕《(病)》夜之頃、沈病元《(无)》子卒《タチ》爾《マチニ》悶絶更无所爲、纔夜後分方得更生而託告言、吾〻來〻、應敷設□、此眞貞驚怖而言、阿誰如斯告示賜哉、彼即答云、我是元興寺四王也、依汝祈願吾來至、可有欲事者以應開申、於是眞貞心大驚惶安置布設焉、長跪合掌而白王言、當家僉《ミナ》然染疾疫灾病无量、唯願天尊哀愍救濟使得除愈、時四天王告眞貞言、因汝新妾厭媚咒咀而致之禍、汝不知耶、答曰未知、王復告言、汝欲知者吾今匡示、（匡去王反、倭言太多須、）爾時天王命一藥叉言、汝□某甲家而示現其相、但不可害人、於時藥叉□而去、未越幾時天陰雷皷率澍《タチマチニ》白〔　〕寢屋四柱而而擎虛空散、〔　〕（反、手取也、）但人不損、時其

病數□、於時天王告家長言、援□爲勞、自今以後无有
異事、□長眞貞増生仰信、无□起、由此徵驗朝野村邑悉
□現聖尊者心念一門、願无有□、賛曰善哉清野且主、心生
□厚助頼及華戎京也田舍也、故古人之一人有情□謂之哉、

以不浄身入於元興寺四天王之所住處蒙異相縁

延暦廿二年歳次癸未七月廿六日、齋食之後専寺衆僧爲拜四王參於中門、而見一女臥于東方天王
立所連子之内、所集僧徒拜四王頃、彼女率爾《ニハカニ》墮落連子之外砌《カツライシノ》音誓也倭言加豆良移徙下、心神迷亂言語全絶、俄《ニハ》
爾《カニ》蘇息更生一種廻眸《マナシリ》傍視、于時來集道俗男女共問所由、女便答言、己是河邊朝臣今子也、患瘧《キヤクヲ》累日萬
術無驗集苦既極、唯待命期更無餘、可然有人云、飛鳥寺四天大王特有奇驗、頼其護念以脫危類其
數甚多、汝宜至心歸憑、誓願遂不唐(虚)扮、今子聞之乍歡、奔波爾乃□子之内厎身遠來委頓而臥、
委頓二疲勞之、□持角弓《ツノユミ》藥叉神王來就復□外、從然後事不知、所爲但
□體莫損、是則愚女欲病速□處之所致也、徵驗非一不可
□清浄然後宜進、所願不虛爲□、

大同三年正月十三日

大同三年

悪疫流行のため、諸大寺等で大般若經を讀誦させた。

〔類聚國史百七十三〕災異七　疾疫

大同三年正月乙未（十三日）、遣使埋斂京中骼胔、勅、頃者疫癘方熾、死亡稍多、庶資恵力救茲病苦、宜令諸大寺及畿内七道諸國奉讀大般若經、又給京中病民米并鹽豉等、

〔日本紀略前十三〕大同三年（略）

808　護命　806-10

大同三年十月十日

律師護命が維摩會の講師になった。

〔僧綱補任二〕

大同三年　維摩講師護命法相宗、元興寺、秦氏、　律師護命

〔三會定一記一〕三会定一以前維摩會講師（略）

大同年間

元興寺僧慈壽が鬼を退けたという說話。

〔日本感靈録〕

恒道人誦般若標靈怖怪緣

苾蒭慈壽者元興寺沙門也、去大同年中居住其寺西北馬道以東第二之房也、而其房者從建立伽藍以來無人而住、所以然者於房中有靈鬼等種々灾恠數々顯現數々（蘇爆反、頻也）、令人患惚、爰慈壽師爲試虛實住於彼室、晝夜讀誦理趣般若未曾休廢、而如所聞種々惡恠數々出現无敢可住、雖爾其僧勇猛精進誦經无怠、過於數月於夜時中其鬼示云、我依阿師讀誦大乘念誦咒而得(不脱カ)共住、當於今日遷去他處、（遷七然反移也、亦爲迁字也、）願［　　］我而不現也、從爾以來於彼房中、［　　］亦无患惱、然後慈壽以去［　　］備州浅口縣住止元興寺之［　　］過焉、然後歳中其眷屬等爲［　　］（草故反并波可）欲治尸骸、然於此穴之［　　］趣宛如禪師在生之時、（宛□衣反、阿太訶母）［　　］懼儵欻還去、（儵式竹反、欻許物反、并忽也）私［　　］常誦般若舌不亂、本來［　　］、賛曰、無相之妙理夫以至可［　　］、

弘仁二年六月六日

元興寺僧大僧都勝虞が没した、年八十。

〔日本後紀廿一〕弘仁二年

六月(六日)戊辰、大僧都傳燈大法師位勝悟(虞)卒、法師俗性凢直、阿波國板野郡人也、法師初爲尊應大德弟子、是則芳野神叡大德之入室也、道業清高、洞明經戒、姿儀不凡、言語可愛、至於非空非有之宗、

當時推而相讓、護命・慈寶・泰演等英傑、皆自其門而出焉、聖朝嘉尚、授以僧統、時議稱任得其人、緇徒之中、濫行不聞、政迹之所致也、薪盡火滅、嗚呼哀哉、春秋八十、

〔僧綱補任二〕（略）

〔元亨釋書二〕慧解二ノ一　勝悟法師　（略）

護命 慈寶 泰演 811

弘仁二年六月十九日

十三大寺の僧尼八十歳以上の者に絁・布を施した。

〔日本後紀廿二〕弘仁二年

六月辛巳《十九日》、十三大寺僧尼年八十已上者、各賜絁二匹・布四端、

〔類聚國史百八十六〕佛道十三　施物僧　（略）

（弘仁五年九月に諸國國分寺の八十以上の僧尼に物を施している）

十三大寺 812

弘仁三年十二月二日

七大寺の僧等に調の綿を頒った。

〔日本後紀廿二〕弘仁三年

十二月丙戌《二日》、調綿一萬五百屯施七大寺常住僧并内供奉十禪師、

〔類聚國史百八十六〕佛道十三　施物僧　（略）

七大寺僧 812

弘仁三年十二月十四日

高雄山

賢榮　泰範　延豊　圓璟

空海の高雄山灌頂會に、元興寺の僧泰範ら四名が參加して胎藏灌頂を受けた。

〔弘仁三年高雄山灌頂歷名〕

弘仁三年十二月十四日於高雄山寺受胎藏灌頂人々暦名(マヽ)、

都合二百卅五人之中太僧廿二人、沙弥卅七人、近事卅一人、童子卅五人、

太僧衆數廿二人

一僧最澄興福寺 寶幢　二僧賢榮元興寺 大白明　三泰範元興寺 般若　四泰法般若　五中榮不空成就

六長榮蓮華 觀音　七證得西大寺 寶幢　八平智東大寺 降三世　九圓澄大□寺 觀音　十延豊元興寺 降三世

十一圓璟元興寺 虛空　十二願澄東大寺 六足尊　十三叡勝大立寺 般若　十四靈寵東大寺 寶生　十五康遠不動尊

十六康安般若　十七光仁興福寺 般若　十八光定般若　十九恵讃大安寺 無量壽　廿光忠山階寺 六足尊

廿一恵曉興福寺 虛空藏　廿二恵德無量壽　（下略）

〈弘法大師弟子傳上〉元興寺泰範大德傳

傳燈大法師位泰範、考書記首尾闕而亡矣、拾以認哀、本不知何處之成人、往々書録之中見其骨量、器宇冲漠敎乘廣通、常居近州高嶋、傳敎器重許以台敎之同遊、範闍梨隨而唱台敎乎有年矣、然大師歸朝盛唱金剛一乘、其聲非一代之鵉音、微妙無有類、範公凝情於獅絃、日夕忘滋味、自是

弃台敎専學秘密之道、弘仁三年大師在乙訓寺、泰公如馬州歸、五月九日來在乙訓會裏、傳敎憾之、(中略)今年十二月十四日傳敎大師受胎藏灌頂、(中略)於是範闍梨看道胸无懐法味得同器、(下略)

814　空海　中璟

弘仁五年閏七月廿六日

僧空海が元興寺僧中璟の罪をゆるされることを請うた。

〔遍照發揮性靈集四〕

請赦元興寺僧中璟罪表

沙門空海言、空海聞、緩刑之文顯在前書、宥責之言聞于曩策、是以草纓艾韠揚美於垂拱年、赭衣畫冠流譽於無爲日、伏惟皇帝陛下、慈過春風恵踰夏雨、至孝之名騰潜龍夕、弘仁之號播御鳳朝、天地感應風雨不違、四海康哉百穀豊稔、夫鄧林幹中必有枯枝、無爲化下非無桎枷、伊祁之子不肖聖考、瞿曇之息不似覺父、金石薫猶物之對也、賢聖愚頑何能相離、伏見元興寺僧傳燈法師位中璟、不護戒行不愼國典、身應役堀川、竊尋其罪過則死而有餘辜、論其犯贓則碎也猶未飽、非但一己之亡身喪名、抑ゝ亦汚穢佛法違越王制、下愚不移蓋斯之謂歟、春生秋殺天道之理也、罰罪賞功王者之常也、雖然冬天無暖景則梅麥何以生華、守法不賞盗則秦人何以流美、況復大樹仙人廻迹於曲城、慶喜道者被惱于鄧家、往古賢人猶亦未免、濁世凡夫豈得無愆、恕過令新謂之寛大、宥罪納贓稱之含弘、見苦起悲觀音用心、視危忘身仁人所務、伏乞陛下解網而泣辜、絶纓而報讎、去秦政之必罪、取周成之措刑、更與天下而新、然則木石知恩人鬼感激、空海従聞此事腹廻魂飛、口忘食味心不安禪、明知身賤而言不行、口開而災禍入、雖然不任以身代物、輕黷威嚴伏深戰越、沙門空海誠惶誠恐謹言、弘仁五年閏七月二十六日某上表、

815

弘仁六年正月廿六日

護命

律師護命が少僧都になった。

〔僧綱補任 二〕

弘仁六年　小僧都護命 正月廿六日任小僧都、不經律師歟、〔『大同元年四月任律師注、今云之由如何』〕

815

法相燈明記

慚安

弘仁六年十月

慚安が「法相燈明記」を著わし、唯識・因明に關する南寺(元興寺)と北寺(興福寺)の異義を書き記した。

〔法相燈明記〕

沙門慚安集本師義

無上正法東流已來所經歲數、假令自佛入滅壬申至弘仁六年、都合一千四百卅歲、一云、一千七百六十

七歳、

吾日本朝佛法流行、従廣庭天皇十三年壬申至弘仁六年乙未歳、合二百六十八歳、其中間、元興興福二寺先徳、諍法相義、已逕年數、于今未息、今勒二八條流行於後生、示其兩途、

内明十義　因明六義

一内明十義者、一眞俗二諦、各有四重、且眞四重中、二空門、及廢詮門、但在圓成門、不通餘門、云云、是餘寺義階寺義云、一切法皆有四重、其眞第四重、是先三重之離言義也、非局眞如故、章二諦義引成唯識第七云、若依世俗説離於心別有心所、即第二俗、事差別故、若依勝義、心所與心非離非即、即第二眞、因果道理、非即離故、又第七云、如前所説、識差別相、依理世俗、即第二俗非眞勝義、眞勝義中、心言絶故、即第四眞、又同卷云、解八識自體、非定一異、即第三俗、對心言絶、即第四眞云々、如弓削僧都二諦義廣説、不違法苑林章所説、

一佛果位四分相縁義中、餘義云、各皆不作影云々、階義云、従因位爲所縁者、近縁不作影、因不縁者作影縁之故、唯識疏第八云、先所得者親得、餘新所得者影得、或疏文云、餘新所得者影説、是疑字誤流也、

一遍計所執、名爲虚妄唯識、即演秘云、虚妄識之所取故云唯識、東抄所説同之、於此義中、餘義

云、隨能執妄情之虚妄取隨能執心名爲虚妄唯識等云云、今階義云、虚妄執心、妄執有實能取之心、及實所取之境也、是實能取所取心境相對、名虚妄唯識也、此義甚希、未流行之、

一能觀唯識、以別境慧爲體、此義中、餘義云、正取慧爲觀體、兼取定爲能觀體、云云、此義取餘師義、階云、唯以慧爲觀體、非取定等、是大乘基本義也、廣如義林章、或取章家之破、餘師文爲正義者、末葉疎見也、

一所縁縁者、重云縁者、或云、有體能生心名縁、相於心中現爲所縁、配此二義、重有縁縁字、云云、階云、重云縁者、是四縁之一縁也、不配屬二義故、觀所縁論測師疏云、所縁縁者、則四縁中、是境界縁故、毘婆沙名境界縁、部執論名所了縁、雜心論但言縁縁、問、若爾、何故觀所縁論云有體能生心故名爲縁、相於心中現、名爲所縁耶、答、是於所縁縁有二義也、不配縁縁二字故、測疏云、然釋二義、諸論不同、若依此論、相於心現名所縁、能生識故名縁、是即當此説帯彼相及有體生識義、唯識第七巻、於所慮所託釋所縁縁、

一三類境義中、餘云、唯於見分境立三類境、非自證分境、云云、階云、通於四分立三類境、

一第六縁過未五蘊時、心中相分、餘云、無本質故名獨影、從質種生、闕質故名帯質、云云、階云、能縁同種故名獨影、熏成種子成本質故名帯質、

一因位妙觀平等二智、不緣未來圓鏡成事、熏成種子、云云、是餘義也 階云、因無漏二智、緣圓鏡成事、熏成種子、成當本質也、故樞要云、緣過未蘊、熏成種子、生本質故、

一人執必帯法執、是常徒義也、若爾、第七恒相續執人、云何有法執耶、此義中、階云、不了爲法執故、疏第五云、不了机喩法執、迷人喩人執、亦疏云、人執必起人事執、法執不了爲執、云云、餘義所流未明、

一第七緣第八見爲我時心中相分、或云、見質同種云云、階云、別種生、廣如義燈演秘文、餘義、不用燈秘所記、夫師資相傳也、而不依門徒所記、云何立本師義耶、

因明六義

一掌珍論有爲空量、有有法一分不成過、於此義中、餘云唯於眞性有有法不成過、或云、唯於有爲之有空義有此過、云云、階云、於眞性有爲四字有有法一分不成過、故疏云、謂約我宗眞性有爲無爲、非空不空有法一分不極成過、云云、既云眞性有爲無爲、非空不空、有法一分不極成過、故知眞性有爲無爲、有一分過也、又燈云、如彼諸說、宗中無有法不極成過、以其眞性不是有法、擧此眞性、意取有爲以爲有法故、以上是餘師、無有法過也、今謂、是過彼擧眞性、眞性皆空無有爲法、本意不取眞性爲有法、於眞性中復不可言說、説何以爲有爲、有法故有法過、既云眞性皆空

無有爲法、故知眞性有爲爲一分過也、又唐朝新度唯識僉記云、理和上説言、一分者、護法云、勝義諦中、非空不空、緣生有故非空、遍計所執無故非不空、於眞性中、離言絶相、不可言其空有、清辨言勝義諦中一切皆空、即違護法一分不空之理、故言一分不成失、乃至引疏文、謂約我宗等文已云、即約護法、眞性之中非空不空、清辨不許護法勝義非空故、言一分不極成也、有抄復云、護法非空不空、彼清辨言勝義皆空、望於不空故言一分不成、以上記文從此記未來以前既傳一分義、況亦唐國有此傳乎、其立者并諸師、眞性簡別是不有法云云、今敵者意、因明道理、宗中簡別是不離法有法、既有法上置此簡別故入有法也、諸師云、眞性不入有法、故無有法一分過、今既眞性不入有法、云何有有法一分過、又新羅賓記云、眞性有爲四字、皆是有法云云、若眞性不入有法、云何顯有法一分過乎、爲顯他宗過、而自宗既興諍論、豈他宗立者不爲咲耶、唯識比量眞故亦准此也、

一唯識比量因自許言、餘云、共許自許、階云、既云共許、云何亦云自許耶、故自許言、獨屬立者、立自義故、又云、共許自許者、兩俱隨一可雙也、故義纂云、共量因置自許言、亦得成因、如唯識論、樂大乘者、許之言、亦云、問、因置自許言、何自因是令共解、且解云、據至極理他宗故違因置自許、故得無過、云云、廣如松井僧都唯識量記、

一唯識比量爲小乘有法差別相違、作不定過、自他共不定中、何不定耶、或云、自他共中各異説也、階云、因置自許言時、他不作有法差別相違、既不有法差別過故、亦無不定故、不論自他共不定、故疏云、若因不言自許、因有隨一、乃至云不眞不定、云云、

一唯識比量簡別眞故者、四重眞諦中、何重眞諦耶、或云、通四重眞、云云、階云、眞第二重也、廣如松井僧都唯識比量記、

一問、唯識比量眼根爲同喩収、爲異喩収耶、答、或云、是異喩収云云、階云、是同喩収、問、何故同喩収耶、答、其破同分根、是異喩収、其同分根是同喩類也、非定離故、根因識果故、非定離、順憬師決定相違示所立不成過、是同喩収之證文、又文軌師云、眼根於立者是同喩、於敵者異喩、云云、

一問、了宗智了因智之中、正取何爲智了因耶、答、餘云、取了因智爲智了、不取了宗智、云云、階云、取了宗智正爲智了、故義斷云、望了宗邊正取智了、

以前十六條義、諍論如件、唯所恐、心不賢良、解不寫瓶所聞缺漏乎、雖然不無受承、卞和之傷誠在斯乎、

弘仁六年十月維摩會時記

〈三國佛法傳通緣起中〉法相宗

義淵有七人上足、謂玄昉僧正・行基菩薩・宣教大徳・良敏大僧都・行達大僧都・隆尊律師・良辨僧正也、道慈律師亦従學法、即成八人、然道慈律師雖學諸宗三論爲本、故専爲彼宗祖師、並興福・元興南北兩寺學者衆多競立義理、因内二明互諍金玉、朋黨相扇成兩寺異、乃至當代(鎌倉初期)興福一寺學侶繼踵論難彌昌、並是智鳳・玄昉後裔門葉而已、然法相宗雖興福寺根本所學而諸寺多學、無不弘敷、謂延祥僧正・守印大法師・守寵法師・神叡小僧都・廣達大法師・勝虞大僧都・護命僧正・明詮僧都・平備已講・施平律師・長源已講・峯基律師・賢應已講・玄宗和尚、如是等師皆是元興寺法相宗也、

816 護命

弘仁七年五月十日

少僧都護命が大僧都に、元興寺僧施平が律師になった。

〔僧綱補任二〕

弘仁七年　小僧都護命五月十日任大僧都、

律師施平五月十日任

817 施平

弘仁八年十月一日

七大寺の僧に調の綿を頒った。

七大寺　818

七大寺　818

最澄　光定　護命

〔類聚國史百八十六〕佛道十三　施物僧

弘仁八年十月丁巳朔、以調綿一萬三百屯、施七大寺常住僧有差、

〔日本紀略前十四〕弘仁八年十月朔日　（略）

弘仁九年十月廿七日

七大寺の僧に綿を頒った。

〔日本紀略前十四〕弘仁九年

十月丁丑（廿七日）、綿一萬屯、施七大寺常住僧、

〔類聚國史百八十六〕佛道十三　施物僧

（弘仁八年十月丁丑（廿一日）にこのことがみえる　略）

弘仁十年三月

最澄が大乘戒をたてようとし、南都七大寺の反對を受けた。

〔傳述一心戒文上〕

荷顯戒論達　殿上文

弘仁十年三月三日、承先師（最澄）命爲建立大乘戒可往在野寺護命僧都房、弟子（光定）白、承僧都命其意如何、

先師命爲請僧都署名、（中略）寄右大辨（良岑安世）宣旨、不請僧都署名、請署名文云、

比叡山小釋最澄稽首和南、元興大僧都足下、爲濟國家廻小向大式請　署狀、（中略）彼大唐國弘大乘戒保護天下、伏惟日本天下未置文殊之上座、未置五寺之常轉、頃年天災屢現、地妖方興、五穀不熟、四海飢苦、市肆燒損、伽藍燒荒、誰佛子等不慚愧哉、可不愼哉、可不愼哉、今我元興大僧都、帝心筱簡居四衆望、傳唯識燈爲一人師、佛法興亡唯屬僧都、誠願准彼大唐制、立此大乘戒新置文殊之上座、別開大乘之大戒、然則　主上攀弘法福、兆庶除未然災、僧都雄名遠流後際、向大薩埵此門不絶、謹遣弟子光定奉式請署名、一言國興幸爲法主、小釋最澄稽首和南、

荷表之與四條式達殿上文

弘仁十年三月十五日、承先師命、守國護家大乘厚力菩薩深助、像法之末七難易發、五濁之時三災無不起、今須廻小向大、式四條文國忌大乘三部、荷之達之者、弟子承先師命、荷於式文、捧國忌大乘、參於深宮、（中略）十七日夕、太皇未有　勅答、弟子其子細狀不知報於師、藤左大將令聞返言、藤左大將達　太皇、太皇勅於僧綱等、僧綱等有道者將充行矣、僧綱等無道者不得充行、口　勅已了、四條式文賜玄番寮頭眞苑宿禰雜物、雜物承於　宣旨告於僧都、僧綱等告七大寺有心大法師、七大寺有心大法師等無一乘戒、亦云、無菩薩僧、亦僧最澄奏狀無道理矣、唱各各狀達　殿上、彼唱各狀取玄番寮頭眞苑宿禰雜物上　弘仁皇、不幾之間良岑右大辨勘返七大寺法師等各狀、右大

顯戒論

辨尊云、四條式文賜僧都等、不賜七大寺法師等者、玄番(蕃)寮頭眞苑宿禰雜物告於僧都、不幾之間、僧都等造於表、啓詞、七大寺法師等狀上殿上、　太皇勅內匠頭藤原是雄、爲令見最法師狀置文殿、內匠頭子細之狀告於光定、光定登山令聞先師、先師命於光定、今計將得僧綱等表啓、無戒疏等、光定返下令聞內匠頭、內匠頭垂於慈悲、表啓等文授與光定、光定荷之登山上於先師、先師作顯戒論、是論有以伏欲天台一宗同法片見界私記耳、

〔顯戒論緣起下〕　目錄(本文は傳わらない)

南都西大寺進僧統□(牒カ)一首

南都東大寺進僧統牒一首

南都大安寺進僧統牒一首

南都藥師寺進僧統牒一首

南都山階寺進僧統牒一首

南都元興寺進僧統牒一首

〔傳述一心戒文中〕

一乘戒牒度緣捺太政官印文

弘仁十年三月廿日、先師命於弟子、爲濟國家廻小向大式請署狀於護命僧都、而弟子承師之命參僧都所令聞師命、彼命之狀度菩薩僧將守國家、僧都云、大唐無菩薩僧、亦無別受菩薩僧、有通受菩薩僧、弟子云、無別受菩薩僧而有通受菩薩僧者不知彼志、僧都云、約大乘而無剃除鬢髮、約小乘而有剃除鬢髮、歷於小乘而有受菩薩戒僧、不歷小乘無受菩薩戒僧、歷小乘而有受菩薩戒僧、無此別受菩薩僧故不許署狀、弟子登山令聞於師僧都之署狀不許之事、(下略)

〈東大寺要録一〉本願章第一

裏書云、東大寺慶修和上戒壇建立之後、及七十年、弘仁十二(三カ)年壬寅、天台傳教大師、可立戒壇之由奏聞公家、而和上慶修觸七大寺奏公家、件事留了、

819 弘仁十年四月八日

安居料

諸大寺の安居料を停止した。

〔類聚國史百七十八〕佛道五　安居

弘仁十年四月乙卯(八日)、諸大寺安居料、蹔從停止、以國用乏絶也、

819 弘仁十年五月十九日

大僧都護命らの僧綱が連署して、最澄の大乘戒壇設置の要求に反對した。

護命

最澄

〔顯戒論上〕開雲顯月篇第一　大日本國六統表前入唐沙門最澄箴重彈

沙門護命等謹言、

僧最澄奉献天台式并表奏不合教理事、

沙門護命等聞、立式制民必資國主、設教利生良在法王、非國主制無以遵行、非法王教無以信受、故佛自制式非菩薩等、佛在世時弟子無諍、及至正像異見競起、遂令弱植之徒隨僞辯以長迷、倒置之倫逐邪説而永溺、所以四依菩薩造論會宗、三乘賢聖順教述旨、自有漢明帝永平三年夢見金人以來、像教東流靈瑞非一、摩騰法蘭導聖旨於前、羅什眞諦闡微言於後、玄奘義浄久經西域、所聞所見具傳漢地、我日本國志貴嶋宮御宇天皇歳次戊午、百濟王奉渡佛法、聖君敬崇至今不絶、入唐學生道照道慈等往逢明師、學業抜萃、天竺菩提唐朝鑒眞等、感徳歸化傳通遺教、如是等人徳高於時都無異議、而僧最澄未見唐都、唯在邊州即便還來、今私造式輙以奉献、其文浅漏事理不詳、非紊亂法門兼復違令條、誠須召對僧身依教論定、然則玉石異貫清濁分流、敢以愚見輕觸威嚴、伏増惶恐、謹言、

弘仁十年五月十九日

大僧都傳燈大法師位　護命

少僧都傳燈大法師位　長慧
少僧都傳燈大法師位　(勤操)在狭山池所
律師傳燈大法師位　施平
律師傳燈大法師位　豊安
律師傳燈大法師位　脩圓
律師傳燈大法師位　泰演

(最澄の箴・彈を省略する、以下「顯戒論」に、以上の上表のほか奏文を引用している、すべて省略)

〔佛法傳來次第〕弘仁十年五月　(略)

〔僧綱補任一〕弘仁十年五月十五日　(略)

819

弘仁十年七月十八日

祈雨のため、十三大寺等で大般若經の轉讀が行なわれた。

〔日本紀略前十四〕弘仁十年

七月甲午(十八日)、詔曰、頃者、炎旱積旬、甘液無施云々、宜令十三大寺并大和國定額諸寺常住僧、各於當寺三个日轉讀大般若經、以祈甘雨也、

十三大寺

819

弘仁十年十一月

慈寳　820

元興寺僧慈寳が没した、年六十二。

〔元亨釋書二〕 慧解二ノ一　元興寺慈寳

釋慈寳、姓朝戸氏、和州平群人、従元興寺勝悟(勝虞)學法相宗、悟稱其敏慧、晩設婉閨、學者雖優才、頗患之、弘仁十年十一月卒、壽六十二、

七大寺僧　822

弘仁十一年十月二十日

七大寺僧等に綿を施した。

〔類聚國史百八十六〕 佛道十三　施物僧

弘仁十一年冬十月己卯(三十日)、綿一萬五百屯施内供奉十禪師并七大寺僧、

〔日本紀略前十四〕 弘仁十一年　（略）

弘仁十三年六月十一日

最澄の没後、叡山の戒壇設置が勅許された。

〔類聚三代格二〕 年分度者事

太政官符

應試業年分度者事

823　最澄　大乘戒壇勅許

右太政官去年六月十一日下治部省符偁、傳燈大法師位冣澄表偁、夫如來制戒隨機不同、衆生發心大小亦別、所以文殊豆盧上座異位、一師十師羯磨各別、望請、天台法花宗年分度者二人、於比叡山毎年春三月　先帝國忌日、依法花經制令得度受戒、仍即一十二年不聽出山、四種三昧令得修練、然則一乘戒定永傳聖朝、山林精進遠勸塵劫、謹副別式謹以上奏者、右大臣（藤原冬嗣）宣、奉　勅宜依來表者、今案式意、應試業者先申別當聽彼處分、試業已訖亦申別當、〻〻執奏、仍國忌日便令得度、不可更經治部僧綱、其應試議條、一依太政官去延暦廿五年正月廿六日下治部省符旨、於彼寺試、得度既畢別當申官、勘籍并與度緣、然後下治部省、

弘仁十四年二月廿七日

〔類聚國史一七九〕佛道六　諸宗

嵯峨天皇弘仁十三年六月壬戌（三日）、傳燈大法師位冣澄言、（中略、前官符の「夫如來―塵劫」）　許之、
癸亥（四日）、傳燈大法師位冣澄卒云々、

〔叡山大師傳〕（略）

弘仁十四年二月廿五日

元興寺僧永繼らが流罪に處せられた。

永繼

808-24　十五大寺

824　十五大寺

〔類聚國史八十七〕刑法一 配流

弘仁十四年二月庚戌(廿五日)、流興福寺僧中源・庚(康カ)信・元興寺僧永繼等於遠江國、並緣姪犯也、

(↓天長十年閏七月廿九日)

弘仁年中以前

十五大寺の安居供養料を定めた。

〔弘仁式〕主税

凡十五大寺其号見治部式安居供養料米、寺別廿一石六斗二升七合、但大安寺加大若經會料六石八斗、並諸國春正税送之、其舂運功亦用正税、

〔延喜式二十六〕主税上（略）

天長元年四月廿八日

疫旱を除くため、十五大寺等で大般若經の讀誦が行なわれた。

〔日本紀略前十四〕天長元年

四月丁未(廿八日)、令十五大寺并五畿七道諸國奉讀大般若經、防疫旱也、

〔類聚國史百七十 百七十三〕災異四旱 災異七疾疫（略）

〔祈雨日記〕天長元年（略）

824

天長元年九月廿七日

七大寺等の僧尼に綿を頒った。

〔類聚國史百八十六〕佛道十三　施物僧

天長元年九月壬申(廿七日)、以綿一万屯、施東西兩寺并□大寺及五畿内諸寺常住僧尼也、

〔日本紀略前十四〕天長元年　(略)

826

天長三年十月十日

元興寺僧仲繼が維摩會講師になった。

〔僧綱補任二〕

天長三年　維摩講師仲繼法相宗、元興寺、行基菩薩孫弟子、勝虞弟子、〔智證大師隨父求因果經、父求與之〕

〔三會定一記一〕三會定一以前維摩會講師　(略)

827

天長四年十一月八日

大僧都護命が特に僧正に任ぜられた。

〔僧綱補任二〕

弘仁十四年　大僧都護命月日停任、

護命

天長四年　僧正護命十一月八日任、前大僧都殊有詔以宣命任之、七十八、

〔續日本後紀三〕（↓承和元年九月十一日）

〔拾遺往生傳下〕（↓承和元年九月十一日）　〔日本高僧傳要文抄三〕（↓承和元年九月十一日）

827

天長四年

施平

元興寺僧施平が宮中で藥師像供養の講師をつとめた。

〔本朝高僧傳五〕　和州元興寺沙門施平傳

釋施平、才氣淑明、審通法相、住元興寺、天長四年淳和帝造藥師佛像、金書蓮華法曼荼羅、宮中設會供養慶讃、召空海・豊安・載榮・明福等、敷説法義、平預講首、演論深法、君臣前席、即賜優賞、道福富贍、終於元興寺、

828

天長五年二月廿五日

文殊會

元興寺僧泰善が諸國郡邑に文殊會を修し貧者に施給することを請うて許された。

〔類聚三代格二〕　經論幷法會請僧事

太政官符

應修文殊會事

右得僧綱牒偁、贈僧正傳燈大法師位勤操・元興寺傳燈大法師位泰善等、畿內郡邑廣設件會、辨備飯食等、施給貧者、此則所依文殊般涅槃（マヽ）經云、若有衆生聞文殊師利名、除却十二億劫生死之罪、若禮拜供養者、生ゝ之處、恒生諸佛家、爲文殊師利威神所護、若欲供養脩福業者、即化身作貧窮孤獨苦惱衆生至行者前者也、而今勤操遷化、泰善獨存、相尋欲行、增感不已、望請、下符京畿七道諸國、同修件會、須國司講讀師仰所部郡司及定額寺三綱等、郡別於一村邑、屈精進練行法師、以爲敎主、每年七月八日令修其事、兼修理堂塔經敎破損等、當彼會日、同供養之、當會前後并三箇日、禁斷殺生、會集男女等、先授三歸五戒、次令稱讚藥師文殊寶號、各一百遍、庶使普天之下、同修福業、率土之內、倶期快樂者、中納言兼左近衛大將從三位行民部卿淸原眞人夏野宣、奉勅依請者、其會料者、割救急料利稻、量宜充行、若國郡司百姓等、割隋分物加施、不在制限、

天長五年二月廿五日

〔年中行事秘抄〕七月八日文殊會（略）　〔三寳繪下〕七月、二十三文殊會（略）

〔僧綱補任一〕天長五年（略）

天長五年十月十日

元興寺僧延祥が維摩會の講師になった。

〔三會定一記一〕 三會定一以前維摩會講師

延祥同(天長)五年、元興寺、法相宗

延祥

空海

護命

829 天長六年九月廿三日

僧空海が元興寺僧護命の八十を賀する詩を作った。

〔遍照發揮性靈集十〕

暮秋賀元興僧正大徳八十詩并序

沙門遍照金剛

夫翔天之鳫不失次第、蚑地之螘亦守陳列、何況天地最靈含識爲首、誰遺尊長老貴眉壽乎、禮著鄉飲經稱供宿、良有以也、元興寺大徳僧正、年登八十智明十二、無著世親之論探奥諳旨、慈恩恵沼之章括文綜義、晝則對筌蹄而忘食、夜則覩魚兎而廢寢、是故問津者遠近雲集、懐疾者小長霧合、二美兼修六度具行、可謂佛家之棟梁法門之良將者也、鋭鋒易脱臯響則達、弘仁太上拔大僧都、天長今上任僧正、人能弘道聞之古、道能通人見于今、貧道忝備下菜思齊上聖、慨澆醨於禮義、悲陵遲於道徳、是故取鄉飲上齒之禮、仰大士供尊之義、聊與二三子、設茶湯之淡會、期醍醐之淳集、是日也、金風入管玉露泣菊、闔婆奏樂緊落則舞、八音寥亮四衆忘味、言之不足、故事詠歌、乃作詩

曰、

寂業遺敎　轉授其人　三藏稽古　六宗惟新　法相之將　推師當仁　瑚璉其體　龍象其身

辨挫邪鍔　智明正因　講經講論　乍秋乍春　聽者市井　學徒雲臻　著世幽趣　非公不陳

兩帝仰止　四衆梁津　名賓僧正　實德佛隣　伊餘尚德　設饌迎賓　絲竹金土　感動鬼神

怨親既歡　何況昵親　卓彼人寳　可謂國珍

天長六年九月二十三日　沙門遍照金剛上

秋日奉賀僧正大師詩并序弟子苾蒭中繼　（空海が中繼に代つて作つた護命の八十を賀する詩と序、略）

天長六年九月十一日

829 天長六年十一月八日

諸大寺の僧に綿を頒った。

〔類聚國史百八十六〕　佛道十三　施物僧

天長六年十一月甲申（八日）、綿一萬五百屯、施捨諸大寺衆僧、

〔日本紀略前十四〕　天長六年　（略）

830 天長七年七月十二日

災を除くため、十八寺で讀經させた。

〔日本紀略前十四〕天長七年

七月甲申(十二日)、遣使十八寺、令讀經奉幣五畿七道諸國名神、爲攘灾也、

〔類聚國史十二〕神祇十一　祈禱上　(略)

十八寺

830

大乗法相研神章

護命

天長七年

各宗要を撰上せよとの勅命により、元興寺僧護命が「大乗法相研神章」を著した。

〔大乗法相研神章〕序

大乗法相研神章序

元興寺沙門護命撰

夫以三界九地有識之宅、五趣四生無明之報、是故六賊恒隨而難避、三毒常起以易侵、所以智人厭之、期于出離之辰、賢者患之、稀于遊入之事、既是所悲之境誰不思量、亦則所度之生何不尋覽、故能印度大士各著高論、振旦名僧共製章疏、是皆轉凡作聖之勝躅、退悪進善之梯橙、遂使日本天下篤信三寶修學大小、自徒(從カ)白馬西來玄言東被以降、住持佛法紹隆諸宗、無偏無黨護國守人、今我聖朝、普勅諸寺令上宗要、護命幸遇昌運久經道家、年齒八十形神衰耄、雖爾(然)(謹)親承勅旨悦撫虚懐、謹

上世界問答五巻、名曰大乘法相研神章、唯冀九重主上朝廷賢善、雖不足覧以爲口實、然則資人弘法之譽代無斷絶、由法降人之美永々有相續、仰願廻此智分施彼法界、自他眞俗共見龍華、于時天長七年歳次庚戌、建巳之月也、

〈三國佛法傳通縁起中〉倶舎宗

大日本國習學倶舎、昔通諸寺各立義門、附法相宗研窮此論、元興寺護命・明全等乃其人也、護命僧正傳新羅智平法師義、建立有爲法體不生滅義、餘先徳等多是有爲法體生滅義也、

倶舎宗 832

天長九年正月十四日

僧正護命が大極殿御齋會の論議に加わった。

〔類聚國史百七十七〕佛道四 御齋會

天長九年正月戊申(十四日)、㝡勝會畢、皇帝御紫宸殿、請僧正護命・大僧都空海・少僧都修圓・豊安・律師明福・講師大覺法師等令論議、施御被、

〔日本紀略前十四〕天長九年 (略)

護命 832

天長九年正月十五日

僧仲繼が律師となり、本元興寺に移った。

〔僧綱補任二〕

仲繼　832

天長九年　律師中繼正月十五日任、法相宗、藥師寺、勝虞弟子、依宣旨、移住本元興寺、

十三大寺　832

天長九年八月十一日

止雨を祈り、十三大寺で大般若經が轉讀された。

〔類聚國史百八十五〕佛道十二　僧位

天長九年八月庚午（十一日）、頒幣明神、以祈止雨也、又令十三大寺僧二百卅二口、起自今月八日迄十五日、各於其寺、轉讀大般若經、其二百口僧各敍位一階、

〔日本紀略前十四〕天長九年　（略）

施平　832

天長九年

律師施平が没した。

〔僧綱補任二〕二

天長九年　律師施平月日入滅

833

天長十年七月一日

元興寺僧泰善の請による文殊會の形態が整った。

泰善 文殊會　833

〔續日本後紀二〕 天長十年

七月丙戌朔、先是、傳燈大法師位泰善設文殊會、公家相助而行之、至是甫造文殊影像、備之膽仰、會事畢、便安置綱所、臨會開請、永爲恒例、

〔類聚國史百七十七〕 佛道四 文殊會 （略） 〔日本紀略前十五〕 天長十年 （略）

永繼　824-34

天長十年閏七月廿九日

弘仁年中に信濃國に流された僧永繼らが入京を許された。

〔續日本後紀二〕 天長十年

閏七月癸未（廿九日）、勅、弘仁年中犯罪僧藥師寺良勝、被配多褹嶋、西大寺泰山隱岐國、興福寺康信石見國、元興寺永繼信濃國、今並特令還入京都、

（↓弘仁十四年二月廿五日）

天長年間

諸大寺の僧からえらんで十禪師を置いた。

〔類聚三代格三〕 二定額寺事

太政官符

十禪師

諸大寺僧

應令常住寺十禪師共撿挍寺家雜務并糺正濫行事、

右彼寺十禪師傳燈大法師位願修等表偁、件寺迫近皇城男女多濫、仍去天長年中特簡諸大寺僧始置十禪師、尋其本意、將誓護國家住持伽藍、而頃年別當三綱主従混雜、各營房舍無顧堂塔破損、濫行還汚十禪師、望請、自今以後永停別當十禪師倶理、又其綱維者同共推擇言上任用者、大納言正三位兼行右近衛大將民部卿藤原朝臣良房宣、奉　勅、依請、宜寺家之事一委十禪師、更相撿察禁督濫行、永爲持律之場使務護國之營、

承和十四年閏三月八日

834

七大寺

承和元年八月二十日

平城七大寺で大般若經の轉讀が行なわれた。

〔續日本後紀三〕 承和元年

八月戊戌(二十日)、遣使平城七大寺、始自當日一七日夜、令轉讀大般若經、其由不詳、

834

承和元年九月十一日

僧正護命が小塔院に没した、年八十五。

〔續日本後紀三〕 承和元年

九月戊午(十一日)、是日、僧正傳燈大法師位護命卒、法師俗姓秦氏、美濃國各務郡人、年十五、以元興寺万耀大法師爲依止、入吉野山而苦行焉、十七得度、便就同寺勝虞大僧都、學習法相大乘也、月之上半入深山修虚空藏法、下半在本寺研精宗旨、教授之道遂得先鳴、弘仁六年擢任少僧都、七年轉大僧都、僧統之職、非其好尚、上表曰、不能者止、曩哲之格言、夜行不休、前不休(衍カ)、前修之所誡、雖教有眞俗、緇素之趣非同、而既曰綱維、止足之義何異、護命戒緒多紊、定恵或虧、譬大地之一塵、有之不增其重、如鄧林之片葉、無之未減其茂、而夙稟恩綸、忝掌法務、質均宋棘、四衆之望已違、聲混齊竿、三輩之心不服、況乎甲子荏苒、年七十四、蒲柳之形先衰、桑楡之景復促、浮生若此、前途幾何、當今甘露之門、鵉鷺成列、旃檀之苑、龍象比肩、豈可叨竊非據、綿歷年序、伏望免茲所職、栖託山林、持四句而終年、向一人而奉福、儻廻神鑒、俯允愚衷、則片瓊残魂、不妨賢路、提綱要職、更得良材、　天皇不許、然而屏居古京山田寺、喫飯口中得佛舍利一粒、復在普光寺、講唯識論疏、時於頂上亦得一粒、靈異頻彰、使人驚感、天長四年特任僧正、年八十五、終于元興寺少塔院、未及氣絶、時同寺僧善守欲致問訊、自石上寺尋向、比到少塔院、忽聞微細音聲髣髴院裏、可謂浄刹所迎天人之樂也、

〔日本高僧傳要文抄三〕

護命僧正傳云、年甫十歳、受道於當洲金光明寺道興大法師、比及兩年、既渉法華寂勝二部音訓、諳誦百論并側法師疏一卷・圓弘師章四卷、恵解之聲馳於郷曲、以歷詢宗匠、言遊上京、値元興寺滿耀大法師依止焉、專精懃策、學業已優、遂入法師之薦擧、對僧綱而奉試第登甲科、籠罩儕輩、僧綱奇之、稱不容口、天平神護元年出家得度、春秋十六也、至十有九、就法進僧都諮禀沙彌戒并儀制、明年將受具戒、僧都稱嘆曰、我日本國如汝者希、何者、近代度者率背整峻、受戒信宿、不能無疵、是以今日受沙彌戒、明日尋受具足、而汝獨能遵律、以俾夫詭曲者觀之自矯、善哉善哉、汝則後世之優波離也、文、

又云、延曆十七年任威儀師、頃之拂衣旋邁香山、主秉一指、默語任緣、二十四年正月、吼説寂勝於大極殿、講畢之日、便延内殿、皇帝自乞禀制止、不豫故也、和上翹誠奉授、兼復勸修衆善、以致翌日之瘳、夏六月、授大法師位、大同三年、於山階寺講維摩、僧中以預此推爲登龍門、文、

又云、弘仁二年、止壺坂寺、時勝虞大[法]師與手書曰、崦嵫已逼、餘命無幾、思飡法華之妙音以爲冥途之明燭、和上應響詣尋、爲之演説、一七日中、萬善略盡、季夏之月、大師化去、和上禮闍毗、輙爲設七日齋、屈泰信僧都、講梵網經、文、

又云、十四年春、抗表辭僧統之寄、主上遠距不許、和上出城、適梵釋寺、高臥白虚、以保閑穽、今上

往南河而不遂、居北遊而君臨、政返淳朴、時敦法忍、恵景幽而更照、慈雲巻而還舒、釋教重興、復在斯日、登極之初、別降優詔、軋政官牒僧綱、其文曰、護命棲神李苑留心練若、智釼騰暉、忍鎧利物、而今告老、不顧綱維、雖不背容許而絶跡安禪、右僕射宣、奉勅、志不可奪、尤可嘉尚、宜迄終餘年施大僧都従者之資云々、其後綸旨慇懃、要其強起、和上翻然廻慮、利見九五、文

又云、天長三年、奉詔轉讀藥師經於新藥師寺、以衛護國土、能事云畢、勅命施位於室僧十二口、各有等差、四年仲冬擢之僧正、和上隨機濟物、導化無方、然猶於傳法欝爲稱首、往者 文(脱文カ)

又云、又延暦二十年夏五月、於法華寺浄土院講涅槃經、并授菩薩戒、退止廣岡寺、登時山階寺僧歳實來、以佛舎利一粒奉施和上、受而藏之水精壺、頂禮、俄而白玉一片出自和上頂上隨(墮カ)地、疑是舎利投器中水試之不沈、覺而比校、與前者以亡異、便容同器恒用敬重、或無何兩失、或倍成數十、于今猶存、復有高僧耆徳、屢夢和上好相、向人底之、往々非一、和上冲退不欲揚言、加以將恐世人未之信、故除之不採、録在別記、文

又云、天長六年建酉之歳、和上正算八十、弟子夙爲神足、忝預門徒、聞所未聞、見未曾見、記録万不存一、何異井鼃(マヽ)語海、替曰、

能仁犇照、法教相傳、々法攸委、非聖何賢、大哉哲匠、粹徳自然、貫通千部、撰出幾篇、利物遺倦、

行已味禪、戒模明月、節況秋天、入不住地、得無上緣、寶珠現頂、神客驚眠、餘光佛日、甲子化年、惣持像季槃(繫カ)頼公焉、文

〔拾遺往生傳下〕僧正護命　（略）

〔僧綱補任一〕承和元年　（略）

〔元亨釋書二〕慧解二ノ一　元興寺護命　（略）

十五大寺

835　承和二年四月三日

悪疫流行により、十五大寺で大般若經の轉讀が行なわれた。

〔續日本後紀四〕承和二年

四月丁丑(三日)、勅曰、如聞、諸國疫癘流行、病苦者衆、其病従鬼神來、須以祈禱治之、又般若之力不可思議、宜令十五大寺、轉讀大般若經、拯夫沉病兼防未然焉、

〔類聚國史百七十三〕災異七　疾疫　（略）

〔日本紀略前十五〕承和二年　（略）

文殊會

835　承和二年四月五日

全國に文殊會を修することを命じ、その費用をあてがった。

〔續日本後紀四〕承和二年

四月己卯(五日)、勅、令天下諸國修文殊會、其會料者、毎年割取救急稲利三分之一充用、

〔類聚國史百七十七〕佛道四　文殊會　(略)　　〔日本紀略前十五〕承和二年　(略)

承和二年六月三日

文殊會について、俗官と僧綱がともに事に當ることとなった。

〔類聚三代格二〕經論并法會請僧事

太政官符

應令僧綱一人撿挍文殊會事

右得傳燈大法師位泰善牒狀偁、依太政官去天長四年十一月十日符、京畿七道諸國修文殊會事、畿內七道則講師國司相共撿挍、而頃年之間、京兆所修、獨任俗官、僧綱未預、今件會也、化人利物之勝躅、養孤恤獨之希有者也、望請、自今後、令俗官僧綱相共撿挍會事、謹請處分者、右大臣(清原夏野)宣、依請、

承和二年六月三日

承和二年六月廿九日

五穀の豊作を祈って、十五大寺で大般若經の轉讀が行なわれた。

〔續日本後紀四〕承和二年

十五大寺

六月癸卯《廿九日》、勅、當今嘉穀初秀、秋稼方實、如風雨失時、恐致損害、宜令十五大寺常住僧、各於本寺、轉讀大般若經、憑其靈護、必致豊稔、

〔日本紀略前十五〕承和二年（略）

835

承和二年十月廿八日

新錢承和昌寶を平城の有名寺院の僧に頒った。

承和昌寶

〔續日本後紀四〕承和二年

正月戊辰《廿二日》、令鑄新錢、下詔曰、（中略）是以今制新錢以叶通變、文曰承和昌寶、（下略）

十月己亥《廿八日》、勅、以新錢《承和昌寶》四萬文、分之供施京城及平城有名之寺佛僧、毎寺内舍人爲使、

〔類聚國史百八十六〕佛道十三　施物僧（略）

〔日本紀略前十五〕承和二年（略）

835

承和二年

元興寺僧豊明が維摩會の講師になった。

豊明

〔僧綱補任一〕

承和二年　維摩講師豊明法相宗、元興寺、

〔三會定一記一〕維摩會講師次第（略）

836　延祥

承和三年正月十四日

大極殿御齋會の功により、元興寺僧延祥を權律師とした。

〔續日本後紀五〕承和三年

正月甲寅(十四日)、最勝會竟、引其講師及僧綱等、論義殿上、於是、勅以元興寺傳燈大法師位延祥法師任權律師、

〔僧綱補任二〕

天長七年　延祥御齋會講師

同　十年　御齋會講師延祥

承和三年　權律師延祥正月十四日任、法相宗、元興寺護命僧正弟子、近江國野洲郡人、槻本氏〔『年六十八、臈五十二』〕

〔類聚國史百七十七〕佛道四　御齋會　(略)

〔日本紀略前十五〕承和三年　(略)

836　四天王寺

承和三年十二月六日

四天王寺に落雷したため、元興寺等十九寺で大般若經の轉讀が行なわれた。

〔續日本後紀五〕承和三年

十二月庚子(六日)、是日、勅、頃者霹靂于四天王寺、破壊塔廟、恐是咎徵、宜令東大・新藥・興福・元興・大

十九寺

837

三論衆

愛智郡

安・四天王等十九寺、三日三夜、轉讀大般若經、結番不絶音、

〔日本紀略前十五〕承和三年　(略)

承和四年四月廿二日

元興寺三論衆が、近江國愛智郡の圖面のない寺領につき、その新圖を造ることを請うた。

〔東南院文書五櫃三巻〕元興寺三論衆連署狀　(平安遺文一)(大日本古文書東大寺文書二)

元興寺「三論□(衆)」

可載圖漏水田二通、一通□寺、一通□□□(留國カ)(寺一通の紙背に「承和図」の三字がみとめられる)

愛智郡八條八里九古家田五段□(弘仁十二年)以往圖附三反百廿歩、未附一段「二百卌」歩

九條七里卅六柴原田三段二百六十歩弘仁十二年以往圖附二段三□未附二百七十歩

八里十一小野田四段百八十六歩弘仁十二年圖附四段百八十歩、未附百五十歩

卅三桑原田五段弘仁十二年以往圖附四段六十歩、未附三百歩

九里二上栗栖田二段二百卌歩弘仁十二年以往圖附二段六十歩、未附百八十歩

八栗栖田二段廿歩弘仁十二年以往圖附一段百八十歩、未附二百歩

十一條八里廿二榎本田九段弘仁十二年以往圖附七段二百卌歩、未附一段百廿歩

廿三榎本田九段百廿歩弘仁十二年以往圖附八段二百□□(廿歩)、未附二百六十歩

九里三窪田一反百五十歩弘仁十二年以往圖附一段百歩、未附五十歩

十八栗前田三段二百歩□(弘)仁十□(二)年以往圖附二段三百歩、未附二百六十歩

右件田等、百姓沽奉券文在其數、而圖漏未附、望請、今造新圖欲附、

承和四年四月廿二日

大學頭傳燈大法師「眞榮」(自署)

大學頭傳燈住位僧「乘忠」

古圖並國判券文勘書生槻本「繼麻呂」

「判、造班圖預穴太古麻呂等宜承知、依件勘附之、

權介藤原朝臣「濱雄」(「近江國印」二十四あり)

837

承和四年四月廿五日

元興寺・本元興寺等二十か寺が、災異消除のため五月から八月にわたる佛事を修することを命ぜられた。

〔續日本後紀六〕承和四年

四月丁巳(廿五日)、僧綱奏言、出家入道、爲保護國家、設寺供僧、爲滅禍致福、頃者天地災異、處々間奏、今須毎月三旬、三ヶ日間、輪轉諸寺、晝讀大般若經、夜讃藥師寶號、以此奉答國恩、　勅報曰、佛旨冲奥、大悲爲先、攘災致祥、諒在妙典、今省來奏、自叶心期、宜令梵釋・崇福・東西兩寺・東大寺・興福・新藥・元興・大安・藥師・西大寺・招提・本元興・弘福・法隆・四天王・延暦・神護・聖神・常住等廿ヶ寺、毎旬輪轉、自五月上旬、迄八月上旬、誓願薫修、

廿箇寺

〔日本紀略前十五〕承和四年　(略)　　〔藥師寺濫觴私考〕(略)

838 承和五年三月十九日

元興寺僧静安が律師になった。

〔續日本後紀七〕承和五年

静安

三月丙子(十九日)、大法師静安爲律師、

〔僧綱補任一〕

承和五年　律師静安三月廿九日任、元興寺、『生年三十九、﨟二十九』

838 承和五年四月七日

前年穀物不作疫病流行により、十五大寺等で大般若經を讀誦させた。

十五大寺

838

常曉

〔續日本後紀七〕承和五年

四月甲午（七日）、勅、去歳年穀不稔、疫癘間發、夫般若之力不可思議、宜令十五大寺五畿内七道諸國及大宰府、奉讀大般若經、一七ケ日禁斷殺生、

〔類聚國史百八十二〕佛道九　禁殺生　（略）　〔日本紀略前十五〕承和五年　（略）

承和五年六月

元興寺僧常曉が遣唐使に随行して入唐留學した。

〔常曉和尚請來目録〕（平安遺文八）

入唐學法沙門常曉言、常曉以去承和三年五月、銜命留學、遠期萬里之外、其年漂廻、四年亦不果渡海、五年六月進發、同年八月到淮南城廣綾館安置、孟冬使等入朝、常曉不得隨使入京、徒留館裏、空經多日、至于歳盡勅命未有受、則周遊郡内、訪擇師依、（下略、↓承和六年九月五日）

〔元亨釋書三〕慧解二ノ二　（↓貞觀七年十一月三十日）

＜續日本後紀五＞承和三年

閏五月丙申（廿八日）、授遣唐留學元興寺僧傳燈住位常曉滿位、

＜類聚國史百八十五＞佛道十二　僧位　（略）

838 七大寺

承和五年七月廿五日

怪異により、七大寺の僧に紫宸殿で仁王經を講じさせた。

〔續日本後紀七〕承和五年

七月庚辰(廿五日)、令七大寺僧卅口、於紫宸殿、限三ケ日、講仁王經一百巻、以恠異也、

〔日本紀略前十五〕承和五年　(略)

838 仁明天皇 七大寺

承和五年九月十日

仁明天皇の病氣平癒のため、七大寺で誦經が行なわれた。

〔續日本後紀七〕承和五年

九月乙丑(十日)、頒使七大寺誦經、以聖體未復康平也、寺別御被一條、以充布施、

〔類聚國史卅四〕帝王十四　天皇不豫　(略)　〔日本紀略前十五〕承和五年　(略)

838

承和五年十月十三日

各大寺に、學徳修業の優れた僧を嚴密にえらび出すことを命じた。

〔類聚三代格二〕經論并法會請僧事

太政官符

大寺
839

應進智徳修行學生三色僧帳事

右被右大臣(藤原緒嗣)宣偁、人之度量、器非一同、識鑒行能、各有歸趣、宜智徳翹楚爲道棟梁者、無問隱顯、不限員數、同共選擧、其道業優潤能堪傳燈、及精進苦行衆所共知、每大寺簡擇七人已下、具注年臘得業、無若人者(此類)、不可強擧、縱雖人多、同宗之人不得專擧、遍詢諸業、勿令墜道、仍須僧綱一人、每寺分頭、對大衆而選之、令別當三綱并學頭同暑(署)其帳、皆隔三年、一度造簿、十月之内爲例進之、

〔續日本後紀七〕承和五年　（略）

〔類聚國史百七十九〕佛道六　諸宗　（略）

十五大寺
839

承和六年三月朔日

遣唐使の無事歸朝のため、十五大寺等に轉經祈願を命じた。

〔續日本後紀八〕承和六年

三月壬午朔、勅、遣唐三艘船、恐有風波之變、宜令五畿内七道諸國及十五大寺轉讀大般若經及海龍王經、待使者歸朝、爲轉經之終、

八月己巳(三十日)、是日、令十五大寺讀經祈願、以船到着、爲修法之終、　（遣唐使藤原常嗣等は九月に歸國した）

〔日本紀略前十五〕承和六年　（略）

承和六年四月十七日

京都七寺
十五大寺

七大寺
839

祈雨のため、十五大寺で仁王經の讀誦があり、ついで六月七大寺僧が東大寺で法會を行なった。

〔續日本後紀八〕承和六年

四月戊辰(十七日)、誦經于都下七寺、以天皇不豫也、(中略)又限七箇日、令讀仁王經於十五大寺、兼通城外崇山有驗之寺、同俾轉經、並以自春迄今不雨也、

六月乙丑(十六日)、勅、頃緣旱涸、頒使祈雨、頗似有應、未能普潤、宜請七大寺僧於東大寺、三日三夜間令稱讃龍自在王如來名號、

〔日本紀略前十五〕承和六年　(略)

文殊會
839

承和六年八月一日

全國に命じて、文殊會を勵行させた。

〔續日本後紀八〕承和六年

八月庚戌朔、是日、勅曰、文殊會事、起自天長之年(十年七月)、而今聞、諸國或乖官符旨、不有遵行、宜重下知令以修之、

〔類聚國史百七十七〕佛道四　文殊會　(略)

〔日本紀略前十五〕承和六年　(略)

承和六年九月五日

元興寺僧常曉が唐から歸朝して請來目録を上った。

〔常曉和尚請來目録〕（平安遺文八）

（前略　請來の書籍等の目録）

常曉去承和五年仲夏之月、隨入唐判官菅原朝臣善主、同上第四船發赴尸那、其六月到揚州着岸、八月下旬到淮南大都督府廣綾館安置、同年十二月住栖靈寺大悲持念院、隨同寺灌頂阿闍梨文璨和尚、并華林寺三教講論大德元昭座主、顯密兩法頗以兼習、六年正月四日設二百僧齋、普供四衆、於此日諸寺大德綱維並臨齋會、應供隨喜、常曉夜就師邊受學瑜伽、晝周諸寺覔問法門、則喚即供奉李金等、圖繪大元帥將部曼荼羅等諸尊像、并寫文書、漸有次第、二月十九日受傳法阿闍梨位灌頂、於此日設大齋、普供大衆、留後判官藤原朝臣貞敏、別請丹墀眞人高主・知乘安墀宿彌良棟等、同臨道場、抛花定本尊、受五智灌頂、廿一日淮　勅離州却赴本朝、常曉本業三論之枝、兼眞言之條、而才能不聞、言无取、逢時乏人簉留學眞、限以三十年、尋以一乘、任重人弱、夙夜懃愿、雖然國命難乖、忘視萬里、住心遠境、且頗受學顯密兩道、比未見及、太和有　勅、不聽留住、而隨使却廻、少間所成、些ゝ法儀、注顯如件、

承和六年九月五日入唐學法沙門傳燈大法師位常曉上、（↓承和五年六月）

＜佛法傳來次第＞貞觀六年

正月、元興寺常曉和尚、入唐傳大元明王法、建小栗栖寺、

840 文殊會

承和七年三月十四日

文殊會の經費を増額した。

〔續日本後紀九〕承和七年

三月庚寅（十四日）、勅、去承和二年文殊會料所施之稲不足周急、宜加擧正税、以其息利加之先數、大上國各二千束、中小國各千束、永充會料、

〔類聚國史百七十七〕佛道四　文殊會　（略）　〔類聚三代格十四〕出擧事　（略）

840 静安 灌佛

承和七年四月八日

元興寺僧律師静安が始めて清涼殿で灌佛を修した。

〔續日本後紀九〕承和七年

四月癸丑（八日）、請律師傳燈大法師位静安於清涼殿、始行灌佛之事、

〔類聚國史百七十八〕佛道五　灌佛　（略）　〔日本紀略前十五〕承和七年　（略）

〔三寶繪下〕四月、十八灌佛　（略）　〔僧綱補任一〕承和七年　（略）

840

承和七年六月十四日

凶作と疫病流行により、十五大寺で讀經悔過を行なわせた。

〔續日本後紀九〕承和七年

六月丁巳(十三日)、勅、去年秋稼不登、諸國告飢、今茲疫癘間發、夭傷未弭、加以季夏不雨、嘉苗擬燋、夫銷殃受祐、必資般若之力、護國安民、事由修善之功、宜命五畿内、七ケ日間、晝轉大般若經、夜修藥師悔過、長官精進、必致靈感、修善之間、禁斷殺生、

戊午(十四日)、同亦行讀經悔過於十五大寺兼城外崇山諸有驗之寺、皆悉通傳修之、一七日夜爲限、若山寺大般若經不在之處、令轉金剛般若經、

十五大寺　840

承和七年九月廿八日

權律師延祥が律師になった。

〔僧綱補任二〕

承和七年　權律師延祥九月廿八日轉正、〔七十二〕

延祥　840

承和七年十月十日

元興寺僧泰澄が維摩會講師をつとめた。

泰渲

〔僧綱補任二〕

承和七年　講師泰渲 法相宗 元興寺

841

〔三會定一記一〕 維摩會講師次第（泰縁とある、略）

承和八年三月十二日

元興寺で彌勒第三會が行なわれた。

〔日本感靈録〕 祈願四王像被盗乗騎自然獲得縁　（↓承和のころまで）

841

承和八年十月四日

仁明天皇の病氣により、七大寺等で誦經が修せられた。

〔續日本後紀十〕 承和八年

十月庚午(四日)、天皇不豫、遣使誦經都下七寺及平城七大寺焉、

仁明天皇
七大寺

〔類聚國史卅四〕 帝王十四　天皇不豫　（略）

〔日本紀略前十五〕 承和八年　（略）

（このころの記録にある七寺・七ヶ寺は都下七寺である、以下七大寺とあるものだけを採録する。）

841

承和八年十二月廿六日

元興寺僧守寵が没した、年五十八。

守寵

〔續日本後紀十一〕承和八年
十二月辛卯(廿六日)、元興寺僧傳燈大法師位守寵卒、守寵、俗姓佐伯氏、讃岐國人、法相宗僧正護命之資流也、延曆廿四年得度具戒、能説護法之道、獨作論義、將化去時年五十有八、

〔元亨釋書十六〕願雜十ノ一　古德一　(略)

843

承和十年正月八日

十五大寺

悪疫流行により、十五大寺等で二月から九月まで仁王般若經を講じさせた。

〔續日本後紀十三〕承和十年
正月丁酉(八日)、勅、如聞、疫癘間發、夭死者衆、加之狂花發兮示不祥、宜始自來二月迄于九月、毎八日、令十五大寺及七道諸國々分二寺并定額寺・名神等寺、講仁王般若經、

〔類聚國史百七十三 百七十七〕災異七 佛道四　疾疫 仁王會　(略)

843

承和十年四月廿二日

仲繼

本元興寺僧律師仲繼が没した。

〔僧綱補任二〕
承和十年　律師仲繼 四月廿二日入滅

843　本元興寺　萬花會　萬燈會

承和十年五月廿六日

本元興寺の萬花會と萬燈會の料として油と正税とを給した。

〔續日本後紀十三〕承和十年

五月甲寅（廿六日）、勅、充油一斛正税三百束於故京本元興寺、六月十五日萬花會、十月十五日萬燈會、以此兩日、毎年修之、立爲恒例、

〔類聚國史百七十七〕佛道四　萬燈會　（略）　〔日本紀略前十五〕承和十年　（略）

〔延喜式二十六〕主税上　（略）

843

承和十年十一月九日

律師延祥が少僧都になった。

〔續日本後紀十三〕承和十年

十一月癸巳（九日）、以大僧都泰景爲僧正、少僧都明福爲大僧都、律師延祥爲少僧都、

〔僧綱補任一〕承和十年　（略）

843　延祥

承和十年十二月廿九日

元興寺僧守印が没した、年六十一。

守印

〔續日本後紀十三〕承和十年

十二月癸未（廿九日）、元興寺傳燈大法師守印卒、和泉國人、俗姓土師氏、勝虞大僧都之門徒也、延暦廿四年、々分具戒、法師性骨聰敏、心神精明、一經耳者暗而不忘、暫觸目者記而不漏、精練法相、兼悟倶舍焉、論義之座、相敵者希、六根之中、鼻根最奇、守印他去間、有人入其房、守印歸來聞之云、向來何人入吾房、又見童子云、汝食其飯、驗之知實焉、鼻之遙聞、皆此類也、惜未昇朝家之講、空化一房之内、于時年六十一、

〔元亨釋書三〕慧解二ノ二（略）

844

静安

承和十一年三月三日

元興寺僧律師静安が没した、年五十五。

〔僧綱補任一〕承和十一年

承和十一年　律師静安〔三月三日入滅〕〔『生年五十五』〕

〔元亨釋書九〕感進四ノ一

釋静安、從西大寺常騰學法相、甞居比良山讀十二佛名經、禮拜修懺、其聲聞帝闕、諸州間有聞者、因茲勅賜僧官、承和五年、奏置宮中季冬佛名懺、

＜三代實録十四＞貞觀九年

六月廿一日戊子、　詔以近江國滋賀郡比良山妙法・最勝兩精舎爲官寺、故律師傳燈大法師位静安所建也、静安弟子傳燈大法師位賢眞従唐還此、自申牒請預於官寺、従之、

845　願曉

承和十二年十月十日

元興寺僧願曉が維摩會講師になった。

〔僧綱補任二〕

承和十二年　講師願曉三論宗 元興寺　（「三會定一記」に願曉は興福寺とある）

846　佛名懺悔　静安　道昌

承和十三年十月廿七日

元興寺僧静安のすすめによって始められた佛名懺悔の行事を、ひろく天下に行なわせた。

〔續日本後紀四〕承和二年

十二月庚寅(二十日)、聖上始於清涼殿、限三夜裏、禮拜佛名經、

〔續日本後紀七〕承和五年

十二月己亥(十五日)、天皇於清涼殿、修佛名懺悔、限以三日三夜、律師静安・大法師願安・實敏・願定・道昌等遞爲導師、内裏佛名懺悔自此而始、

壬寅(十八日)、佛名懺悔竟、施導師僧五口、物及得度者各一人、

〔類聚三代格二〕 造佛々名事

太政官符

應行諸國佛名懺悔事

右内典有禮懺之法、所以改往脩來、滅悪興善者也、人之在世、恒與罪俱、已因三業而成過、亦從六根而致咎、罪相所縁、若干無數、唯應慚愧而陶(淘)出我心、豈合覆藏而滋漫(蔓)他魔、夫萬三千之寶號、二十五之尊名、聴之者塵勞自脱、仰之者煩鄣永除、枯暴河之龕水、研羇鏁之金剛、大矣哉浄業、不可得而稱、自承和初有勅毎到年終、大内常修此法、護持冢宇、饒益黎甿、雖恩情慊切已無厚薄、而功徳霑濡恐殊内外、大納言正三位兼行右近衛大將民部卿藤原朝臣良房宣、奉　勅、宜令天下一種修行、四方合力、萬民共心者、諸國須毎年自十二月十五日迄十七日三箇日夜、別於廳事、灑掃粧嚴、屈部内名徳七僧、禮懺佛名大乘、凡慈悲爲佛性、敬信是道場、宜齋會之間禁斷毀生、長官率僚下盡誠致信、如法祗奉、其布施者三寶穀七斛、衆僧各六斛、供養准例、並用正税、

承和十三年十月廿七日

太政官符

應改佛名懺悔日事

右太政官去承和十三年十月廿七日下五畿内七道諸國符偁、懺悔之日、定従十二月十五日迄十七日三箇日、下知既訖、右大臣（藤原良房）宣、宜停前件日、改定従十九日迄廿一日三箇日、

仁壽三年十一月十三日

〔續日本後紀十六〕承和十三年　（略）

〔三寶繪下〕十二月、三十一佛名

佛名は律師静安が承和のはじめの年、深草の御門をすゝめたてまつりて、はじめ行はせ給ふ、後やうやくあめのしたにあまねく勅を下して行はしむ、静安律師思はく、佛名經をかき、一萬三千佛をうつして、公家にたてまつらむと思ふ、即經を書進す、即國々にわかちつかはしつ、いまだ佛をかくにおよばざるに、静安が命終りぬ、（下略、↓貞觀十三年九月八日）

〔僧綱補任抄出上〕承和五年十二月十九日（元興寺律師静安云々）　（略）　〔政事要略廿八〕年中行事廿八　（略）

〔類聚國史百七十八〕佛道五　佛名　（略）　〔日本紀略前十五〕承和五年　（略）

847　承和十四年十月十日

元興寺僧俊貞が維摩會の講師になった。

俊貞

〔僧綱補任一〕

承和十四年　講師俊貞元興寺三論宗

〔三會定一記一〕維摩會講師次第（略）

-847

承和のころまで

静安

和邇泊

静安が近江國和邇泊を造營した。

〔類聚三代格十六〕（↓貞観九年四月十七日）

平備

元興寺僧平備に著述が多い。

〔本朝高僧傳五〕和州元興寺沙門守寵傳、平備信行

釋平備、通敎乘主元興寺、誘掖學徒採摘性相、所著註鈔、因明論疏記九巻・唯識論羽足四巻・般若理趣分私鈔三巻・梵網經上巻義疏・梵網經上巻料簡各二巻・梵網經下巻私鈔二巻・最勝王經羽足一巻・法苑林燈記、

〔東域傳燈目録〕（略）

元興寺中門四王の靈驗に關する諸説話。

〔日本感靈録〕（以下説話原本の順ではない）

承和年間まで

四王の靈驗　常　主　満　徳　慶

竊盗《ヒソカニ》銭幡《セニハタ》得狂死縁

常主満者平城左京元興寺之浄人也、去弘仁年中常主奉仕其寺食堂童子、然頃有人荘造《リ》銭幡《テセニハタ》以奉中門東西四王、於是常主挾《ワキハサムテ》於奸心《ヲ》、奸音□其幡以賣販《ウリヒサイテ》酒等雑食於鍾壺云□故不超一宿无病暴死、遂莫□事、僧生世所行也如教中〻鳥繋□魚呑鉤之後以惻《イタム》、飢不忍者其□、

禱願四王像消除疫病縁

大法師徳慶者那良都左京□川氏也、居住其寺新房、自南□性質直慈悲仁孃志意和雅、□病患无有苦心、天長年中□中諸童子等皆共病惱、但和上獨□救病童澡手漱口、瀨蘇豆反、知阿良不久參詣中門四天種〻誓願而還臥房、然間日晩漸逮二更、而率病童皆共驚脅惆《ヲヒエヲノヽク》悼惶怖、於和上息大房之裏奔竟入來、於是大徳驚怖奇慰問、同言報言、中門東方佩弓藥叉來着其等臥室之内、植爪可美天拳□券也許不之廻振言、爰《ココニハ》〻非〻有〻耶〻、因茲我等而攎《トリテ》趍來之、攎子加反取也、趍且瑜反走也、不超時尅病熱盡醒《サメム》、寔斯四天大王靈助之使、不可疑之、同房此室共所傳也、賛曰、奇哉靈聖之護、希哉誓願之力、難得可測者矣、刻於木女而標異相、彫乎石文以顯靈奇、如是等事皆依懇信而所感也、何況登地大士權現靈聖、至心投誠之人豈非蒙瞑祚哉、

船東人　永人

至憑四王像免疫癘之苦縁

從七位下船連東人者倭洲添上縣人也、以去天長年中疫癘之灾儵忽《タチマチニ》發來於東人宅、東人之躬逐□之床、辛苦无量氣力惙然殆赴冥譴《ケンニ》、惙陟吊反、疲也、譴藝戰反、責也、□祈念元興四王、女(汝)濟吾病身令賜人□、已訖不覺如睡、而夢中見有□而忽來到、則以右足踏東人額□從尫身體也、尫烏王反、弱也、即纔驚覺□纔所銜反、又昨來反、僅也、擧其家中罔愁□仰奉仕无怠、生年七十時□所祐投誠必感、靈驗所資尅□開《ヒラキ》於曒眼郭《クワク》巨《ス》感于天竇、良□念哉、

盜四王燈油取妖死縁

大和國宇太郡有一貧人、名曰永人姓盤□人極窮、生活无由无衣ゝ袴唯着草裳矣、去承和六年參詣元興寺四王之所掃庭浄壇、由此衆僧施鉢飯餘以齊其命、亦惠舊衣而幣(蔽カ)裸躰、然間被雇他□人死喪之所、役使已畢未超幾日、還來止宿元興寺亭倉舍(止)、是時晩秋九月八日也、於是永人中心斟酌、明日已當飲菊醮日矣、爲如何事吾當菊、弗若取聚燈油之殘以爲酒直、推度已訖賚瓶窺候《サフラフテ》四王之側、寫集諸人所献燈油僅得一升許、以此至于市邊之近邑沽其燈油、以彼直殘買酒等物、即便半食以爲明日之儲也、然遂還來宿本亭舍、而不超其宵遂暴死也、是知以不浄身觸汗浄庭

并行非理之行招變(天)死也、罪過可不勗《タスク》乎、専寺慶恵大徳所談也、

祈願四王像被盗乗騎自然獲得縁

倭洲十市縣鏡造邑有一家長、姓名不僄、以去承和八年三月十二日鸕原《ハウハラ》載珍大禪師於那羅元興寺設彌勒第三會也、於時家長爲拜其會將從者參、而道路中從人皆遲只家長一人前到、于時家長以所乗長(馬カ)懸西釘串、參詣佛前膽會行事、視之已訖欲還本郷而辭退出見無其騎、弃寄反、乗馬也、并覓《モトムルニ》從者亦不得之、於焉《ココニ》家長中心思議、若使雖問求追尋而輙難得、莫若詣於靈驗四王以祈願之、端心正念參至誓願、今日□騎忽被盗取、唯願聖者降靈驗助吾乗馬賜、種〻發願而還來家經於一宿、以同十三日天明居私屋裏、視□有一人乍乗騎只入來於家長庭、于是家長大驚愠怒也言、何鬼乍乗騎直入來人家耶、雖爾［　　］敢莫所報乍乗尚立、於此家長［　　］之報曰、所盗吾乗馬也、因［　　］往詣四王御前具陳上事、［　　］乃具録顯靈驗之簿《フタニ》倭言布美多［　　］焉、唯姓名不僄之、寺内學衆［　　］讃嘆之者、此馬主具録所告知也、鸕落胡反、鴻也音鵜、賛［　　］特助人、至懇誠滅應如酬者［　　］

投誠祈願四王開兩盲目縁

津《シン》州手《テ》嶋《シマ》縣勘太郷有一貧人、姓蘇禰名豊滿也、以承和十三年遭《アフテ》疫癘灾擧家病患、豊滿之兩目遂

臟《クラクシテ》无所見、斷生活之道更不知所爲、朝夕悲嘆日夜艱苦、于時有人示云、詣元興寺四王之所至心祈願、由此豊滿展轉乞匃、以十四年秋九月之始遂致元興寺四王所、至誠頂禮晝夜无間稱讃名言、南无日精□手明眼暗、四大天王、如斯禮讃逕曆數日都无怠時、有人言、此是四王形非千手之像如何相違、□冬十二月中旬許、豊滿夢中所見□於豊滿是面正視、其光恰《カナラス》似□□開衆色分明行歩无妨矣、雲□以具記之、賛曰虚咎投聲發□也、何況慈悲本願權現化□於塵方而利生、魏乎蕩乎、英□體一也、四王八部豈果者哉、但□、

〔今昔物語集十七〕（年代説話不明である、假にここに合叙する）

元興寺中門夜叉施靈驗語第五十

今昔、元興寺ノ中門ニ二天在マス、其ノ使者トシテ夜叉有リ、其ノ夜叉靈驗ヲ施ス事无限シ、然レバ其ノ寺ノ僧ヨリ始テ里ノ男女、此ノ夜叉ノ許ニ詣デテ、或ハ法施ヲ奉リ、或ハ供具ヲ備テ心ニ願フ事ヲ祈リ請フニ、一トシテ不叶ズト云フ事无シ、此ニ□人皆（以下欠文）

（↓縁起）

元興寺・本元興寺に關する諸説話。

承和年間まで

名笛

酒部眞黒滿

〔日本感靈録〕（本書中、既出のものを除き、ここに假に合敍する）

以不浄心入於迦藍得㒵□

従五位下臣大广（マヽ）清上者□笛之師也、于時清上傳聞有元興寺資財□笛、奏聞一人自作勅使到來元興寺政所□欲得彼笛、其笛名曰虫唄也、許量宣旨之頃其乘來□（辭）然《サント》無故昇空蘷鈹、蘷音裨世反、仆也、倭言宇知多不須、而其腹腸反（マヽ）□腹綿也、従尻挽出一尺餘許尻音□勞反、挽音莫遠反、引也、更不可甦、音更也、倭言與美我倍留、　於是馬子深生悚忽即告也己主、彼臣則生惶怖遂不能取其笛而退、爾乃自身鈹馬取耻而還従者徒然荷鞍而去、僧世所行也、世人諺《コトワザニ》曰、宜箭反、傳是也、倭言己止和佐　鹿不得亦箭不得者豈不之哉、先賢以清浄心所奉納財後凡何染心可摛取哉、摛刃知反、倭言加須牟、　賛曰貴哉媿護法神祇、靈驗特施使諸无慚愧心保信罪福焉、

盗用三寶物現獲悪報縁

酒部公眞黒滿者元興寺沙門令□（紀カ）洲名草縣大屈郷之人也、以□滿従於私師在豊山寺、亦名山寺□次第差堂童子、半ゝ月ゝ令□差次第堂童子例而奉仕、□戇丁降反、又淬責反、愚也、恣盗取用三寶之財□不浄飲食任心喫噉無恐怖、□信因果恒好博戲、依如此□痛愈切擧身婉轉如魚、□利至第七日兩眼倶盲遂无所見、纔□

愈、因茲迦藍道俗見聞諸人皆生怖畏共彈指言、罪報不遠如影遂形、因果相應同響待聲、各慚愧同生勗《コクツトム》信矣、愚僧親所見也、勗音許玉反、勉也、

常偸佛燈得現報縁

見出滿者本元興寺浄人□被差堂童子、然後恒好盗佛油沽販□作以尺縦《ホシイマヽニ》逸食噉无慚无愧不信後報、行如□覺事亘歳不輟《ヤマ》、爾乃如法不奉佛燈過一二年以後、無故兩目自𥉎《クラクナリヌ》、眼盲已後常拂《ハラシム》圊廁及以寺内之不浄物圊七精反、廁也、廁初吏反、雜也、時人作字歸功德人焉、伽藍擧衆共所伝也、如聖教言、滅佛燈人命終之後墮於黑暗地獄之中、經无數劫受无極苦、而見出滿未改人趣乍生墮於黑闇地獄、不見三光不覺晝夜、豈可非大希奇事哉、又聖教言、極悪之人无有中有即身墮於无間獄中、其謂之哉、

祈願觀音像蒙靈祚縁

法師安能者飛鳥寺沙門也、本居和泉國□鄉也、父高市連母坂本之氏也、□住兼坂山寺精進修行也、以□之首將導衆人以造花灌頂□張一條以弁衆事、以調布三端所作也作事□憩息、而頃偸人盗取其張不□、安能於大悲前五輪(マヽ)投地匡《タヽス》□間、有一高德女人爲奉燈華□

木主満

〔　　〕優婆塞祈禱之言而問之言、有〔　　〕寒具報以《スルニモテス》件所盗因縁《ヲ》矣、於時□女〔　〕之言、汝勿愁惱、吾當相濟、但於此間有布〔　〕餘者以明朝將馳送、且調布二端授與而去、餘之一端如所約期而送致也、以三端布染製紺帳奉償寺家矣、惟忖大悲之助也、祈願之誠也、是亦奇異之事也、安能正悦、賛曰聖无不通神妙无方者也、夫以至貴哉、

恒偷食三寳供料蒙現報縁

木主滿者元興寺浄人也、去〔　　〕彼爲性暴悪恒偷三寳供料、以〔　〕則百段(歐)之辜輕乎一毛半合之米、重于〔　〕過不愼後報、如此之行亘祀不已、祀條理反、歳也頼斯伽藍□衆稱將來牛馬、視聽老少蹄釋家大賊、以去天長初歳従於朝庭騎兵數十年二(止)許來團寺家以西村邑、□滿宅亦在其中、狩鼇逃匿諸朝盗屬、時木主滿狂繫彼殃遂不能免、狩首又反、田獵搏獸也、鼇猪及反、拘執也、于時木主滿之生母惸獨殘留於本草庵、年初八十有餘也、惸執營反、无兄弟曰惸无子曰獨、又爲光字、无所依也、又作嬛字　爰看一子繫於縲絏溺于淚淵燋乎莫焰、鳥頭換《カハリ》白紅顔類黛、黛徒載反、書眉黒也、又爲黱字、然後其軀作販賣以資餘命、而千神萬祇遂不祐之、失火焚弊□(庵カ)广掃遠辭所處庵於舎反、廬也舎也、致使母逢不救之灾、哀海珍炎莫息、子褺(悪)非意之罪身糜杖鑠《クタケ》命灰桎、〔　〕桎之實反、在手曰桎在足梏足械也、梏右篤反、凡萬民有罪者、桎梏而坐之手械也、悪業之□見〔　　〕果指掌可鑒、嗚呼畜疲毛〔　　〕〔　　〕僧愚親見之、

承和十四年—貞観十一年ごろの間

聖　寶
願　曉
圓　宗

聖寶が元興寺の願曉・圓宗に三論を學んだ。

〔醍醐根本僧正略傳〕（醍醐寺藏、「日本の佛教美術」所収）

〔聖寶僧正傳〕（右書同文）

注進僧正法印大和尚位厶（聖一傳）

僧正東京人、俗姓王氏、田原天皇（光仁）諱白壁王第一皇子正四位下春日親王後、五世恒蔭王也、父兵部大丞葛聲王、生年廿六即世、

生年十六、隨貞觀寺眞雅僧正出家得度、爰初屬元興寺曉律師・同寺圓宗僧都、受學三論法文、次屬東大寺平仁大法師、受學法相法文、次屬同寺玄永大法師、受學花嚴法文、修學之比、住東大寺東僧（群ナシ）房南方二室、件房從本願時、依鬼神栖、不内作、并號荒室、不能住人、而依無居住之房、寄住件室、其間鬼神現種々之形特（持戟）戰遂不得勝、鬼神去他處畢、其後一門僧等相續居住、修學于今不絶、

年卅八、興福寺維摩會竪義、所立賢聖義并二空比量、三論宗賢聖義從此而初也、（下略）

〔尊師御一期日記〕　法務僧正法印大和上位聖寶

（前略）　又云、爰初就元興寺願曉律師（或本元皎云々）

私云、三論師宗相傳云、道慈律師・善議大徳・勤操僧正・願曉律師、聖寶僧正、又智藏・智光・靈數・藥寶法師・願曉相承、合（今カ）案、願曉律師者、一説云、道慈之流、一説云、智藏之流也、若爾此師歷二家受學歟、可尋之、（下略）

〔東寺長者補任一〕聖寶（略）　〔三國佛法傳通縁起中〕三論宗（略）　〔古今著聞集二〕釋敎　（略）

848 延祥

849 安戒

嘉祥元年九月二十日

少僧都延祥が大僧都に、元興寺僧安戒が權律師になった。

〔續日本後紀十八〕嘉祥元年

九月丙子（廿日）、以少僧都延祥爲大僧都、律師實敏爲少僧都、權律師眞雅爲律師、大法師安戒爲權律師、

〔僧綱補任一〕

嘉祥元年　小僧都延祥九月廿日轉任大僧都、

権律師安戒九月廿日任、法相宗元興寺、

嘉祥二年九月

元興寺僧安高が土地三段を宇治花嚴院に施入した。

〔東南院文書〕 安高等施入狀斷簡 （平安遺文一）

（前欠）

地三段 在院西邊 副印券文

右、故尼信海存生之日語云、信□物欲奉納於宇治花嚴院者、而不□（慮カ）之外、以去年（衍カ）九月四日

長逝也、仍任彼遺言、奉納如件、

嘉祥二年九月十□

元興寺傳燈滿位僧「安高」

傳燈住位僧「觀法」

判收

上座「圓皎」　都維那「峯惠」

寺主「安智」　寺　主「峯仙」

別當「眞昶」　寺　主

少都那（マヽ）

少都那「道豊」

検校

別當中納言源朝臣　玄蕃寮助春庭宿禰

（「東大寺印」あり、印數不詳）

849　明詮

嘉祥二年十月十日

元興寺僧明詮が維摩會の講師になった。

〔僧綱補任二〕

嘉祥二年　講師明詮法相宗、元興寺、櫻井王孫、大原氏、〔「六十一、一云六十五」〕（下略）

〔三會定一記一〕　維摩會講師次第　（略）

850　七大寺

嘉祥二年十月廿三日

七大寺に新錢「長年大寶」を納め誦經させた。

〔續日本後紀十八〕　嘉祥元年

九月乙亥（十九日）、令鑄新錢、下詔曰、（中略）文曰長年大寶、一以當舊之十、（下略）

〔續日本後紀十九〕　嘉祥二年

十月癸卯（廿三日）、是日太皇大后復以錢五十万、賑恤京中飢民、又以新錢四十貫文、誦經七大寺及梵釋・

崇福・延暦等寺、爲復祈冥翊也、

〔日本紀略前十六〕嘉祥二年（略）

嘉祥三年二月五日

仁明天皇の病のため十二大寺に續命幡をかけ、ついでしばしば佛事が營まれた。

〔續日本後紀二十〕嘉祥三年

二月甲寅（五日）、御病殊劇、召皇太子及諸大臣於床下令受遺制、遣四衛府及内竪等、或賚御衣、或賚綿布、分散四方誦經諸寺、（中略）請僧綱十禪師及有驗者於御簾外、令奉加持、以絹十二疋爲續命幡、懸十二大寺刹、左右馬寮各調走馬十疋、候於八省東廊下、

辛未（廿二日）、以三論宗少僧都實敏・法相宗大法師明詮・天台宗大法師光定・摠持門大法師圓鏡等爲座主、於清涼殿、限三ケ日、講法華經、諸宗大德翹楚者三四人預席、發揚大義、各持矛楯、　天皇隔御簾而聽之、

丙子（廿七日）、遣使誦經京城及平城四十九寺、各綿一連爲布施、又以續命幡四十旒、各懸刹柱、限三ケ日、修延命之法、

三月己丑（十一日）、令大法師道詮等請戒、主上口受永不殺生、復修理破壞寺百院、復遣使誦經十三大寺、

〔類聚國史卅四〕帝王十四　天皇不豫　(略)

〔日本紀略前十六〕嘉祥三年　(略)

(仁明天皇は三月廿一日崩御)

850　七大寺

嘉祥三年五月三日

仁明天皇崩御六七日の御齋會にあたり、平城七大寺に使が遣された。

〔文德實録二〕嘉祥三年

五月庚辰(三日)、修六七日御齋會、從五位上坂上大宿禰正野・左京亮從五位下飯高朝臣永雄等爲東大寺使、散位從五位下百濟王敎福・源朝臣頴等爲元興寺使、刑部少輔從五位下藤原朝臣開雄・散位源朝臣同等爲興福寺使、散位從五位下丹墀眞人繩主・文室朝臣墾田麻呂等爲大安寺使、前越後守從五位下丹墀眞人氏永・散位大宅朝臣年雄等爲西大寺使、散位從五位下高階眞人信澄・在原朝臣善淵等爲法隆寺使、散位從五位上百濟王慶世・從五位下橘朝臣三夏等爲藥師寺使、

850　恵聽

嘉祥三年十月十日

元興寺僧恵聽が維摩會講師になった。

〔僧綱補任二〕

嘉祥三年　講師恵聽三論宗元興寺

〔三會定一記二〕 維摩會講師次第 （略）

851
延祥
明詮

仁壽元年七月十六日

大僧都延祥が僧正に、明詮が權律師になった。

〔文徳實録三〕 仁壽元年

七月丁亥（十七日）、補僧綱、策命曰、 天皇我詔旨、法師等爾白止左閇宣勅命乎白、大僧都延祥乎僧正爾、少僧都長訓乎大僧都爾、律師眞濟乎少僧都爾、大法師壽朗・壽敎乎波律師爾、大法師明詮乎權律師爾任賜事乎

白止左閇詔勅命乎白、

〔僧綱補任二〕 仁壽元年 （略）

851
恵隆

仁壽元年

元興寺僧恵隆を東大寺戒和上とした。

〔東大寺要録五〕 戒和上次第

十一、恵隆仁壽元年任、元興寺　七十六

852

仁壽二年三月十一日

水旱の災をはらうため、諸大寺に命じて四月から八月まで食時に大般若經を讀むことを例とさ

諸大寺
元興寺
本元興寺
853
十五大寺

せた。

〔文徳實録四〕仁壽二年

三月丁丑(十一日)、詔、諸大寺、起四月一日、迄八月卅日、衆僧食時、同集食堂、各讀大般若經一巻、以攘水旱之災、永爲歳事、

〔延喜式二十一〕玄蕃寮

凡東大・興福・元興・大安・藥師・西大・法隆・新藥師・招提・本元興・弘福・四天王・崇福・東西・法華・梵釋等諸大寺僧尼、毎年自四月一日、迄八月卅日、食時便於食堂各讀大般若經一巻、

仁壽三年二月二十日

十五大寺の老僧に童子料米を給した。

〔類聚三代格三〕僧綱員位階并僧位階事

太政官符

應擇老僧充童子粁米事

右被右大臣(藤原良房)宣偁、奉　勅、宜擇十五大寺僧年八十已上者、日別充童子一人粁米一升、但停止待後符、

仁壽三年二月廿日

仁壽三年九月九日

僧正延祥が没した、年八十五。

〔文徳實録五〕 仁壽三年

九月丙申(九日)、是日僧正延祥大法師卒、延祥、俗姓槻本氏、近江國野洲郡人也、數歳辭家、師事僧正護命、護命察其敏慧、加意敎誘、延暦七年受具足戒、其年、護命於春日寺講涅槃經、延祥預聽焉、時護命問延祥曰、汝有夢乎、答曰、有之、護命曰、爲我言之、延祥曰、夢臥七重塔上、尒時三日並出、光照身上、護命曰、吉不可言、愼勿語人、天長七年春、於大極殿説㝡勝王經、諸宗智者論難鋒起、延祥敏對不滯、聽者莫不歎服、稍轉、仁壽元年拜僧正、病卒、春秋八十五、夏臈六十八、

〔類聚國史百八十九〕 佛道十六　僧卒下　(略)

〔日本紀略前十六〕 仁壽三年　(略)

〔僧綱補任一〕 仁壽三年(九月八日入滅)　(略)

〔元亨釋書三〕 慧解二之二　延祥法師　(略)

仁壽三年十月廿五日

權律師明詮が少僧都に、元興寺僧壽仙が律師に、權律師安戒が律師になった。

〔文徳實録五〕 仁壽三年

十月壬午(廿五日)、任僧綱、策命曰、　天皇我詔旨止法師等爾白止左閇宣勅命乎白、大僧都長訓乎僧正爾、少僧都實敏乎大僧都爾、少僧都眞濟乎權大僧都爾、權律師明詮・律師眞雅乎少僧都爾、大法師壽仙乎律師爾、大法師恵運乎權律師爾任賜事乎白止左部宣　勅命乎白、

〔僧綱補任一〕

仁壽三年　權律師安戒十月日轉正、

權律師明詮十月壬午日任小僧都(『六十五』)

律師壽仙月日任、三論宗元興寺、鵜原寺

齊衡元年　律師安戒今年以後不見、可尋、

齊衡三年六月十四日

災異により、元興寺等十四か寺で一切經を讀ませた。

〔文德實録八〕 齊衡三年

六月乙酉(十四日)、是日、請名僧二百六十五人於東西寺及延暦・崇福・梵釋・天王・東大・興福・元興・大安・藥師・西大・法隆・新藥師等十四箇寺、讀所寫一切經各三遍、限七日訖、毎寺差五位一人爲勅使、

〔日本紀略前十六〕 齊衡三年　(略)

854-7 明詮 玉華院

齊衡年中

少僧都明詮が元興寺の南に玉華院彌勒堂を建立した。

〔日本高僧傳要文抄三〕（↓貞觀十年五月十六日）

〔彌勒如來感應抄一〕玉華院勧進狀（↓文治二年）

〔彌勒如來感應抄五〕音石山大僧都傳（↓貞觀十年五月十六日）

857 恵叡

天安元年十月十日

元興寺僧恵叡が維摩會の講師になった。

〔僧綱補任一〕

天安元年　講師恵叡 法相宗 元興寺

〔三會定一記一〕維摩會講師次第（略）

858 道昌

天安二年十月十日

元興寺僧道昌が維摩會の講師になった。

〔僧綱補任一〕

天安二年　講師道唱 三論宗、元興寺、讃岐國人、秦氏、

〔三會定一記二〕 維摩會講師次第 （略）

858 天安二年

元興寺縁起

「元興寺縁起（佛本傳來記）」が書かれた。

〔元興寺縁起傳本傳來記〕（↓縁起）

859 天安三年（貞觀元）正月八日

道昌

元興寺僧道昌が御齋會の講師になった。

〔三代實録二〕 貞觀元年

正月八日乙丑、於大極殿始講最勝王經、以元興寺僧三論宗傳燈大法師位道昌爲講師、不擧音樂、遏密也、凡毎年十月興福寺維摩會、屈諸宗僧學業優長果五階者爲講師、明年正月大極殿御齋會、以此僧爲講師、三月藥師寺最勝會講師、亦同請之、經此三會講師者、依次任僧綱、他皆效此、

〔類聚國史百七十七〕 佛道四 御齋會 （略）

〔日本紀略前十七〕 貞觀元年 （略）

〔玉葉二〕 治承五年正月五日 （略）

〔濫觴抄下〕（略）

859 **貞觀元年十二月廿五日**

檢田使僧延保が近江國愛智庄を檢田して、その顚末を報告した。

〔東大寺文書〕　近江國依智庄検田帳　（平安遺文一・大日本古文書東大寺文書七）

近江國依智庄檢田使

　勘定水田事

合參町參佰壹拾歩

　一町百八十歩　勘加地子

三段二百八十歩　方付指換并增地子

二段廿歩　本自常荒、今勘見熟、

二段七十歩　成百姓家今勘取之、令進地子

七段二百十四歩　成佰姓治田、今勘取之、

四段二百六十六歩　成公田、今勘取之、

以上目録

右件水田、挂畏勝寶感神聖武皇帝、以先帝施納物、以去天平勝寶五六年所買也、自爾以降、或坪上品而被名中下田、或坪百姓之間指換、其方取沃壤地、以移薄鹵處、或坪本自見熟、而稱常荒、或坪成百姓家、不進地利、如是之類觸端有數、爰使延保投身於龍樹聖天、歸命乎自在天神、任理勘匡毎色惣畢、然卞和懐賢、不言致破、延保爲功、不顯誰知、仍略擧呈、若有嫌疑、自承和十四年以來田帳比挍而已、坪付如左、毎坪下在子細狀、

八條九里十二胡桃本田五段六十歩

十八胡桃本田一段七十歩

右二坪、本自中田、今臨地見尤是上田、因茲召問田刀前伊勢宰依知秦公安雄、勘云、是尤上田、何進中田地子、豈無犯三寶物罪哉、答云、此昔所定、非今之事、作意不奸、有何罪矣、使迫云、假令司愚不辯僁之、田刀何不匡申、須任理爲上田、答云、任理被行、若(豈カ)爲拒捍、仍爲上田、即進地子、

九條九里卅二中荒木田二百歩下

右坪、自往古注常荒、今臨地勘見熟、即進地子、

卅五下古家田五段二百歩下

右坪、田刀依知大富愁云、此田唯有名少實、无由進地子、雖前〻使愁申、而都不辨、以強迫无實地子、於少(マヽ)刀民大愁者、仍今勘推之、前〻寺所預三段二百歩、被奪公田二段也、披陳其由、口分戸主依知眞象申云、己不知寺田給口分、今承賢者教、更不預作申、避已畢、即進

地子、

十里一荒木田百卌歩下

右坪、本注下田、今臨地爲上田、即進地子、

五梨本田一段百六十歩中

右坪、本注常荒、今臨地勘、已成遠江掾依知秦公乙長治田、爰使論云、此坪本有寺田一段百六十歩・治田六十歩、而今寺田稱常荒、本少治田有數見熟、推量此、是本寺田奸爲治田、答云、本寺田稱東、今治田有中方、指已異、何云寺田、答者依知安雄宰、使論云、本此坪内有寺田一段百六十歩・治田六十歩、謂此二田中、寺田在東、治田在西、非謂寺田在東畔邊、加以田自窪地始開、何本寺田在岡、今治田在溪、於是治田主屈理、即進地子、

七荒木田二段二百五十歩中

右坪、一百八十歩見熟、作依知安雄、二段七十歩入遠江掾宅、雖前々使勘決、都不伏理、今任理勘伏、令進地子、

八里廿三柴原田八段百歩

右坪、東南角一段、被奪取近江目安倍近吉治田、无田地子、勘年々公文灼然、而今任理勘

取、令進地子、

十條七里八咋背田三段二百八十歩

右坪、田刀愁云、此田甚少、无由進地子者、仍臨勘之、被取佰姓治田、今匡取令進地子、

十四門田北四段

右坪、北一段廿歩、被取刑部佐官治田、无由地子、勘使論決、遣(遺カ)中寺田置、非令進地子、

八里二家田七段百卌歩

右坪、東一段二百卌歩中上、先ゝ被取公田、不進地子、无人勘匡、遂被給秦咋丸口分、轉无由勘、而令別當僧豊保推決、令進避文、即地子勘収之、

三家田三段

右坪、本自在中、而披勘圖籍、寺田西云ゝ、驚臨勘、西是沃壤、百姓奸爲治田、即沽進王中納言宅、今使任理寺田定西、改下田爲中田、令進地子、

十九榎小田四段

右坪、三百六歩、成佰姓治田、今勘取之、

十一條七里廿家田一段百八十歩下

右坪、本自常荒、今勘見熟、

八里廿八門田六段二百卌歩下

右坪、南一段十六歩、依知奏公益繼稱、已治田沽進日向守藤原頴基朝臣宅、爰延保自去仁壽年中以來與宅相論、而宅司等奸遁不遇、爲成論由（田カ）、令庄別當僧、豊保強作一年也、而或學頭讒云、延保者寺田三段、公文注有論、令弟子奸作、不進地子云〻、論決之日、讒者更无陳、延保不憚如是魔事、今年遂令進避文已了、

九里十八栗前田三段三百歩中上

右坪、佰姓之間有論、唯進一段二百六歩之地子、而今勘決、見熟二段三百十六歩、而百卌六歩被取依知秦勝繼治田、二百六歩被奪公田、前〻使无人勘決、今任理勘辨、令進地子、

廿三神田二百卌歩中上

右坪、本自六十歩進地子、百八十歩被奪公田、而秦忌寸家繼愁云、前〻使勘負空地子、被負高數者、因茲臨勘、所愁有實、今任理勘取、令進地子、彼所負隨免除、然則家繼之愁已絶、供家之益今盛、

廿四蓼田一段二百九十歩中上

右坪、百七十六歩、被取依知秦勝繼治田、不進地子、前ゝ使无人勘決、今即勘取令進地子、
而前ゝ付家繼之名、未進巨多、仍免除之、
以前、延保自去嘉祥元年至于貞觀元年、其中間所成大略如右、爲後代記之、若有論者、以此決耳、
貞觀元年十二月廿五日使學頭「延保」
「勘收
學頭
學頭「玄豊」
學頭「宋範」
學頭
別當「圓宗」
檢挍權律師」 (「元三論印」八あり)

861

貞觀三年三月十四日

東大寺佛頭供養會にあたり、元興寺僧少僧都明詮が咒願師となり、元興寺から林邑樂を奏した。

〔東大寺要録三〕 供養章之餘

明詮

十五大寺

861

明詮

玉華院

龍華會

貞觀三年歳次辛巳春三月十四日戊子、行大會畢、（中略）
一、請法用僧等合一千三員（中略）
咒願師　元興寺小僧都傳燈大法師位明詮、（中略）

恵運僧都記録文
貞觀三年三月廿（マヽ）四日、國家修理平城東大寺大佛了、屈一千僧於大佛前、設大會、以供養之、奏以勅樂以内舍人東遊歌菩薩儛・雅樂寮并左右衛府樂・大寺音樂東大寺高麗并天神樂、山階胡樂、元興新樂、大安林邑、藥師散樂并緊那樂、法隆呉樂也、恵運其日爲開眼導師、恵達律師爲法會導師、明詮少僧都以爲咒願師、設法會、（中略）其日十五大寺天下國内請萬僧供養之、（下略）

〔三代實録五〕貞觀三年三月十四日（略）（齊衡二年五月、大佛の佛頭が落ちたので、修理が行なわれた）

貞觀三年三月

元興寺別當明詮が玉華院で供養の大會（彌勒初會・龍華初會）を行なった。

〔日本高僧傳要文抄三〕（↓貞觀十年五月十六日）

〔彌勒如來感應抄一〕玉華院勧進狀（↓文治二年）

〔彌勒如來感應抄五〕音石山大僧都傳（↓貞觀十年五月十六日）

861

七大寺

貞觀三年

このころより七大寺以外の僧にも三會に參加することを認めた。

〔類聚三代格二〕 經論并法會請僧事

太政官符

應每年請用維摩㝡勝兩會聽衆并竪義者各一人事、

右得安祥寺牒偁、皇太后宮(順子)御願偁、安祥寺可每年度三僧以安居講經擇用維摩㝡勝兩會聽衆并立義者之狀、奏聞先畢、因茲去貞觀元年四月十八日・十二月廿五日兩度官符被下所司、然此寺有求道僧、專事修學、是則七大寺諸宗之僧也、雖名編本寺、而身住此寺、是以從去仁壽元年、于今十有餘歲、御願之事令此薫修、後學之輩相就爲師、既是有勞、何不薦擧、仍須維摩㝡勝兩會聽衆并竪義各預一人、但年分度者住山之後經七箇年者、預竪義、經十三年者預聽衆、本寺每年選定其人、牒送綱所永令請用、自餘庶事一如先符者、右大臣(良相)宣、奉　勅、依御願、

貞觀三年四月十三日

太政官符

應以海印寺僧預三會聽衆并維摩㝡勝輪轉立義事

右得治部省解偁、玄蕃寮解偁、僧綱牒偁、海印寺牒偁、此寺僧等惣百餘人、朝廷擢傳法者、配置年分、兼施供粁、令祈國家、而無他褒賞、如失功効、望請、正月御齋、維摩㝡勝等三會聽衆内、毎年各預一人、但宮中法會、人多處少、割華嚴宗聽衆二人之一、以爲其員、又至二會立義法隆寺分者、本是輪轉之内、今已有勅、入七大寺例、以此寺僧永被補預、然則佛法彌興、學者自勵者、僧綱依牒狀牒送者、寮依牒狀申送者、省依牒狀、謹請　官裁者、右大臣（基経）宣、依請、

貞觀十五年二月廿二日

〔三代實録五〕　貞觀三年四月十三日　（略）　〔日本紀略前十七〕　貞觀三年四月十三日　（略）

〔類聚國史百七十七〕　佛道四　維摩㝡勝聽衆　（略）

（その他圓成寺・浄福寺・東光寺・法隆寺等もそれぐ許されている）

貞觀四年八月廿五日

本元興寺の法華供得業僧を維摩會竪義に預らせることとした。

〔類聚三代格二〕　經論并法會請僧事

太政官符

應令本元興寺法華供得業僧預維摩會竪義事

金耀

右得彼寺傳燈住位僧金耀牒偁、謹撿案内、此寺佛法元興之場、聖教㝡初之地也、去和銅三年帝都遷平城之日、諸寺隨移、件寺獨留、朝庭更造新寺、備其不移之闕、所謂元興寺是也、于時初立六宗、分業相傳、厥後聖武天皇慨法音之移新都、嘆傳燈之絶本寺、六宗之外、建法華供、傳説之迹、于今不止、試複之輩、専寺多數、夫維摩會爲令法久住勸勉後學也、而此寺獨不預件色、望請、准法隆・新藥師等寺例、以預件竪義、然則建供之迹、後代永傳、苦學之徒、當今無倦、謹請　官裁者、右大臣(良相)宣、奉　勅、准法隆・新藥師・崇福等寺、依次預之、

　　貞觀四年八月廿五日

〔三代實録六〕貞觀四年八月十五日　（略）　〔類聚國史百七十七〕佛道四　維摩㝡勝聴衆　（略）

〔政事要略五十六〕交替雜事十六　（略）

863　諸大寺

貞觀五年七月廿七日

諸大寺に修理料として新錢・鐵を施入した。

〔三代實録七〕貞觀五年

七月廿七日丁巳、勅以新錢(饒益神宝)一千貫文、施入諸大寺、充修理料、中宮鐵一千廷加充同料、東大寺・興福寺・元興寺・大安寺・藥師寺・西大寺各錢百貫・鐵百廷、延暦寺・新藥師寺各錢卅貫・鐵卅廷、豊

本元興寺

浦寺・本元興寺・招提寺・天王寺・崇福寺・知識寺各錢廿貫・鐵廿廷、梵釋寺・比叡西塔院・東寺・西寺各錢十五貫・鐵十五廷、

〔類聚國史百八十二〕佛道九　修理佛寺　（略）

〔日本紀略前十七〕貞観五年七月廿七日　（略）

863　賢應

貞観五年十月十日

元興寺僧賢應が維摩會の講師になった。

〔僧綱補任二〕

貞観五年　講師賢應法相宗、元興寺、

〔三會定一記二〕維摩會講師次第　（略）

863　貞観寺

貞観五年十二月十三日

元興寺僧智珠の畠地等を貞観寺へ交換した。

〔仁和寺文書〕貞観寺畠相博状案　（平安遺文一）

（端裏）「極樂寺西畠」

貞観寺

相賛（マヽ）宛行畠陸段佰捌拾歩

在山城國紀伊郡十條跡里十五坪元乗陸田
右隨便、在同郡九條深草里卅一卅二并東外里五六坪元興寺僧智珠畠陸段佰捌拾歩、限永年相贊、宛行如件、
貞觀五年十二月十三日
上座延祚　都維那勢保
寺主承俊

智珠

863
貞觀五年
元興寺僧律師壽仙が没した。
〔僧綱補任二〕
貞觀五年　律師壽仙月日入滅

壽仙

864
貞觀六年正月八日
元興寺僧賢應が御齋會の講師をつとめた。
〔三代實録八〕貞觀六年
正月八日乙未、始講寂勝王經於大極殿、以元興寺僧傳燈大法師位賢應爲講師、

賢應

〔類聚國史百七十七〕佛道四　御齋會　（略）

〔日本紀略前十七〕貞觀六年　（略）

貞觀六年二月十六日

僧綱の位階が制定され、明詮が法眼和上位大僧都に、願暁が律師に、道昌・恵叡・常暁が權律師になった。

〔三代實録八〕貞觀六年

二月十六日癸酉、制定僧綱位階、　詔曰、國典所載、僧位之制、本有三階、滿位・法師位・大法師位是也、僧綱凢僧、同授此階、位號不分、高卑無別、論之物意、實不可然、仍彼三階之外、更制法橋上人位・法眼和上位・法印大和尚位等三階、以爲律師已上之位、宜法印大和尚位爲僧正階、法眼和上位爲僧都階、法橋上人位爲律師階、是日　勅遣參議大藏卿正四位下源朝臣生・從五位上行少納言兼侍從藤原朝臣諸葛等、依式卒所司、於西寺綱所、任僧正已下律師已上十六人、策命云、（中略）少僧都傳燈大法師位明詮乎法眼和上位大僧都爾、（中略）傳燈大法師位最敎・願暁・明哲・光善乎法橋上人位律師爾、傳燈大法師位慧叡・眞慧・正進・道昌・道詮・興照・常暁乎法橋上人位權律師爾任賜比治賜布、（下略）

〔類聚國史百八十五〕佛道十二　僧位　（略）

〔僧綱補任一〕

貞観六年　小僧都明詮（二月十六日）同日任大僧都

律師願曉同日任、三論宗元興寺、已講勞、

権律師恵叡同日任、法相宗、元興寺、已講

常曉同日任、小栗栖太元根本阿闍梨、元興寺

道昌同月廿八日任、三論宗、元興寺、依□導師勞追被任也、〔『讃岐國香川人、秦氏、六十七』〕

865　賢和　奥嶋神宮寺

貞観七年四月二日

元興寺僧賢和が近江國野洲郡奥嶋に神宮寺をたてることを請うて許された。

〔三代實録十〕貞観七年

四月二日壬子、元興寺僧傳燈法師位賢和奏言、久住近江國野洲郡奥嶋、聊搆堂舍、嶋神夢中告曰、雖云神靈、未脱蓋纒、願以佛力、將增威勢擁護國家安存郷邑、望請爲神宮寺、叶神明願、詔許之、

〔類聚國史百八十〕佛道七　神宮寺　（略）

865

貞観七年十一月三十日

常暁

豊安

866

元興寺僧權律師常暁が没した。

〔僧綱補任一〕

貞觀七年　權律師常暁十一月卅日入滅、『或本不死云々』

〔元亨釋書三〕　慧解二ノ二

釋常曉、山州小栗栖路傍棄子也、稍長師事元興寺豊安、承和元年甲寅入唐、到淮南廣陵舘遇栖靈寺文璨、稟密敎、乃文宗大和八年也、璨者不空三藏弟子慧應之徒、妙明經律、深通秘藏、又謁花林寺三敎講誦大德元照、請益密奥、照授以阿闍梨位、従受太元帥秘法、此法彼國不出都下、畿外諸州不許修供、照喜曉之才器潜授焉、明年歸申官、於小栗栖故里法琳寺修元帥法、齊衡之間天下大旱、勅於神仙苑修太元法、白龍現幡上大雨普灑、貞觀七年十一月晦逝、傳來經書六十巻、

〈僧綱補任抄出上〉貞觀九年　（略）

（↓承和五年六月・承和六年九月五日）

貞觀八年十月廿五日

災變を除くため、元興寺等の諸大寺で大般若經の轉讀が行なわれた。

〔三代實録十三〕　貞觀八年

十月廿五日丙申、於東大・興福・元興・藥師・西大・大安・法華・延暦等寺、請七十僧、轉讀大般若經、

〔日本紀略前十七〕貞觀八年　（略）

867

魚住船瀬
賢和
賢養

貞觀九年三月廿七日

元興寺僧賢和が、賢養とともに播磨國魚住の船瀬を修造することを請うて許された。

〔類聚三代格十六〕船瀬并浮橋布施屋事

太政官符

應令播磨國聽造魚住船瀬事

右得元興寺僧傳燈法師位賢和牒偁、夫起長途者、次客舍而得息、渡巨海者、入隈泊而免危、則知海路之有船瀬、猶陸道之有逆旅、伏見明石郡魚住船瀬、損廢已久未能作治、往還舟船動多漂没、匪唯物損於公私、深悲人墜於非命、繕修之可務尤急於道橋者也、望請、與講師賢養共同心勠力、試加營造、以遂宿情者、右大臣(良相)宣、件泊頽壞之後、年祀稍積、將造之議公家不忘、而今二僧慷慨一向輸誠、念彼志慮、何不助嘉、宜下知國司令得成功、

貞觀九年三月廿七日

867

和邇船瀬
賢和
静安

〈本朝文粋二〉意見十二箇条　善相公清行

(前略)

一、重請修復播磨國魚住泊事

(中略)、至貞観初、東大寺僧賢和、修菩薩行、起利他心、負石荷鍤、盡力底功、單獨之誠、雖未畢其業、年紀之間、莫不蒙其利、賢和入滅、稍及三十年、人民漂没不可勝計、(下略)

貞観九年四月十七日

元興寺僧賢和が、かつて静安の造った近江國和邇の船瀬を改修し、その維持は國司に委任された。

〔類聚三代格十六〕船瀬并浮橋布施屋事

太政官符

應令近江國司撿領和邇船瀬事

右得元興寺僧傳燈法師位賢和牒偁、件泊、故律師静安法師去承和年中所造也、而沙石之構逐年漸頽、風波之難隨日彌甚、往還舟船屢々遭没溺、公私運漕常致漂失、爰賢和自去年春、企心彌濟輸誠修造、數月之間適得成功、但恐累年之後所在少破、无人繕修、徒以頽壊、望請令國司撿挍兼修理破損者、右大臣(良相)宣、宜自今以後、永付國司相續令作、若不存撿挍有致損壊者、遷替之日拘其

解由、

貞觀九年四月十七日

七大寺

867

貞觀九年十一月廿九日

除災のため、七大寺に仁王・般若經の講演をさせた。

〔三代實録十四〕 貞觀九年

十一月廿九日甲子、勅曰、向者天文告變、地理呈妖、謀亀謀筮、誠匪國慶、加之、陰陽書説、來年戊子、當有水旱疾疫之灾、朕毎聞此事、思切納隍、日夜用心、罔攸不至、如聞、如來救世、正教過恒、至于護持國界、消却灾難、則般若妙典、爲其先鳴者也、宜告天下諸國、三日齋潔、令奉讀金剛般若及摩訶般若、又命七大寺講演仁王般若、以內舍人爲使、勾當其事、與專寺僧綱及別當三綱五師等、相共勤加撿察、但若來若去、應物隨機、苟无至誠、何通靈感、然則內外文武百官人等、乃至庶人百姓、讀經之頃、至心歸命、不食薫血、愼忌殺生、庶使五大菩薩大願能彰、八部鬼神新妖自斷、致眞福於冥助、鎖禍胎於未萌、歲稔時和、人平國富、普告遐邇俾知朕意、

〔日本紀略前十七〕 貞觀九年 (略)

868

貞觀十年三月十六日

868 賢應

明詮

施嚴

中繼

元興寺僧賢應が没した。

〔日本高僧傳要文抄三〕（↓貞觀十年五月十六日）

貞觀十年五月十六日

大僧都法眼明詮が没した、年八十。

〔僧綱補任二〕

貞觀十年　大僧都明詮五月十六日入滅〔『生年八十』〕轉法輪功過他人、

〔僧綱補任一裏書〕

（貞觀）同十年大僧都明詮、、、　或本云、隱居大和國音石山寺、仍號音石僧都、

〔日本高僧傳要文抄三〕

音石山大僧都傳云、和上諱明詮、俗姓大原氏、左京人、彥人皇子之後也、祖彈正尹従四位下櫻井王、天平十一年賜姓爲大原氏、父石本早卒、母橘氏哀其少孤、加意愛養、和上幼而聰恵、志操如老成人、年十五、母氏亦卒、和上以早喪考妣常自悲悼、終思歸無上道而報恩、便出家爲沙門、就元興寺大德施嚴受法華㝡勝等經、施公歎曰、子器宇弘遠、非吾所及、因受屬之同寺大智者中繼、中公者所謂法門之領袖也、（△）。嘉祥二年、請之維摩會講、三年正月、被請大極殿講師、二月、皇帝於清涼

殿設四高座、令説四巻金光明經、以四宗法師爲講師、以和上爲法相宗師、以實敏大僧都爲三論宗師、以正義大法師爲花嚴宗師、以圓修大法師爲天台宗師、皆一時通人也、此諸賢共論説義理、和上才鋒超逸、言辭自若、猶如殽函鍜閣無可攻之勢、諸賢應時屈服、某官滋野貞主・某官小野篁時陪殿上、相共歎曰、先聞其名、恐名之過實、今見其實、恐實之過名、皇帝(仁明)甚尊、顧謂皇太子曰、朕未知斯人、一代聖敎悉在此矣、當授以僧綂(マヽ)、三月帝崩、太子即位、是爲文德天皇、此時僧綱所多悪比丘、聞和上依先帝遺詔可爲僧綱、皆有妬忌之意、於是相共搆將陥之罪過、先是和上常修兜率上生之業、昔夢詣都率天内院被彌勒受(授)記、和上常欲寫其昔夢所見之彌勒像、後於元興寺南別建一院、自對工匠具説夢見之躰而奉造彌勒像、安置此院、悪比丘等私求和上之過、而無毫毛之失、故以造此院託爲其罪、於是揚言曰、某身爲元興寺別當而私建道場、此故致絶寺中僧供飯食也、因差使八人勘問其由、且發東大寺・興福寺・大安寺之雜職人強力者六十人、各帯兵仗將劫和上強服其罪也、又欲壊却其院以令不終業也、八人率其兵士來着於元興寺客房院、各發怒氣悪口諠譁、都示其威猛、以令服和上也、諸弟子皆惶恐不知所出、和上言咲如平常、都無愁色、勘問之初、和上所出、先令三綱等答、曩日延祥僧正爲此寺別當、僧供始絶、始絶之風従此也、其後僧正以別當之職讓和上、自尒以來、數年之中、僧供時絶、纔及一月也、是則無他、時代漸衰、寺之封邑不貢租也、汝曹不知天時、不察地利、何妄責吾大師乎、又私建道場者、諸檀越之力也、非寺之費也、於吾大師有何負此、諸使等不能難之、而徒欲以剛猛相劫、乃曰、今日已暮、且日欲與和上面相決也、是日、皇帝依先帝遺旨任和上於權律師、其曉且綱所之使猶未知之、凶氣彌張、欲速問和上、頻出言曰、別當來何晩、須臾其宣命文忽然到來、八箇使及六十人兵士等相顧失色、自知其罪狼狽逃走、諸弟子皆悅、和上亦無悅色、時人咸曰、昔如來成道之初、魔王外道共欲破佛、而還自摧落、今日之悪比丘等之謀略相似者也、其八人之中金雄威儀師者自奉名簿、拜伏乞罪、和上不屑、金雄後終蒙和上之恩、其院則今玉華院是也、和上依慕玉華三藏之風有此號也、其彌勒之像堂宇之餝絶爲雅麗、貞觀三年春三月、和上於是院修大會、號彌勒初會、皇帝勅雅樂寮奏樂舞、公卿以下咸助其功德、和尚曰、彌勒出世則有三會也、我今修其初會、第二第三會專屬後生、六年遷任大僧都、是歲、公家新製僧綱之位階、法眼和上則僧都之位也、以和上始爲此位、十年三月十六日、弟子賢應卒、和上亦寢疾、或人曰、和上其不存與、釋尊欲入涅槃而舍利弗先入滅、孔聖欲没而顏淵早死、物類相感、自然之理也、譬如火將滅而燸先収、雨欲晴而雲先散、今賢應是亜聖之才也、奄忽卒矣、和上次疾、恐其不起、和上移病歸於音石山、五月十五日午後召諸弟子語曰、吾師釋尊唯八十年而取滅度、汝曹如何、皆答曰、此事然也、和上曰、急取湯以來、既而沐浴畢、亦令圓俊基山兩弟子向本元興寺衡金鼓、以修懺悔之法、便分什物爲諷誦之布施、其夕令弟子某等通夜念彌勒寶號、和上至夜後分聞念佛聲驚覺、便令弟子某等爲恵達・眞紹兩僧都作離別之書、口受(授)令寫之、其終句云、此間業盡、彼岸相待、和上被扶起、既執筆署名、頻問天曙、皆曰、未曙、惜和上之待曙入滅也、漸到晨朝、乃知天明、十六日平旦、薨于草庵中、春秋八十、夏臘五十、今夜風沾月朗、天氣清靖、有白雲十二道、起菴上而連綿山頭、相似如來入滅之夜、十二道白虹度天上之端文

〔彌勒如來感應抄五〕　音石山大僧都傳

（前の「日本高僧傳要文抄」と多少の出入があるが大部分は同文、前文にない部分だけを以下に引用する、その箇所は前文「△」のつぎ）

公後遷住藥師寺、和上遂師事、受唯識論及諸法文、數年之間學業絶倫、公甚重之、大同三年應西寺年分之擧、課試甲第、弘仁元年受具足戒、時年二十二、和上博究諸藏、無所不兼通名稱普聞人、多慕爲弟子、大和國東有高峯、號音石山、樹木水石甚有幽趣、和上自夏初至秋末、恒住此山遂有終焉之志、（和上常修兜率上生之業につゞく）

〔元亨釋書二〕　慧解二ノ一

釋明詮、十許歳離家、入元興寺學相宗、姓不敏、志抱屈、乃欲出他之、適雨降、憩殿陛見簷溜落階、

868

其石皆窪、忽猛省曰、至柔穿至堅、漸積之爲也、我雖昏愚豈可息乎、便還房勵所業、晝夜不懈、寢飡齊舍、自此得高譽於南方、貞觀六年、任僧都、十年五月十六日卒、年六十、

賛曰、學貴勤勵、不在鈍利、苟無激志道不至也、珠公頭如熟瓜、心邁堅石、繋髻刺股、皆不及矣、是其所以該三藏粹唯識也、我今合詮、以爲後世負笈者之標式矣、

貞觀十年十月四日

本元興寺等の㝡勝會立義得第僧を安居の講師にすることを認めた。

〔類聚三代格二〕 經論并法會請僧事

太政官符

應㝡勝會立義得第僧等請用諸寺安居講師事

新藥師寺　法華寺　招提寺　弘福寺　本元興寺　崇福寺　西寺　海龍王寺　龍蓋寺

右得治部省解偁、玄蕃寮解偁、僧綱牒偁、太政官去天長七年九月四日符偁、㝡勝立義者議其優劣、便爲諸國講讀師之試者、今案件格、彼會立義者、不經夏供講、可補講讀師、而出格之後未有遵行、諸寺學者、漸以解體、齊衡二年九月廿二日符偁、究五階者以爲講師、果三階者以爲讀師者、厥徒僧後競望五階、夏講之論、從斯而發、承和元年正月廿九日符偁、維摩立義者得第僧等、請爲諸

六箇大寺

寺安居講師者、因茲㝡勝立義者無由滿階業、老荘沉淪、愁吟良深、貞觀元年十一月十一日諸寺宿德并諸供學頭僧等牒偁、春講㝡勝奧典、開緇素之慧眼、冬説維摩玄旨、祈天下之榮樂、永懸日月、遠期龍花、而頃年維摩立義、早預夏講、㝡勝立義、弃而不用、望請、件立義僧等預専寺夏講、仍請綱裁者、僧綱須請　官裁後行之、而偏依件牒可□（マヽ）請狀、仰諸寺畢、即六箇大寺並皆遵行之、但東大寺固執符旨不曾奉行、望請、維摩㝡勝兩會立義僧等、混雜請用諸寺安居講師、然則彼此得所、爭論永絶者、寮依牒狀申送者、省依解狀申送者、大納言正三位藤原朝臣氏宗宣、奉　勅、夫維摩㝡勝立名雖異、學習之輩苦勤惟同、而至于採用、似有偏頗、喧訟繁興、職此之由、宜每年令請件等寺講師、但新藥師・本元興・崇福等寺、當出立義者之年者、便請彼僧以爲講師、

　　貞觀十年十月四日

869

貞觀十一年正月廿七日

權律師恵叡が律師になった。

〔三代實録十六〕　貞觀十一年

正月廿七日乙酉、任僧綱、（下略、慧叡とある）

〔僧綱補任一〕

恵叡 869

貞觀十一年　權律師恵叡正月廿七日轉正、〔『六十一』〕

貞觀十一年十月十日

元興寺僧圓宗が維摩會の講師になった。

〔僧綱補任二〕

貞觀十一年　講師圓宗三論宗、元興寺、

〔三會定一記一〕維摩會講師次第（略）

圓宗 870

貞觀十二年正月八日

元興寺僧圓宗が御齋會の講師をつとめた。

〔三代實録十七〕貞觀十二年

正月八日辛酉、始講寂勝王經於大極殿、以元興寺僧三論宗傳燈大法師位圓宗爲講師、

〔類聚國史百七十七〕佛道四　御齋會（略）

圓宗 870

貞觀十二年七月二十日

元興寺僧玄宗等を遣わし、河内國の築堤を視察させた。

〔三代實録十八〕貞觀十二年

玄宗 871

七月廿日庚午、遣大僧都法眼和上位慧達・従儀師傳燈滿位僧徳貞・將導師藥師寺別當傳燈大法師位常全・西寺權別當傳燈法師位道隆・元興寺僧傳燈法師位玄宗等於河内國、勞視築堤、
廿二日壬申、是日遣朝使築河内國堤、恐成功未畢重有水害也、由是奉幣大和國三歳神・大和神・廣瀨神・龍田神、祈無雨滂、以河内水源出自大和國也、

授菩提心戒儀式 教日 871

貞観十三年閏八月廿五日

元興寺僧敎日が「授菩提心戒儀式」を著した。

〔授菩提心戒儀式〕跋

貞觀十三年閏八月廿五日取捨已訖、智者更詳之、

貞観十三年九月八日

元興寺僧賢護がその師静安の志をつぎ、佛畫像七十二鋪を内裏および諸國に安置することを請うて許された。

〔類聚三代格二〕造佛々名事

太政官符

應安置一万三千畫佛像七十二鋪事

賢　護
静　安
佛名懺悔

各廣六幅　高一丈六尺
太政官一鋪　圖書寮一鋪　五畿内五鋪
東海道十五鋪　東山道八鋪　北陸道七鋪
山陰道八鋪　山陽道八鋪　南海道六鋪
西海道十一鋪　太宰觀音寺一鋪　八幡神宮寺一鋪

右得元興寺傳燈大法師位賢護牒偁、先師故律師傳燈大法師位静安、承和年中奉勸國家禮拜佛名、始行内裏漸遍天下、遂詔諸國並令修之、又本作是念、佛經共寫鎭護國家、即寫經典分置諸國、未畫佛像、忽隨冥期、方今遺敎在耳、追思增悲、苟爲弟子當述師志、因茲發心致誠、奉造如件、望請、分置内裏并諸國、永付公帳、每至御願懺悔之會、即便修此像前、但内裏析納圖書寮、然則國家安樂、祉祚延長、謹請　官裁者、從三位守大納言兼左近衛大將行陸奥出羽按察使藤原朝臣基經宣、依請、

貞觀十三年九月八日

〔三寶繪下〕十二月、三十一佛名　（略）　〔帝王編年記十四〕清和天皇貞觀十三年　（略）

〔政事要略廿八〕年中行事廿八　（略）

（↓承和十三年十月廿七日）（↓貞観十八年六月廿一日）

871

貞観十三年十月十日

元興寺僧長源が維摩會の講師になった。

長源

〔僧綱補任二〕

貞観十三年　講師長源法相宗、元興寺、

〔三會定一記二〕維摩會講師次第（略）

872

貞観十四年正月八日

元興寺僧長源が御齋會の講師をつとめた。

長源

〔三代實録廿二〕貞観十四年

正月八日己卯、是日、於大極殿始講最勝王經、以元興寺僧法相宗傳燈大法師位長源爲講師、但不擧音樂、

〔類聚國史百七十七〕佛販四　御齋會（略）

873

貞観十五年

元興寺僧覚詮を東大寺戒和上とした。

覺詮　874
道昌　874
願暁

〔東大寺要録五〕戒和上次第
十四、覺詮貞觀十五年任　元興寺　八十一　任律師

貞觀十六年三月廿三日
貞觀寺の大齋會に律師道昌が導師となった。
〔三代實録廿五〕貞觀十六年
三月廿三日壬午、是日　詔於貞觀寺設大齋會、以賀道場新成也、以律師道昌爲導師、大僧都慧達爲呪願、延諸宗宿徳僧百人以備威儀、雅樂寮唐高麗樂、大安寺林邑、興福寺天人等樂更奏、（下略）
〔日本紀略前十八〕貞觀十六年（略）

貞觀十六年三月廿七日
元興寺僧律師願暁が没した。
〔僧綱補任二〕
貞觀十六年　律師願暁三月廿七日入滅、
〔本朝高僧傳五〕和州元興寺沙門願暁傳
釋願暁、従藥賓・勤操二師、研習三論、兼通唯識宗及密敎、官昇僧都、主元興寺、延講學賓、醍醐寺

聖寳・元興寺隆海、就曉受業、撰述甚多、今有因明論義骨三巻也、

874　隆海

貞観十六年十月十日

元興寺僧隆海が維摩會講師になった。

〔僧綱補任一〕

貞観十六年　講師隆海三論宗、元興寺、攝津國人、清海氏、

〔三會定一記一〕維摩會講師次第　（略）

874　道昌　圓宗

貞観十六年十二月廿一日

律師道昌が少僧都となり、ついで圓宗が律師になった。

〔三代實録廿六〕貞観十六年

十二月廿一日乙亥、律師法橋上人位道昌爲少僧都、

廿九日癸未、（中略）傳燈大法師位眞然・傳燈大法師位圓宗並爲律師、

〔僧綱補任一〕貞観十六年　（略）

875

貞観十七年正月八日

元興寺僧隆海が御齋會の講師をつとめた。

〔三代實録廿七〕貞觀十七年

正月八日壬辰、於大極殿、始講最勝王經、以元興寺僧三論宗傳燈大法師位隆海爲講師、

十四日戊戌、大極殿御齋會畢、僧綱引名僧、奉參内裏、論義如常、

〔類聚國史百七十七〕佛道四　御齋會　（略）

貞觀十七年二月九日

少僧都法眼道昌が没した、年七十八。

〔三代實録廿七〕貞觀十七年

二月九日癸亥、少僧都法眼和尚位道昌卒、道昌俗姓秦氏、讃岐國香河郡人也、幼歸佛道、受學三論宗之經典、弘仁七年被年分試、音訓兼通、九年於東大寺受具足戒、自後研綜諸宗、語究秘要、就神護寺僧都空海登灌頂壇受眞言法、道昌音吐可感、詞弁寡仇、天長七年始充延請、奉御所佛名懺悔導師、于時　帝試問曰、帝王殺生之罪孰與臣下、道昌對曰、帝王重臣下輕、左右侍臣皆以爲、法師年少輙發妄言、爲之寒心、　帝嘿然、良久曰、帝王罪重寧有説乎、道昌奏言、小僧竊見虞人供御者、割鮮數十以一供膳、一御之費多兼飛走、所費雖少所殺稍多、故其罪重、至于臣下不然、山澤有禁、不聽縱猟、弋釣所獲纔資口腹、故其業輕、　帝曰、善、自此省遊虞之事、緩山澤之禁、天安三年

爲興福寺維摩會講師、貞觀元年爲大極殿御齋會・藥師寺最勝會講師三會議師、僧中大業畢矣、六年爲權律師、十六年依例奉御所佛名懺悔導師、言詞弁恵、善誘加常、聽者感悟、莫不賞歎、　帝深歡喜、即降手勅爲少僧都、始自天長爰及今玆、供奉内裏佛名導師、未嘗有一年闕焉、況復朝廷每月法事大會、必以道昌爲發演之首、又受檀越屈、登師子座、說法華經、六十年來、五百七十頓焉、年七十八、遷化於隆城寺別室、道昌非唯智徳既高詞恵盡妙、兼復濟事之方不廢俗務、承和中、眘大井河堰決、　詔令道昌監其防遏、道昌自躬率先創其功業、衆人子來成之不日、故老咸収涕曰、不圖今日復見行基菩薩之迹矣、

〔類聚國史百八十九〕佛道十六　僧卒下　（略）　〔日本紀略前十八〕貞觀十七年　（略）

〔僧綱補任一〕貞觀十七年　（略）　〔元亨釋書三〕慧解二ノ二　（略）

〔京太秦廣隆寺大略縁起〕（略）　〔續古事談四〕神社・佛寺（略）

875　祈雨　十五大寺

貞觀十七年六月十三日

祈雨のため、十五大寺で大般若經の轉讀が行なわれた。

〔三代實録廿七〕貞觀十七年

六月十三日甲子、分遣使者於十五大寺、轉讀大般若經、每寺充新錢、或二貫或三貫、祈雨也、

876 賢護

876 徳操

〔祈雨日記〕清和天皇貞観十七年六月十三日（略）

〔類聚國史百七十〕災異四　旱（略）　〔日本紀略前十八〕貞観十七年（略）

貞観十八年六月廿一日

さきに申請許可された僧賢護の牒により、佛像二十九鋪を東海・山陰・南海の三道諸國に安置した。

〔三代實録廿九〕貞観十八年

六月廿一日丙寅、一万三千佛像廿九鋪、各廣五幅、高一丈六尺、分置東海・山陰・南海三道諸國、國別一鋪、先是、元興寺僧賢護申牒偁、（以下貞観十三年九月八日の太政官符の文とほとんど同じ、下略）

〔政事要略廿八〕年中行事廿八（略）　〔日本紀略前十八〕貞観十八年（略）

（↓貞観十三年九月八日）

貞観十八年六月廿七日

元興寺僧(?)徳操等が私鑄銭の件によって流罪に處せられた。

〔三代實録廿九〕貞観十八年

六月廿七日壬申、元興〔福〕（紀略）寺僧徳操、元（衍カ）右京人長背村主、與春日春岑同謀私鑄銭、推問事迹、徳操

不承伏、雖然衆證灼然、須依格着鈦役仕、有勅曰、村主本是緇徒、殊處中流、是故配流伊豫國、

〔類聚國史八十七〕刑法一　配流　（略）

〔日本紀略前十八〕貞觀十八年　（略）

876 **貞觀十八年十月十日**

元興寺僧安春が維摩會の講師になった。

〔僧綱補任二〕

貞觀十八年　講師安春（法相宗兼律宗、元興寺、）

〔三會定一記一〕維摩會講師次第　（略）

877 安春 **貞觀十九年（元慶元）正月八日**

元興寺僧安春が豊樂殿御齋會の講師をつとめた。

〔三代實録三十〕元慶元年

正月八日庚辰、於豊樂殿、始講最勝王經、以元興寺僧法相宗傳燈大法師位安春爲講師、

十四日丙戌、豊樂殿齋講畢、僧綱率名僧奉參御在所、論義如常、（前年大極殿炎上）

〔類聚國史百七十七〕佛道四　御齋會　（略）

〔日本紀略前十九〕元慶元年　（略）

877 安春 **元慶元年五月廿二日**

十五大寺の安居講師に、必ず法華・最勝・仁王の三部の經を講じさせた。

〔類聚三代格二〕經論并法會請僧事

太政官符

應令諸大寺安居講師必講法華㝡勝仁王三部經事

右右大臣（藤原基經）宣、五畿内七道諸國講師、毎年安居所講者、法華㝡勝仁王等三部經也、如聞、諸大寺安居講師、或講法華仁王、不講㝡勝、或講㝡勝、不講法華、如是參差、不具三部、豈可謂國講師内試業哉、宜仰下諸大寺、自今以後、不廢各寺本願之經、必令加講前件三部、庶使聖法彌興隆、天下益安泰、

元慶元年五月廿二日

〔政事要略五十六〕交替雜事十六（略）

〔扶桑略記廿〕貞觀十九年（元慶元年）（略）

<延喜式二十一>玄蕃寮

凡十五大寺安居者、寺別請講師讀師及法用僧三口（呪願・散花・唄各一口）并定座沙彌一口、講讀師沙彌各一口、其法用以上者、僧綱簡點、但講師者、寮允以上相共簡定、普請諸宗、三月下旬牒送治部、治部申官、四月上旬請之、並起四月十五日、盡七月十五日、分經講説、東大寺法華・㝡勝・仁王般若經各

一部、理趣般若・金剛般若経各一巻、興福・元興・大安・薬師・西大・法隆・新薬師・本元興・招提・西寺・四天王・崇福等十二寺、法華・最勝・仁王般若経各一部、弘福寺法華・㝡勝・維摩・仁王般若経各一部、東寺法華・㝡勝・仁王般若・守護國界主経各一部、其施物三寶絲卅絇、褁料調布九尺、木綿三分、講師絹五疋、綿十七屯、調布廿五端、讀師絹四疋、綿十屯、調布廿端、法用三口、別絹二疋、綿四屯、調布四端、定座沙彌調布四端、綿四屯、講讀師沙彌綿二屯、調布二端、並用本寺物、但東西二寺、猶用官家功德分封物、(但供養見主税大膳式、)

十五大寺安居供養料

〈延喜式二十六〉主税上

凡十五大寺(其號見玄蕃式)安居供養料米、寺別廿一石六斗二升七合、但大安寺加大般若經會料六石八斗、並以當國春正税送之、其春運功亦用正税、

877

禪院寺

元慶元年十二月十六日

道昭創建の禪院寺を元興寺の別院とした。

〔三代實録卅二〕元慶元年

十二月十六日壬午、以禪院寺爲元興寺別院、禪院寺者、遣唐留學僧道照(昭)、還此之後、壬戌年(天智天皇元年)三月、創建於本元興寺東南隅、和銅四年八月、移建平城京也、道照(昭)法師本願記曰、眞身舍利、一切經論、

安置一處、流通萬代、以為一切衆生所依之處焉、

〈延喜式廿一〉玄蕃寮

凡禪院寺經論、三年一度曝涼、省寮・僧綱・三綱檀越等相共撿挍、

〔類聚國史百八十〕佛道七　諸寺　（略）

〔日本紀略前十九〕元慶元年　（略）

〔扶桑略記廿〕（元慶元）貞観十九年　（略）

恵叡

879 元慶三年三月十七日

律師恵叡が没した。

〔僧綱補任二〕

元慶三年　律師恵叡三月十七日入滅、

七大寺

880 元慶四年六月

七大寺等で祈雨の轉經が行なわれた。

〔三代實録卅八〕元慶四年

七月三日乙卯、終日大雨、入夜方霽、先是、令七大寺及諸定額寺、轉經請雨、

〔日本紀略前十九〕元慶四年　（略）

880　九寺

元慶四年十二月三日

清和上皇の病氣平癒祈願のため、元興寺等九寺で大般若經の轉讀が行なわれ、各寺には油・香・綿が施入され、僧には新錢が施された。

〔三代實録卅八〕元慶四年

十一月廿九日乙卯、是日、　詔分遣使者於廿一寺、修功德、以太上天皇聖體乖豫未有平損也、東大・興福・元興・西大・藥師・大安・法隆・招提・延曆九寺、各供佛燈油三升・名香六兩・細屯綿一連、供僧新錢三貫文、寺別請名僧廿口、始自來月三日、限以三日、可轉讀大般若經、分遣使者於新藥師・四天王・香山・長谷・壺坂・崇福・梵釋・現光・神野・三松・子嶋・龍門十二箇寺、並燒燈嚫綿以修功德、(上皇、十二月四日崩御)

〔日本紀略前十九〕元慶四年　（略）

〔扶桑略記廿〕元慶四年　（略）

880　壽詮

元慶四年

元興寺僧壽詮を東大寺戒和上とした。

〔東大寺要録五〕戒和上次第

十六、壽詮元慶四年任　元興寺　八十餘　任律師

元慶六年八月廿三日

建興寺が蘇我氏の氏寺でなく朝廷御願寺であることを確認し、氏人撿領の希望を停めた。

〔三代實録四十二〕元慶六年

八月廿三日壬戌、太政官下符大和國司偁、散位從五位下宗岳朝臣木村等言、建興寺者、是先祖大臣宗我稲目宿禰之所建也、本緣記文、具存灼然、望請、宗岳氏撿領、而彼寺別當傳燈大法師位義濟確執曰、太政官仁壽四年九月十三日下當國符偁、彼寺、推古天皇之舊宮也、元號豊浦故爲寺名、凡厥緣起具在前志、佛法東流寂始於此、其田園奴婢施入之由、 勅誓堅懇、銘之金盤、頃年堂龕頽破、尊像暴露、綱維不勤、勾當有懈、磬台經台、其久斷眞演之聲、佛物僧物、還致俗用之訟、習而不悛、恐乖御願、宜令長官勾當、不得獨任綱維、以致道場之損、立爲恒例、又貞觀三年九月廿五日下治部省符偁、僧綱申牒、彼寺本自无有俗別當、而今特置之、寺中諸事、觸途爲損、請早從停止、處分依請者、宗我稲目宿禰以家爲佛殿、 天皇賜其代地、遂相移易、施入皇宮、稲目宿禰奉詔造塔、然則建興寺之建、出自御願、不可爲宗岳氏寺明矣、官商量、宜停氏人撿領之望、不得重致寺家之愁、

〔類聚國史百八十〕佛道七 諸寺 (略)　〔扶桑略記廿〕元慶六年 (略)

883　圓宗　隆海

元慶七年十月七日

律師圓宗が少僧都となり、元興寺僧隆海が權律師になった。

〔三代實録四十四〕元慶七年

十月七日庚子、是日以律師法橋上人位平恩・圓宗並爲少僧都、(中略)傳燈大法師位隆海・房忠並爲權律師、(下略)

〔僧綱補任一〕元慶七年　(略)　〔扶桑略記廿〕元慶七年　(略)

883　峯基

元慶七年十月十日

元興寺僧峯(豊)基が維摩會の講師になった。

〔僧綱補任一〕

元慶七年　講師峯基 法相宗、元興寺、

〔三會定一記一〕維摩會講師次第(豊基とある)(略)

883

元慶七年十二月廿二日

元興寺僧少僧都圓宗が没した。

〔僧綱補任一〕

圓宗 884

元慶七年　律師圓宗（十月七日）同日任小僧都、十二月廿二日入滅、

元慶八年正月八日

元興寺僧峯基が御齋會の講師をつとめた。

〔三代實録四十四〕元慶八年

正月八日庚午、於大極殿、始講㝡勝王經、如常、以元興寺僧法相宗傳燈大法師位峯基爲講師、十四日丙子、大極殿齋會事畢、僧綱引名僧、奉參内裏、論義如常、施被而罷、

〔類聚國史百七十七〕佛道四　御齋會（略）

〔日本紀略前十九〕元慶八年（略）

峯基 884

元慶八年十月十日

元興寺僧延保が維摩會の講師になった。

〔僧綱補任二〕

元慶八年　講師延保法相宗、元興寺、

〔三會定一記一〕維摩會講師次第（略）

延保 884

元慶八年十一月十三日

僧綱から南部諸大寺等に對して檢校別當の決定を通達した、元興寺の俗別當には藤原冬緒がな

検校別當　藤原冬緒

った。

〔東南院文書九〕僧綱牒案（平安遺文九・大日本古文書東大寺文書一）

「以十一月廿八日到來　正文返送」

僧綱牒東大興福元興新藥大安藥師招提西大秋篠法隆天王寺別當三綱

定諸寺検校別當事

（中略、東大寺・興福寺・法華寺の分）

元興寺

右寺、以大納言正三位兼行彈正尹藤原朝臣冬緒爲別當

（中略、新藥師寺・延暦寺・藥師寺以下の分）

牒、玄蕃寮今月八日牒偁、治部省十月廿五日符偁、被太政官去九月七日符偁、左大臣宣、奉　勅、件検校別當等所定如件者、省宜承知、依宣行者、寮宜承知、依件行之者、僧綱察狀、依件行之者、毎寺宜承知、依件行之、故牒、

元慶八年十一月十三日従儀師玄幹

權僧正　威儀師峯高

少僧都平恩　威儀師承俊

権少僧都　　　威儀師慧寵
律師　　　　　威儀師観海
律師
権律師
「奉行
　別当律師　　都維那
　上座
　寺主威儀師代「峯澄」」

885

元慶九年(仁和元)正月八日
元興寺僧延保が御齋會の講師をつとめた。
〔三代實録四十七〕仁和元年
正月八日甲子、於大極殿、始講最勝王經、以元興寺三論宗僧傳燈大法師位延保爲講師、天皇臨幸聴之、
十四日庚午、大極殿齋講事畢、僧綱引名僧、奉參内裏、論義如常、賜被而罷、

〔類聚國史百七十七〕佛道四　御齋會　（略）

〔日本紀略前二十〕仁和元年　（略）

885　藤原基經

仁和元年四月二十日

太政大臣藤原基經の五十歳を賀し、元興寺等五寺で五日間の大般若經轉讀が行なわれた。

〔三代實録四十七〕仁和元年

四月廿日甲戌、是日　天皇於延暦寺東西院・崇福・梵釋・元興等五寺、各請十僧、始自今日五ケ日間、轉讀大般若經、賀太政大臣滿五十算、兼祝壽命也、

〔日本紀略前二十〕仁和元年　（略）

〔扶桑略記廿二〕（仁和元 元慶九年）　（略）

〔元亨釋書二十四〕資治表五　（略）

〔極樂坊記〕（↓縁起）

885

仁和元年五月廿三日

階業に預るため、元慶寺の僧を七大寺に入れて諸宗を兼學させるようにした。

〔類聚三代格三〕諸國講讀師事

太政官符

應以元慶寺有勞三綱并久住僧等預階業補年闕講讀師事

886

右得権僧正法印大和尚位遍照牒偁、依太政官今年三月廿一日符旨、應令此寺年分僧經階業、補任年中所闕講讀師既畢、事須依官符以擧申之、而案齋衡二年八月廿三日格、太政官去延暦廿四年十二月廿五日符偁、右大臣(神王)宣、奉　勅、簡年卌五以上心行已定始終不易者補講讀師者、如今當寺年分僧等、年﨟浅少未合格意、爰件僧等或任用三綱日夕奔波、或久住伽藍傳燈無倦、望請、以件等僧令經階業、一如去三月廿一日試年分之符、縦雖年﨟已満、而未受菩薩大戒者、須先令受天台大乘戒而後經階業、但不還本寺、又年分僧等待年﨟満相次擧用、夫諸宗僧等受戒之後配入七大寺兼學三乘敎、此寺年分僧獨未有本寺、冀隨其意樂、入延暦寺及七大寺以兼學諸宗、謹請處分者、右大臣(源多)宣、依請、

仁和元年五月廿三日

〔三代實録四十七〕仁和元年　（略）

〔類聚國史百七十九〕佛道六　諸宗階業　（略）

仁和二年六月十八日

天變の豫言により、元興寺等九か寺に大般若經の轉讀を命じ、供料として新錢・名香を施入した。

〔三代實録四十九〕仁和二年

六月十八日丙寅、分遣使者於九箇寺、轉讀大般若經、其供料、東大寺・元興寺・興福寺・藥師寺・延

曆寺各新錢五貫文、西大寺・法華寺・大安寺各四貫文、法隆寺三貫文、毎寺供名香、多少有數、以左右衛門府生左右馬寮史生充使、先是、天文博士從八位下中臣志斐連廣守奏言、近窺天變、奉爲
天皇、見不祥之氣、是故修此善焉、

〔日本紀略前二十〕仁和二年　（略）

仁和二年七月廿二日

律師隆海が没した、年七十二。

〔三代實録四十九〕仁和二年

七月廿二日己亥、律師法橋上人位隆海卒、隆海俗姓清海眞人氏、左京人也、生於攝津國、家在河上、漁捕爲業、隆海年甫數歲、從漁父出遊水上、當國講師藥圓（藥仁　今昔）見而異之、共載而歸、久之藥圓付屬律師願曉令受三論宗義、年廿、奉年分試、是時、監試法俗、相議令諸宗學徒□（互カ）相難問、取其拔萃者爲得第、隆海詞致清遠、衆不敢抗、監試官人評議、擢爲甲科、律師中繼感其神悟、授以法相宗義、承和二年受具足戒、詣平城第三皇子法名眞如、承受眞言法、貞觀十一年爲大和國講師、十六年爲維摩會講師、諸宗僧綱碩學、論難鋒起、隆海隨方辨折、咸出問表、元慶六年爲權律師、明年改權爲眞、隆海患風疾、心神疲苶、告門弟子曰、就命前至、當修往生之業、盥手漱口面向西方、觀念阿彌

陁佛、毎修十念、誦龍樹菩薩及羅什三藏彌陀讃、至于命終其聲不絶、又毎日沐浴、如此三日、更披閲無量壽經、誦其要文、命弟子掃地展席、因坐其上、至於夜分安坐氣絶、弟子等令北首臥、明朝見右手結无量壽如來印、積薪焚身、火滅形砕、唯印不爛、卒時年七十二、隆海綜覈經論章疏文義、撰二諦義一巻・方言義一巻・四諦義二巻・二智義二巻・二空比量義二巻・因明九句義二巻、

〔類聚國史百八十九〕佛道十六　僧卒下　（略）

〔日本紀略前二十〕仁和二年　（略）

〔僧綱補任二〕仁和二年　（略）

〔日本往生極樂記〕律師澄海（隆海であろう）　（略）

〔今昔物語集十五〕元興寺隆海律師往生語第一　（略）

〔扶桑寄歸往生傳上〕隆海　（略）

〔扶桑略記廿二〕仁和二年　（略）

〔元亨釋書三〕慧解二ノ二　（略）

本元興寺

887

仁和三年十二月三十日

飛鳥の本元興寺が焼亡した？

〔本元興寺縁起〕（↓縁起）

〔本朝佛法最初南都元興寺由來〕（↓縁起）

885-89

仁和年間

元興寺が木津川流域の材木伐採地で百姓から地子を徴集し始めた。

890

〔類聚三代格十六〕（↓寛平八年四月二日）

〔東大寺文書三ノ六〕明法博士勘状案　（↓寛平八年四月二日）

寛平二年十月二日

元興寺僧峯基が權律師になった。

〔僧綱補任二〕

寛平二年　權律師峯基（十月二日）同日任、法相宗、興福寺、已講勞、

〔三會定一記一〕維摩會講師次第　（略）

890　峯基

寛平二年十月十日

元興寺僧賢石が維摩會の講師になった。

〔僧綱補任二〕

寛平二年　講師賢石法相宗、元興寺、五月廿三日清書、石川氏、宣旨紛失『七十二』

〔三會定一記一〕維摩會講師次第　（略）

893　賢石

寛平五年十月十日

元興寺僧賢石が權律師になった。

〔僧綱補任二〕

寛平五年　權律師賢石（十月十日）同日任、法相宗、已講勞、石川氏、〔『七十五』〕

寛平七年七月廿七日

元興寺等十八か寺の縁起を提出させたという説がある。

〔行仁上人記〕（大日本史料一ノ二）

寛平七年七月二十七日、下宣旨於長谷寺并七大寺等鎮護國家伽藍十八所、尋其緣起由來、

（下略、長谷寺のこと）

寛平八年四月二日

元興寺ら南都諸寺が、木津川流域の材木伐採地の百姓から地子を責めとることを禁じられた。

〔類聚三代格十六〕　山野藪澤江河池沼事

太政官符

應停止諸寺稱採材山四至切勘居住百姓事

右問山城國民苦使正五位下守左中弁平朝臣季長奏狀偁、得相樂郡司解偁、諸卿百姓愁狀偁、東大・元興・大安・興福寺等採材木山在泉河邊、或五六百町、或一千餘町、東連伊賀、南接大和、今大

川原有市鹿鷺等郷百姓口分并治田家地多在此山中、因茲人民之居各逐水草、瀕河披山群居雜處、子ゝ孫ゝ相承居住、推其年紀、及百餘歳、前件諸寺從來无勘地子、而元興寺自仁和初勘其地子、興福寺亦習此例、勘責尤切、望請、使裁早被免除者、使開撿田圖所申不虛、既有口分何无居宅、凡所以寄山林於諸寺者、爲是採用修理料材、曾非妨遏百姓田地、望請、停止諸寺新勘家地ゝ子、禁制百姓恣伐山中樹木、但元來注寺田不在此限、如此則三寶得興隆之便、萬民懷安堵之心、謹請處分者、大納言正三位兼行左近衛大將皇太子傅民部卿陸奧出羽按察使源朝臣能有宣、奉勅依請、其四畿内若有斯類、亦宜准此、

寛平八年四月二日

〔東大寺文書三ノ六〕　明法博士勘狀案　（平安遺文五）

（端裏）「明法勘狀保安四年
内給皇后宮大夫右大弁同五正十六重仰忠盛令進上本公驗案」（三代格にみえる官符が引用されている）（略）

寛平十年（昌泰元）三月廿八日

疫病の退散を祈り、十五大寺で金剛般若經の轉讀が行なわれた。

〔日本紀略後一〕　昌泰元年

十五大寺　901

三月廿八日丁酉、爲消疫癘、於十五大寺限三箇日、轉讀金剛般若經一萬巻、天下潔齋、
〔扶桑略記廿三裏書〕寛平十年　（略）

901

昌泰四年（延喜元）六月廿八日
東大寺で行なわれる解除會に、元興寺から二十僧が參加した。
〔東大寺要録四〕諸會章第五
東大寺別當道義律師、時延喜元年三月廿五日、被諸寺牒送、爲天下病疫、被令東大寺講堂毎年六月廿八日解除祓行大衆集會狀、（中略）
一、請僧　専寺七十二人之中二人定者
　興福寺七十人、元興寺廿人、大安寺廿人、藥師寺廿人、西大寺廿人、法隆寺廿人、（下略）

濟僊　901

延喜元年十月十日
元興寺僧濟僊が維摩會の講師になった。
〔僧綱補任二〕
延喜元年　講師濟僊 三論宗、元興寺、二月十七日宣旨、攝津國人、藤氏、『七十六』
〔三會定一記一〕維摩會講師次第（濟濡とある）　（略）

902

賢石

902

十五大寺

902

愛智郡
大國郷
三論別供

延喜二年三月廿三日

權律師賢石が律師になった。

〔僧綱補任二〕

延喜二年　權律師賢石（三月廿三日）同日轉正

延喜二年六月十七日

十五大寺で祈雨の讀經があった。

〔日本紀略後二〕延喜二年

六月十七日、祈雨山陵使、同日五龍祭、同於十社讀經、又於十五大寺・延曆寺讀經、

延喜二年十一月七日

依智秦又子が近江愛智郡の墾田を元興寺三論別供傳燈料として施入した。

〔東南院文書五櫃三巻〕依智秦又子施入狀（大日本史料一ノ三）（平安遺文一）（大日本古文書東大寺文書三）

□□（近江）國愛智郡大國郷居住依知秦（文）又子解申請所由所司明驗事

□□（元興カ）寺三論別供傳燈料永施入墾□（田）之狀

合貳佰玖拾歩

在十三條十里九淵邊田者北方

右件墾田者、□(爲カ)又子後世、供家永奉入如件、仍注事狀、請所由所司明驗、謹解、

延喜二年十一月七日　依知秦公「又子」(末左方)本

郷長「従七位上」若湯坐「三雄」

刀禰

前擬「大(少ノ上)」領正「六(七ノ上)」位上依知秦「又(文)雄」

前擬「大(少ノ上)」領正六位上依知秦「春□(秦)」

正六位上依知秦「房雄」

右兵衛従八位上依知秦「春影」

大初位上依知秦「夏□(相カ)」

「同三年十一月三日判、

目代依智秦「永岑」　擬主政調

勾當依智秦　擬主帳秦

撿挍依智秦「忠範」

延喜三年

郡老依智奏

擬大領、、、

擬少領依智」（「愛智郡」印三十餘あり）

（□□寺三論別供云々は、大日本古文書・遺文の推定により元興寺として採録したが、東大寺であるかもしれない）

903 義濟 觀音堂

延喜三年五月

詔により、別當義濟が觀音堂を再建した？

〔本朝佛法最初南都元興寺由來〕（↓縁起）

〔奈良坊目拙解〕（略）

904 賢石

延喜四年二月廿九日

律師賢石が少僧都になった。

〔僧綱補任二〕

延喜四年　律師賢石二月廿九日任小僧都、

〔三會定一記二〕維摩會講師次第（略）

905

延喜五年七月十一日

元興寺僧永繼が住んでいた佐伯院が、僧聖寳に附屬された。

〔隨心院文書〕　佐伯院附屬狀　（平安遺文一）

（端裏）「佐伯院付屬狀　延喜五年」

參議正三位大宰帥佐伯宿禰今毛人曾孫同姓高相謹白

奉□（付カ）屬寺家壹院號香積寺 俗名佐伯院在平城之左京五條六防（坊）

□（田カ）地□（五カ）町六段百卅歩　四至東限道、北限小道并大安寺園、 西限小道葛木寺、南限大路、

在物

五間檜皮葺堂舍一宇　金色藥師丈六像壹軀　同色脅士日光月光菩薩像貳軀

檀相十一面觀音像壹軀

右件道場、故大藏卿正四位下佐伯宿禰麻毛利・弟參議正三位佐伯宿禰今毛人卿等、爲國家捨資財所建立也、（中略、後その田地は藤原冬嗣に沽却されて興福寺南圓堂法華會料となり、良房の時もとに返し與えられた）爰元興寺僧永繼法師、稱氏法師并檀越師、借住彼寺廿餘年、而歲老治劣、無心修治、爰死去之後、奉預氏師山階寺安勢僧都、以令修治、而間彼永繼法師弟子僧玄積無慙之人、稱己領住、敵彼僧都、因僧都曾不口入、彼堂舍亦破壞、爰建立之苗裔等、悲嘆彼堂舍佛像之俄無人修治、雖而彼僧

聖寶

東大寺東南院

都將爲修治之間、去昌泰三年六月七日、東大寺別當故道義律師、偏稱東大寺地、不捜勘彼寶龜七年以來資財帳、唯依天平勝寶八年資財帳、申下官符、乘彼寺三綱苗裔等無力之隙、發三百餘人夫工等、去延喜四年七月二日夜半許、至于佛悉運移、即明日之内、堂舎破運、新立東大寺南大門内東掖方、唯件寺自彼寶龜七年建立以來至于延喜五年、一百卅三箇年也、而偏被依勘天平八年資財帳、極甚不穩、須依實愁申公庭、返立庄嚴而事至善地、於加庄嚴有何妨哉、唯今苗裔等案物意、件寺還得之功、尤是貞觀寺故僧正御力也、仍尋其風門、謹奉付囑權僧正法印大和尚位聖寶・權律師法橋上人位觀賢兩院已畢、加以庄嚴佛像、修治堂舎、唯在聖徳、師資相傳、永ゝ相續、庄嚴堂舎、供養佛像、但其料物、本願所施田地五町六段百卅歩、以斯充用、望請被　聖恩、彼田地一向爲此佛菩薩料物之官符、將爲後代公驗、仍唱氏署名、録付囑之狀、謹白、

延喜五年七月十一日　　蔭孫正六位下佐伯宿禰「高相」(以下氏人署名略)

〔東大寺要録四〕諸院章第四

一東南院

貞觀十七年乙未、聖寶僧正造東南院、檜皮葺僧房内安如意、　藥師堂在東南院内、

延喜四年甲子、東大寺別當律師道義、佐伯氏人也、大安寺丑寅角在佐伯院、本名香積院、仍東

大寺南大門東脇、件院移朝運作（發）一日一夜内、夫三百（余人）、以是當名東南院、同六年律師造聖寳僧正
本寺、大安寺在流記、別當東南院宛田地了、

〔東大寺續要録〕諸院篇　（略）

＜三國佛法傳通緣起中＞三論宗

905　濟僊

延喜五年八月八日

元興寺僧濟僊が權律師になった。

〔僧綱補任二〕

延喜五年　權律師濟僊（八月八日）同日任、三論宗、元興寺、已講勞、攝津國人、藏人氏〔『八十』〕

〔三會定一記一〕維摩會講師次第　（略）

905　聖寶

延喜五年十二月廿二日

權僧正聖寶に勅して、平城諸寺の僧八十歲以上の者の名簿を進めさせ、綿を給した。

〔扶桑略記廿三〕延喜五年

十二月廿二日丙午、召權僧正聖寶、勅云、平城并近京諸寺僧、年及八十已上、將施綿、令進名簿、
則仰穀倉院施綿、

〔元亨釋書二十四〕延喜五年十二月（略）

賢石 906

延喜六年正月十五日

少僧都賢石が没した。

〔僧綱補任二〕

延喜六年　小僧都賢石正月十五日入滅、

濟僊 906

延喜六年三月廿三日

權律師濟僊が没した、年七十五。

〔僧綱補任二〕

延喜六年　權律師濟僊三月廿三日入滅、〔年七十五〕

〔三會定一記二〕維摩會講師次第（略）

〔日本紀略後一〕延喜六年（略）

十五大寺 907

延喜七年三月八日

十五大寺で讀經が行なわれた。

〔日本紀略後一〕延喜七年

三月八日、於十五大寺御讀經、

908

安遠

七大寺

延喜通寶

延喜八年十月十日

元興寺僧安遠が維摩會の講師をつとめた。

〔僧綱補任〕二

延喜八年　講師安遠三論宗、元興寺、七年十一月二日宣旨、讃岐國人、秦氏『六十四』

〔三會定一記〕一　維摩會講師次第　（略）

〔維摩會講師研學竪義次第〕　延喜八年　（略）

延喜八年十二月十三日

新錢「延喜通寶」を七大寺にわかった。

〔日本紀略後〕一　延喜八年

十二月十三日、奉新錢於諸寺、

〔西宮記臨時一裏〕　延喜八年　（醍醐天皇御記）　（大日本史料一ノ三）

十二月十三日、班新錢七大寺云々、十四日給僧正聖寶、

〈日本紀略後〉一　延喜七年

十一月三日、詔改寛平大寶錢貨、爲延喜通寶、一以當舊之十、新與舊並令通用之、

延喜九年正月八日

元興寺僧安遠が權律師になった。

〔僧綱補任二〕

延喜九年　權律師安達(遠カ)　正月八日任、三論宗、元興寺、當講問依御齋會行幸被賞、

延喜九年七月六日

前僧正聖寶が没した、年七十八。

〔醍醐根本僧正略傳〕（↓承和十四年―貞觀十一年）

〔聖寶僧正傳〕（同前）

（前略）延喜初比、有被誓願於諸寺之勅語、冥感掲焉、始被施捨月料米於大炊寮、延喜七年有勅、以醍醐寺爲御願所、同九年四月中、於普明寺(群ナシ)疾病相侵、陽成天皇爲問病行幸、法皇(續群書類従本ナシ)爲問病行幸、右亟相爲問病臨過、爰湯藥無驗、以七月六日入滅、于時生年七十八、此日有勅、御誦經布施調布二百端、藏人使左近衛將監紀淑人、今依宣旨略以記進、

承平七年九月十一日

〔日本紀略後二〕延喜九年（略）　〔元亨釋書四〕慧解二ノ三（略）

〔尊師御一期日記〕法務僧正法印大和上位聖寶

安遠

909

聖寶

七大寺撿挍

(前略)、又任七大寺撿挍云々、委可勘也、

讃云、職居七大寺之撿挍、縁諸宗於一門處、留五師子之如意、爲三會之恒規云々、(中略)

私云東南院藥師堂、本有元興寺、道義律師付高野、々々移住於東大寺之尅遷之、

道憲

〈血脈類集記二〉

僧正聖寶　付法十人(中略、弟子名のうち)

道憲　年五十三、元興寺

同八年十一月八日受之、

〈古今和歌集目録〉(略)

東大寺荒室の石

〈七大寺日記〉一東大寺　(校刊美術史料)

又荒室ト云房アリ、可見、件室房ハ大佛殿ノ北、講堂東ニ南北ニ一町横ナル連房アリ、件連房ノ南妻ヨリ北行ハ第二房也、件房、本ハ天魔悪鬼等競發テ、或頓病、或頓滅シテ、不能人住、仍名荒室、而ヲ聖寶僧正、能降之給テ、件房ニ出入スル東ノ小子房門下(閫カ)、赤キ石ノ長五尺、弘一尺餘敷テ、誓願云、我門跡ノ此房ニ住セム輩、此ノ石ヲ踏テ可出入、降テ广(魔)ヲ結界シテ敷也、云ゝ、世人傳云、件石ハ本ハ元興寺ニ有ケル石而、僧正獨自遙持來給テ、結界シテ件戸閫ノ下ニ敷給云ゝ、

其後移住ノ輩、安穏先咎(モカ)矣、尤可見、

＜諸寺縁起集菅家本＞東大寺　三面僧房

(前略、前出聖寶の荒室のこと)聖寶僧正持來石有、件石者、本元興寺之石也、長七尺、弘一尺餘云云、或説云、件石者、金峯山御在所也、僧正自醍醐毎日(月カ)參詣金峯山、還向之次、荷持所埋也云云、

911

京東五條春日里

玄阿

延喜十一年四月十一日

東大寺の僧慶賛が、自分の墾田が元興寺の僧玄阿に横領されることを訴えた。

〔藥師院文書〕東大寺上座慶賛愁狀　(平安遺文一)

謹言

請蒙刀禰證署并郡(判カ)□墾田等事

家地參段新開爲田　墾田肆段佰歩

並在添上郡京東五條五上春日里五坪并四春日里卅二坪

右檢案内、件墾田等、故專寺造司專當命順大法師、以去貞觀十四年、從本主石川朝臣瀧雄之手所買得也、但彼大法師爲恐格制、實行之名立券也、□後件命順賜處分於弟子僧恩正、恩正讓與於□與於慶賛、而元興寺僧玄阿大法師、稱己墾田以妨領之、仍頃年以彼公驗、經愁刀

禰并郡衙、隨即彼此公驗、可勘挍之狀、下符條司、隨即公驗可相向之狀、牒送玄阿大法師、而件玄阿大法師左右遁避、不向公驗、暗領地頭、其由在條司并刀禰日記文、望也蒙明裁、任於公驗、將被與判、仍副調度文□

延喜十一年四月十一日　　東大寺上座大法師「慶賛」

件依慶讃大法師御愁、郡以去延喜六年、任彼此公驗、可件坪ゝ破定之由、條司并刀禰等所被下帖也、而條使(マヽ)刀禰等障公務、經年不辨、而依彼大法師□(愁)□□(四)月十九日爲破定件□□許、可相逢公驗之由申送、而慶讃大法師者公驗持向也、彼玄阿大法師者公驗无相向、又以今年三月十六日、又可公驗向之由重申送、而猶不出、即玄阿大法師云ゝ、已附國郡帳元興寺田五段百歩、是尤公驗□條司刀禰云、何乍□圖帳、可無本公驗云ゝ、雖然聿无相逢、而彼慶讃大法師所出公驗、國郡判明白也、仍加刀禰署、

縣犬養

評　「浄常」(以下八名連署、略)

「□依刀禰等證驗加署印

國老紀「甲雄」　擬主政大宅「眞演」

延喜十二年

國目代高橋「興良」　擬主帳秦「福利」

古日佐「良雄」

郡　老大宅「金方」

少　領道守「是則」　(添上郡印カ)(印文不明印數十あり)

912

延喜十二年五月五日

疫病退散の祈りとして、十五大寺で仁王經の讀誦があった。

〔日本紀略後二〕延喜十二年

五月五日、節會、・名社(脱文?)并十五大寺讀仁王經、祈疾疫事、

十五大寺　912

延喜十二年十月十日

元興寺僧義濟が維摩會の講師になった。

〔僧綱補任二〕

延喜十二年　講師義濟法相宗、元興寺、十一年十月廿八日宣旨、〔『七十』〕

〔三會定一記二〕維摩會講師次第（略）

義濟　914

延喜十四年

宇多法皇が六宗の學者に勅して各宗の經論章疏の目録を提出させたので、元興寺の安遠は三論宗章疏を出した。

〔諸宗章疏録上〕（一名五宗録）

華嚴宗章疏并因明録

東大寺圓超大法師奉聖王勅録上

竊以、佛敎之興也、於此有由矣、西天之境釋迦能仁、駕鹿苑而疏其源、東漢之朝孝明皇帝、夢金人而尋其蹤、我國家奇異之像來濱、微言之敎聞空、磯城嶋金刺宮御宇欽明天皇十三年、佛法始傳矣、其後至于延喜十四年、經三百五十三年、其間所傳法藏盡數、分敎窮派事寫經論、競在公私、秘顯章疏但任人心、或秘不傳或散不寫、諸宗章疏漸瀆塞、白馬敎法無由釋焉、伏惟、禪定皇帝（宇多）、五百佛前親受付囑、一天下中權現王身、崇重聖敎遠越五天、紹隆顯密近倍震旦、爰皇帝勅寫傳章疏、使六宗碩學進各宗之録、圓超苟陪華嚴之末學、忝献自宗及因明録、伏憑後哲之正奏耳、甲戌之歳（延喜十四）四月八日謹序、（以下章疏目録　略）

（天台宗章疏―延暦寺玄日）

三論宗章疏　元興寺安遠律師奉聖王勅録上　（目録　略）

延喜十六年

（法相宗章疏—東大寺平祚、律宗章疏—藥師寺榮穩）

916 延喜十六年四月五日

權律師安遠が律師に轉じ、元興寺僧覺詮が權律師になった。

〔僧綱補任二〕

安遠　延喜十六年　權律師安遠（四月五日）同日轉正、『七十二』

覺詮　權律師覺詮同日任、律宗、元興寺、河內國人、若犬甘氏、

918 延喜十八年

元興寺僧義濟が權律師になった。

〔三會定一記二〕維摩會講師次第

義濟　延喜十二年去年十月廿八日宣、講師義濟七十元興寺法相宗　同十八年任權律師、同廿二年卒、八十歳

922 延喜二十二年

權律師義濟が没した、年八十。

〔三會定一記二〕（↓延喜十八年）

923 延長元年六月七日

覺詮

權律師覺詮が没した。

〔僧綱補任二〕

延長元年　權律師覺詮六月七日入滅

〔日本紀略後二〕延長元年（略）

924　安遠

延長二年十二月廿一日

律師安遠が没した、年八十一。

〔僧綱補任二〕

延長二年　律師安達（遠カ）十二月廿一日入滅〔八十一〕

〔日本紀略後二〕延長二年（安遠とある）（略）

〔三會定一記一〕維摩會講師次第（十二月十一日）（略）

925　七大寺

延長三年七月廿一日

祈雨のため、十五大寺で法會があり、ついで七大寺の僧が東大寺で三か日の讀經を行なった。

〔日本紀略後二〕延長三年

七月廿一日壬子、於十五大寺幷有供諸寺比叡山祈甘雨、

〔扶桑略記廿四裏書〕延長三年

七月廿一日壬子、去今兩月旱魃、仍於神泉苑幷十五大寺有供諸寺祈雨、曾不降、而去十六日、於比叡山被修請雨經法、然間、自今夜子時雨快降、是感應也、

〔貞信公記抄〕延長三年

七月廿七日、（中略）於東大寺、集七大寺僧、従今日三个日行祈雨讀經事、

延長四年十二月十九日

宇多法皇の六十歳を賀し、七大寺等で誦經が行なわれ、元興寺には布千端が施入された。

〔貞信公記抄〕延長四年

十二月十九日、（中略）今日奉爲法皇、七大寺並京邊七寺有御誦經、

〔扶桑略記廿四〕延長四年

十二月十九日壬寅、奉爲太上法皇増寳壽、京邊七箇寺・南京七大寺修御誦經、施用絹六百疋布六千端、京七寺、東寺・西寺・延暦寺・東塔・仁和寺以上五所、絹各百疋、浄福寺・圓城寺二所、各五十疋、七大寺、東大寺・興福寺・元興寺・大安寺・藥師寺五寺、布各千端、西大寺・法隆寺二寺、各五百端、其使、七寺遣四位大夫等、七大寺遣五位侍従仰事由、

〔元亨釋書廿四〕延長四年

十二月十九、上都七大寺・南京七大寺、各諷經、祝太上皇也、今茲上皇六十、然不許賀、故天子修斯經會、其十四寺施用甚繁、又以穀一千二百石、行無遮施、

〔平城新元興寺極樂坊記〕（↓縁起）

〔河海抄十三〕若菜上　（略）

〔新儀式四〕臨時上　（略）

〔醍醐天皇御記〕（略）

927

延長五年七月六日

祈雨のため、七大寺の僧が東大寺で三か日の讀經を行なった。

〔貞信公記抄〕延長五年

七月六日甲寅、請七大寺僧於東大(寺)、佛前、三个日、又延暦及有供諸寺、讀經祈雨、雷雨、

〔祈雨日記〕延長五(二イ)年

七月二日庚戌、民部卿藤原朝臣令淑光朝臣申七大寺及有封諸寺令讀經祈事依請、

927

延長五年

延喜式にみえる諸大寺に關する各種の規定。（この年延喜式が奏進された、かりにここに収める）

〔延喜式二十一〕玄蕃寮

凡諸大寺并有封寺別當三綱、以四年爲秩限、遷代之日、即責解由、但廉節可稱之徒、不論年限、殊

録功績、申官裒賞、自餘諸寺依官符任別當及尼寺鎭、並同此例、其未得解由輩永不任用、亦不預公請、但僧綱別勅任別當者、不在此限、(『三代實録十八』貞觀十二年十二月廿五日の條)

凡諸寺以別當爲長官、以三綱爲任用、解由與不勘知并覺擧遺漏、及依理不盡返却等之程一同京官、其與不之狀、令綱所押署、

凡諸寺別當三綱等任符、出後下承知符於省、省下知於寮、寮亦令綱所知之、

凡諸大寺別當・三綱有闕者、須五師大衆簡定能治廉節之僧、別當三綱、共署申送、僧綱覆審具狀牒送寮、寮申省、省申官、然後補任、若薦擧不實科責擧者、兼解却見任、東大寺知事亦同、

凡任諸大寺三綱者、省寮共知補任、勿令僧綱專任、有封寺皆同、(中略)

凡戒壇十師并沙彌等供料、以大藏省并大和國所送物、具見大藏省并主税式、但大和國二月卅日以前送納、令東大・興福・元興・大安・藥師・西大・法華・新藥師等寺各配一日辨備、

凡以七大寺僧爲師主之輩、不聽預延暦寺授戒、(中略)

凡諸大寺僧有死闕者、毎月申送僧綱、僧綱勘取度縁、毎年牒送於寮、寮即申省、省年終申官、

延長七年八月五日

止雨のため、七大寺に般若經の讀誦を行なわせた。

七大寺
931

〔扶桑略記廿四裡書〕延長七年
八月五日辛丑、爲止雨、於七大寺并延暦寺、三箇日可讀般若之由、又依官寮占申、五箇所神社付在國、令祈申霖雨之由、依内裡穢也、

承平元年閏五月廿七日
宇多法皇の御息災のため、七大寺等で讀經が行なわれた。
〔貞信公記抄〕承平元年
閏五月廿七日、七大寺・東・西・延暦寺等、始従今日至晦日、令讀大般若、同寺〻又自餘寺合廿七寺令讀仁王經、一今（个）日、爲御息灾也、但尼寺任各可讀、臨寺御讀經行弘徽殿、大般若、廿僧也、
〔日本紀略後二〕承平元年（略）

七大寺
934
藤原穏子

承平四年三月十六日
中宮（藤原穏子）の御息災延命のため、七大寺等で誦經が行なわれ、布が施入された。
〔西宮記十二其二〕皇后御賀事
承平四年三月、貞信公記云、（中略）三月十五日、右大辨（紀淑光）來云、明日御誦經旨仰使云、御賀由云〻、報答云、不可稱御賀、只謂御息灾增寳壽、

十六日、。七大寺・東・西・延暦・極樂寺等有御誦經、其布施、東大・興福・大安寺、藥師・延暦寺各五百端、西大・法隆・東・西・極樂寺各四百端奉爲中宮(藤原穏子)息灾延命也、

〔日本紀略後二〕承平四年（略）　〔花鳥餘情十九〕若菜上（略）　〔新儀式四〕臨時上（略）

七大寺

934

承平四年

元興寺僧義昭が維摩會の席で延暦寺の良源と對論した。

義昭

〔本朝高僧傳八〕和州元興寺沙門義昭傳

釋義昭出於平安城藤氏華族、自幼俊發、負笈諸師、綜研性相、特優論義、居元興寺、皇張法相、承平四年睿山良源奉勅差、坐興福寺維摩會講席、南衆批評、選昭對論、時年未滿弱冠、源曰、我徳臘共邁於昭、渠豈對我乎、旹仁斅僧都承檢題宣、望高當世、謂源曰、昭雖少相宗俊才、何必擇年乎、推爲偶講、及致問難如峽倒川奔、源亦言泉如涌、相問相酬綽有餘裕、一會大衆稱如良将操才逓不蒙創矣、(下略)（↓天暦八年十二月五日・安和二年正月三日）

934

承平四年十月十日

元興寺僧仁揚が維摩會の講師になった。

〔僧綱補任二〕

仁揚

935

承平四年　講師仁揚三論宗、元興寺、二月七日宣、『五十九』

〔三會定一記二〕維摩會講師次第（年五十七とある）（略）

九寺僧

承平五年五月六日

東大寺講堂供養會に元興寺僧が參加した。

〔東大寺要録四〕諸院章第四

講堂在三面僧房（中略）

承平五年五月六日、講堂供養請僧千人、

萬僧供　九寺僧　專寺　興福寺　元興寺　大安寺　藥師寺　西大寺　法隆寺　天王寺　延暦寺（下略）（延喜十七年講堂・僧房炎上）

〔扶桑略記廿五裡書〕承平五年五月九日（略）

938

天慶元年六月二日

地震のため、十五大寺等で最勝王經が轉讀され、ついで仁王經讀誦も行なわれた。

〔貞信公記抄〕天慶元年

四月十八日、地震不止、大内御誦經廿一寺、爲御息灾也、警固召仰、

十五大寺

五月廿八日甲戌、依天下例、可令十五大寺・延暦寺並有供寺〻、三个日間、轉讀最勝王經、爲止地震也、又定賑給詔書覆奏事等、左金(藤原實頼)行、

六月二日丁丑、最勝王經自今日始行、

七月八日癸丑、十五大寺・延暦寺并京邊諸社諸寺令讀仁王經、爲御息災令止地震也、

938

如無

天慶元年八月十日

元興寺僧(?)大僧都如無が没した、年七十二。

〔本朝高僧傳八〕　和州元興寺沙門如無傳

釋如無、中納言藤山蔭之子、爲兒時父任西州、考滿擧家駕船歸洛、兒偶在舷遊戲墮水、忽有神亀負兒而出、檝師抱擧、及長聰明絶倫、父母相携往元興寺投明詮僧正、語其因緣、即爲削染名曰如無、學業辛勤、法相識智瑩其玄蘊、已三會講、延喜十六年任少僧都、承平元年轉大、延長六年司法務、公卿之子預僧綱者、遍昭之後以無爲始、天慶元年八月十日寂、春秋七十二、

〈僧綱補任二〉

延喜六年　權律師如無十一月八日任、法相宗、興福寺、是日太上法皇卌賀被行、依院別當寺、中納言従三位藤山蔭子、抽被賞、

十年　權律師如無同日(三月廿二日)轉正、

澄蓮

十五大寺
平將門の亂

938 939

十六年　律師如無(四月五日)同日任小僧都、
承平元年　小僧都如無十月廿七日任大僧都、
天慶元年　大僧都如無八月十日入滅

<日本紀略後二>天慶元年(八月九日卒)（略）

天慶元年十月十日

元興寺僧澄蓮が維摩會の講師になった。

〔僧綱補任二〕
天慶元年　講師澄蓮法相宗、元興寺、五月十一日宣、安曇氏、〔年五十八〕

〔三會定一記一〕維摩會講師次第(證蓮とある)（略）

天慶二年五月廿五日

平將門の亂に對する祈禱として、十五大寺と諸社で仁王經の讀經が行なわれた。

〔本朝世紀三〕天慶二年
五月十九日庚申、諸卿參陣、被定行自來廿五日三ケ日間於十五「日」(衍カ)大寺并諸社可被修仁王經御讀經之由、是依坂東兵賊事也、

939 十五大寺

天慶二年七月十日

祈雨のため、十五大寺等で仁王經の讀誦を行なうことを定めた。

〔本朝世紀三〕天慶二年

七月十日己酉、(中略)又被定於十五大寺并延暦寺有供諸寺可讀仁王經之由、依祈雨也、被下宣旨於弁官、

940 平将門の亂 七大寺僧

天慶三年正月

七大寺の僧が東大寺三月堂の執金剛神の前で將門の調伏を祈り、靈異があったと傳えられる。

〔扶桑略記廿五〕天慶三年

正月廿四日、(中略)、又世相傳云、於東大寺羂索院執金剛神前、七大寺諸僧集會、祈請將門調伏之由、然間、數萬大蜂遍滿堂内、迅風俄來、吹折執金剛神之髻糸、數萬之蜂相隨髻糸、向東穿雲飛去、時人皆謂、將門誅害之瑞也、一云、東大寺羂索院後、有等身執金剛神之像、頭光右方天衣切落、古老云、天慶之比、有平將門、謀危國家、兵革無絶、公家爲免其難、祈請此寺、神像已隱廿餘日、寺家稱恠、屢經奉聞、疑合戰之不利、彌以恐怖、不經幾日、像已立本壇之跡、見其天冠之餝、右方已缺落又其身濕如流汗、現爲賊被射損之相也、依此祥異遂梟將門之首、

〔帝王編年記十五〕朱雀院　（略）　〔元亨釋書二十四〕天慶三年　（略）

（平將門の亂はこの年二月に平定した。）

940　仁揚　泰舜　昌禪

天慶三年十二月十四日

元興寺僧仁揚・泰舜・昌禪が權律師になった。

〔僧綱補任二〕

天慶三年　權律師仁揚（十二月十四日）同日任、三論宗、元興寺、已講勞、吉志氏、〔『六十五』〕
泰舜同日任、眞言宗、元興寺、右京人、藤氏、〔『六十四』〕
昌禪同日任、律宗、元興寺、河内國人、中科氏、〔『五十九』〕

941　泰幽

天慶四年十月十日

元興寺僧泰幽が維摩會講師になった。

〔僧綱補任二〕

天慶四年　講師泰幽法相宗、元興寺、三月廿五日宣、〔六十一〕

〔三會定一記一〕維摩會講師次第　（略）

941

天慶四年十二月廿八日

權律師泰舜が東寺別當に任ぜられた。

〔僧綱補任二〕

泰舜

天慶四年　權律師泰舜十二月廿八日補東寺別當、

943 天慶六年六月十六日

權律師昌禪が没した、年六十二。

〔僧綱補任二〕

天慶六年　權律師昌禪六月十六日入滅、〔『六十二』〕

昌禪

945 天慶八年十二月廿九日

元興寺僧澄蓮が權律師になった。

〔僧綱補任二〕

天慶八年　權律師證(澄カ)蓮十二月廿九日任、法相宗、元興寺、已講勞、紀伊國人、安曇氏、〔『六十五』〕

〔三會定一記二〕維摩會講師次第　（略）

澄蓮

947 天暦元年六月廿九日

十五大寺等で臨時の仁王經讀誦が行なわれた。

十五大寺

948

〔日本紀略後三〕天暦元年

六月廿九日壬午、自今日於南殿并十五大寺諸社、修臨時仁王經御讀經、穢中、

七大寺

948

天暦二年六月五日

祈雨のため、七大寺の僧が東大寺で三か日の仁王經轉讀を行なった。

〔貞信公記抄〕天昌二年

六月三日康(庚)辰、十一社並龍穴神等遣僧綱以下、又七大寺僧、集東大寺大佛殿可祈雨事、仰按察中(藤原在衡)
中納言者、

〔日本紀略後三〕天暦二年

六月三日庚辰、(略、貞信公記と略同文)

六月五日壬午、是日、於諸社・龍穴・東大寺、自今日限三箇日、轉讀仁王經、祈甘雨也、

〔東大寺別當次第〕傳燈大法師寛救　(略)

天暦二年十月十九日

權律師澄蓮が律師になった。

〔僧綱補任二〕

949 澄蓮

天暦二年　権律師澄蓮〔十月十九日転正、『六十八』〕

天暦三年六月十七日

年穀を祈り疫病を除くため、十五大寺や諸社で仁王経を転読させることをきめた。

〔日本紀略後三〕天暦三年

六月十七日己丑、被定於諸社并十五大寺可転読任王経事、為祈年穀消疫病也、

949 十五大寺

天暦三年十二月廿六日

元興寺僧延鑒が権律師になった。

〔僧綱補任二〕

天暦三年　権律師延鑒〔（十二月廿六日）同日任、眞言宗、元興寺、東寺能治労、右京人、秦氏、『五十九』〕

950 延鑒

天暦四年三月十日

権律師延鑒が東寺別当に任ぜられた。

〔僧綱補任二〕

天暦四年　**権律師**延鑒〔三月十日、補東寺別当『六十』〕

950 延鑒

天暦四年七月廿三日

仁揚 954

権律師仁揚が没した、年七十三。

〔僧綱補任二〕

天暦四年　権律師仁揚七月廿三日入滅、〔年七十三〕

天暦八年三月十九日

澄蓮 954

律師澄蓮が権少僧都になった。

〔僧綱補任二〕

天暦八年　律師澄蓮（三月十九日）同日任権小僧都、〔年七十四〕

〔三會定一記二〕維摩會講師次第（略）

天暦八年四月廿五日

七大寺 954

七大寺等で祈雨の讀經が行なわれた。

〔祈雨日記〕天暦八年（村上天皇御記）

四月廿五（三イ）日戊辰、於七大寺・東西寺・延暦寺并諸社轉（讀イ）經祈雨、

天暦八年十二月五日

延暦寺の法華八講に元興寺僧義昭が招請された。

義昭

〔扶桑略記廿五〕天暦八年

十二月五日、天台宗良源大法師請元興寺三論宗義昭大徳、於延暦寺修四箇日法花八講、問者十五人、或云廿人、九條右丞相(師輔)爲聞八講登山、居曹局、

〔元亨釋書二十五〕天暦八年　（略）

〔平城新元興寺極樂坊記〕（↓縁起）

955 天暦九年

東寺長者延鑒が以後三年間元興寺に入った。

延鑒

〔本朝高僧傳八〕京兆東寺沙門延鑒傳

釋延鑒姓秦氏、山城州人、慕眞言教、従蓮舟僧都受傳法灌頂、博達密部、官任律師、天暦四年司東寺長者、是秋九月爲衆修灌頂法、九年乙卯勅董和之元興寺、居三年、移北京貞観寺、轉敎令輪、天徳二年任少僧都、應和元年敍大僧都、康保二年三月二十七日卒、壽七十五、

957 天暦十一年(天徳元)三月廿二日

勅により、七大寺僧が東大寺で祈雨の讀經を行なった。

〔日本紀略後四〕天徳元年

三月十六日癸卯、是日、遣勅使於東大寺、自來廿二日、請七大寺僧、爲修祈雨讀經也、左近少將助信爲勅使、

〔東大寺別當次第〕傳燈大法師光智　（略）

957

天暦十一年（天德元）四月九日

大和十大寺

大和の不動穀を元興寺・本元興寺等大和の十七か寺に頒ち給した。

〔日本紀略後四〕天德元年

四月九日丙寅、以大和國不動穀千二百九十斛、給同國諸寺等有差、東大・興福・元興・大安・西大・法隆・本元興・藥師・新藥師・招提・弘福・法華・建興・長谷・壺坂・比蘇寺・龍門寺、依去今年旱損飢饉、

957

天暦十一年（天德元）十月十日

元興寺僧平叡が維摩會講師となった。

〔三會定一記一〕維摩會講師次第

天德元年十月廿七日改元丁巳　三月廿日　講師平叡六十八元興寺三論宗　（中略）

同二年二月死去、不台最勝會講師、仍濟源僧都懃仕彼講師了、

〔僧綱補任二〕

天徳元年　講師平叡天台宗、延暦寺、三月廿八日宣、同二年二月十日入滅、（下略）

958

天徳二年正月十七日

権少僧都澄蓮が少僧都になった。

〔僧綱補任二〕

澄蓮

天徳二年　権小僧都澄蓮（正月十七日）同日轉正、『七十八』

958

天徳二年二月十日

元興寺僧平叡が没した、年六十九。

平叡

〔三會定一記二〕（↓天暦十一年十月十日）

960

天徳四年四月九日

疫病消散のため、七大寺等で大般若經の轉讀が行なわれた。

〔類聚符宣抄三〕疾疫

左弁官下綱所

七大寺

應令七大・東・西・延暦寺、轉讀大般若經事

東大寺僧卌口　興福寺卌口　元興寺廿五口

大安寺廿五口　薬師寺卌口　西大寺十五口
法隆寺十五口　東寺廿口　西寺廿口
延暦寺六十口

右左大臣宣、奉　勅、迺者病患頻發、死殤間聞、救濟之計、尤賴佛法、宜仰綱所令件等寺々、始従今月九日巳二點三箇日間、毎寺擇諸僧之中智行兼備者、轉讀件經王、必致冥感、其供養料、七大寺用大和國正税、延暦寺用近江國正税、東西寺充大炊寮米者、綱所承知、依宣行之、庶幾慧風急扇、霧露之痾早除、妖氣自消、都鄙之憂無聞、事緣攘災、不可懈緩、但供養粁米、各可運送之狀、仰彼寮國了、

天德四年四月三日　　大史我孫宿禰

中弁藤原朝臣（文範）

〔扶桑略記廿六〕天德四年

五月二日庚子、又天下疾疫夭亡之輩甚繁、給官符諸國并十五大寺等、讀經祈疫癘事、

〔吉記〕（治承五年六月十五の條、略）　〔元亨釋書二十五〕天德四年五月　（略）

天德四年五月九日

東大寺大佛殿で七大寺の僧が祈雨の讀經を行なった。

〔村上天皇御記〕天徳四年（智證大師記所載御記抄）（祈雨記）

五月九日丁未、民部卿藤原朝臣(在衡)令藏人守仁奏陰陽寮擇申七大寺祈雨御讀經日時文云々、令仰云、依前例集七大寺僧東大寺大佛殿讀經祈雨可宜、

〔祈雨日記〕天徳四年（略）　〔僧綱補任二裏書〕天徳四年（略）

960 七大寺僧

天徳四年八月九日

少僧都澄蓮が大僧都になった。

〔僧綱補任二〕

天徳四年　小僧都澄蓮(八月九日)同日轉任大僧都、〔八十〕

〔三會定一記一〕維摩會講師次第（略）

961 澄蓮

應和元年三月四日

天下安穏祈願のため、七大寺等で諷誦を修めさせ、元興寺には調布百端を施入した。

〔扶桑略記廿六〕應和元年

三月四日丁酉、勅、差遣藏人所雜色各一人、於七大寺・延暦・東西寺修諷誦、興福・東大・延暦三箇

七大寺

寺各調布二百端、自餘諸寺各調布百端、爲天下安穩并息災延命也、

〔元亨釋書二十五〕應和元年（略）〔濫觴抄下〕諷誦（略）

961

應和元年四月廿三日

疫病を除くため、七大寺等で讀經を修することを命じた。

〔扶桑略記廿六〕應和元年

四月廿三日乙卯、勅、聞天下患疫疾者巨多、宜給官符五畿七道諸國、奉幣轉經、祈禱除災、又令七大寺及有供諸寺同讀經祈止疾疫事、

七大寺

961

應和元年六月十九日

七大寺僧が東大寺で祈雨の讀經を行なった。

〔日本紀略後四〕應和元年

六月十五日丁未、被定來十九日於東大寺讀經事、大般若經也、請七大寺僧百八十口、依祈雨也、

〔祈雨日記〕應和元年六月十五日（村上天皇御記）（略）

七大寺

961

應和元年十月十日

元興寺僧安進が維摩會の講師になった。

安進

962

〔僧綱補任二〕

應和元年　講師長守 法相宗、興福寺、三月十八日宣、其後死去了、改請安進、三論宗、元興寺、八月四日宣、

〔三會定一記一〕 維摩會講師次第（講師安進とある）（略）

祈年穀

十五大寺

962

應和二年七月一日

十五大寺等で年穀豊饒のための讀經を行なおうという意見があった。

〔祈雨日記〕 應和二年

七月一日丙辰、令延光朝臣仰民部卿藤原朝臣、近日久不雨、恐成損害、若可祈雨歟、藤原朝臣令申云、渠溝爲去夏洪水盡破、若遭旱可致損云々、然而未聞愁申、豫爲年穀被祈可宜歟、令十五大寺及有供諸寺讀經祈年穀可宜云々、

（このころ天候不順で、また變異も多い）

大風雨

962

應和二年八月三十日

大風雨のため南都諸寺が大損害を受けたが、元興寺は特記することはなかったらしい。

〔日本紀略後四〕 應和二年

八月卅日乙卯、今日大風雨、大和・近江等國官舍、及神社佛寺損壊、東大寺扉三間・力士大門等、

興福寺維摩堂一宇・幢一基、新藥師寺七佛藥師堂一宇并數宇雜舍、西大寺食堂一宇、調寺講堂一宇、及自餘諸寺并人宅等多以顚倒、京中無殊愁、

應和三年七月九日

東大寺大佛殿で七大寺僧の祈雨の讀經が行なわれた。

〔村上天皇御記〕應和三年（西宮記臨時一裏書、智證大師記載御記抄・祈雨記）

七月五日乙卯、令佐忠仰民部卿藤原朝臣（在衡）等云、頃者旱氣甚盛、須卜其祟、又於東大寺讀經祈雨何、藤原朝臣等申云、爲祈雨集七大寺僧於東大寺大佛殿讀經、其供料給大和國々雜堪（難）乎、若遣名僧於諸社讀經何、又加修請雨經法可宜、令仰云、前々大佛殿讀經有其靈驗、仍依前例、於彼寺可令修、又加修請雨經法可宜、藤原朝臣、令佐忠奏神祇官卜不雨祟、云理運之上坐乾方天神所致歟、陰陽卜申同祟文、推之理運天災之上貴靈爲祟、令仰云、須―合方天神謝祟、陰陽寮擇申請雨經法日文、仰定九日、

九日己未、此日集七大寺僧於東大寺大佛殿、轉經祈雨、限三ケ日、使右近少將清遠監修、又於神泉苑、令權律師救世修請雨經法、限五箇日、

〔日本紀略後四〕應和三年（略）

〔祈雨日記〕應和三年七月九日（略）

〔東大寺別當次第〕傳燈大法師光智（このころ炎旱のため、他にも祈雨の行事が多い）（略）

964 澄蓮

康保元年七月十一日

大僧都澄蓮が没した、年八十四。

〔僧綱補任二〕

康保元年　大僧都澄蓮七月十一日入滅、〔『八十四』〕

〔三會定一記二〕維摩會講師次第　（略）

〈日本紀略後四〉應和元年

七月十一日壬申、大僧都證蓮卒、八十四、

966 七大寺

康保三年七月十日

疫病退散を祈り、七大寺等で三か日の讀經が行なわれた。

〔日本紀略後四〕康保三年

七月七日庚午、又自來十日三箇日、於諸寺有讀經、七大寺・延暦寺・東西寺・御靈堂・上出雲寺・祇園等也、依天下疾疫也、

967

康保四年七月六日

先帝村上天皇の六七日にあたり、御誦經使を南都七大寺に遣わした。

村上天皇
七大寺

967

〔本朝世紀八〕 康保四年

七月六日癸巳、又被立御誦經使、去三日左大臣被定之、東大寺・元興寺・大安寺・□・西大寺・法隆寺・藥□

〔日本紀略後五〕 康保四年

七月六日癸巳、六七日御誦經使、七寺、(七大寺カ)

(村上天皇、康保四年五月廿五日崩御)

康保四年九月三十日

冷泉天皇の即位のため、七大寺で誦經することを定めた。

冷泉天皇
七大寺

〔本朝世紀八〕 康保四年

九月卅日乙卯、被定御即位山陵使、又於七大寺可被修御誦經之由同被定了、

(冷泉天皇、康保四年十月十一日即位)

968

明詮

安和元年十一月

興福寺の眞興が明詮の道本により「成唯識論」(版本)に加點した。

〔成唯識論九〕 奥書 (唐招提寺律宗戒學院藏)

模寫明詮僧都之道本安和元年十一月九日點此巻了

興福寺沙門　眞興

〔成唯識論十?〕奥書（古梓一覧所収）

模寫明詮僧都之導本

安和元年十一月十一日　點此巻了

興福寺沙門　眞興

依舊點此經　自然生善根

爲令群品覺　欲入□空門

969 義照

安和二年正月三日

元興寺僧義昭が没した、年五十。

〔元亨釋書十〕感進二

釋義照南京之英也、一檀信就藥師寺、設八講席、多屈平城碩徳輪講、照爲講師、衣冠年少儀服甚鮮、傾聽照講、講已進禮照而去餘時不來、照私恠、輪番講師自有次序、一日照檀主曰、今日講主非吾有也、然吾有所思、居我唱導可乎、檀信曰、非供講筵甚勞名徳、每逢講主深痛耻衷、然師躐等自請、又弟子之幸也、俄報定講而代照、人不知也、照已昇座、少年冠人又來、講已又禮照而出、次日佗講、冠人不來、照又越講、冠人又在、照先語徒曰、今日若冠人來、潜趁歸蹤、講後冠人又拜歸、其徒如敎、冠人入東山、數里有深溪、溪傍有大穴、水自穴出、冠人入穴中、徒反告事、照曰、始我怪此冠人、故屢踰講歷試、神龍果有通、知吾講來聽耳、自此世重照之講、安和二年正月三日卒、年五十、

〔本朝高僧傳八〕 和州元興寺沙門義昭傳 (略)

973 平油

天延元年

元興寺僧平油を東大寺戒和上とした。

〔東大寺要録五〕 戒和上次第

卅二、平油天延元年任、元興寺、八十死、

974 圓照 安快

天延二年五月

元興寺僧圓照・安快が權律師になった。

〔僧綱補任二〕

天延二年　權律師圓照五月五日任、眞言、元興寺、太元阿闍梨年労

安快五月十一日任、三論宗、元興寺

975

天延三年三月廿六日

權律師圓照が没した。

〔僧綱補任二〕

天延三年　權律師圓照三月廿六日入滅、

975 圓照

天延三年八月一日

去月の日食により、七大寺で讀經が行なわれた。

〔日本紀略後六〕天延三年

七月一日辛未、日有蝕、十五分之十一、或云皆既、卯辰刻皆虧、如墨色無光、群鳥飛亂、衆星盡見、

八月一日庚子、於七大寺有讀經、依去月日蝕也、

979 七大寺

天元二年十二月廿一日

權律師安快が律師になった。

〔僧綱補任二〕

天元二年　權律師安快十二月廿一日轉正、

981 安快

天元四年十月廿二日

律師安快が權少僧都になった。

983 安快

〔僧綱補任二〕

天元四年　律師安快（十月廿二日）同日轉任權小僧都、

永觀元年

權少僧都安快が没した。

〔僧綱補任二〕

永觀元年　權小僧都安快月日入滅、

987 安快

永延元年五月廿八日

祈雨のため、六か寺の僧が東大寺大佛殿で法會を營んだ。

〔東南院文書二櫃五巻〕　東大寺祈雨日記　（大日本古文書東大寺文書二）

以永延元年五月廿八日、依宣旨、六个寺衆來集當寺、五箇日夜之間祈雨、而専無其驗、以同六月六日、重給　宣旨、五箇日夜、又以祈雨之間、四日夕座申時、黒雲忽敷、大雨俄降、雷電高揺大佛殿内入、自正面扃、光焰如星、盧遮那右方頭光、已以燒損也、伽藍靈驗、衆人彌仰、天下普潤、職而之由、依希代事、爲後記之、

勅使當國守藤原佐時朝臣　　綱所使威従

阿古

平安時代前期

本元興寺童子阿古に關する説話。（かりにここに収める）

〔古今著聞集二〕釋教第二

吏部記に曰く、

眞崇禪師述金峯山神通云、古老相傳之、昔漢土有金峯山、金剛藏王菩薩住之、而彼山敎移滄海而來、金峯山則是彼山也、山有捨身谿、號阿古谷、有八體龍、昔本元興寺僧有童子、名阿古、少而聰悟、試經之時師使阿古奉試、及已得幾代度他人、如是兩度、爰阿古恨忿捨身此谷、即得龍身、師聞捨身驚悲往看、于時已化龍、頭猶人面而光、欲害師、菩薩冥護崩石压龍、故師免害、貞觀年中觀海法師爲見龍身往到彼谿、夢龍請之、明期將見也、比天明興雲降雹、見龍擧首高貳丈許、一頭八身、觀海祈龍云、奉寫八部法華經將救汝苦、勿害於吾、龍猶吐氣害將及身、觀海大恐、心神迷惑即歸命菩薩、須寫件經、於是雲霧冥失龍所在、須臾雲霧即除、忽然身至御在所、菩薩在所也、觀海祈感如願寫經、將供養之、請善祐法師爲講師、善祐法師固辭、夢菩薩告曰、我今請汝勿苦辭、須至方便品漢音讀之、善祐感悟起請、如菩薩告比至方便品、大風飄經不知所去、八部法華經今見一卷香隆寺、

987 圓融法皇 七大寺

第四編　官寺元興寺の衰頽と新氣運の動き（平安時代後期）

永延元年十月廿六日

圓融法皇が南都に行啓し、七大寺等を巡禮した。

〔日本紀略後九〕永延元年

十月廿六日乙卯、圓融寺法皇修行南京、巡禮諸寺、

〔百錬抄四〕永延元年

十月十七日、院参詣長谷寺・笠置寺・七大寺、

〔扶桑略記廿七〕永延元年（略）　〔元亨釋書二十五〕資治表六（略）

987 十五大寺

永延元年十一月廿七日

十五大寺で貨錢の流通を祈らせた。

〔日本紀略後九〕永延元年

十一月廿七日丙戌、諸卿定申於十五大寺、七箇日間、毎寺令八十口僧、祈錢可用之由、又有驗寺々如此、

〔百錬抄四〕永延元年十月廿七日　（略）

987　玄朝

永延元年

繪師元興寺玄朝が東大寺の曼荼羅の繪を修補した。

〔東大寺要録五〕別當章第七

第五十
僧正寛朝　（中略）

同年（永延元）雲（聖イ）海聖人、勸十方施主、修補繍曼荼羅、繪師元興寺玄朝院改書地神、

〔東大寺要録八〕雜事章第十之二

寛朝僧正之任、永延元年、聖海人（聖脱カ）、勸十方施主、修補曼荼羅、繪師元興寺玄朝法師畫地神之形、

990　藤原兼家　七大寺

永祚二年（正暦元）七月

前攝政藤原兼家葬送のため、七大寺等で念佛が唱えられた。

〔本朝世紀十二〕正暦元年

七月、攝政大臣（兼家）葬送也、（七月二日薨）葬官無被補　鳥部野北邊也、七大寺并諸寺等各唱念佛、（下略）

990　藤原實資

永祚二年（正暦元）九月七日

小野宮右大臣藤原實資が、物詣うでの途元興寺に參詣した。

元興寺中門

〔小右記〕正暦元年

九月七日己卯、（五日から所々物詣でに出づ）従大安寺騎馬參元興寺中門、奉御明、又奉御幣罷出、參春日神社奉金御幣、（中略）即退歸大安寺、

七大寺

991

正暦二年六月十三日

祈雨のため、東大寺で七大寺の僧が大般若經の轉讀を行なった。

〔日本紀略後九〕正暦二年

六月十三日庚辰、今日、依祈雨、令七大寺僧於東大寺轉讀大般若經、僧六百口也、

七大寺

994

正暦五年四月二十日

疫病消散のため、七大寺の僧に東大寺大佛前で大般若經を轉讀させた。

〔類聚符宣抄三〕疾疫

左弁官下

應令七大寺僧於東大寺大佛前、轉讀大般若經事

東大寺三百口　興福寺三百口　元興寺八十口　大安寺六十口

藥師寺八十口　西大寺卅口　法隆寺卅口

右權大納言藤原朝臣道長宣、奉　勅、如聞頃月疫癘滋發、人民憂惱、雖致祈禱於種々、都鄙之間、死殤彌甚、自非般若之威力、何救黎氓之危命、仍重於彼寺、始從今月□日五箇日間、毎寺擇智行兼備之僧、轉讀件經王、消攘彼疫癘、専致精誠、必顯冥感者、僧綱承知、依宣行之、其供料用本寺物者、事據救濟不得緩怠、

正暦五年四月廿日　　　　少史阿蘊

弁可尋注之

〔左經記〕（長元五年五月十四日の條、略）

玄明

995

長徳元年

元興寺僧玄明が維摩會の講師になったが、没した。

〔僧綱補任三〕

長徳元年　講師玄明三論宗、元興寺、去年十月廿二日宣旨、〔『請后死去了、仍改請觀照、法相宗、興福寺』〕

〔三會定一記一〕維摩講師次第（略）

1001

長保三年四月八日

山城國綴喜郡に元興寺地があった。

1003 綴喜郡 中村郷 元興寺地

〔禪定寺文書〕 山城國禪定寺田畠流記帳 （平安遺文二）

（前略）

綴憙郡中村郷畠

合

畠壹段 （略）

畠壹段佰貳拾歩 （略）

畠參段柒拾陸歩 在同里（下古川里）廿・廿一・廿九并三箇坪内

四至 限東公田并元興寺古溝 限南興福寺僧観念地
限西元興寺地 限北左大臣殿地

山背忠海子并男等賣

久世郡竹淵郷畠 （以下略）

長保參年四月八日

願主傳燈大法師「平崇」 （「禪定寺印」百二十五あり）

長保五年十二月廿九日

僧扶公が元興寺別當として能治の功により法橋に敍せられた。

〔僧綱補任三〕

長保五年　法橋扶公十二月廿九日、依元興寺別當能治賞被敍、法相宗、興福寺、眞喜僧正入室、左内督藤重扶子〔『卅八』〕

〔御堂關白記〕（↓寛弘二年七月十七日）

〔興福寺別當次第〕扶公法印權大僧都

萬壽二年六月廿七日任寺司經十一年、俗姓藤原氏、左京人也、法相宗、（中略）長和三年十月廿八日依爲元興寺司興福寺別當並帯法橋、超前已講仁也、（中略）或云、長保五年十二月卅日敍法橋元興寺能治賞（下略）、

長保六年（寛弘元）七月十二日

祈雨のため、七大寺の僧が東大寺で仁王經の轉讀を行ない、ついでまた二百僧の讀經があった。

〔類聚符宣抄三〕祈雨

左弁官下綱所

應令七大寺僧等轉讀仁王經祈禱甘雨事

右雨澤不降、炎旱累日、耕稼之業已弃、黎庶之愁爰臻、自非般若之妙力、何期稼穡之有年乎、左大（藤原道長）臣宣、奉　勅、始自今月十二日巳二點三箇日夜間、令本寺僧共致精誠、轉讀此經王、祈請甘雨、佛

説不誣、感應豈空者、綱所宜承知依宣行之、但其供養料、用以本寺供、事依攘災不得違失、

長保六年七月九日　　　　右大史内藏朝臣

少弁藤原朝臣(輔尹)

左弁官下綱所

應令七大寺僧等轉讀仁王經祈禱甘雨事

東大寺五十口　　興福寺卅口　　元興寺卅口　　大安寺卅口

藥師寺卅口　　西大寺十口　　法隆寺十口

右去月以來、澍雨不降、炎暑尤熾、仍内外雖致祈禱之勤、華夷猶有苦熱之愁、自非般若之妙理、何期稼穡之有年乎、左大臣(道長)宣、奉　勅、始自今月廿五日巳三點三箇日夜間、於東大寺大佛前、令件寺々僧等、共致精誠、轉讀經王祈請甘雨者、綱所承知、依宣行之、但其供料、口別宛白米一斗、可運送之狀、下知大和國了、

長保六年七月廿日　　　　大史小槻宿禰

參議大弁藤原朝臣(忠輔)

〔御堂關白記〕寛弘元年

七月廿日壬寅、天晴午後夕立、午時參內、於東大寺於大佛殿、以二百口僧、從廿五日祈雨御讀經宣旨下、

〔日本紀略後十一〕寛弘元年

七月十二日甲午、於七大寺并十一社御讀經、依祈雨也、

七月廿日壬寅、改元寛弘、大赦天下、依災變也、自今日於七大寺并大極殿、請二百僧讀經、

寛弘二年七月十七日

元興寺別當扶公に大安寺別當を兼ねさせた。

〔御堂關白記〕寛弘二年

七月十七日癸亥、參內、着左丈(杖)、參內公卿、內府(公季)・春宮大夫(道綱)・右大將・民部卿(懷忠)・右衛門督(齐信)・尹中納言(時光)・源中納言(俊賢)・新中納言(忠輔)・左兵衛督(懷平)・左大辨(行成)・大藏卿(正光)・宰相中將(源經房)等也、大安寺別當律師平超替定申可然僧等者、諸卿定申云、法橋扶公是爲元興寺別當尤能治者也、以彼可被兼補、又大威師(儀脱カ)延元・阿闍梨定湛等可奉仕者也、以廣業奏闘(聞)此由、被仰云、七大寺別當兼任例如何、諸卿申云、諸國受領有其例、以能治者被兼補、無可難者、即被仰云、以扶公可兼補者、定了退出、(大安寺別當平超の不治のこ

と、寛弘元年閏九月十四日の條にみえる)

寛弘四年八月三日丙申、(藤原道長の金峰詣)宿大安寺、扶公事儲、依華美依不其處(其處不)、南中門東腋(宿)、御明、諷誦、信布卅端、

十一日(經供養)讀師扶公、

〔小右記〕寛弘二年七月十七日の條　(略)　〔權記〕(略)

1005 寛弘二年十一月

天變怪異のため、七大寺等で讀經が行なわれた。

〔小右記〕寛弘二年

十一月十一日乙卯、(中略)六月以後天變廿九个度、又神社佛寺多有恠異、依定申内宴停止、兼又可修何等攘灾事乎、同以可定申者、而定申云、幸八省可被行如法仁王會、又七大寺・延暦寺仁王經御讀經、又輕犯者原免事、仰云、依請、(下略)　〔權記〕(略)

1007 寛弘四年十月十三日

法橋扶公が臨時に維摩會の講師になった。

〔御堂關白記〕寛弘四年

扶公

二月卅日丁酉、(藤原道長の春日詣)事了程、馬引出、別當僧(都カ)一疋、(僧)綱三人觀昭・林懐・扶公等各一疋、十月一日甲午、(道長第佛經供養)散花扶公法橋、

十三日丙午、早朝従山階寺弁并寺解文持來、講師清春數日病相扶奉仕間、十一日夕座了間、従高座下間不覺、爲之如何者、奏事由、即仰遣會參僧綱、以扶公(可)令奉仕者、又夕望申上云、清春奉遁書、昨日朝夕講師會參平超・觀召(昭)等次第奉仕者、扶公賜講師宣旨、仰外記清忠仰(行カ)、臨時卅口御讀經初、

十二月二日甲午、(浄妙寺多寶塔供養)納(衲)衆四十人、(中略)扶公等、

〔僧綱補任三〕寛弘四年 (略) 〔三會定一記一〕維摩會講師次第 (略)

〔扶桑略記廿八〕寛弘四年 (略) 〔權記〕(略)

1010 七大寺

寛弘七年九月七日

止雨の祈として、七大寺で仁王經の讀誦が行なわれた。

〔御堂關白記〕寛弘七年

九月六日、右大弁來門外云、従明日於七大寺、可有御讀經仁王經、是可止雨祈也、東大寺・興福寺廿口、自餘十口、

扶公

1014 長和三年十月廿八日

元興寺別當扶公が興福寺別當となった。

〔興福寺別當次第〕（↓長保五年十二月廿九日）

1015 長和四年五月

主上不快・死者多數のため、七大寺で讀經が行なわれた。

〔小右記〕長和四年

七大寺

五月廿三日壬寅、臨夜頭來云、可被行七大寺御讀經、（中略）主上有不快仰、天下死亡者衆、

1017 寛仁元年五月廿九日

疫病攘除のため、十五大寺等で仁王般若經の轉讀が行なわれた。

〔類聚符宣抄三〕疾疫

左弁官　下綱所

十五大寺

應令十五大寺延暦寺轉讀仁王般若經攘除災癘事

東大寺卌口　興福寺卌口　藥師寺卌口　元興寺廿五口

大安寺廿五口　西大寺十五口　法隆寺十五口　法華寺十五口

新藥師寺十五口　本元興寺十五口　招提寺十五口　東　寺廿口
西　寺廿口　四天王寺十五口　崇福寺十五口　延暦寺六十口
右權大納言源朝臣俊賢宣、奉　勅、迺者都鄙之間、疫癘滋蔓、雖致種々之祈禱、彌聞元々之死殤、欲賴仁王之威神、以助萬民之危命、般若海中覔不死之良藥、實智山上傳長生之秘方、仍於件寺々、始従今月廿九日申二點五箇日間、毎寺擇智行兼備之僧、轉讀件經王、消攘彼疫癘、但其供料、用本寺物者、綱所承知、依宣行之、事縁攘災不得緩怠、
寛仁元年五月廿五日　　少史酒人
少弁源朝臣（經頼）

〔御堂關白記〕寛仁元年
五月廿五日壬戌、（中略）十五大寺依時行事下御讀經宣旨者、用本寺供云々、

1017　七大寺

寛仁元年十一月
賀茂行幸の祈りのため、七大寺等で讀經が行なわれた。

〔小右記〕寛仁元年
十月廿日乙酉、（中略）行幸（後一条天皇）御禱奉幣并讀經等日事、（十社并七大寺・延暦寺）問宜日次、申云、來月九日奉幣、十

日御讀經、此外無吉日者、（下略）

廿五日庚寅、（中略）納定文并陰陽寮日時勘文於営、以權辨奉攝政、次令申七大寺御讀經、延暦寺御讀經并僧供養事、又前例轉讀仁王經等事也、（下略）

1018

寛仁二年五月廿四日

祈雨のため、七大寺等で讀經が行なわれた。

〔小右記〕寛仁二年

五月廿一日壬午、（中略）今日頭辨經通云、依旱魃可被行七大寺・延暦寺・龍穴御讀經之事、大納言俊賢承引之、自來廿四日可被行前例、

〔御堂關白記〕（寛仁二年五月廿一日條、略）

〔左經記〕（寛仁二年五月廿一日條、略）

1018

寛仁二年七月

阿闍梨定心が南都七大寺を巡禮した。

〔南都七大寺巡禮記〕（菅家本諸寺縁起集）異本奥書

件上卷、舊本傳聞藏在大乘院御文庫、未詳作者焉、先是、有六十八代後一條院寛仁二年七月阿闍利定心巡禮記及治安三年十月前大相國藤原道長公御修行記兩冊、爲本間䆑考國史家牒令加筆、

括兩巻號曰南都七大寺巡禮記、（下略）

1023 治安三年十月十八日

藤原道長が大和巡禮・金剛峯寺參詣の途、元興寺を拜し、飛鳥の本元興寺に詣でた。

〔扶桑略記廿八〕治安三年

十月十七日丁丑、入道前大相國詣紀伊國金剛峰寺、則是弘法大師廟堂也、路次拜見七大寺并所々名寺、相從人等（中略）都十六人、緇素並轡、共以前驅、巳時、御宇治殿、膳所供御膳、次留宿東大寺、

十八日、早旦、奉禮大佛、（中略）次拜興福寺北南圓堂、巽角小門扉自開、諸僧驚之、此門開時、謂之物怪、次御元興寺、次御大安寺、次未時御法蓮寺（字名上寺）覧給下八相、次御山田寺、已以入夜、前常陸介維時參來、大僧都扶公・威儀師仁滿等弁備飯膳、

十九日、覧堂塔、堂中以奇偉莊嚴、言語云黙、心眼不及、御馬一疋給權大僧都扶公、次御本元興寺、開寶倉令覽、中有此和子陰毛（宛如纓、不知其尺寸）、鐘堂鬼頭忽難撰出、依物多事忙也、次御橘寺、（下略）

〔日本紀略後十三〕治安三年十月十七日（略）　〔榮華物語〕御賀（略）

〔元亨釋書二十五〕資治表六（略）　〔極樂坊記〕（↓縁起）

藤原道長
元興寺
本元興寺

1025　元興寺別當

〔南都七大寺巡禮記〕異本奥書（↓寛仁二年七月）

萬壽二年六月廿七日

元興寺別當を任命した。

〔左經記〕萬壽二年

六月廿七日丁丑、（中略）又補興福・元興・京華寺別當、

〈小右記〉萬壽二年

三月廿六日戊申、依可有元興寺司之定、令催諸卿、不可被參（行カ）入之由、仰賴隆了、

1025　七大寺

萬壽二年七月廿一日

祈雨のため、東大寺で七大寺の僧が仁王經の轉讀を行なった。

〔類聚符宣抄三〕祈雨

左弁官下綱所

應令七大寺僧等轉讀仁王經祈禱甘雨事、

右霈澤不降、炎熱方熾、非歸三寶之冥助、何期五穀之豐穰、右大臣（實資）宣、奉　勅、始自今月廿一日申剋、三箇日夜間、於東大寺大佛前、令件寺々僧共致精誠、轉讀經王祈請甘雨者、綱所承知、依宣行

之、但専寺僧等、擧首勤修、諸寺任住僧數、相共轉讀、其供養料、用本寺供、事縁攘灾不得違失、

萬壽二年七月十八日　大史小槻宿禰

中弁源朝臣(經頼)

〔小右記〕萬寿二年

七月十六日丙申、(中略)左中辨經頼含勅命云、日來雨澤不降、諸國愁苦云々、七大寺僧等、於東大寺大佛殿可修讀經事、又龍穴御讀經間、太以難堪、爲之如何、

十八日戊戌、左中辨經頼傳關白消息云、龍穴御讀經山階別當僧都扶公可勤修、依例可率十口僧、前例轉讀仁王經、又東大寺佛殿御讀經、或定僧數、或不定、可計行者、一日所示尚書天暦二年例、故殿御記寺々僧數不同(専寺擧首、他寺或百口、或五十口)、天暦間寺々住僧有數、近代不然、興福寺外住僧不幾、専寺僧等可擧首、他寺僧者不可指數、可依住僧多少、件事等即仰下同辨、

廿一日辛丑、今日祈雨東大寺佛殿御讀經、并室生龍穴御讀經、皆仁王經乎、

〔左經記〕(萬壽二年七月十六日條、略)

萬壽四年十二月七日

前入道相國藤原道長を鳥部野に葬るに際し、七大寺等の僧が參集した。

藤原道長
七大寺

七大寺

扶公

〔日本紀略後十三〕 萬壽四年

十二月七日癸酉、葬前入道大相國於鳥部野也、七大寺十五大寺諸僧來集、導師天台座主院源、呪願大僧正濟信也、先是有薨奏事、

（藤原道長はこの月四日没した）

萬壽五年（長元元）七月九日

祈雨のため、七大寺で仁王經が轉讀された。

〔左經記〕 長元元年

七月八日辛丑、有召參關白殿、依御物忌於門外令申事由、仰云、炎旱日久農民有愁之由云々、於七大寺幷龍穴社等、三箇日許轉讀仁王經、可令祈請甘雨之由奏案內、可仰右府、但明日吉日也、召問陰陽師、申吉由且早可行也、不可重觸其案內、唯尋先例可申行者、參內奏事由、詣小野宮仰之、次仰史擧光令勘日時、勘申云々（衍）、七大寺九日酉二點若亥二點、龍穴十日午二點若酉二點、右府宣、早可仰下者、則仰史、於七大寺三箇日夜間、讀仁王經可祈雨之由、令賜宣旨於綱所、但供料可用各本寺供、又權大僧都扶公率百僧、於龍穴可祈雨之由、宣旨於興福寺、其供菜料白黒米十一石餘、可運送彼社之由、可仰國司云々、

長元元年九月十七日

柳生郷の検田に際し、本券・省符がなければ寺田も春日社領とすることとした。

〔根津美術館所藏文書〕官宣旨案（平安遺文二）

左辨官下　東大・興福・薬師・新薬・元興并諸寺等

左史生伴時成

右史生伴成道　使部參人

右左大臣（頼通）宣、依春日社司等申請、爲令添上中郡楊生郷檢田収納、差件等人宛使發遣、但相交彼郷諸寺田、若於無本券并省符、偏爲社領者、諸寺承知、相逢使者、對檢各公驗、不得違越、

長元元年九月十七日　右大史丹生擧元

中辨藤原朝臣章信

〔根津美術館所藏文書〕官宣旨案（平安遺文五）

（前欠）
在大和國添上郡福智村下條五福里

右、得春日社司去月八日陳狀偁、去八月十八日宣旨偁、得彼寺去月廿三日解狀偁、謹撿舊貫、當庄者是寺僧戒和上戒寵去天曆年中、以私領田畠、所施入件燈明供花料也、厥後偏爲寺家進退、經

數百歲、更無牢籠、廼任素懷令備進燈花、爰後一條御宇、添上郡北郷被免許春日御社之時、件郷内相交諸寺領田、有本券省符者可除之、不可得違越之由、被下宣旨畢者、（中略）以長元元年十月廿三日所被下當社宣旨狀偁、左辨官下春日社司、史生伴時成等、應徴納添上郡中郷・楊生郷官物、宛用來月祭料事、右左大臣宣、東大・興福・藥師・元興・法花・新藥師寺等領田、若有官省符者、下給圖帳之間、暫以寛宥、至無官省符者、任先宣旨、徴納官物、宛用神事、但諸社領田諸司要劇等、宣命文中無其免者、偏以可社領也、若猶寄事於左右、致遁避之輩、注其姓名、早以言上者、使等承知、依宣勤行有限神事、不得緩怠者、（中略）權中納言藤原朝臣宗能宣、奉　勅、宜任先例、令勤仕寺役者、寺宜承知、依宣行之、

長承三年（一一三四）十月廿三日　大史小槻宿禰在判

中辨藤原朝臣在判

長元二年

興福寺僧智眞が元興寺別當になった。

〔三會定一記　一〕

治安三年 去年十二月廿九日　講師智眞 六十一 興福寺法相宗　竪義 守詮六十一 蓮範廿六

長元二年為元興寺別當、同六、十二、律師、同八、七、廿一、卒、七十歳、

＜僧綱補任三＞

長元八年　權律師智眞七月廿四日入滅、〔『七十三』〕

＜東南院文書十三＞（↓長元八年十一月二日）

1029　桓修

長元二年

元興寺僧桓修を東大寺戒和上とした。

〔東大寺要録五〕　戒和上次第

四十一、桓修長元二年任　元興寺　八十六　未出戒壇

1031　七大寺

長元四年閏十月廿七日

七大寺等にその破損の状態を注進させた。

〔左經記〕　長元四年

閏十月廿七日辛未、（中略）又被仰云、有封諸寺并七大寺・十五寺等、可令注損破之使、可差遣何人哉、（中略）又先可令注有封諸寺并七大寺・十五大寺別當封物等數并國等者、右府以仰旨等被仰頭辨了、

＜東南院文書十三＞（↓長元八年十一月二日）

1032 七大寺

長元五年五月八日

祈雨のため、七大寺で讀經が行なわれた。

〔左經記〕長元五年

五月三日癸酉、（中略）民部卿令奏云、炎旱時先例、多於七大寺等有御讀經云々、仰、可然之事也、早可奏行者、

八日戊寅、（中略）又自今日五箇日、於七大寺有祈雨御讀經云々、以本寺供可爲供云々、

1035 七大寺

長元八年六月十四日

祈雨のため、七大寺の僧が東大寺大佛殿で讀經を行なった。

〔左經記〕長元八年

六月六日戊午、天晴、參殿、召御前被仰祈雨事等、相次召頭辨被仰云、近代於七大寺被行祈雨御讀經之例可令者（脱字カ）、及午後退出、

九日辛酉、天晴、大夫史義賢朝臣來云、於東大寺大佛殿、集七大寺僧、自十四日三ケ日、轉讀可祈雨之由、并於龍穴同可祈宣旨、賜綱所、雖神今食以前、炎旱日久、田園可損之由、依有先例、所被

定行、僧數并施供等、任先例所被行也云々、

脇門

1035 長元八年十一月二日

元興寺が堂舎の破損を調査申告した。

〔東南院文書十三〕東大寺堂舎損色検録帳（平安遺文二）（大日本古文書東大寺文書一）

（この文書、紙継目裏毎に花押あり、前欠）

□懸魚九枚・風招（松）四枚无實、棟□□壁所々剝損、□（自カ）餘全、□（層カ）

□□□（四面カ）垂木飛簷木尻所々朽損、東壁一間剝落、南□□□□□六西寶鐸二枚・東西風招内四枚・戸釭廿□□金二枚等无實、天井裏板等所々破散也、

脇門□（勾カ）殿二所

□（東）脇門扉板破損、前六間瓦葺勾殿一宇、上葺瓦三分之一損失而漏（雨）、四面垂木・飛簷・木尻・木屓・瓦屓・破風所々□□、壁等破損、或剝落、飛簷東面三枝・四面壁半□（分カ）、連子三間内一間・同子廿六筋无實、

西脇□（門カ）全、前六間勾殿一宇極大破、葺瓦所々破損、坤艮兩角垂落、中勾角木并東西垂木・四面飛簷・斗臂木等朽損、連子六間全、壁所々剝落、

東西幢　金堂　燈爐

□□□（門前カ）
□損、葺瓦或所窪、或所頽、東妻散落、所々飛簷木尻・南面瓦肩五尺朽損、懸魚五枚无
實、自餘全、
一東西幢二基
件幢无實年久、東界柱（男）一本立、
一七間二重瓦葺金堂一宇
□□□北飛簷十一枚・東西懸魚内七枚・寶鐸三枚・風招四枚等、并所々金物无實、葺瓦降堤
剥損、四面飛簷木尻木肩瓦肩所々朽損、（四面）飛簷内外裏壁垂落、就中艮角木并棟中一間・斗肱木
・丸桁・垂木等朽損雨不止、壁剥損、扉板四枚顚倒、同釘百卅四枚・東西高欄連子□□无實、
□層
件層、垂木木尻飛簷并所々木尻朽損、葺瓦四角降堤、三分之一（二）吹剥、壁所々剥落、南北石疊
橋或損失、或破壊、天井裏板五分之四破損残、并飛簷十枝・南面瓦肩一枝・寶鐸一枚・風招四
枚少々金物・戸腔丸釘二枚无實、
□（燈）爐一基

小幢
阿舎講堂
歩廊

件燈爐全、但、色變改、

小幢四基

件幢二基心柱无實、男柱并残二基朽損、

一十一間瓦葺阿舎講堂一宇

件堂、葺瓦五分之一剝損、寶鐸一枚・風招四枚・戸脛十四枚・釘二百七十五枚无實、天井裏板三分之一・四面飛簷・木尻・瓦肩・棟并母屋垂木・天井裏板朽損雨漽(間)不止、五尺少(小下同ジ)壁一間落損、南面戸六間所々破損、石橋頽損、

□(歩カ)廊

自東軒廊至南中門卅六間

件廊、葺瓦三分之一損失、所々雨漏、飛簷卅枝无實、簷所々垂落、飛簷・垂木・丸桁斗・木肩・瓦肩所々朽損、大少壁或剝落、或脱漏、連子全、

自西軒廊至南中門卅六間

件廊瓦半分破損、皆悉雨漏、斗肱木・丸桁・角木・木肩・瓦肩・垂木・飛簷等、三分之一朽損、飛簷卅一枝・垂木二枝・小壁廿二間无實、東面三所垂落、極大破也、

食堂

一瓦葺十一間四庇食堂一宇
件堂、葺瓦或所窪或失、飛簷八枝・戸釘六十七枚无實、垂木・飛簷・木尻・瓦肩等所ゝ朽損、乾角木垂落、天井裏板所ゝ傍寄、大少壁等剝損、四面石疊并南面石橋破落、

軒廊

北三間瓦葺軒廊一宇、
件廊新材木相交、三綱等申云、前別當律師智眞之加修理也、但裏壁并少壁四間半・釘十五枚无實、上瓦小ゝ被吹剝、雨(マゝ)不止者、

食殿

一瓦葺七間二面食殿一宇
件殿、極大破也、雨漏、

鐘堂

一瓦葺三間鍾堂一宇
件堂、葺瓦小ゝ損失、南北上瓦各一半間降堤剝落、丸桁・木尻朽損、天井裏板・高欄玉木七間并連子ゝ半分・寶鐸一枚・風招四枚无實、小壁所ゝ剝損、東西泥障板二間落垂、

西小塔院

一西小塔院
瓦葺七間小塔堂一宇
件堂五間(四)面、南禮堂也、其瓦三分之一并巽角降堤二丈、南面小壁六間・禮堂板敷六間・上長

押二間・戸脛金十六枚・釘廿四枚・東戸扉一枚无實、丸桁船肱木・斗垂木・飛簷裏壁三分之二
朽損、禮堂板敷二間・東西扉二枚破損、艮角降堤、并北面瓦飛簷・瓦肩垂損、西面一間半艮角
等石壇・南北面石橋等破損、
九間東屋檜皮葺小屋一宇　六間檜皮葺北屋一宇　三間檜皮葺屋一宇
已上件屋等、无實年尚矣、
門屋一宇
件門葺檜皮无實、扉板破損、木舞垂木端ゝ朽破、
一新堂院
瓦葺七間二面堂一宇
件堂、葺瓦所ゝ損失雨不止、壁大小八間未塗土、自餘所ゝ或剝落、或損破、東妻破風并上被
吹剝之、
檜皮葺五間僧房一宇
件房、往年顚倒、材木朽失、
一東塔院

瓦葺三間中門一宇

件門、新古材木雖相交、葺瓦并裏壁損失雨灑不止、戸下端波女二枚・脛巾金二枚・釘十五枚无實、壁所々剝落矣、

脇門二所

件南門、已以无實、北破損、可顚倒之期不幾、

瓦葺歩廊廿一間

件廊、中門已南八間、爲去年大風皆悉顚倒、雖有材木、已不中用、北十三間内中三間餘、頗以傾寄、瓦損失雨（マヽ）不止、小壁連子所々破損、

檜皮葺五間二面堂一宇

件堂、已以无實

五重瓦葺寶塔一基

件塔、加修理三綱等申云、前別當律師智眞、相交新古材木所修造也、但、寶鐸三枚・風招十二枚・釘八枚・肱金五枚・東面脛巾金二枚等无實、外天井裏板所々破散、壁并下壁所々剝落、四面石橋乾角頽損、自餘全之、

瓦葺十二間僧房一行

件房、葺瓦三分之一損失雨漏、上草生、中四間差南三尺許傾寄、南北垂木・飛簷・瓦肩并所々材木朽損、大小壁三分之一剝破、

一僧房

東室南階大房十二房

件房、南北兩面飛簷・垂木・木尻・瓦肩等所々朽損、棟堤瓦窪損半分之一損失、小壁所々破損、西端房雨不止、并經藏戸一具破損、自餘所々雨漏之、

同小子房十二房

件房、北面瓦所々剝落、飛簷棟堤垂落、壁等剝損、中屋五宇无實、自餘雖立或傾寄、或破損矣、

北階大房十二房

件房、无實年尚矣、跡有大樹之、

同少子房十二房

件房、南北兩面飛簷・瓦肩・垂木等所々朽損、葺瓦三分之一破散、馬道以東六間全、其東端三

間、差南一尺餘傾寄矣、

新房

小子房十八間

件房、差西傾寄、所ゝ飛簷・瓦眉・垂木・壁等破損雨漏、

西南行大房十房

件房、東西破風二枚・葺瓦東妻二丈・馬道已東天井等无實、雨瀝不留、東西破風・垂木・飛簷・桁等木尻、并大小斗臂木・瓦眉・木眉半分朽損、瓦三分之一散失、大小壁或无實、或剝落、自西第四房北面三間桁・木眉・瓦眉・垂木・飛簷、皆悉朽損、

同小子房十房

件房、上瓦或所窪入、或所損失、東破風并所ゝ垂木・飛簷・木尻・木眉・瓦眉所ゝ朽損、裏壁并大小壁等白土三分之二剝落也、四間瓦葺中屋十二宇、内五宇无實、残朽損破壊、可顚倒矣、

西北行大房十房

件房、葺瓦所ゝ破散、垂木・飛簷・木尻・棟・桁斗・肱木三分之一朽損、雨不止(マヽ)、裏壁并大小壁等所ゝ剝損也、西面飛簷一枚・馬道并西房天井東妻破風二枚・其妻上瓦二丈等无實、從東第

四房、南木肩・瓦肩・垂木・飛簷等朽損、

同小子房十房

件房、葺瓦并棟堤所々吹剝雨漏、南北垂木・飛簷・斗肱木所々或朽損、或垂落、壁白土无實、

瓦簷中屋十二宇、内二宇无實、残十宇朽破雨漏、

一中院

築垣一廻

件垣、東西北并南垣二本无實、自餘以萱綴葺、

南面土門屋一間

件門上屋形損失、扉全、

檜皮葺七間屋一宇　同甲藏一宇　同三雙藏一宇

已上三宇、已以无實、

一温室院

築垣一廻

件垣、東北兩面无實、南面全、以萱綴葺、

七間檜皮葺阿舎一宇
件舎大破、可顛倒矣、
檜皮葺門屋一宇
件門、以板葺、西柱朽損、扉二枚破損、

一藏院

築垣一廻
件垣、皆悉无實、
瓦葺西雙藏一宇
件藏、上葺瓦三分之一吹剝、棟堤降堤損失、東西南面飛簷、木尻・瓦員等朽損、所ゝ垂破、自餘全、
檜皮葺五間客房一宇
件房葺檜皮三分之一吹剝、所ゝ垂落、東面壁并板敷二枚无實、自餘全、壁白土三分之二剝落、
瓦葺北雙藏一宇　瓦葺七間東廁一宇　瓦葺九間一面廁一宇

件三字无實、

一大衆院

三間瓦葺南中門一宇

件門改造、四足以檜皮葺、但所ゝ吹剝、差北傾寄、

瓦葺七間二面屋一宇　檜皮葺十五間酢殿一宇　同十五間西醬殿一宇　瓦葺九間二面大炊殿

一宇

件屋等、已以无實、

一修理所

東瓦葺糿倉一宇　北瓦葺甲稲倉一宇　萱葺二間二面竈屋一宇　東三甲檜皮葺倉一宇

東四檜皮葺倉一宇　東五檜皮倉一宇　下瓦葺甲倉一宇　瓦葺俵三雙倉一宇

瓦葺三雙倉一宇　瓦甲藏一宇

件倉等、皆悉无實、

一南院

檜皮葺三間四面堂一宇　同三間四面僧房一宇

鳥居

釘貫

花園院

四面大垣
東西北門

同五間四面僧房一宇　同西大門一宇　同東門一宇

件院、皆悉无實、

一鳥居三基

件鳥居、東无實、南西二基朽損、并上木无實、

一釘貫三所

件釘貫、東四間南二間西一間无實、自餘全矣、

一花薗院

件院、南面垣上屋形以萱葺之、或所頽落、或所損失、

一四面大垣并東西北門

南大門西垣全、但上葺瓦并垂木等所〻垂落、二本可顚倒、一本塗壁、同門東垣東西端全、但

瓦所〻破損頽落、中間以板葺之、

自巽角至東大門垣

件垣雖全、十本塗壁二本可顚倒、二本半瓦无實、以板葺覆、自餘所〻瓦散失、垂木・瓦員・桁

等朽損低落、

瓦葺三間大門一宇

件門顚倒、但有大材木半分、扉破損、瓦散失、

同門北垣

件垣一本顚倒无實、自餘全、但上屋形无實、以板萱等綴葺、

瓦葺三間東北大門一宇

件門上葺瓦三分之一被吹剝雨漏、破風・垂木・飛簷・木尻・斗肱木・丸桁所〻朽損、大小壁或无實、或剝損、扉□(板カ)二枚下五尺破損矣、

同門北至艮角垣

件垣三本可顚倒、自餘全、但上屋形无實、以板葺之、所〻破落、

自艮角至北土門垣

件垣一本半塗壁、自餘全、但上屋形以板葺之、所〻摧損、

北土門

件門材木扉等朽損矣、

自同土門至乾角垣

件垣六本顚倒、自餘全、以板葺之、

自同乾角至西北門垣

件垣全、上屋形瓦所〻破散、垂木・瓦肩所〻垂落、

瓦葺三間西北大門一宇

件門、三綱等申云、爲去年大風雖顚倒、前別當律師智眞(觀歟)已以造立、但新古材木相交、上少(小)壁

裏壁无實、

同門南至中大門垣

件垣雖立三本可顚倒、葺瓦所〻落垂、棟堤瓦所〻破損、北端垣形无實、

西中三門瓦葺大門一宇

件門全、但東西降堤吹剝、裏壁小壁二間、朱塗石疊所〻垂落、自餘壁所〻穿破、

次脇門全

自中門至西南門垣

件垣一本顚倒、三本葺瓦无實、自餘垣并上屋形三分一破損、

西南瓦葺三間大門一宇

件門葺瓦所々破損、破風・垂木・飛簷・丸桁等、木尻所々朽損、大小壁剝落、扉板一枚顚倒、石

疊并石橋破損、

同門南至坤角垣

件垣全、但中三本上葺瓦三分二无實、

一度々大風并朽損所々放落金物等

大□□□枚　　　懸魚二枚一枚破

戸釘三枚一枚破　　　風招三枚

垂木尻八枚

已上寺司取納、但、印藏納、別當未交替之間不能注申、

右、依　宣旨、檢録如件、

長久(元)八年十一月二日　　　　都維那傳燈法師位「定秀」(自署下同ジ)

權寺主傳燈大法師位「壽好」

寺主傳燈大法師位「興慧」

上座傳燈大法師位「祚延」

權上座傳燈大法師位「岑裔」
別當傳燈大法師位（異筆）「濟慶敕」
右史生大秦
左少史小槻

（この文書、東大寺堂舎損色検録帳といわれるが、元興寺のものであり、年次も長元八年である。）

1039 眞範

長暦三年閏十二月廿六日

興福寺僧眞範が元興寺別當となった。

〔興福寺別當次第〕眞範僧正

長久五年六月廿五日任（或寛徳元年、）治十年（或云十一年、）俗姓平氏、播磨守生昌息也、左京人也、法相宗、住一乘院、（中略）長暦三年閏十二月廿六日任元興寺別當（年五十四、）寛徳元年六月廿五日任寺司（年五十九、）仍元興寺司辭退之、（下略）

〈東南院文書五〉太政官牒　（大日本古文書東大寺文書一）

太政官牒東大寺
應補任別當權律師法橋上人位有慶事

右、得有慶今月十七日奏狀偁、(中略)倩案事情、經三會之道人、若僧綱若已講、皆以被拜任大寺之司、所謂僧正法印大和尚眞範被拜任興福元興兩寺司、權少僧都法眼和尚位道讃、被拜任西大寺法花寺并本寺(東大寺)權官、律師法橋上人位圓縁、被拜任西大大安兩寺司、明空・朝懐・増祐・輔静等、又遂三會業之後、雖無學道之勤、不經幾年、皆以被拜任大寺司、加之、有慶大業之後、經數年、遂階業之輩、如成源・林元等、皆以被拜任七大寺司、況威従法師等、依奉公之勞、同被任七大寺司、仁満・久圓・鴻助・観峯等也、(中略)

永承六年五月廿三日　正五位下行左大史兼算博士備前介小槻宿禰(草名)牒

正四位下行右大辨兼皇后宮權亮伊預介藤原(經家)(自署)「朝臣」　(下略)

〈本朝高僧傳十一〉和州興福寺沙門眞範傳　(略)

1043

長久四年五月

七大寺
十五大寺

七大寺等で祈雨の行事が行なわれた。

〔祈雨日記〕　長久四年

自正月至于五月旱魃、五月二日宣旨、僧正仁海可行祈雨法者、辭退、宣下四度、毎度辭退、依老耄、七大寺十五大寺祈雨事等、東大寺五箇日、不降、

1044　七大寺

1037-45　琵琶「元興寺」

〔祈雨法記〕長久四年（略）

長久五年（寛徳元）七月九日

七大寺の僧が東大寺大佛殿で祈雨の法會を行なった。

〔東大寺別當次第〕權少僧都深観

長久五年七月九日、依宣旨、七大寺於大佛殿祈雨、

長暦・長久・寛徳年間

後朱雀天皇が琵琶を元興寺から購入した。これが名物琵琶「元興寺」である。

〔江談抄三〕雑事

琵琶

玄象　牧馬　井手　渭橋一名爲堯　木繪　元興寺　小琵琶　無名（中略）

元興寺一名被號切琵琶、後冷泉御寳物也、元ハ元興寺ノ財也、而後冷泉院東宮之時、件寺別當爲充寺修理用途、後朱雀院以納殿金令買之、献東宮給也云々、今傳在殿下、（中略）

元興寺琵琶事

元興寺ト云琵琶ハ名物也、爲修造仁遣保仲許之間、念殊造盗取切尻了、仍號切琵琶、後冷泉院

寶物也、

〔拾芥抄上末〕樂器部三十五　名物　（略）

（琵琶十名物の一としてあげ、ここに延喜九年樂器目録中に「元興寺」が記録されている。）

〔音律具類抄〕琵琶　（略）　〔敎訓抄八〕一、琵琶　（略）

〔吉野吉水院樂書〕

一、琶ノ名、井天、渭橋、已上宇治殿、玄上大内、牧馬齋院、下濃内大臣殿、元興寺大内、兩道、小琶、木繪、無名蟬丸琶、已上皆紫檀ナリ、

〈台記一〉保延二年

十二月九日、（中略、大臣宣下の儀式のこと）次諸大夫持參管絃具、次御遊、（中略）公卿祿間、給召人祿、公卿立間、琵琶覆手破了、其琵琶元興寺也、（下略）

〈古今著聞集十二〉偸盜第十九

元興寺といふ琵琶は左右なき名物也、紫檀のこうふと絃ほそ絃あひかなひて、音勢もありてめでたき琵琶にてぞ侍りける、件の琵琶はむかしかの寺修理の時用途のために其寺の別當うりけるを、後朱雀院春宮の御時買めされにけり、修理をくはへらるべき事ありて、保仲がもとへ

つかはしける時、何とありける事にか、其使念珠引が妻なりけり、その間にかの使の男これを見て、甲のしりのかた三寸ばかりをぬすみてきりてけり、あさましなどもいふばかりなし、さてあらぬ木にてつがれにけり、いく程の所得せんとてかくばかりの重寶をかたはになしけん、盗人の心いづれとはいひながら、うたてく口をしかりけるものかな、(↓元亨四年正月十九日)

永承二年

興福寺の再興に元興寺も協力した。

〔造興福寺記〕

永承二年二月十二日丁巳、天□□□今日攝津國□國解云、請特蒙天恩、因准傍例、被下　宣旨、不論神社・佛寺・院・宮・王臣家荘園、不輸應輸、平均充負、勤仕造興福寺廊四面雜事狀者、左少辨藤原朝臣某、奏下之、左大臣宣依請、即令下知、又可借進瓦屋之由、給宣旨於寺寺矣、東大寺二所、元興寺一所、大安寺一所、薬師寺二所、法隆寺二所、

十七日壬戌、(中略)、又仰大和國、令修造所所瓦屋、興福寺一所、元興寺一所、薬師寺一所、法隆寺二所、

四月三日丁未、天晴、今日滿寺上下、并元興寺衆等、擧首向泉木津、曳材木等、

永承三年閏正月十三日壬子、天陰、未二刻、右大臣左兵衛督藤原經任卿、參議同行經卿、參著左

恒仁

仗座、定申興福寺供養僧名也、（中略、供養僧名のうち）恒仁元興寺　（下略）
（興福寺は永承元年十二月廿四日炎上した）　〔春記〕脱漏補遺　（略）

1049

永承四年

元興寺僧恒仁を東大寺戒和上とした。

〔東大寺要録五〕　戒和上次第

桓仁

四十四、桓仁永承四年任　元興寺　八十六

1051

永承六年正月廿八日

前年度の愛智庄の地子米の結解を注進した。

〔東南院文書五櫃三巻〕　愛智庄地子米結解注進状（平安遺文三）（大日本古文書東大寺文書三）

依智庄

依智御庄結解　「永承五年」

永承五年元興寺愛智御庄地子米結解事

合田十四丁一反大

充米卌二石五斗段別三斗

除庄用五石二斗

所進卅三石四斗五升之中六丈(丈六)手作布一段、一石八斗大豆一石

廿二石□(寺カ)殿替米

運賃雜用三石八斗五升

卅石納船二艘(船)賃八斗

梶取二人賃八斗

水手六人賃一石八斗

苫賃一斗五升

堅田渡酒直一斗五升

借馬三疋賃一斗五升

右件地子、進未結解注進如件、

永承六―正月廿八日　使（花押）

1052

永承七年十月

愛智荘の坪付注文

〔東大寺文書四ノ四十六〕近江國愛智荘坪付注文（平安遺文三）

（端裏）「坪付注文」（前欠）

十七―（坪）三百六十ト（歩）　十八―五反卌ト五十

廿三―□反一百十ト『寺二百廿』大半　廿四―三反三百十ト『常近等田』

卅一―一反六十ト『六□□畠』

十里三―二反三百五十ト□常重『改延包』

四―四反七十二ト内有重　五―一反百六十ト僧長因『屋居改有重小畠』

七―二反三百二十ト『寺二反百五十ト』僧頼久『礒光』四　八―三反六十ト 安部久永 ミミミミ 大友久常『畠』

九―六反半安部久永　十―小半僧頼□『畠』

十條五里廿五―一反百九十ト小佛子

卅―一反小佛子　七里八―三反二百八十ト『寺二反百ト』秦光武

九―百八十ト『寺百八十ト』四間末光　十三―四反卅ト同末光

十四―四反卌ト『寺四反』同末光　十五―二反『寺二反』僧圓仁

十九―八反『寺八反』四間末光　廿五―二反三百ト『寺一反大半』同末光

八里二『大安寺領』―十反百卌ト七十僧道仁『爲清爲正等』　三―一反三百八十ト壬生爲清

五—五反三百卜 八『寺一反六十卜』　七—一反二百卜 『寺卌卜』 僧道仁屋居『田』

六—五反

八—三反半 『寺一反八十』僧連命　九—二反卌卜 『畠五段』 同□分

十—二反六十卜刀彌久茂　十一—四反六十卜大友友常『改連分友枝』

十二—□歩僧賴覺等　十三—三反 六『寺二反』僧道仁

十七—三反半 『寺二反小半』 僧快實　十八—二百卜 僧快實七段『寺二反六十卜』 同快實

十九—四反 二『寺四反』大友友常『改仁久藤仁圓』　廿六—四反百十卜僧道仁『仆田』

卅六—四反三百廿卜

十一條七里三—二反僧勝延

十八—三反三百卌卜 『寺三百卌卜』 栗田爲行等　廿一—一反半 『寺一反半』 乙加野安重等

廿一—一反半依智秦常久等　廿五—二反僧久圓依智秦利常

廿六—四反半 『寺三反大半』 乙加野□重　卅—二反二百八十九十 『寺二反二百卜同寺進』

卅一—二反 『寺二反』 乙加野安重等　卅二—一段百卌 『寺百卌』 同安重等

卅三—四反 『寺二反半』 宍人常重等　卅四—四反 (寺カ)『□二反十卜畠』 橘春吉

卅六―四反『寺一反』刀彌久□

八里二―四反三百ト依智秦包常改乙加野安重

三―八反百ト『寺二反小半』宍人常重　五―一反百ト僧道仁『改刀彌久茂』

六―八段

八―三百ト丸部光成　九―一反九十ト大友友常

十―二反百ト『寺一反百ト』同友常官造等　十五―二反『寺二反』

十六―九反三百五十ト『寺六反小半』依智秦久永居徑（マヽ）

十七―六反『寺五反六十ト』平丸　十八―三百平丸三反百卌ト『寺三百ト』

十九―一反百ト平丸　廿―二反二百『寺二反廿ト』橘春吉

廿一―二反廿ト『寺二反一ト』依智秦久永　廿二―七反二百廿ト『寺二反』秦利吉『畠』

廿三―九反百廿ト百□井上延正

廿四―四反『寺一反六十ト』僧高延

廿五―五反二百卌ト『寺五反半』玉手頼重等

廿六―九反卅ト『寺一反小半』秦平丸　廿八―六反二百廿『寺四反半畠』『改秦利吉』正依智秦利常

庄立
廿九—七反百八十卜『寺三反大半』藤井金一丸　卅—一反僧高延

卅一—一丁僧勝延『田一反』　卅二—一丁依智秦久頼

卅三—四反二反『寺四反十』僧勝延　卅五—二反二百八十卜僧清久 百廿卜

九里一—七反三百八十卜僧行善

二—七反百卜依智秦久頼『頼覺等』

三—一反百卜『寺一反百卜』井上延正

四—三反二百八十卜同延正等

五—二反大半『寺二反』同延正

六—三反小半『寺二反小半』僧宗道

七—八反大半『寺八反小半』僧連分　八—二反小半僧眞權等

九—二百六十卜延正等　十—四反百卌卜『寺四反』僧原□

十一—一反大半『寺一反大半』平丸　十三—二反三百卅一卜『寺二反百六十』僧連分

十四—卌卜　十八—三反三百卜僧戒弁

十五—四反三百卜

廿三―二反卅卜『寺三百廿卜』平丸　廿四―三反二百九十卜『寺一反百九十卜』

十二條八里廿五―四反百六十卜『寺四反百六十卜』川瀬近頼　廿六―七反二百卜『寺一反卅卜』同近頼

九里九―六反『寺四反大半』依智秦是重等

十―二反二百卜『寺二反半』依智秦久永二反百卅　十六―一反百卜『寺一反百卜』秦利吉

十七―一反小半僧利勢　廿四―三反三百五十卜『寺一反六十卜』秦利吉

廿九―大半秦利吉　卅―五反『寺四反大半』同利吉

卅五―六反百卌卜秦利吉　卅六―四反同利吉

十里五―二反百卜秦利吉　六―二反百卜同利吉

八―二反九十卜百五十僧眞能　九―三反僧利勢

十―二反二百卜僧眞能　十三―二反百廿卜井上延正等

十三條十桑灰(原カ)里九―小半秦利吉　廿五―一反秦利吉屋居惣大夫殿屋居

十一條八里十八―二反二百卜平丸

十條八里五―三反僧延分爲清等

右件坪付、依例注進如件、

永承七年十月　日

別當大法師（草名）　都維那法師

上座大法師

寺主大法師「賴暹」

「判、件寺田拾陸町貳段貳佰拾歩、可免率官物之、

大介藤原朝臣（花押）」（判以下に「近江國印」三をおす）

1053

永承八年（天喜元）正月

元興寺三論供家が、愛智庄の租税免除を請うた。

〔東大寺文書四ノ四十六〕　元興寺三論供家牒　（平安遺文三）

「下田所（花押）」

『件寺田先免残四反二百卜（歩）徴下官物之、

勘書生中原

麥（秦カ）（花押）（墨）

大判官代藤原（花押）（墨）

目代明法生清原

元興寺三論供家〔　　　　〕』

注進愛智庄去年見作五十餘町内、先免十六町二段余歩残被切落坪〻事、

九條七里卅六―(坪)一反『乍五反百廿ト　寺二反三百五十ト先免了』

八里六―『乍二反出也』　十二―『乍五反半出也』

十一―『乍一反大出也』　十八―『乍六反半不入』

九里四―『乍二反不入』　十―『乍四反大半不入』

十一―『乍四反大半不入　序出一反』

十八―五反卌ト『乍五反百廿ト出也』

十條七里八―『圖九反百八十ト　寺二反百ト　口分七反八十ト　先免了　乍四反六十ト　元興寺二反百ト』

十四―六反卌ト『圖九反六十ト　寺四反　口分五反二十ト　乍六反半　寺四反　先免了』

八里五―『乍一反六十ト先免了』　七―『乍卅ト先免了』

八―『乍五反百廿ト　先免一反□□□ト』　十七―『乍二反百廿ト先免』

十八―『乍二反六ト先免了』　十九―『乍五反先免　四反』

廿三―『乍七反六十卜不入』　廿五―『乍一反三十卜不入』

十一條七里五―『不入二反百廿卜序下（マヽ）出一反』

十―『乍四反不入』　十一―『乍三反半不入序下出一反』

十四―『乍六反百廿卜不入』

十八―先免三百卜 未免□『圖一丁寺三百卌卜乍四反半 先免三百卌卜』

□（廿カ）一―『乍一反百廿卜不入 圖四反元興寺□大安寺半』『乍二反二百卌卜先免反半』

廿二―『乍五反六十卜 不入 序出二反半 口分一反半』

卅三―先免一反半残 一反半『乍二反半先免了』　卅四―先免十半（マヽ）残二反『乍二反二百卌卜先免一反半』

八里五―『乍五反半不入』　十一―『乍四反半不入』

廿―『圖四反寺二百卜先免二百卜 乍四反半』

廿九―先免二反大半『先免三反六十卜』『乍七反半』 未免二反小半『又免二反三百卜』

卅―『乍五反百廿卜不入』

十一條九里二―□反百卜『荒』

十五―『乍八反六十卜不入』　十九―『乍七反半不入』

成源

十八—『圖九反　寺二反三百卜「乍五反六十卜先免二反三百卜』
免二反三百卜才一反
廿—『乍四反百廿卜不入』　廿一—『乍一丁不入』
廿六—『不入乍一丁』　卅一—『乍六反不入』
十二條八里廿五—『圖一丁寺四反百六十卜
乍五反先免四反百六十卜』
九里九—『乍四反大先免了』　廿—『乍四反大先免一反
又二百六十卜』
十六—『圖七反二百八十卜先免一反百卜
乍一丁寺一反百卜』
卅—『乍四反大半先免了』　卅五—『乍一丁出也』
卅六—『乍七反半出也』　十里五—『乍荒』
六—『乍三反出也』　十—『乍八反不入』
□□先免合残、爲被令勘免、注進如件、
永承八年正月　日　學頭法師
□大法師「成源」　大學頭法師
檢挍大法師
「□(判カ)、件田先免残肆段貳佰歩可免率官物之、

□介藤原朝臣（花押）」（判以下に「近江國印」二あり。）

1058 禪定院 成源

康平元年十二月十三日

元興寺僧都といわれた成源が没した。年五十五。禪定院をおこし初代院主とされている。

〔大乘院寺社雜事記尋十四〕 長祿三年九月晦日

禪定院々主次第　或記云、飛鳥寺別院云々、

權少僧都成源 當院本願、宇多源氏成頼息、於天台西塔出家受戒、後移山階寺、號元興寺僧都、

長久二年維摩會講師卅八歳　天喜二年五月廿九日任權律師五十一

同五年十二月廿八日轉權少僧都五十四　康平元年十二月十三日入滅五十五 （中略）

本願僧都成源御忌日於禪定院行之、十二月十三日

〔僧綱補任四〕 康平元年 （略）　〔南都七大寺巡禮記〕 禪定院 （↓永久年中）

〈古今著聞集五〉和歌第六

成源僧正は、連歌をこのむ人にて、その房中のものども、みなたしなみければ、中間法師常在といふあやしのものまで、かたのごとくつらねけり、（下略）

1059 康平二年十二月

元興寺が愛智庄に使を遣わし、地子の提出を催促したが、田堵らが應じなかった。

1060

〔東大寺文書四ノ四十七〕　近江國愛智荘司等解　（↓康平三年四月廿一日）

元興寺三論供家領愛智庄の庄司等が収納使目代田堵等の非法を停止されるよう訴えた。

康平三年四月廿一日

〔東大寺文書四ノ四十七〕　近江國愛智荘司等解　（平安遺文三）

元興寺三論供家愛智庄司等重解申請　本家政所裁事

請被重令申　國前、停止収納使目代田堵等同心愁申無實非法、違背兩度　廳宣愁狀

一被裁下、免田地子多少任本寺之心　御判兩度罷成、稱申無五斗文事

右、謹案事理、令成地子物數多少任本寺之心御判、豈非五斗六斗、只可任本家之心乎、然田堵等相語収納使目代、矯稱申慥無五斗文致遁避、尤不安事也、就中枉見任本寺之心御判、不准他寺恒例、徵納九斗一石地子者、方可有此愁、若依廳宣旨者、九斗一石猶不可愁之、至于辨濟不堪者、只可不耕作領田也、如何不承引春時之起請、乍作寺領田畠、至于秋時致遁避、不隨本寺之所勘乎、就中近隣隔川神崎郡元興寺庄是六斗代、同野州庄是五斗代、況亦一郷交町大安寺庄田并大國寺領田皆是所當地子五斗代也、何元興寺領田獨致三斗辨乎、依此道理、如志賀寺浅井郡矢儀庄、本雖致三斗辨、前司御任申成廳宣、致五斗代辨、是近代例也、何況撿寺家上古

収納帳文書等、件庄地子成五斗或六斗、皆是前例日記也、近代不肖之輩拜任別當職以來、遷替牢籠之間、田堵等謀計遁避、構三斗代辨者也、就中件庄本是五代 聖皇勅施入六十餘町不輸租田、敢無一段一歩収公之煩、由此供家傳法講經敢無闕乏、而漸及末代、免除領田纔十二三町、若田堵等於極少免田分、彌致遁避者、豈成傳法講經學生供食等之支乎、何況耕作寺領田、□(不カ)辨地子者、田堵非法也、任前例傍寺、徴責本法者、寺家道理也、若猶被國家任用、田堵等□遁避者、不知□(他カ)鄕、當鄕之內大國寺大安寺領田等、皆同被停止五斗代之辨而已、如何一鄕一處、以町多寺領田之中、他寺田堵不愁申五斗代地子而辨濟之、元興寺田堵偏致遁避而愁申之乎、又若田堵等猶強致遁避者、自今春以後、寺家領所六十餘町、或田或畠或居宅敷地、如此等處交接公田、皆悉擇抽寺領田畠敷地、停止耕作居住者也、如是非法遁避之輩、不可犯用一段一歩之寺領、亦不可稱號一段一歩之作手名主、若又寺家□制止之時、田堵等愁申留農業之由者、敢不可令信用彼等愁狀、望請本家早令洩申此由於 國前、成憐御判、斷絶彼遁避之輩諍論矣、仍注子細、言上如件、

一田堵等愁申段別充徴雜事等事

右、白米一升酒直二升秣二把往代以來(寺脱カ)家使料也、作田二段充薦一枚、従中間別當之時、所充

徵□、至于續松段別二把者、實是今始當時所充徵也、如何計集往代雜物、愁申當時之非例乎、
就中免田分臨時雜役皆免之御判、　近代未有事也、　當時本家今適令申成皆免之廳宣兩度明白
也、由是須准　國役、本寺亦充徵種〻雜事也、況不被申免國役之時、充□白米等雜事、如何愁
申被免國役之時別當非法非例之雜事哉、但至于不承引、□□收納使充責臨時雜役者、退以其
由可言上本寺、　如何不充徵免除之替雜事哉、專不可愁申於　國前、兩方之費此唯田堵等偏致
遁避詐(マヽ)法、訴申本寺非法而已、□(仍カ)注子細、言上如件、
一領田作畠加地子等非例愁申事
右、謹撿舊例、作□(畠カ)地子領田加地子、上古舊例當時傍例、其證非一、□謂天暦年中收納日記、寛
仁四年結解帳、或注畠地子、或免田以外別注土田地子、及永承元年麥畠地子徵符文合三枚、以
先日令經　國覽已了、依之任前例可令徵之由、兩度　廳宣令成下又了、而田堵等各相語收納
使目代、遁避爲先、愁申本寺非法、甚不安事也、加之倩案事情、件□(云カ)田云畠、俱是本寺所領也、
然至于畠者、國家不令知之、至于田者、收公及全分、□國家不令知作畠、本寺不知作畠、以誰爲
領主、以誰爲作人、以作人還爲領主者、如何彼輩不持公驗(マヽ)、煩以元興寺爲本家、并本圖公驗注
寺家所領哉、豈田舍土民、偷犯作官地、如私領不辨地毛乎、若無地毛者、以何稱領主、依之或寺

領或私領、皆徴納領田作畠加地子等、當國當郡傍例也、何況公家私人所領、庄薗田畠不定、若偏以畠爲領處之時、空無所納、徒號本家乎、設爾庄薗領處、有何利益、假使同庄雖有田畠何必取田捨畠、況乎領田収公多端、彌棄除作畠者、本家□(以カ)何令遂五代　聖皇　御願哉、望請、今度牒令申成□(下カ)國判、被停止田堵等遁避哉、

一度〻下向使者多少事

右、免符以後、去年十二月遣二人使、令催免田地子、敢無承引、仍使者還了、今年如田堵等解狀、又二月一日遣二人使者、令催分地子、雖及廿箇日、猶無承引、不用國判、如此五斗地子辨□牢籠之間、三斗本地子亦不辨濟、依之爲令致重徴、目代良明主従合四五人二月十六日下向、雖然田堵等隱籠収納所、猶□(不カ)承引、収納使目代依田堵愁制止之、爰庄司目代所相共注事狀言上本寺、仍令洩申國前之處、重可隨本寺之由、廳宣明白也、雖然田堵等不用兩度國判、猶以遁避、注愁狀言上國前、田堵等非常何事如之哉、抑使者多少無有□依田堵遁避、爲令致辨、頻遣使者、若早致辨者、乃至小童一人可准之也、供給雜役之費、亦如此遁避所致也、況乎本寺使者、於収納所對問田堵等以無實言上　國前之由、田堵等即答、至于供給雜事等者、雖未勤申之、此只此段別所充相計言上者、如此非常等、非　國裁者、如何斷絶之哉、若□等猶致遁避

者、如　國判、被下於田堵等解狀、従今春以後、□堵等不可耕作寺領田畠一段一歩、只徒可成空閑荒廢之地、田堵不可犯作寺領之庄地、寺家亦不収納合夕之地利、寺家以不以爲勝、（マヽ）田堵以不爲優而已、寺家使者若加制止之時、田堵等□収納使目代愁申制農業之由者、敢不可令信用、此唯制止寺領、専非制止公田之耕作、若又不可有制止事者、如田堵収納所□同令成犆御判、徴五斗代地子并領田作畠加地子等□、□注子細、言上如件、

右條〻雜事、乍驚田堵等申成　廳宣、重言上子細、早□由成國判、令下遣者也、就中任前例及任本寺之心御判、文字不分明之由、愁申争論者、只注分明文字、申成而已、解、

康平三年四月廿一日　　庄司丸部光成
　　　　　　　　　　　目代僧良明

（裏）「初條地子多少事、件領田任本圖數免除已了、所當地子物本寺之心也、有前例者、依代〻徴下之數可辨濟、収納使目代、何因可同心於作人等哉、

次條免田分充負雜事、是又本寺依故實所行歟、任前例勤之、猥不可致遁避之、

次條寺領畠地子等事、依傍例辨濟之、凡寺領田畠所當地子物并雜事等、若有非法者、田堵等不可寄作件免田、又且失住其（マヽ）（草名）」

1066

治暦二年三月十一日

元興寺大僧都がその所領となった簗瀬庄の開發をすすめた。

〔東大寺文書二ノ五〕元興寺大僧都房政所下文案（平安遺文三）

（端裏）「伊賀國簗瀬庄本券治暦二年寺家充文」

下　爲延所

早可令開發之田代荒野等事

合壹處者於（マヽ）在見作田拾柒町貳段餘歩残无數荒野也

在名張郡簗瀬郷内

四至 限東寺上尾 限南貢御河 限西大河 限北剣山北辻

右件田代荒野等、神戸住人實遠朝臣負物代、元興寺大僧都御房辨進地也、而爲令開發、所丈部爲延宛行也者、開發三ヶ年間、地利免除、其後者於官物者可辨濟國庫、於壹段別一斗御加地子者、可辨進領家者也、於作手者、可爲爲延之子孫相傳ニ領地也、仍爲後日沙汰、所御下文成給御也者、存此旨、可令開發之狀下智（マヽ）如件、

治暦二年三月十一日

1066 七大寺

1053〜57 1065〜68 彌勒石像

房官上坐大法師在判

治暦二年

南都七大寺から、三會の講師を賞しないため僧侶の學業のすたれたのを訴えた。

〔元亨釋書二十五〕 資治表六

治暦二年、此歳、南京七大寺奏、近世不賞三會已講、學業似廢、是講徒之大患也、因茲官良尊于律師、尊天喜二年講師也、尊興廢中選、雖微書焉、

〔藥師寺濫觴私考〕（略）

天喜年間または治暦のころ(?)

本元興寺にあった彌勒石像を多武峯平等院の僧千満に賣却したと傳える。

〔太子傳古今目録抄〕 一彌勒石像事

日本最初彌勒也、元在元興寺、是自百濟國被流也、有云、飢旱之時所賣像、今多武峰平等院ニアリ、是天喜年中、僧千満買取所安置也、

〔上宮太子拾遺記二〕

件石像、近來在多武峰、中比有飢旱事、仍本元興寺五師不知名以件像、於多武峯平等院檢僧千満年百三住坊、巨多價直交易之、後經百年許也、若天喜・治暦之比歟、保元三年戊寅記之、云々、

或人云、件石像長一尺餘或ハ七寸坐像也、色白極固、面貌奇麗耳、
（↓敏達天皇十二年）

元興寺田
東伊與庄

1070
延久二年九月廿日

「興福寺大和國雜役免坪付帳」に元興寺田が三か所あげられている。

〔興福寺・天理圖書館所藏文書〕　興福寺大和國雜役免坪付帳（平安遺文九）

興福寺
大和國庄［　　］（〻田畠二千カ）三百五十七町九反三十五歩内、東諸郡添上山邊城下東十市東城上宇陁
并六箇郡田畠坪付
合千二百五十六町八段十八歩（中略）
一國議不輸免田畠百四十八町五段（の内、つぎの元興寺田の項に至る間に一紙分の脱があるらしい故、元興寺田は國議不輸免田の内ではなく、佛寺要劇田の中に入るものではないか。）
一町　元興寺田　東伊與庄
東伊與庄廿三町六反三百廿歩（の内）
元興寺田一町　八條一里七―三（坪）反　九―七反

夜松南庄

西大垣庄

興福寺

大和國庄〻田畠二千三百五十七町九段三十五歩内、西諸郡添下平群城下十市高市葛下忍海

葛上宇智吉野廣瀬并十箇郡田畠坪付

合千百一町一段十七歩（中略）

一神社佛寺諸司要劇田畠(の内)

七町四段百廿　元興寺田

四町三段百廿ト(歩)一夜松南庄　三町一段西大垣庄

一夜松南庄田畠十一町百廿ト(の内)

元興寺田四町三段百廿歩

段半　十七―五段　十九―一町　廿―二段　廿十(衍カ)五―三反　十六―二反　十七―二反

十八―四反　十九―八反大　卅―五反　十条一里一―二段

西大垣庄田畠四十三町五段九十二歩(の内)

元興寺田三町一段

廿一条二里十四―九反　十五―五反　十七―四反　廿一―四反　廿二―四反　廿六―五

反 （下略）

延久三（東諸郡の冊に延久二年とある、二年か）年九月廿日

知事法師　長円

權專當法師尋慶

1071　東南院　三論長者

延久三年

三論長者が東大寺東南院主に固定し、東南院が三論宗の本據となった。

〔興福寺資財帳〕（略）

〔東大寺續要録〕諸院篇

東南院（中略）

次三論長者、諸宗三論宗中殊撰器量、以官符所補來也、而延久三年永以東南院々主可爲此宗長者之由、被宣旨、以來于今無違亂矣、

1076　高階業房

承保三年九月十日

このころ、飛鳥の本元興寺邊は高階業房の所領であった。

〔東大寺文書四ノ四十七〕大和國高市郡司刀彌等解案（平安遺文三）

大和國高市郡司并在地刀彌等解　申立券進越後權守高階朝臣業房所領田畠堰并山野池等事

承和三年

飛鳥元興寺
豊瀬庄
源頼房

合
在大和國高市并十市東郷□字豊瀬飛鳥軽庄元興寺
田畠　堰柒箇處字木葉堰、豊浦堰、大堰、今堰、橋堰、飛田堰、佐味堰、
山野　池伍箇處字佐志池、櫻井池、剣池、軽池、伊立池、

右件豊瀬御庄田畠山野池堰等、故肥前守源頼房朝臣相傳所領也、領掌之間無他妨、而以去延久六年八月之比、處分女子并越後才(權)守高階業房朝臣女子小野分者、高市郡東廿四五六七條以一里爲女子分、業房朝臣領東廿四條二里・同廿五條二里・同廿五(マヽ)條二里・東廿八條一里二里四里・十市飼(マヽ)條一里・同廿六條・同廿九條・高市廿九條一二三四里・同卅條一二三四里・同卅一條一二三里等處分業房朝臣既了、而女子分有論之上、依有旁論、爲絶論訴、申關白殿下政所下家司助教共、任次第公驗調度文書理、在地郡司諸郷刀禰等、任道理立券言上如件、以解、

承保參年九月十日
在地住人等
巨勢在判(以下略)

1078 承暦二年正月十四日

永　算　1080

京東五條三里　元興寺勾當圓照院

僧永算が元興寺修造の賞として法橋に敍せられた。

〔僧綱補任四〕

承暦二年　法橋永算正月十四日敍、元興寺修造賞、

承暦四年十二月廿九日

明法生藤原某が私領田を元興寺勾當圓照院へ賣り渡した。

〔内閣文庫所藏大和國古文書〕　明法生藤原某田地賣券（平安遺文三）（大日本古文書東大寺文書五）

（端裏）「三百歩」「木寺本」

謹辭（解カ）

賣渡私領田之事

合參佰歩者

在京東五條三里廿五坪内

右件田、元者被（マヽ）處分相傳私領田也、而今依有直要用、充絹拾伍疋・米參石、元興寺勾當圓照院永

作手所賣渡也、仍放券文等如件、

承暦四年十二月廿九日

明法生藤原（花押）

〈内閣文庫所藏大和國古文書〉登美行近田地去文

登美行近解　申渡進領田事

合參百(佰)歩

在五條三里廿五坪

副進本公驗等

右件田、相傳所領也、而以先日所借申絹肆疋代、藤原宗任限永年所渡進如件、以解、

治暦二年七月十一日登美(花押)

「件田公驗等、得(マヽ)渡明白也、仍在地加暑(署)名、

出納紀

權首頭紀」(花押)

「正首頭雅樂屬王(玉)手(花押)

惣首頭兵庫允王(玉)手」(花押)

〈内閣文庫所藏大和國古文書〉橘則任田直米請文

謹辭　請所領田直米事

合壹斛伍斗

右米、沽却田直也、依員所請如件、以解、

天喜元年十一月十日　　橘則任

〈内閣文庫所藏大和國古文書〉橘則任田地賣券

謹解　申沽進相傳所領田事

合參佰步

在添上郡東五条三里廿五坪内

四至（限東光吉府生畠　限南喜多院領 / 限西大路　限北賴政領畠）

右件田、則任相傳經數代領掌也、而今依有便宜要用、充價直米壹斛伍㪷、紀友重限永年、相副本文書等、所沽進既畢、仍注事狀放券文如件、以解、

天喜元年十一月十日　　橘（花押）

「件田賣買、友重傳領顯然也、仍在地加暑（署）名也、

紀（本能）（草名）

案主紀「秋賴（自署）」

兵庫允「玉手」「範」(自署)

(以下断簡)

紀「本能」

案主紀(秋頼)(草名)

兵庫允玉手「範」(自署)

(↓承徳二年十一月十二日)

1081-4

永保年間

興福寺の大釜　飛鳥寺

興福寺大湯屋の釜が飛鳥寺から移されたと傳えられる。

〔七大寺日記〕二興福寺　(校刊美術史料による)

塔基无差事、東ニ大屋湯アリ、卅石納釜アリ、可見、元ハ飛鳥寺ノ釜也、去永保之比歟、

1088

寛治二年正月

僧經朝が明詮の點本によって法華經に移點した。

〔妙法華經巻第四〕識語(重文)　(天理圖書館藏)

(白書)點本經云、寛治元年五月十六日、以赤穂珣照聖人點爲其本移點了、處ゝ付音讀是定慶聖人之讀

明詮

而已、末學沙門經朝、
(朱書)
點本經云、同二年正月之比、以元興寺明詮僧都點導本爲其本、以朱大都移轉了、若與赤穗同處者不別點之、以朱續甬處モアリ、朱甬得其意可讀之、僧經朝點了、
(墨書)
墨ノ點訓并聲等、興福寺壽慶聖人訓聲而已、

1089 寛治三年五月廿一日

東大寺で祈雨のための千僧讀經があった。

〔祈雨日記〕 寛治三年

五月廿一日庚寅、東大寺千僧御讀經、行事權左中弁基綱朝臣雨降、

1093 寛治七年八月廿六日

七大寺等の僧が興福寺僧兵に率いられて強訴した。

〔扶桑略記三十〕 寛治七年

八月廿六日辛未、興福寺大衆數千人、引率七大寺等諸僧、參上洛陽、依春日神民之愁也、

七大寺僧

1096 嘉保三年(永長元)十二月十五日

七大寺で地震の祈禱が行なわれた。

〔中右記〕　永長元年

十二月十五日、（中略）従今日於七大寺、以十口僧限七ケ日、被轉讀最勝王經、行事右少史俊忠、是地震御祈也、

七大寺　1097

永長二年（承徳元年）二月十日

春日社行幸のため、七大寺で御祈が行なわれた。

〔中右記〕　承徳元年

二月九日甲午、（中略）被定申僧名、能實相公書之、七大寺各十口、但此中東大寺・興福寺兩寺各廿口、他社行幸御讀經於諸社被行、春日行幸時於七大寺被行也、入日時并僧名於筥、令予奏聞、

七大寺　1097

承徳元年十二月廿九日

權律師興福寺僧永縁が元興寺別當に補せられた。

〔中右記〕　承徳元年

十二月廿九日、今夜被仰下事、（中略）權律師永綱（縁カ）補元興寺別當、文章生藤宗光給方略宣旨左少辨有信二男、有勤學之聞也、

永縁

〈永久元年記〉

重隆記

永久元年閏三月二十一日壬寅、有職公卿群參、衆徒事僉議云々、遂入夜、以權大僧都永縁可爲清

水寺別當之由、被下知了、永縁山階權別當、大安寺・法隆寺・金勝・清水五箇寺兼帯之、當時僧綱別當、今度始之、

〔僧綱補任五〕

永長元年　權律師永縁十二月廿九日任、三會勞、〔五十一〕

永長二年(承徳元閏)　權律師永縁十二月晦日補元興寺別當

康和三年　權律師永縁(正月廿九日)同日爲大安寺別當、本者是元興寺別當也、

長治二年　權律師永縁(五月廿九日)同日轉小僧都

天永二年　權少僧都永縁三月日轉大僧都、春日行幸賞、僧正讓、

永久四年　權大僧都永縁(六月廿六日)同日兼法印大和尚位、大安寺修造賞

保安二年　法印權大僧都永縁六月日補興福寺別當

〈帝王編年記十九〉鳥羽院

權大僧都永縁保安二年六月廿二日補、式部大夫藤永昌子、聽禁中腰輿、

〈殿暦〉康和四年八月・九月・十月　(略)

〈宇治拾遺物語三〉(伯の母)同人佛事の事

〈本朝高僧傳十一〉和州興福寺沙門永縁傳

京東五條
三里
圓昭
禪院敷地

1098

釋永緣、世姓藤氏、吏部郎中永相之子、母遠州刺史江公資之女也、緣九歳喪怙、母氏携至南都（中略）投一乘院師事頼信、聰穎遂業、（中略）緣領七大寺、道福益賑、天眷優渥、乘車入宮、（下略）

承徳二年十一月十二日

元興寺僧圓昭が私領田三百歩を禪院敷地に賣却した。

〔内閣文庫所蔵大和國古文書〕　元興寺權上座圓昭田地相博券　（平安遺文四）（大日本古文書東大寺文書五）

謹辭（解カ）

賣渡私領田事

合参佰歩者在京東五條三里廿五坪内

四至在本券

右件田、元興寺權上座圓昭年來相傳所領也、而依有要用便宜、禪院敷地限肆門（間カ）、永年所相賛（替）也、

仍代代相副本券等、永相賛（替）（者の上）「狀」如件、以解、

承徳貳年十一月十二日　　賣人權上座（花押）

買人

（↓承暦四年十二月廿九日）

1099 七大寺 本元興寺

承徳三年(康和元)四月廿八日

世情不穏のため、七大寺等で仁王會を行うことを定めた。

〔本朝世紀廿二〕 康和元年

四月廿八日庚子、又權大納言師忠卿參入、被定申諸社諸寺如説仁王會日時(來月九日辛亥)、依世間不静御祈也、諸社(中略)諸寺七大寺・法花寺・新藥師・本元興寺・招提寺・法成寺・大屋寺・西寺・四天王寺・興福寺・延暦寺・園城寺・圓宗寺・法勝寺等也、但諸社僧綱各一口率伴僧、三ケ日可勤之、諸寺諸僧員隨寺不同、五ケ日可勤之、

1099 智光曼荼羅

承徳三年(康和元)八月八日

藤原師通の追善法會に當り、智光曼荼羅を佛臺にかけた。

〔時範記〕 康和元年 (大日本史料三ノ五)

八月八日、戊寅、今日有御法事、其義□母屋中央間立佛臺、懸極樂變曼荼羅、智光マタラ也、(下略)

1104 僧房

長治元年十月七日

元興寺僧房に強盗が入って放火した。

〔中右記〕 長治元年

十月八日、在家之間、御寺□禪得業來語云、□夜強盜入元興寺僧房、取雜物之間放火、僧房燒亡、

但切留不及廣者、

大江親通　元興寺　南大門　中門　金堂　講堂　食堂

1106 嘉承元年

大江親通が南都七大寺を巡禮し、手記を残した。

〔七大寺日記〕（校刊美術史料による）

（前略、東大寺・興福寺の記事あり、）

元興寺飛鳥寺也

南大門ノ額并力士像、尤可見、額ハ葛木魚養カ筆云々、力士日本第一、中門ノ二尺(天)并八夜叉ノ像心ヲ静テ可見、言語道斷セル也、夜叉ノ左ノ手ニ虵ヲ取、右手ヲロシ、コフシヲニキリ、可見、

金堂中尊丈六彌勒、脇士四躰、皆金色、立像有、右手上向、左膝上、柱繪アリ、可見、佛後ノ厨子三尺許、半出鵤ヱリ造レル十二神將アリ、尤可見、源朝繪樣云々、東ノ脇戸之北脇ニ、唐樻ニ樣々之圖形等アリ、可見、金堂造樣尤妙也、可見、斗形肘木等、皆木繪ノ伏物アリ、雖未知由緒、其躰甚妙也、見可、南面額アリ、彌勒殿ト書リ、凡堂ノ礎等并疊等勝諸寺、得心可見、堂前之庭燈呂アリ、

講堂、金堂之北アリ、木像繪像ノ佛菩薩天等像可見、厨子ノ内外之繪等可見、食堂十一面(間カ)、講堂北ニアリ、佛并繪等尤妙也、可見、堂棟之木ハ、一支ヲヒタワリニセリ、云々可見、

塔

塔基四方浄土造様、山タヽミ《タル》様、并佛造様《ツクリ》スハマノ様、柱繪等尤神妙也、可見、但北方ノ彌勒ノ浄土佛綵色ニ《テ》、餘ノ三方ノ佛ハ金色也、其彌勒ノ綵色ナル、不得心、未子細不審也、

極樂房

極樂房者、智光頼光兩聖人之共往生セル房也、佛房(件カ)ハ塔之北ニ一町許行テ、東西ニ横ル連房アリ、其中心馬道アリ、其馬道之東ノ第一房也、其房ニ爲智光カ所現浄土相ヲ圖寫セル極樂曼陁羅、尤可拜見、

鐘樓

鐘樓、雖无指事、造樣勝諸寺、日本第一ノ鐘樓造様也、鐘頂龍頭之下穴アリ、可見、

吉祥堂

吉祥堂ハ金堂ノ坤角ニアリ、三間四面之堂也、内ニ五枚障子之繪佛アリ、吉吉可見、其中飛天繪様妙也、正了知大將之曼荼羅アリ、毗沙門吉祥天之像、一補(鋪)ニ圖セリ、背之障子ノ繪像ナリ、東端金色佛像アリ、頂上天蓋アリ、佛背ヨリ龍飛登テ蓋クヱリ、可見、辰巳角西向、等身比丘形アリ、是護命僧正ノ影也、甚妙造様可見、世人傳云、只一度ニ僧正ニ被補云々、可尋聞、丑寅角轝(輿)アリ、件僧正ノコシナリ、可見、

(下略、大安寺・西大寺・興福院・招提寺・薬師寺・法隆寺の記事あり)

嘉承二年四月廿四日

疫病流行世情不安のため、七大寺等で讀經が行なわれた。

〔中右記〕嘉承二年

四月廿二日(中略)藏人左少辨來、仰可定申御讀經僧名日時之由、予奉仰移着端座、(中略)先諸□(社)讀

 1107

經定申、（中略）次諸寺御讀經七大寺此外延暦寺・園城寺、但此中興福寺・延暦寺・園城寺六十口、□寺十口、（中略）僧名勘文巻合天下辨、辨一々結申、先日時仰依勘申行之、諸社僧名率十口僧侶、三ヶ日可轉讀仁王經之由、仰下諸寺、興福寺・延暦寺・園城寺大般若、残六ヶ寺仁王經、共三ヶ日可轉讀、近日天下不閑、疾疫間聞、能々可祈申之由仰下了、

〔東南院文書五櫃十五巻〕僧綱牒案（大日本古文書東大寺文書三）

僧綱牒　七大寺

　　應令於各本寺轉讀仁王般若經事

　東大寺十口

牒、左少弁源朝臣雅兼傳宣、權中納言藤原朝臣宗忠宣、奉　勅、近日疾疫之患間聞、妖命之輩屢多、非仰佛神之効驗、何除人民之厄會、仍始従來廿四日巳二點、三箇日之間、各撰定十口浄侶、於本寺轉讀仁王般若經、令祈禱天下泰平之由、其供料用本寺物者、牒送如件、

　　嘉承二―四月廿二日　　　　　　　　　従儀師

嘉承二年八月廿三日

七大寺で諷誦が修せられた。

〔中右記〕嘉承二年

八月廿三日丙子、（中略）今日有五七日御諷誦、（中略）公家又同被修諷誦於七大寺、上卿源中納

言綱基、今日參仗座定使々、藤宰相顯實書定之、則被立使々々(云カ)々、

1110 天永元年七月十五日

飛鳥寺側に草庵を結んでいた念佛者願西が往生した。

〔後拾遺往生傳中〕

入道忠犬丸者、興福寺荘嚴院實覺(定イ)僧都之大童子也、自壯年有道心、念佛爲事、切請身暇遂以出家、法名願西、其後二十五年于茲矣、飛鳥寺側結草廬以爲居處、子息三人互以養育、彼僧都入滅之後、彌忘他營唱念(佛イ)不退、即謂曰、我年來偏修念佛、以小豆爲遍數、限以一千斛、年序漸推移已及七百斛云云、或人夢欲見生身阿彌陀佛、可見忠犬丸、其聞及廣、來集結緣者多矣、天永(承イ)元年七月朔比、數日痢病、已至十五日俄欲沐浴、子息云、無力之人不能沐浴歟、又云、今日可往生、何憚沐浴哉、子息相從令湯浴畢、其後著紙衣服(法イ)無大小便利、漸及午尅異香芬馥、即告子息云、我年來願往生、若死後三箇日不可葬斂、若身體不爛壞必可爲往生瑞云云、即日自酉尅向西端坐、口唱念佛手結定印、如眠終焉、其後三箇日、全不爛壞定印如故、便知、決定往生人也、第四日舁居大桶安置後園、及十餘日自高野山上人四人尋來云、依夢告爲見往生人所尋參(來イ)也、願披棺欲拜見者、而子息等依思爛壞無心承引、上人曰、縱雖骸骨必欲拜見、依其懇志遂以披之、其體如平生敢無變氣、鬚髮

五六寸生而髟々、上人等拜見行諷誦作隨喜揮涙而去、于時天永元年七月十五日、生年七十五、

〔元亨釋書十七〕士庶三（略）

〔本朝高僧傳七十二〕和州元興寺沙門願西傳（略）

1113　南都僧兵

永久元年四月廿四日

興福寺僧兵が蜂起入京しようとするのに對し、七大寺にこれに協力しないことを要望した。

〔中右記〕永久元年

四月二十四日、早旦藏人辨告送云、七大寺衆不與力之由、被下宣旨、南京衆上洛之定否難叶（計カ）者、

1117　七大寺

永久五年六月十六日

東大寺大佛殿で祈雨の誦經が行なわれた。

〔永久五年祈雨日記〕

六月十六日、天晴、以米三石献東大寺大佛殿、令行誦經畢、

〔永久五年請雨經法記〕（略）

1113-8

永久年中

法印賴實が禪定院の堂舍を建立したといわれる。

〔南都七大寺巡禮記〕（菅家本諸寺緣起集）興福寺

禪定院
成源　頼實
永久寺
1119
藤原宗忠
禪院房　丈六堂　永縁
1120

同禪定院元興寺部可入也
件院者、飛鳥權少僧都成源建之、又永久年中、頼實法印建立堂舍云云、本尊彌勒如來、號丈六堂、又在釋迦堂、號天竺堂、又在塔、本尊阿彌陀也、去治承四年、東大・興福以下、所所炎上之時、此院不燒失間、當寺法會等、於此院被修之、仍非寺内云云、大和國永久寺本願者、同頼實法印也、永久寺與當院、同時仁建立云云、永久寺者、依鳥羽院之勅建立、仍號永久寺、〔大乘院日記目錄一〕（略）

1119 元永二年二月廿日

中御門大納言藤原宗忠が禪院房に宿泊した。

〔中右記〕元永二年

二月廿日凶會、辰初出洛、巳四點渡宇治川、申初來着奈良禪院房元興寺邊也、過丈六堂北程之間、相逢權別當法印永縁、留車言談、又於御寺西大路逢鹿二頭、忩下從車拜之過了、是大吉慶之相也、入夜參一乘院、奉謁大僧正、及深更歸宿房、

1120 保安元年十月十五日

極樂房百日念佛講に列していた龍華院住僧某が往生した。

〔後拾遺往生傳上〕

龍華院　極樂房百日念佛

興福寺龍華院中、有一別房、人呼曰往生院、有上人、其名未詳、傳聞、關東人也、出俗入眞、來住件院、多日唯修念佛、自餘行業、人以無知、常謂曰、此院者、所謂往時智光賴光兩上人往生之處也、吾於此院必可終焉、而間傍有一庵室、謂之極樂房、限百箇日、修彌陀念佛、此上人列其僧數、同勤行法、此間上人、心無苦痛、身亦輕利、保安元年十月十五日、早旦沐浴、列其僧徒、念佛合殺、即歸彼往生院、更整衣服、端坐佛前、向西不動、時刻推移、童僕行見、如入禪定、奄而尸居、其時或人謂曰、今夜夢、此院中可有往生人云云、即相尋此事、此上人入滅之時也、加以或自比縣、或自他山、皆以夢相訪之、人各聞其實、隨喜而去、料知、決定往生之人也、

1125　永縁

天治二年四月五日

元元興寺別當權僧正永縁が没した（永縁没は〔醍醐雜事記七〕によれば三月廿日）。

〔僧綱補任六〕

保安五年　法印權大僧都永縁正月十四日轉任權僧正、

天治二年　權僧正永縁四月五日入滅

1125

天治二年十月

春日庄の檢田帳に、元興寺の乙丸の田が記録されている。

元興寺乙丸田

〔東大寺文書四ノ四十六〕春日庄検田帳（平安遺文五）

注進　天治二年春日庄検田事

合二十五町四段三百歩

除　荒一丁六段　川成一段百八十歩

損田六丁八段

定得田十六町九段百二十歩

所當米五十石八斗在之中傳食分三石、徴使分一石段別三斗

唐院
慈上房八段才三段得五段料米一石五斗

（中略、三十二筆、山階とあるもの多數）

元興寺
乙丸二段　料米六斗

（中略、三十二筆、）

右件撿田、依例注進如件、

天治二年十月　日

徴使長久

使　修理勾當（花押）

1126 寛信

1128 捌田杜馳上田

永清 永覚

1126 大治元年

勧修寺別當寛信が元興寺に入った。

〔本朝高僧傳十二〕城州勧修寺沙門寛信傳

釋寛信、(中略)大治元年住元興寺、歴二會講、四年冬任權律師、(↓大治四年十二月廿九日)

1128 大治三年八月十二日

元興寺永清が田地三段を永覺に讓與した。

〔春日神社文書三十八〕元興寺永清田地讓狀　(平安遺文五)

(端裏)「(花押)捌田杜田處分公驗　與判(花押)」

讓與　處分捌田杜馳上田事

合參段　「此内一段者中子與處分了」

四至 限東四王田 限南新光房領
　　 限西大路 限北新光房領

右件田者、元興寺永清惣攝大五師先祖相傳之所領也、全無他妨、雖然、僧永覺永所處分宛行也、

但於本公驗者、依有他所券、不能相副、仍爲後日之沙汰、立新券如件、

大治參年八月十二日

永清惣攝大五師(花押)

嫡弟僧玄聰(花押)
三男僧永眞(花押)
藤原姉子

1129

寛信
元興寺修理

大治四年十二月廿九日

元興寺修理の功により、東大寺の寛信が權律師に任ぜられた。

〔中右記〕大治四年

十二月廿九日、(中略)先有小除目、越中守公能被下辭書、(中略)□(權)律師寛信元興寺修理賞

大治五年正月八日辛亥、(中略)御齋會、講師新律師寛信依仰勤仕云々、寛信ハ故參議爲房男、三論宗、東大寺人、又兼眞言宗也、勤仕院御修法、去永久四年給維摩講師請、十月大會時(乘脱カ)渡講師之處、御寺大衆俄亂發、當日追拂不令勤講師也、是不勤研學竪義咎也、可准三會講師之由被仰下也、去年十二月晦日、依元興寺修理賞被任權律師也、而當講恵曉去年有罪被追播磨國之間、後二會以南京僧綱雖可被行、僧綱等或所勞、或老耄、事已闕了、仍以此律師所被行也、

三論供別當

三月廿八日庚午、(中略)晩頭相具小禪師、行向東大寺新律師六條、訪(坊イ)所惱、頗雖有減氣、遂(逐)日不食有恐之由所被示也、此次密々語云、三論供別當二ヶ事也、一ハ本寺供別當、一ハ元興寺三論供

恵珍

別當也、故法印時被下宣旨所知來也、件供別當乍二讓此少僧恵珍了云々、

〔僧綱補任六〕 大治四年 （略）

1131 寛信

天承元年

権律師寛信が元興寺別当に任ぜられた。

〔僧綱補任六〕

大治六年　權律師寛信〔『元興寺別當四十八』〕

天承二年　權律師寛信元興寺別當

長承三年　權律師寛信六月廿日轉權小僧都、三會勞〔『五十一』〕

保延二年　（「東大」）權小僧都寛信辭退

保延四年　權小僧都寛信先日辭狀被返畢云々、

保延七年　權小僧都寛信元興寺別當

永治二年　權大僧都寛信元興寺別當、十二月廿□日任權大僧都〔『六十』〕

1136

保延二年正月三十日

尋範が禪定院々主となり、大乘院・龍華樹院の院主をかね、以後これが例となった。

尋範

〔大乘院寺社雜事記尋十四〕　長祿三年

九月晦日、當門跡知行三个院家之内、龍華樹院々主相承次第、（中略）

第四院主法務大僧正尋範本名弘覺、内山本願、大乘院、

天治元年維摩會講師

保延二年正月卅日叙法眼賴實僧都讓、

同六年七月廿七日轉權少僧都四十歳、依大衆訴申也、

同七年改名尋範

承安四年四月九日入滅以下門主次第ニ記之、（中略）

内山本願御忌日於禪定院行之、四月九日、

禪定院

1138

保延四年十二月十五日

某庄

元興寺領某庄（愛智庄）檢田帳

〔東大寺文書四ノ五十一〕　元興寺領某荘検田帳　（平安遺文五）

（前欠）

卅六［　］

六條八里一坪二段　　二坪二段

十坪三段　　十三坪二段
［　　］　　十五坪三段
廿―□段　　廿一―五段
廿二―四段　　廿三―三段
廿五―四段　　廿七―三段
［　　］　　［　　］五段
卅□(1)三段　　卅一―四段
卅二―五段　　卅五―五段
六條九里二坪三段　　三―四段
［　　］　　九―五段
十―二段　　廿―五段
卅一―四段　　卅二―一段
［　　］　　卅五―一段
□六―二段

□條十里廿八｜東一段百六十歩

十一里二｜一段　八｜□段百六十歩

八條［　　　］三段卅歩　四｜二段卅歩

九｜五段　十｜九段三百廿歩

十一｜七段百歩　十五｜七段

［　　　　］　十七｜七段廿歩

廿一｜三段小半　廿二｜五十歩

八條九里十｜二段五十歩　十一｜二段三百五十八歩

十二｜五段六十歩　十八｜□段七十歩

□條［　］　［　］　卅六｜三段三百五十歩

八里二｜百八十歩　五｜六段百卅歩

六｜二段卅歩　九｜四段百九十歩

［　　　　］歩　十一｜四段大半

十二｜八段小半　十四｜七段卌歩

十五―三段百五十歩　十六―八段三百歩

□段小半　十八―七段

廿三（三カ）―三段小半　廿三―八段百歩

廿四―九段三百廿歩　廿九―三段六十歩

□段　卅三―五段

卅四―二段

九里二―二段六十歩　三―一町

四―二段廿歩　七―百九十歩

八―三段　九―三段

十―二百卌歩　十四―百八十歩

十七―二百六十歩　十八―五段卌歩

廿三―二段大半　廿四―三段三百歩

卅一―一段六十歩

十里三―二段三百五十歩　四―四段百十二歩

五―一段百六十歩　七―三段二百六十歩

八―三段六十歩　九―六段小半

十―小半

十條五里廿五―一段百九十歩　卅―一段

七里八―六段二百八十歩　九―百八十歩

十二―四段卌歩　十四―四段卌歩

十五―二段　十九―八段

廿五―二段二百歩

八里二―七段百卌歩　三―二段二百八十歩

五―八段三百歩　六―五段

七―一段二百歩　八―三段半

九―二段卅歩　十―二段六十歩

十一―四段六十歩　十二―二段六十歩

十三―六段　十七―三段半

十八―七段二百卌歩　十九―四段
廿六―四段百歩
十二條八里廿五―四段百六十歩　廿六―七段二百歩
九里九―六段　十―二段二百六十歩
十六―一段百歩　十七―小半
廿四―三段二百八十歩　廿九―大半
卅―五段　卅五―六段百卌歩
卅六―四段
十里五―二段百歩　六―二段百歩
八―一段九十歩　九―二段
十―二段二百歩　十三―二段二百歩
十三條十里九―小半　廿五―一段
右、件寺田等、五代聖皇爲三論宗傳法講經、以大藏省納物被買置、　勅施入官省符不輸田也、國衙早任舊例、被皆免件坪〻見作者、且興隆當宗之佛法、且奉祈國家之寶祚、仍牒送如件、保延四年十二月十五日　　　　堂達法師「珎嚴」
別當大法師　　　學頭法師「永賢」
撿挍大法師「嚴豪」　鎮學頭大法師「珎海」

1140 大江親通　七大寺　元興寺　金堂

保延六年三月十五日

大江親通が再び南都七大寺を巡禮し、私記を書き残した。

〔七大寺巡禮私記〕（校刊美術史料）

予爲拜見堂舍佛像之好麗、年來□(之カ)間、京洛□(之カ)内、或趣名所、或尋靈像、所拜禮也、然而未極其志、仍去嘉承元年秋、趣南都巡禮之、次七大寺事、是偏惜佛法陵遲故也、嘉承之比、諸寺多以頽毀、自尒以後、已經卅六年、其間堂塔之破損彌以增盛者歟、因茲先年記勒之事雖有興、當時巡禮之輩□實□(也カ)、仍保延六年三月十五日、重巡禮之處、諸□及半分、佛法滅退可悕可痛、抑堂舍□麗任人心各有好悪、今所記勒□(唯カ)愚眼□(所カ)及而已、爲普通人、實以無益歟、

（中略、東大寺・大安寺・西大寺・興福寺の記事あり、）

元興寺云飛鳥寺、亦云法興寺、又云建通寺、字明日香寺、

金堂一宇五間四面瓦葺南向、有重閣、又四面有歩廊、

中門
南大門
五重塔

中尊丈六金色彌勒坐像、其坐花葉之様不可思議也、
斯像鼻孔不似普通佛鼻孔、如常住寺中尊在皇城乾方、桓武天皇遷都之時御願也、世俗號野寺是也、抑勘五百問事經―(云)、佛像鼻孔不可雔《構エル》門之由、雖佛說分明、而此像鼻孔尤以不審也、但無止聖跡、定有證據歟、子細可尋之、
脇侍四躰二躰千手各周丈六　二躰世親無着各周丈六　四天像并鬼形等不可思議也、半出彫刻十二神將高三尺許、件神將有佛後厨子內、口傳云、以源朝之繪樣造立云々、不可思議也、
中門觀音、件像安中門故號中門觀音、高名靈像也、仍垂寶帳輙難拜、口傳云、當寺住僧限一千日、每日參詣長谷寺之間、長谷寺燒亡之日、空拜堂跡之處、灰燼之中、頂上佛面儼然不損、件僧拾彼一面、所奉補續也、其後靈驗掲焉也、道俗繼踵參詣云々、其行人六十餘口、是號中門衆矣、
同門二天像并八夜叉等不可思議也、其中左方天後壁東柱際立夜叉、左手取虵、右手作綏拳、開口天右ニ引碣(マヽ)之様、不可思議奇物也、
南大門有額、書元興之寺、葛木魚養筆云々、金剛力士像者往古捻像也、是則日本第一之作樣也、左方者先年比顛倒、其後以木改造之、無別事、
石燈爐(炉カ)殿一基去堂壇下三丈許、高一丈許、
五重塔一基瓦葺

吉祥堂

講堂

食堂

鐘樓

極樂房

斯塔在金堂巽方、安四方浄土之相、其佛卅之樣不可心議也、疊嶮岨之山、置曲折之路、凡言語道斷也、佛法記(本脱カ)云、敏達天皇御宇十四年乙巳二月、蘇我大臣之感得舍利、加種〻寶物納藏元興寺塔柱硯(礎カ)中云〻、是則本元興寺事歟、　柱繪等神妙也、其內戌亥角繪、能〻可見、不可思議也、

吉祥堂南向、　五間四面瓦葺、此堂亦名小塔院、五枚障子圖佛像、其佛飛天繪樣尤神妙也、　正了知大將繪像曼陀羅同不可思議也、　毗沙門并吉祥天像等已上障子繪像也、斯堂內東端安金色佛像、其像頂上有天蓋、自佛背上龍飛足(登食カ)唯其蓋躰神也妙也、

護命僧正等身坐像件影堂辰巳角西向安之、其造樣不可思議也、世人傳云、此僧正者自凡僧只一度補任僧正云〻、實說可尋之、堂丑寅角有輿、彼僧正之輿云〻、

斯堂者在金堂坤角、光明皇后御願也、安置八萬四千小塔轆轤曳高七寸許、故號小塔(院脱カ)、此塔各無垢浄光陀羅尼經五眞言之內納其一本云〻、仁和寺勝定房(惠什)阿闍梨說云〻、

講堂、中尊丈六藥師坐像、脇侍二躰高八尺許、等身十二神將像、厨子二在中尊左右、其內外繪等不可思議也、

食堂十一間在講堂北、佛像并厨子繪等不可思議也、堂棟木以一支亘十一間云〻、

鐘樓一宇、件樓造樣勝於諸寺、尤奇妙也、但道場法師所□之鬼髮在本元興寺寶藏、仍不注載之、

極樂房事依前出略了、

保延六年

右元興寺事大略記了、斯寺院之中、金堂造様尤神妙也、斗形肘木等皆有木繪伏物等、南面上層有額、其文云彌勒殿、惣堂礎并甃等勝諸寺、柱繪等同神妙也、

佛法本記云、欽明天皇御代、自百濟國所奉渡之彌勒石像者、在古京元興寺東堂云々、然而此寺無件像、可尋、

聖徳太子傳麻（暦カ）上云、推古天皇御宇十三年乙丑天皇常納太子妙説、遂知佛不可思議、發大誓願、命佛工鞍部鳥、又鞍作鳥造銅繍丈六各一軀、同十四年丙寅四月、丈六二軀造竟、居于元興寺、太子備儀奉迎先導時佛像高於金堂戸、（不脱カ）以得納堂、於是諸工等議曰、破堂戸而納之、然鞍作鳥之秀工不被（破）戸得入道、設齋大會、此夕於寺有五色美雲、覆佛堂甍（堂）、此夜丈六佛像放大光明、數度之内一度如火照于内外矣、

（下略、招提寺―七大寺外―・藥師寺・法隆寺の記事あり、）

1142 康治元年十月十日

前禪定院々主頼實が没した、年九十三。

〔大乘院寺社雜事記尋十四〕　長祿三年九月晦日

禪定院々主次第

（中略、↓康平元年十二月十三日）

頼實

権少僧都頼實當院本願、同内山寺本願也、大乗院隆禪法印弟子也、
承徳二年維摩會講師
天永二年五月任權律師
大治五年正月十四日轉權少僧都
康治元年十月十日入滅九十三

1147 久安三年正月十四日
興福寺僧明海が元興寺別當になった。
〔本朝世紀卅二〕久安三年
正月十四日戊寅、(中略)、入夜被行僧事、(中略)
諸寺別當
東大寺寛信　元興寺明海　大安寺賢覺　法華寺信慶　法住寺宗延先師良延讓

明海

1147 久安三年正月廿九日
近衛天皇の春日行幸につき、七大寺僧の讀經の時日等を定めた。
〔本朝世紀卅二〕久安三年

正月廿九日癸巳、權大納言藤宗輔卿參仗座、被定春日行幸御讀經日時、又被勘點地巡撿日時、

陰陽寮

擇申可被行春日行幸御讀經日時

二月十六日庚戌　時巳二點　若午、

久安三年正月廿九日（中略）

御讀經

東大寺廿口　興福寺廿口　元興寺廿口　大安寺十口　藥師寺十口　西大寺十口

法隆寺十口

1147 日本感靈録

久安三年二月五日

「日本感靈録」のうちから元興寺の靈異に關する十五説話が書寫された。

〔日本感靈録〕（龍門文庫藏本複製本）

（表）此一葉以欟齋本補之

日本感靈録上下兩巻　倭洲本元興寺□　凡靈異事五十八箇條也　而其（中）靈驗等

（奥）久安三年二月五（日依飛）

書寫之、是偏爲興

靈驗十五箇條也、

久安三年十二月

もと元興寺に住した眉間寺僧道寂が没した、年八十餘。

〔本朝新修往生傳〕

元興寺有一沙門、名道寂、俗呼爲伊賀聖、聖人本貫在彼、仍有此稱、在俗之時、不辨因果、然猶心歸佛道、欲脱俗塵、少年參詣長谷寺、七日精進、祈求道心、夢中有僧、相語曰、道心無體、唯以如是心可謂道心也、其後發心修行、遂以出家、永辭本鄕來大和國、不定在所、身如浮雲、所所名山靈寺、莫不經行、就元興寺坐禪念佛、日没之時、西向觀念、蹣跪合掌、鄭重其志、每日讀小阿彌陀經一返、未曾懈怠、若有諸寺諸山行佛事之處、必參其場、蓋爲聽聞也、見佛聞法隨喜悅可、後住眉間寺、此寺有長老住持、與聖人故舊、勸進衆生、奉造觀音像、其長一磔手半、其數一千體、聖人勠力不日終功、或又勸人、鑄造洪鐘大鉦、大鉦一口、施入東大寺、一口進納長谷寺、一口奉送金峯山、永爲寺物、貽之萬代、久安三年冬十二月、身有小恙、命及大漸、臨終之時、安住正念、以五色絲繫佛手、引其端專念彌陀、其聲卅餘返、更無餘念如眠氣絶、春秋八十有餘、此日中川住僧失名遠見西山、晴有紫雲、當眉間寺上、若是聖人往生之瑞相歟、走行見之、果當遷化之時、又阿闍梨堯海、身在醍醐山、夢見聖人往生之事、翌日遣使、問聖人之安否、答曰、其日其時、聖人已逝去、一同夢告矣、

〔元亨釋書十四〕檀興七　（略）

〔東國高僧傳七〕（略）　〔發心集七〕（略）　〔本朝高僧傳六十五〕（略）

寛信

1152 仁平二年三月七日

大僧正寛信が没した。

〔帝王編年記二十〕近衛院

大僧正寛信仁平二年五月十四月叙法印、三月七日入滅、

1156 保元元年十一月廿四日

元興寺五師永覺が私領の建物田地等を妻に讓與した。

〔春日神社文書三十〕元興寺五師永覺私領讓狀　（平安遺文六）

（端裏）「五師之藤原氏所處分書也（花押）□（花押）」

（裏）（異筆）「桑原田二段上座一段」

永覺
智光曼荼羅
範玄

1156-85

「藤原仲氏一段處分了」(異筆)
讓與　處分房地并田等事
合參間參面房壹宇并地伍間
又馳上田參段横井桑原田二段者
右元興寺五師永覺之先祖相傳之所領也、雖然藤原姉子依年來夫妻、限永代所處分也、但不有他妨、仍爲後代立新券、仍注事狀以解、
保元元年十一月廿四日　　元興寺五師永覺(花押)

保元・治承・文治年間
元興寺別當範玄が智光曼陀羅を經藏から出して進覧した。
〔覺禪鈔〕阿彌陀下裏書
元興寺以極樂房正本圖之、後白河院御宇、元興寺別當範玄時僧都自彼經藏進覧之、件本板圖之、長一尺廣一尺　寸也、
普通本、中尊合掌也、正本不然、(後略)
(↓應永三十四年十月十四日)

1165 長寛三年四月廿一日

慈俊 大法師慈俊が元興寺縁起について私勘文を記した。

〔元興寺伽藍縁起并流記資財帳〕慈俊私勘文（↓縁起）

1171 嘉應三年二月二十五日

極樂房 僧慈經が、極樂房に百日講の念佛供料として水田三段を寄進した。

〔極樂坊本堂柱銘〕僧慈經田地寄進狀案

僧慈經敬白

奉施入元興寺極樂房水田參段事

在大和國添上郡左京三條四坊十三坪東大路

右奉施入志者、奉爲師主慈恩院法印御房出離生死往生極樂、送件田、所出米參石、爲僧供料、可

百日念佛 勤行百日念佛之内五日五夜、但於沙汰者、子孫相繼不可懈怠之狀如件、敬白

嘉應三年二月廿五日　　僧慈經敬白

1171 承安元年九月

七大寺の師資讓受を停めた。

1173

〔元亨釋書二十六〕資治表七
承安元年九月、止七大寺師資讓受、依興福寺衆請也、

承安三年六月

南都と多武峯・延暦寺との抗争により、七大寺を焼き拂うという風聞があった。

五月廿九日、南北大衆蜂起、凡無可止之期云々、或人云、長者御沙汰懈怠之故、及大事云々、但南都不用長者宣、力不及事歟、

〔玉葉〕承安三年

六月廿一日今日山僧綱等、皆悉被召院、座主已下、可制止大衆發起、若尚蜂起者、僧綱等皆停止所帯、可被逐洛陽云々、

六月廿三日、或人云、南京衆徒、一昨日燒拂多武峯坂下在家等了、尚昨今爲燒本堂等發向云々、凡此事、山僧等成牒、遣南都之所領等、仍自公家被召張本衆徒、申云、南京押取多武峯領六个庄了、件事何無其沙汰哉、加之、打多武峯御墓守了、件兩事依無御沙汰、爲發事成遣牒了、全無可領知之意、仍件庄之請文等、座主取進之、仍雖不進張本、以件請文遣南京了、即打御墓守之犯人搦取、去十六日進之、仍爲被召對彼是、召件御墓守、而多武峯申云、興福寺衆徒等固關、往還不通

了、不能召進之云々、又件六个庄事、同可進文書、可有尋沙汰之由被仰下、同依不令通人、不能所進旨令申、如此之間徒送數日已、爰奈良大衆等、依綸旨無左右召進犯人了、而多武峯不召進、敵人縦雖固關、依勅定爲召進論人、令進文書、往反之時、何故可止哉、只山上凶徒等、籠多武峯、動可燒拂七大寺之由支度、因之、守護其通路者也、更不可止自公家被召之者、寄事於左右不召進、尤可有懲肅云々、如此之間、時論嗷々、遂以燒多武峯坂下四郷了、仍山僧等停以可向南都之由結構、奈良大衆等同可向叡山之由發起云々、自昔以降、南北大衆蜂起之中、莫勝自今度、只佛法之滅盡也、五濁之世可悲々々、云々、

六月廿七日、多武峯全不召進其犯人、此條爲訴之上、招入山上之凶徒等於峯上、伺隙可燒失七大寺之由結構、因之堂衆并國々兵士等、少々爲守護固關、而悪僧等下向散々射之、

八月九日、或人云、昨日興福寺所司三人參長者御許、(中略)依燒多武峯在家房舎等、停任貫首被止學徒公請了、是超先例・傍例了、延暦寺掠領七大寺領、一切無御沙汰、令訴申偏頗之由之處、重被仰條條事、雖勅宣可謂不當云々、

1173 承安三年十月

興福寺大衆が蜂起して、延暦寺の南都七大寺庄園押領を訴え、座主明雲の配流を主張した。

〔尊經閣所藏興福寺牒狀〕興福寺大衆牒案（平安遺文七）

興福寺大衆牒　氏公卿衙

欲早列參　闕庭、經　奏聞、依奏事不實罪、被配流延暦寺座主權僧正明雲身、兼又禁獄三塔悪僧打止七大寺江州末寺庄ゝ輩狀、

（中略）、爰延暦寺住僧等、竊伺氏門之衰微、旁巧我寺之魔滅、寄事於多武峯之訴訟、打止近江國之庄薗、濫悪之甚、非敢他事、去永萬元年爲加私罸、牒七大寺發向之時、公家召軍依令相禦、忍其朝威、解群而散、自爾以降、爲恨之間、今年暮狀（マヽ）、始起新儀、徙洛外可進下之由、華夷緇素日夕謳歌、仍牒送平等院修理宇治橋、又仰雍州之村邑、令鏟征路之嶮難、雖待子來、全不南賓攀慕之思、寤寐無聊《ヤムコト》、遂乃今月五日、相送牒狀、雖攻遲引、奄然空止其理、可然一山之猿雖厲争□諸宗之虎、三塔之鼠雖聚、豈敵七寺之猫、但公家優叡岳、　仙院重天台之故、稱有　奏事不實之罪、令流法橋覺興之條、雖不惜人之瑚璉、誰無傷寺之瑕瑾、我寺草創以後五百余歳之間、依事之訴遷僧綱之例、未甞聞之也、若行奏事不實之事者、何獨專寺哉、山門悪侶押領七大寺庄ゝ之時、南都未歴奏聞以前、北闕遮令沙汰之刻、座主明雲可搦進張本之由、進請文畢、隨則五ケ日中可召取之旨、被仰可下之後、日月雖遂、無有其實、近日彌可群賊尚以押領、堯舜爲政无親无疎、明雲罪僣宜施炳

誡、若裁判之遅儀者、我等欲加私誡也、（中略）

承安三―十月　日　　　興福寺大衆

（ほかにこの件につき僧綱等申状案、平等院並びに石清水八幡宮寺宛の牒がある。）

1173　南都諸寺

承安三年十一月十一日

南都の大衆蜂起により、諸國に南都諸寺の寺領を没収することを命じた。

〔神宮司廳所藏類聚神祇本源裏文書〕　官宣旨案　（平安遺文七）

左弁官下　五畿七道諸國東海 東山 北陸 山陰 山陽 大宰府

應早没入東大・興福・元興・藥師・大安・西大・新藥師・大后・不退・法花、超證・招提・宗鏡・弘福

寺寺領（事脱カ）

右、南徒（マヽ）衆蜂起蟻集、渉旬累月、嚴制頻降、暴逆猶無休、初燒拂多武峯之堂廟、後押留春日社之祭祀、加之發軍兵於満寺、備凶器企參洛、已有罪科之重疊、争遁懲粛於三章者、左大臣宣、奉　勅、中（件）寺領末寺庄園等、早仰五畿七道諸國宰史（吏）、悉以没入、但於佛聖油料并恒例寺用者、付國司令宛濟者、諸國宜承知、依宣行之、以宣、

承安三年十一月十一日　　　大史□

中弁藤原朝臣在判

〔玉葉〕承安三年

十一月四日、依大衆事、武者等參内裏云々、仍余馳參、更無別事、南都大衆未到宇治、在木津邊云々、右大弁俊經爲長者使向其所、大衆不相逢、仍空歸云々、余自内裏參女院、今夕下名云々、大衆申狀、可被配流座主、又可被召返覺興、又向山僧(尚カ)欲取七大寺庄々、件張本可被禁獄云々、

十一月七日、今日相當春日祭、而依大衆事停止了、尤違例也、俊經朝臣尚爲御使向宇治、被仰云、自昨日被始御熊野詣御精進、來十一日可有御進發、早罷歸、御下向之時可令申、於押領七大寺領之張本者、可召進之由、有請文云々、大衆不承引云々、

1174 承安四年四月九日

禪定院々主尋範が没した。

〔大乘院寺社雜事記尋十四〕（↓保延二年正月三十日）

1175 安元元年十一月廿七日

東大寺三綱が、興福寺の非道停止と七大諸寺の法燈維持のことを訴えた。

〔東大寺文書四ノ三〕東大寺三綱解案　（平安遺文七）

七大寺の衰微

（前欠）

所残彼黒田庄許也、以一庄之力、支萬事之處、濫妨□出來、滅亡只在此時、専寺□□名雖當、佛法滅亡欲是同乎、七大諸寺倶□□法燈、于今不消僅兩三寺也、而於藥師寺等近日鬪諍爲事、傳燈既絶、當寺又〔以〕如此、即非□大會凌遲乎、然則云天下第一之伽藍、云日域無双之大會、滅盡只在此時、興廢偏彼寺進退者歟、望請□裁、早被停止興福寺非道之妨、令安堵庄家、兼又付使廳、被召誡郡司俊方之身者、將仰正理之不朽、勵伽藍之久住矣、誠惶誠恐謹言、（仍勒在状謹解）

安元元年十一月廿七日

都維那威儀師傳燈大法師位

權寺主威儀師傳燈大法師位

寺主傳燈大法師位

權上座威儀師傳燈大法師位

上座傳燈大法師位

（マヽ）上座従威儀師傳燈法師位

1177

安元三年

僧藏俊が元興寺別當となった。

〔興福寺別當次第〕 權別當權少僧都藏俊

治承三年己亥五月廿四日任生年七十六、自同廿日被始行公家最勝講、(中略)修學面目、誠絶古今、同三(安元)年冬月補元興寺別當、治承二年閏六月七日轉權少僧都、同四年九月廿七日入滅、春秋七十七、

治承四年五月十三日

元興寺惣攝大五師有嚴が宇治中子から田地二段餘を買得した。

〔大東急記念文庫所藏文書〕 宇治中子田地賣券 (平安遺文八)

沽却　私領田事

合貳段貳佰肆拾歩者字蓑生者

在大和國添上郡七條一里十二坪之内

四至在本券面

右件田者、僧顯恩并尼妙法自兩人之手、宇治中子相博領掌年尚、雖經年序、更以無他妨、而依有直米要用、現米限拾陸斛本斗定、元興寺惣攝大五師有嚴爾相副本公驗、沽却永年作手畢、但於加地子者、西金堂修二月六番御僧供料、可被辨進之也、仍爲後代證驗、祿(マヽ)新券放券文如件、

治承□(四カ)年五月十三日　　賣人宇治中子

（「東大寺印」四あり）　（略押）

治承四年十二月廿八日

南都炎上に際し、元興寺は難を免れたが、外院の玉華院は兵火にかかった。

〔玉葉〕治承四年

十二月十二日、南都衆徒、此両三日不蜂起之處、俄自昨日以外興盛、催末寺荘園之武士、五大寺一等、今両三日之間、可企上洛之由、議定已了云々、不能左右事歟、

〔玉葉〕治承五年

正月一日、南都七大寺悉變灰燼、就中東大寺事、公家専可歎思食、興福寺事、氏之大事也、云彼云是、尤可有哭泣之禮歟、（下略）

正月六日（中略）

春日神主泰隆注文

興福寺所司等注文同前

東大寺内　（中略）

残

興福寺内小房二宇、東大寺内堂舎少々、寳藏、僧房少々、元興寺内、本堂已下堂舎少々、僧房少々、龍藏院内本堂已下堂舎少々、僧房在家三分之二、新薬師寺邊本堂并僧房在家、禪□(定)院内堂□(舎)僧房、□野田邊僧房在家少々、

已上、是等許燒残也、

〔彌勒如來感應抄二〕 玉華院勧進狀(↓文治二年)
信長玉華院彌勒講勧進狀(↓建仁元年十二月晦日)

〔三會定一記二〕 養和元年

去年(壽永四)十二月二日、大衆蜂起、依行濫吹、同廿八日、平氏引率數百騎軍兵、燒失東大・興福兩寺畢、當寺金堂・講堂・東西金堂・〆三面僧坊・四面築垣・寺中寺外僧房在家、皆悉炎滅哉、纔所残松院内房一宇、尊教院房、并禪定院近隣、龍花樹院山上已東也、寺中寺外佛像經論爲一處不能取出也、今年春可有造寺之由、依被仰下、寺僧同心合力造營、

〔山槐記〕(略)

1181

治承五年(養和元)正月

興福寺の炎上により、西金堂の十一面観音像等を禪定院丈六堂に移した。

〔興福寺流記〕(佛全一二三)

西金堂一宇、(中略)治承四年十二月廿八日、燒失之尅、大十師嚴宗千勝房藏西隨藏房、捨身自炎中

奉懐出、奉置嚴宗之小房中、房大西(之脱カ)金堂後松院、寺中所燒残、小房三宇隨一也、以同五年正月、奉移禪定院丈六堂、有修二月行法、其後元暦元年甲辰十二月廿二日、奉移西金堂、入堂儀式任壽廣和尚例矣、

禪定院

〔三會定一記二〕養和元年

（去年興福寺炎上、今年造寺のこと）

淨名文殊兩菩薩像、於四天者、禪定院丈六堂奉渡之、於觀音勢至者、往生院奉渡之、

平安時代

蓮尊

元興寺僧蓮尊に關する説話。

〔今昔物語集十四〕

元興寺僧蓮尊持法花經知前世報語第十六

今昔、美作ノ國ニ蓮尊ト云フ僧有ケリ、本ハ元興寺ノ僧也、而ルニ本寺ヲ去テ生國ニ下テ住ス、幼クシテ師ニ隨テ法花經ヲ受ケ習テ日夜ニ讀誦スルニ、暗ニ思エテ誦セムト思フ志有テ、年來誦スルニ既ニ廿七品ヲ思エヌ、（下略）

〔元亨釋書十九〕（略）

〔本朝高僧傳六十八〕（略）

元興寺僧義紹に關する説話

義紹院

〔今昔物語集二十〕

義紹院不知化人被返施悔語第四十

今昔、義紹院ト云フ僧有ケリ、元興寺ノ僧トテ止事无キ學生也、其レガ京ヨリ元興寺ニ行ケルニ、冬ノ比也、泉河原ノ風極テ氣悪ク吹テ寒キ事无限リシ、夜立ノ杜ノ程ニ行ケルニ、墓ノ隠レニ藁薦ト云フ物ヲ腰ニ巻テ佀シ臥セル法師有リ、義紹院此レヲ見テ、死タル者カト思テ、馬ヲ引テ吉ク見レバ、動ク様ニス、義紹院、此レハ何ナル奴ノ此テハ臥タルゾト問ヘバ、息ノ下ニ、乞匃ニ候フト答フ、義紹院、寒シヤト問ヘバ、乞匃凝屈テ物モ思ヘ不候ズト答フ、義紹極テ糸惜ト思テ、忽ニ着タル衣一ヲ脱キ、馬ニ乗リ乍ラ乞匃ニ打チ懸テ、此レヲ得テ着ヨ己ト云ヘバ、乞匃起立テ、顔ニ打懸タル衣ヲ取テ搔キ□テ義紹ニ投返セバ、義紹ガ皃ニフタト當ニケリ、義紹奇異ト思テ、此クハ何ニ爲ルゾト云ヘバ、乞匃云ク、人ニ物ヲ施スルナラバ、馬ヨリ下テ禮テ可施キ也、而ルヲ馬ニ乗乍ラ打懸ケム施ヲバ誰カ可受キゾト云テ、搔消ツ様ニ失セヌ、其時ニ義紹此レハ只者ニモ非ザリケリ、化人ノ在マシケルニコソ有ケレト思フニ悲クテ、馬ヨリ急ギ下テ、此ノ投ゲ返シツル衣ヲ捧テ、乞匃ノ有ツル所ヲ泣〻ク禮拜スト云ヘドモ更ニ甲斐无シ、日暮ルヽマデ思ヒ入テ其ニ有ケレドモ、答ヘモ无ケレバ、馬ヲ引ヘテ十町許ハ歩ミ行テゾ悔ヒ悲ミケル、此ル乞匂ヲ不可蔑ズトゾ、義紹後ニ人ニ語ケル、然許止事无キ智者也ト云ヘドモ此ク有ケリ、何ニ況ヤ愚痴ナラム者、何デカハ如然ノ事ヲ可知キ、然ハ只乞匂ヲモ可敬キ也トナム語リ傳ヘタルトヤ、

（前出の義昭に關する説話か。）

七大寺への信仰

〔宇津保物語〕　菊の宴

（源宰相實忠が病の床にあって黃金千兩を兵衛君にわたすが、兵衛の君はこれを返えす）源宰相、時のかはるまで思ひ入りて、あかく黑き、涙を瀧の如く落して、千兩の黃金を三十兩宛銀のつるの壺に入れて、七大寺より始めて、らうけ所・比叡・高雄に修經す、その志たゞ此の事なり、天地佛神與力し給はばと思ふ、

〔大鏡下〕　太政大臣道長

奈良は七大寺・十五大寺など見くらぶるに、なほこの無量壽院《法成寺》いとめでたく、極樂浄土のこの世にあらはれけるよと見えたり、

編者略歴

明治四十三年金沢市に生まれる。
昭和九年京都帝国大学文学部史学科卒業。
奈良女子大学教授、名古屋学院大学教授を歴任。
現在、名古屋学院大学名誉教授。

〔主要著書〕

『日本仏教民俗基礎資料集成』(元興寺極楽坊篇)
第七巻総説(中央公論美術出版)
『名古屋学院大学二十年史』

増補元興寺編年史料 上巻

昭和三十八年三月三十日 初版第一刷発行
昭和五十八年十二月十日 増補版第一刷発行

編者 岩《いわ》城《き》隆《たか》利《とし》
発行者 吉川圭三
発行所 株式会社 吉川弘文館
東京都文京区本郷七丁目二番八号
郵便番号一一三
電話〇三―八一三―九一五一番(代表)
振替口座東京〇―二四四番

印刷＝平文社・製本＝誠製本

増補元興寺編年史料　上巻（オンデマンド版）

2018年10月1日　発行

編　者　岩城隆利《いわきたかとし》

発行者　吉川道郎

発行所　株式会社 吉川弘文館
〒113-0033 東京都文京区本郷7丁目2番8号
TEL 03(3813)9151(代表)
URL http://www.yoshikawa-k.co.jp/

印刷・製本　株式会社 デジタルパブリッシングサービス
URL http://www.d-pub.co.jp/

岩城隆利（1911～2012）
ISBN978-4-642-71021-3